SCHÄFFER
POESCHEL

Jan C. Weilbacher

Human Collaboration Management

Personalmanager als Berater und Gestalter
in einer vernetzten Arbeitswelt

2017
Schäffer-Poeschel Verlag Stuttgart

Bibliografische Information der Deutschen Nationalbibliothek
Die Deutsche Nationalbibliothek verzeichnet diese Publikation
in der Deutschen Nationalbibliografie; detaillierte bibliografische
Daten sind im Internet über < http://dnb.d-nb.de > abrufbar.

Gedruckt auf chlorfrei gebleichtem,
säurefreiem und alterungsbeständigem Papier

Print: ISBN 978-3-7910-3799-8   Bestell-Nr. 14037-0001
ePDF: ISBN 978-3-7910-3800-1   Bestell-Nr. 14037-0150
ePub: ISBN 978-3-7910-4058-5   Bestell-Nr. 14037-0100

Dieses Werk einschließlich aller seiner Teile ist urheberrechtlich
geschützt. Jede Verwertung außerhalb der engen Grenzen
des Urheberrechtsgesetzes ist ohne Zustimmung des Verlages
unzulässig und strafbar. Das gilt insbesondere für Vervielfältigungen, Übersetzungen, Mikroverfilmungen und die
Einspeicherung und Verarbeitung in elektronischen Systemen.

© 2017 Schäffer-Poeschel
Verlag für Wirtschaft · Steuern · Recht GmbH
www.schaeffer-poeschel.de
service@schaeffer-poeschel.de

Umschlagentwurf: Goldener Westen, Berlin
Umschlaggestaltung: Kienle gestaltet, Stuttgart
(Bildnachweis: shutterstock.com)
Lektorat: Dr. Sonja Hilzinger, Berlin
Satz: primustype Hurler, Notzingen
Druck und Bindung: BELTZ Bad Langensalza GmbH,
Bad Langensalza
Printed in Germany

Juli 2017

Schäffer-Poeschel Verlag Stuttgart
Ein Tochterunternehmen der Haufe Gruppe

Vorwort

Das Spiel beginnt von vorne – für einige zumindest. In vielen Unternehmen, die sich in dynamischen Märkten bewegen, stehen Personalabteilungen und -teams vor einem Neuanfang. Oder sie sind mittendrin im Veränderungsprozess. Der Ausgang ist ungewiss, die Chancen aber sind groß.

Bis Ende Februar 2017 war ich Chefredakteur des »Human Resources Manager«. Und in den sieben Jahren, in denen ich das Magazin leiten durfte, war der notwendige Wandel der HR-Funktion immer wieder ein Thema. Es gab zahlreiche Diskussionen zu ihrer Zukunftsfähigkeit, die mich in der Zeit begleitet haben: HR muss digitaler werden, strategischer, muss besser das Business verstehen, HR muss dies und muss das. Die Frage nach der Zukunft des Personalmanagements war die zentrale Frage, die alle umgetrieben hat (und es noch heute tut) – Personaler, aber natürlich auch Berater und Wissenschaftler. Und ich wette, dass Ihnen, liebe Leserinnen und Leser, das Thema ebenfalls schon mehrmals begegnet ist. Vielleicht sind Sie sogar ganz persönlich von anstehenden Veränderungen betroffen? Oder Sie wollen selbst völlig neue Wege im HR-Management gehen?

All die Jahre habe ich mich in Bezug auf dieses Thema immer wieder gefragt, warum viele Personaler eigentlich so wenig Wert auf die Kommunikation legen. Sie gelten so gar nicht als Kommunikationsprofis. Aber warum eigentlich nicht? Was im HR-Bereich dominiert, ist das Bild des Prozess- und Standardisierungsexperten. Anforderungsprofile der Personaler sehen Kommunikationsstärke vor allem dann vor, wenn es um Employer Branding oder Personalmarketing geht. Doch ich meine mit Kommunikation nicht nur eine zielgruppenadäquate Ansprache und eine gute Ausdrucksweise. Ich rede ebenfalls vom Zwischenmenschlichen: aktives Zuhören, Fragen stellen und Stimmungen aufnehmen können, sich auf Feedback verstehen. So vieles ist in einer Organisation abhängig von guter Kommunikation: die Zusammenarbeit in Projekten, die Führung von Menschen, Mitarbeiter- und Bewerbergespräche, Leistung und Engagement. Sie ist ein wesentlicher Erfolgsfaktor. Und ihre Bedeutung wird zunehmen. Denn Kommunikation ist generell die Voraussetzung dafür, dass eine effektive interne und externe Vernetzung gelingt, und damit, ob das Unternehmen als Ganzes reüssiert oder nicht.

Nun könnte man sagen, jeder in einer Organisation muss sich auf Kommunikation verstehen. Doch was man beobachten kann, ist eher das Gegenteil, nämlich Nicht-Kommunikation. Sie findet ganz oft einfach nicht statt und somit fehlen beispielsweise wichtige Informationen und Orientierung, generelle Klarheit oder Wertschätzung. Und wenn kommuniziert wird, redet man nicht selten aneinander vorbei, behandelt einander respektlos, kommuniziert kompliziert oder unklar. Kommunikation ist schwierig, weil es eben nicht nur darum geht, schlicht zu senden, was einem gerade durch den Kopf geht.

Mir kommen nur ganz wenige Personalmanager in den Sinn, die von sich das Selbstverständnis eines Kommunikationsprofis haben. Ist das nicht merkwürdig? Diejenigen, die sich um die Menschen und ihre (Zusammen-)Arbeit kümmern sollen, behandeln ihre kommunikativen Fähigkeiten stiefmütterlich.

Ich bin überzeugt davon, dass sich das ändern muss, dass Kommunikationsstärke mit all ihren Facetten zum zukünftigen Profil der Personalmanager gehören sollte. Nicht zuletzt deswegen, weil das Fördern von Vernetzung und das Beraten der eigenen Mitarbeiter noch viel mehr zum Aufgabengebiet vieler Personaler gehören wird.

Natürlich leitet mich bei dieser These auch die eigene Leidenschaft für die Themen Kommunikation und Collaboration, die ich als gelernter Journalist sowie ausgebildeter Organisationsberater selbst lebe. Doch um ein Buch zu schreiben, reicht das nicht. In den Jahren als Chefredakteur des »Human Resources Manager«, in denen ich hautnah diese hochinteressanten Umbruchzeiten für das Personalmanagement beobachten konnte, reifte in mir ebenso eine Überzeugung. Die Überzeugung, dass sich erstens Personalmanager in komplexen Zeiten neu erfinden müssen und diese Neuerfindung zweitens sehr viel mit Vernetzung und Kommunikation zu tun haben wird. Auch in digitalen Zeiten bleiben Beziehungen so wichtig: in Kontakt bleiben, zuhören, aufeinander eingehen. Das gilt für den beruflichen Alltag, jedoch genauso für den privaten, ja für das ganze gesellschaftliche Leben.

Veränderungen passieren meist, weil es von irgendwoher einen Druck gibt. Dieses Buch richtet sich an all diejenigen, die als Personaler oder Geschäftsführer einem solchen Druck ausgesetzt und auf der Suche nach Ideen sind, um ein neues Personalmanagement zu gestalten – und zwar vor allem deswegen, weil eine herkömmliche Sichtweise auf HR-Management in dynamischen und komplexen Zeiten wenig befriedigende Antworten liefert. Was Sie, liebe Leserinnen und Leser, hier also nicht finden werden, ist die Beschreibung von klassischem HR-Management. Wenn Sie aber offen an die Lektüre herangehen, dann, so hoffe ich es zumindest, werden Sie zu dem einen oder anderen guten Gedanken inspiriert, Personalmanagement neu zu denken. Das würde mich wahnsinnig freuen. Vielleicht sehen Sie die Thematik allerdings auch ganz anders und reiben sich an meinen Überlegungen. Das würde mich ebenfalls freuen. Denn da kommt der Journalist in mir durch, der viel übrig hat für ein gutes Streitgespräch. Lassen Sie uns diskutieren. Sie erreichen mich am besten über die sozialen Netzwerke.

Berlin, April 2017   Jan C. Weilbacher

Prolog

Das Personalmanagement als Anwalt und Kämpfer für die Freiheit in Organisationen? Zugegeben, das klingt erst einmal etwas verrückt, ist das People Management doch eher für das Gegenteil bekannt. Nämlich als eine Funktion, die sich auf klar definierte, in der Zentrale ausgedachte Prozesse versteht, die möglichst genau eingehalten werden müssen. Der Begriff der Prozess-Polizei wird gerne auch mal für das Personalmanagement verwendet. Die Rolle als Hüter der Prozesse war früher die richtige, als Optimierung noch das oberste Gebot war. Das gilt nun jedoch immer weniger – zumindest in den Unternehmen, die sich einer wachsenden Komplexität und einem hohen Veränderungstempo ausgesetzt sehen. Und das sind zunehmend alle, die sich in freien Märkten bewegen. Wir sehen, wie sich die Unternehmen um Transformation bemühen, Prozesse, Geschäftsfelder, Strukturen neu erfinden wollen. Wir leben in Umbruchzeiten. Auch das Personalmanagement muss sich wandeln – und das radikal, sonst wird es in naher Zukunft kaum Bedeutung im Unternehmen haben. In manchen Firmen ist das schon heute so. Dort können sich die Personaler zumindest auf die administrativen Tätigkeiten zurückziehen. Doch sie bringen keinen echten Mehrwert für das Geschäft. Schon heute sind die Verwaltungsprozesse weitgehend automatisiert. Und mit dem Trend der Digitalisierung findet mehr Self Service statt. Die Mitarbeiter machen vieles selbst, wofür man früher in die Personalabteilung laufen musste, um höflich nach einer Bescheinigung oder einer Auskunft zu fragen. Heute sehen die Mitarbeiter selbst mit ein paar Klicks, wie viel Urlaub sie noch haben, können ihre Stammdaten ändern oder bekommen als Hiring Manager einen schnellen Überblick darüber, wie der Stand bei einem bestimmten Recruiting ist.

Für viele lautet die Antwort auf die Frage nach der Zukunft des Personalmanagements ganz einfach: Strategie. Und am besten viel davon. Aber was bedeutet das, strategische Personalarbeit? Wenn damit zum Beispiel eine auf zehn Jahre angelegte Personal- oder Nachfolgeplanung gemeint ist: Vergessen Sie es! In zehn Jahren gibt es das jeweilige Unternehmen vielleicht gar nicht mehr oder die ganzen Talente sind längst woanders. Ja, man kann auch in Szenarien planen. Aber ganz ehrlich: Da stimmt der Kosten-/Nutzenaufwand nicht, der Mehrwert wird fragwürdig. Das Personalmanagement kann an anderen Stellen viel Wichtigeres leisten. Nichtsdestotrotz: People Management muss sich mit den zukünftigen Herausforderungen des eigenen Unternehmens auseinandersetzen und entsprechend aktiv werden. Ja, es muss strategisch denken und handeln. Aber es ist ein flexibles strategisches Handeln mit kurzen Zeithorizonten.

Es braucht unter den Personalern die Lust auf Zukunft und die Auseinandersetzung mit ihr, die Lust auszuprobieren und Neues zu entdecken, die Lust auf das Lösen von Problemen und gleichzeitig die Bereitschaft, auf Sicht zu fahren. In überschaubaren Zeiträumen agieren, immer wieder anpassen, verwerfen, neu machen. Das Personalmanagement muss sich öffnen, muss wirklich zu einem Teil der Organisation werden – mittendrin, ein Knotenpunkt im Netzwerk. Das verlangt, das Business zu kennen und zu verstehen. Und es bedeutet, Personalarbeit im Dialog mit den Fachbereichen, mit den Mitarbeitern, den Führungskräften und Teams zu entwickeln – mit dem internen Kunden also.

Ich sehe auf dieser Basis für das People Management zwei wesentliche Rollen, die einen echten Mehrwert für ein Unternehmen bringen können und die sich ergänzen: eine zentrale und eine dezentrale. Auf diese beiden Rollen und deren wichtigste Aufgaben werde ich mich in diesem Buch fokussieren. Mir geht es nicht darum, ein ganzes HR-Organisationsmodell darzustellen, sondern die entscheidenden Bereiche, in denen sich das Personalmanagement neu erfinden muss. Diese Neuerfindung des People Management halte ich für die geeignete Antwort auf die Herausforderungen, die das Zeitalter der Vernetzung mit sich bringt.

Förderer der kollektiven Intelligenz
Die meisten Unternehmen beschäftigen sich derzeit mehr oder weniger mit der Digitalen Transformation. Und was man neben einer zunehmenden Digitalisierung von Prozessen und Geschäftsmodellen beobachten kann, ist – zumindest bei manchen Unternehmen – die Einsicht, dass die Komplexität nicht mit der gegenwärtigen Kultur und Struktur gemeistert werden kann. Menschen müssen zusammengebracht, das Trennende muss überwunden und die kollektive Intelligenz bestmöglich genutzt werden. Diese Entwicklung voranzutreiben und zu begleiten, ist Aufgabe des Personalmanagements. Es muss sich verantwortlich fühlen für eine effektive Zusammenarbeit – über sämtliche Grenzen hinweg. Das erfordert etwas, das bislang kein Markenzeichen der Personaler gewesen ist: Kommunikation.

Ein Personalmanagement, das sich radikal verändert und einen komplett neuen Aufgabenfokus hat, sollte dies meiner Meinung nach durch eine Namensänderung klar nach außen kommunizieren und damit auch für Mitarbeiter und Führungskräfte ein Zeichen setzen. Es ist ein Schritt mit großer Symbolik, der anfänglich viel Energie erzeugen kann. Human Collaboration Management (HCM) oder Human Relations Management drückt diesen neuen Fokus auf Vernetzung für mich am besten aus. Es geht um Zusammenarbeit, die auch gegenseitige Abhängigkeiten impliziert. Führungskräfte, Teams und Mitarbeiter sind aufeinander angewiesen, um zukünftig Erfolg zu haben. Diese Zusammenarbeit muss aber zum Teil noch zentral mit einem strategischen Blick gefördert werden, deshalb der Begriff des Managements.

Da HCM etwas fremd klingt, werde ich hier in der Regel von Personalmanagement oder People Management sprechen. Auf den Begriff Human Resources oder Human Resources Management möchte ich verzichten, weil er für mich zu sehr nach Verwaltung klingt, eben die Verwaltung von Ressourcen ohne den Blick für den Menschen als Ganzes und seine Individualität. Seine Erfahrungen und Kompetenzen, seine Fähigkeit zu lernen, Beziehungen einzugehen und mit anderen zusammenzuarbeiten, sind es aber, die am Ende über den Erfolg eines Unternehmens entscheiden. Letztlich ist die Begriffswahl allerdings auch eine Frage des Geschmacks.

Damit die Individualität und das Zusammenspiel der Menschen im Unternehmen sich bestmöglich entfalten können, braucht es eine gewisse Freiheit und das eigenverantwortliche Handeln erwachsener Männer und Frauen, das in vielen Organisationen zugunsten einer zentral verordneten Unmündigkeit verloren gegangen ist.

Das People Management kann deshalb nicht nur zentral agieren, sondern muss die verschiedenen Einheiten im Unternehmen als Partner begleiten. Der größere Teil der Personalarbeit wird sich zukünftig dezentral abspielen. Aber sowohl die zentrale als auch die dezentrale Arbeit zahlt auf das große Ziel eines Human Collaboration Management ein, nämlich die kollektive Intelligenz im Unternehmen bestmöglich zu nutzen.

Ein Weg dahin führt über die Kulturveränderung, flankiert von der Organisationsentwicklung und den notwendigen technischen Tools. Diese zentrale Rolle habe ich Community-Gestalter genannt, weil es unter anderem um das Fördern von Beziehungen geht, aber vor allem darum, Bedingungen zu schaffen, die es ermöglichen, dass sich über einzelne Silobereiche und Hierarchiegrenzen hinweg eine Gemeinschaft entwickeln kann, die eine gemeinsame Vision verfolgt.

Förderer von Eigenverantwortung

Zusammenarbeit braucht starke Individuen. Von der kollektiven Intelligenz kann ein Unternehmen nur dann wirklich profitieren, wenn die jeweiligen Mitarbeiter sich auch einbringen. Zusammenarbeit braucht starke Individuen. Deshalb ist es eine weitere Aufgabe des People Management, Mitarbeiter und Führungskräfte auf dem Weg zu mehr Selbstorganisation zu begleiten. Das passiert in der Regel dezentral. Diese Rolle habe ich Performance Consultant genannt. Hier ist der People Manager Berater und macht Führungskräften, Mitarbeitern und Teams Angebote, die diese annehmen – oder auch nicht.

In Zukunft sehe ich den Personaler als Teil eines Netzwerks, der mit den Business-Einheiten nach Lösungen sucht. Das erinnert natürlich an den Business Partner. Doch der Performance Consultant ist mehr als ein Personalreferent mit modern klingendem Etikett. Er oder sie arbeitet in Organisationen, die dabei sind, mehr und mehr auf Selbstorganisation zu setzen – und auf eine moderne Führung, die Orientierung bietet. Und als Consultant bringt der Personalmanager Kenntnisse mit, von denen die Mitarbeiter, Führungskräfte und Teams gerne profitieren: zum Beispiel Moderationskompetenzen, Coaching-Kenntnisse oder Expertenwissen zu agilem Arbeiten. Er muss jedoch auch entsprechend die Werbetrommel rühren und sich als Marke positionieren.

Mitarbeiter, Teams und Führungskräfte entscheiden, ob sie in der Arbeit des People Managers einen Mehrwert sehen. Wenn er sich mit seinem Angebot nicht behaupten kann, bleibt ihm als Aufgabe zumindest noch die Standardisierung von Prozessen und deren Überwachung. Das wird es immer in Unternehmen geben. Aber ein solcher Beitrag macht in einer komplexer werdenden Umwelt nicht den Unterschied. Die Rolle als Prozess-Polizei bedeutet für HR keine gewinnbringende Zukunft.

Erwachsenen Menschen kann man Freiheit und Selbstverantwortung zumuten.
Reinhard K. Sprenger

Inhaltsverzeichnis

Vorwort V
Prolog VII

Teil 1 Die neue Arbeits- und Wirtschaftswelt 1

1 Die Grundidee wiederentdecken. Eine Einleitung 3

2 Komplexe Umwelten und vernetztes Arbeiten 7
    2.1   Das Problem der klassischen Unternehmensmodelle 7
    2.2   Veränderungen mit enormer Geschwindigkeit 8
    2.3   Das Zeitalter der kollektiven Intelligenz 11
    2.3.1   Netzwerkstrukturen als Treiber 11
    2.3.2   Projektarbeit, agile Methoden und Social Software 13

Teil 2 Personalmanager als Förderer von Zusammenarbeit und Autonomie 17

3 Was es für eine gute Zusammenarbeit braucht 19
    3.1   Zusammenarbeit in Teams, Communities of Practice
            und informellen Netzwerken 19
    3.2   Merkmale der Zusammenarbeit 21
    3.3   Bedingungen für gute Zusammenarbeit 22
    3.3.1   Gemeinsames Problem und die Gestaltung der Vision 23
    3.3.2   Fähigkeit zur Reflexion und zum Respekt 23
    3.3.3   Transparenz 24
    3.3.4   Kein Wettbewerb 24
    3.3.5   Verständnis und Vertrauen 25
    3.3.6   Technologie 25

4 Ein neues Personalmanagement 27
    4.1   Relevante Einflussbereiche 28
    4.2   Die Transformation der Organisation 30
    4.2.1   Verstehen, analysieren, verändern 30
    4.2.2   Vernetztes Arbeiten 31
    4.2.3   Kollaboratives Personalmanagement 33

4.3	Die Vision des Human Collaboration Management: Rollen und Selbstverständnis	34
4.3.1	Selbstverständnis	34
4.3.2	Rollen	36
4.3.2.1	Der Community-Gestalter	37
4.3.2.2	Der Performance Consultant	38
4.3.3	Arbeitsweise	40

Teil 3 Personalmanager als Community-Gestalter ... 45

5 Human Collaboration Management und das Menschenbild ... 47
5.1	Grundlegendes	47
5.2	Aufgaben des Personalmanagements	49
5.3	Anregungen und erste Ideen	51

6 Human Collaboration Management und die Strategieentwicklung ... 55
6.1	Grundlegendes	55
6.2	Aufgaben des Personalmanagements	57
6.2.1	Dialog und die Nutzung der kollektiven Intelligenz	57
6.2.2	Strategische Inhalte	59
6.3	Anregungen und erste Ideen	61

7 Human Collaboration Management und die Kultur ... 63
7.1	Grundlegendes	63
7.1.1	Wichtiger als die Strategie	63
7.1.2	Analysieren, was man hat und wohin es gehen soll	65
7.1.3	Kulturwandel	66
7.1.3.1	Kulturdialog	66
7.1.3.2	Feedback-Instrumente beim Kulturwandel	68
7.1.3.3	Ambassadors für den Wandel	70
7.1.4	Die Social-Collaboration-Kultur	71
7.1.4.1	Kooperative Grundtendenzen	71
7.1.4.2	Elemente der Social-Collaboration-Kultur	72
7.1.4.3	Agiles, wertebasiertes Arbeiten und die Social-Collaboration-Kultur	75
7.2	Aufgaben des Personalmanagements	76
7.2.1	Das Fördern des Dialogs	77
7.2.1.1	Offener Austausch braucht Mut	77
7.2.1.2	Anregungen und erste Ideen	78
7.2.2	Das Fördern der Lernkultur	80
7.2.2.1	Selbstorganisiertes und vernetztes Lernen	80
7.2.2.2	Anregungen und erste Ideen	83
7.2.3	Das Fördern von Transparenz	91
7.2.3.1	Eine Voraussetzung für Vertrauen	91
7.2.3.2	Anregungen und erste Ideen	93

7.2.4	Das Fördern von firmeninternen Netzwerken für mehr Innovation	98
7.2.4.1	Mitarbeiter ermutigen	98
7.2.4.2	Anregungen und erste Ideen	101
7.2.5	Das Fördern der Feedback-Kultur	104
7.2.5.1	Häufiger, digitaler – aber auch wertvoller?	104
7.2.5.2	Wirkung erzielen mit Feedback	105
7.2.5.3	Anregungen und erste Ideen	108

8 Human Collaboration Management und das Social Intranet — 111

8.1	Grundlegendes	112
8.1.1	Das Social Intranet als zentrale Arbeits- und Vernetzungsplattform	112
8.1.2	Das Social Intranet und die Macht der Kulturveränderung	115
8.2	Aufgaben des Personalmanagements	116
8.2.1	Die Einführung des Social Intranet	118
8.2.2	Das Personalmanagement als (Social-Media-)Community-Gestalter	120
8.3	Anregungen und erste Ideen	123

Teil 4 Personalmanager als Performance Consultants für Führungskräfte, Mitarbeiter und Teams — 125

9 Human Collaboration Management und Führung — 127

9.1	Grundlegendes	127
9.1.1	Führung als Beziehung	127
9.1.2	Schwierige Bedingungen	129
9.1.3	Wie Führung sich verändert	130
9.1.3.1	Netzwerkstrukturen und Projektführung	130
9.1.3.2	Digitale und agile Führung	132
9.1.3.3	Fokus auf Zusammenarbeit	135
9.2	Aufgaben des Personalmanagements	137
9.2.1	Führungskräfteentwicklung: alte Muster abstreifen	137
9.2.2	Beratung bei Entscheidungen	138
9.2.3	Stärkenorientierte Führung fördern	141
9.2.4	Das Fördern von Beziehungs- und Netzkompetenz	143
9.2.5	Die Führungsinstrumente neu justieren. Das Beispiel Mitarbeitergespräch	145
9.3	Anregungen und erste Ideen	147

10 Human Collaboration Management und das Performance Management — 153

10.1	Grundlegendes	153
10.1.1	Komplizierte Systeme und hohe Unzufriedenheit	153
10.1.2	Schaden statt Nutzen	155
10.2	Aufgaben des Personalmanagements	157
10.2.1	Intrinsische Motivation als Antrieb	158
10.2.2	Feedback statt Noten	162

10.2.3	Die Schaffung eines flexiblen und transparenten Zielsystems mit dem Fokus auf das Team	166
10.2.3.1	Teamziele haben Vorrang vor Individualzielen	166
10.2.3.2	Die Management-Methode OKR	167
10.2.3.3	Die Retrospektive für Teams, um zu lernen	168
10.2.3.4	Das Unternehmen als Team	169
10.3	Anregungen und erste Ideen	170

11 Human Collaboration Management und die Beratung in kollaborativen Strukturen ... 173

11.1	Grundlegendes	173
11.1.1	Parallele Systeme: schneller und innovativer werden	173
11.1.2	Teams als erfolgsrelevante Einheit	177
11.1.2.1	Teamarbeit als agiles Projektgeschäft	177
11.1.2.2	Wann ein Team arbeitsfähig ist	178
11.1.2.3	Was Teams erfolgreich macht	181
11.2	Aufgaben des Personalmanagements	185
11.2.1	Das Organigramm anders gestalten	185
11.2.2	Rollenprofile statt Stellenbeschreibungen	187
11.2.3	Personalmanager als Lernbegleiter des Einzelnen	188
11.2.3.1	Coach für die persönliche Entwicklung	188
11.2.3.2	Berater für die Kompetenzentwicklung	189
11.2.4	Die Beratung und Entwicklung von Teams	194
11.2.4.1	Der People Manager als Teamentwickler	194
11.2.4.2	Der People Manager als Teamberater	197
11.3	Anregungen und erste Ideen	207

12 Human Collaboration Management und das Recruiting ... 211

12.1	Grundlegendes	211
12.1.1	Überlastete Recruiter	211
12.1.2	Methoden der Personalauswahl	212
12.1.3	Jeder kann (theoretisch) ein Recruiter sein	214
12.2	Aufgaben des Personalmanagements	216
12.2.1	Personalmanager als Enabler	217
12.2.2	Personalmanager und das Personalmarketing	218
12.2.3	Personalmanager als strategische Berater und Begleiter	218
12.2.4	Personalmanager als Software-Verantwortliche	219
12.3	Anregungen und erste Ideen	219

Teil 5 Zehn Thesen zur Zukunft des Personalmanagements ... 223

Literaturverzeichnis ... 231
Der Autor ... 241

Teil 1

Die neue Arbeits- und Wirtschaftswelt

1 Die Grundidee wiederentdecken. Eine Einleitung

Warum tun sich Menschen zusammen, um ein Unternehmen zu gründen oder aufzubauen? Sich mit anderen abstimmen zu müssen, ist schließlich mühselig, und den (zukünftigen) Erfolg muss man auch teilen, wenn man einen oder mehrere Partner an der Seite hat. Andere Menschen können anstrengend sein, sind anders als man selbst. Sie gefährden die eigene Selbstbestimmung.

Es gibt also Gründe, Solo-Selbstständiger zu bleiben, und deren Zahl hat ja auch in den vergangenen Jahren zugenommen. Aber die Wachstumsmöglichkeiten und die Chance auf hohe Erträge sind begrenzt. Das hat mit der quantitativen Größe der Ressourcen und damit auch der Zahl der Arbeitskräfte zu tun. Aber es geht ebenfalls um die Bündelung von Talenten und Fähigkeiten. Und die ist bei der Gründung eines Unternehmens notwendig: kaufmännische Fähigkeiten zum Beispiel, kreatives Talent sowie Vertriebs- und Marketingkenntnisse. Selten bringt ein einzelner Mensch das alles alleine mit.

Menschen gründen in der Regel zusammen, weil sie von einer Idee überzeugt sind, weil sie gemeinsam etwas erreichen wollen, weil sie eine Vision haben. Und die Mitarbeiter der Anfangszeit teilen diese. Wer mit Menschen in jungen Start-ups spricht, sieht häufig diese Begeisterung, diese Überzeugung, am richtigen Ort zu sein – auch wenn es nur ein einziges Loft ist – und an der richtigen Sache zu arbeiten. Sie alle wollen ein Ziel erreichen und sie wissen, sie können es nur zusammen. Das Problem ist ein gemeinsames Problem, die Herausforderung ist eine gemeinsame Herausforderung. Die wenigsten werden auf Dauer erfolgreich sein. So ist das Spiel.

Dennoch: Der Zweck der gemeinsamen Unternehmung ist Zusammenarbeit. Die meisten Unternehmen verlieren diesen Zweck mit der Zeit und zunehmender Größe aus den Augen. Irgendwann haben Führungskräfte nicht mehr im Bewusstsein, dass ihre Unternehmen eigentlich um die Idee herum gebaut wurden, gemeinsam etwas zu erreichen. »Sie sind auf Zusammenarbeit angelegt. Unternehmen sind Kooperations-Arenen.« (Sprenger 2012, S. 54)

Leider sind sie es aber nicht oder die Zusammenarbeit bezieht sich nur auf das eigene Team. Die Gründe hierfür sind vielfältig und ich werde später genauer darauf eingehen. Klar ist: Eine über lange Jahre gewachsene funktionale Arbeitsteilung erschwert das gemeinsame Arbeiten über Grenzen hinweg. Hinzu kommt eine Kultur, die stark das Individuum im Fokus hat. Leistung wird in der Regel eher dem Einzelnen zugerechnet als einem Team.

Gleichzeitig hat die Loyalität zwischen Arbeitnehmer und Arbeitgeber in den vergangenen Jahren abgenommen. Die Beschäftigten müssen immer wieder im Blick haben, was ihrer Arbeitsmarktfähigkeit dienlich ist. Die Identifikation mit dem eigenen Unternehmen ist nicht mehr so stark wie vor Jahren, als es noch hieß: »Ich schaff' beim Daimler.« Arbeitgeber werden – gerade von der Generation Y und jünger – schneller gewechselt, als das noch bei den Babyboomern der Fall gewesen ist. Das bedeutet auch, dass an der eigenen Marke gearbeitet werden muss – sowohl in Bezug darauf, wie der Mitarbeiter innerhalb des Unternehmens wahrgenommen wird, als auch auf dem externen Arbeitsmarkt. Somit besteht bei vielen Beschäftigten ein starker Fokus auf der beruflichen Selbstoptimierung.

Natürlich gibt es kaum ein Unternehmen, das sich nicht ein Wir-Gefühl auf die Fahnen schreibt oder von seinen Mitarbeitern Teamfähigkeit verlangt. Doch in der Praxis wird dieses Wir in den meisten Fällen wenig gelebt. Was schon daran zu sehen ist, dass das Postulat nicht von den Strukturen und Prozessen widergespiegelt wird. Und noch entscheidender: Die gelebte Unternehmenskultur gibt andere Signale – unausgesprochen oder nicht.

Ein produktives Wir braucht starke Ichs

Die Zusammenarbeit, die in Organisationen nötig ist, kann ohnehin keine verordnete sein. Dem großen Ganzen kann sie nur nutzen, wenn sie die Individualität der Mitarbeiter nicht nur anerkennt, sondern sie als befruchtend betrachtet. Ein produktives Wir braucht starke Ichs. Diese sind oftmals jedoch nicht gewollt. Vielen Führungskräften sind heute noch starke Mitarbeiter eher unangenehm. Sie haben nicht gelernt, sich mit ihnen – von Erwachsenem zu Erwachsenem – auseinanderzusetzen. Ein weiteres Problem ist, dass der Mehrzahl der Beschäftigten in großen Konzernen nicht klar ist, wohin die Reise geht und wer sich eigentlich noch so im Boot befindet. Welche Leute sitzen da in der Marketing-Abteilung? Was haben die eigentlich für Stärken und woran arbeiten die? Im schlimmsten Fall ist es dem Vertriebsmanager oder dem Softwareentwickler egal. Es fehlt in nicht wenigen Unternehmen an der Transparenz in Bezug auf die genauen Ziele und Strategien und noch viel mehr an Interesse und Verständnis für andere Teams und Unternehmenseinheiten.

> »Die Manager und Mitarbeiter eines Teilbereichs kümmern sich nicht angemessen um die anderen Bereiche, die ihnen folglich fremd sind. Und im Endergebnis kennen sie das Ganze nicht.« (Dueck 2015, S. 19)

Gunter Dueck, der ehemalige Chief Technology Officer von IBM, spricht von Schwarmdummheit, die in vielen Unternehmen vorherrsche. Sie entsteht, wenn das Ganze nicht klar verstanden ist und kein Ganzes das Team einigt.

Die Frage ist, wie kann dieses Ganze entstehen? Und wie kann es gelingen, dass sich Menschen mit all ihrer Energie, ihrer Kreativität und generell ihren besonderen Stärken für dieses Ganze einsetzen? Wie kann die Zusammenarbeit von Individuen gelingen? Den Blick auf heutige Start-ups zu richten, ermöglicht eine erste vielversprechende Anregung. Denn Menschen, die am Anfang einer Unternehmung stehen, mögen ihre individuellen Stärken haben – und doch übernehmen sie in der Regel auch immer Verantwortung für das Ganze, verfolgen gemeinsam eine Idee, ein Ziel und jeder gibt sein Bestes, dieses zu erreichen. In einem Start-up, das von einer Handvoll leidenschaftlicher Menschen betrieben wird, zieht sich für gewöhnlich keiner auf einen festdefinierten Aufgabenbereich zurück. Das Gefühl der Verantwortung primär für das Unternehmen ist die treibende Kraft.

Deshalb diskutiert man permanent, wie die nächsten Schritte aussehen könnten, hält man sich auf dem Laufenden, woran jeder gerade arbeitet, mit welchen potenziellen Kunden man in Kontakt steht. Es gibt keine Silos in einem Start-up mit einer Handvoll Leuten. Jeder weiß meistens, was die anderen im selben Raum machen. Und jeder ist höchstwahrscheinlich motiviert, die gemeinsame Vision für das Unternehmen Wirklichkeit werden zu lassen.

Ich gehe von einem Ideal aus. Natürlich gibt es etliche Fälle, die genau das Gegenteil beweisen. Dennoch sage ich ganz bewusst: In manchen Bereichen sind Start-ups die neuen Vorbilder. Große Unternehmen sollten sich von der Art, wie Menschen in Start-ups an Aufgaben herangehen, wie sie zusammenarbeiten, zumindest inspirieren lassen – und einen gewissen Start-up-Spirit wieder heraufbeschwören. »Unternehmen müssen wieder zu Unternehmungen werden: eine Gruppe von Menschen, die gemeinsam eine Idee verfolgen.« (Frank/Hübschen 2015, S. 137)

Dieser Start-up-Geist, dieses gemeinsame leidenschaftliche Verfolgen einer großen Idee, das ist auch etwas, was sich viele Firmen im Silicon Valley in Teilen bewahrt haben.

Groß denken im Silicon Valley

Seit einigen Jahren nun schon pilgern deutsche Manager an die amerikanische Westküste, um herauszufinden, was das Besondere von Google, Facebook und Co ist. Und was sie erleben, sind zum einen Gründer, die ganze Branchen verändern, ja unsere Wirtschaft und Gesellschaft verändern wollen, dieses »Think big«. Und sie erleben zum anderen Unternehmen, in denen es kein Makel ist, zu scheitern, in denen es in Ordnung ist, immer und immer wieder auszuprobieren, zu verwerfen und es wieder zu versuchen. Und das in einem Tempo, das für deutsche Führungskräfte bislang neu ist.

> *»Innovation entsteht durch den freien, ungehemmten Austausch von Menschen auf kleinstem Raum. Alle Firmen, die ich besuche, legen Wert auf Dichte. Physische Nähe, glauben sie, ist so wichtig wie die Abwesenheit allzu strenger Regeln. Räumliche Distanz behindert Kreativität, ebenso wie steifer gesellschaftlicher Umgang oder soziale Konvention. Vorschriften töten Ideen.«* (Keese 2014, S. 35)

Was die Innovationsfähigkeit der Unternehmen im Silicon Valley ausmacht, liegt insbesondere in ihrer Kultur begründet. Neben der Lust am Experimentieren spielt die große Autonomie der Mitarbeiter sowie die Art des Zusammenarbeitens eine große Rolle. Der ständige Austausch von intelligenten, kreativen Menschen, die Verantwortung übernehmen, führt zu Innovation. Und die Unternehmen schaffen die notwendigen Bedingungen, dass dieser Austausch, diese Zusammenarbeit bestmöglich gelingen kann.

2 Komplexe Umwelten und vernetztes Arbeiten

2.1 Das Problem der klassischen Unternehmensmodelle

In den meisten Unternehmen findet sich immer noch eine ausgeprägte funktionale Arbeitsteilung und ein damit einhergehender hoher Spezialisierungsgrad. Die dadurch existierenden Schnittstellen sind zunächst keine guten Voraussetzungen für eine Zusammenarbeit über Disziplinen hinweg. Nicht selten stehen auch funktionale Ziele im Widerspruch zur Unternehmensstrategie und es herrscht ein ausgeprägtes Abteilungs- und Fachbereichsdenken, was gerade in den letzten Jahren vor allem in Großunternehmen gefördert wurde. Denn viele Fachbereiche wurden darauf ausgerichtet, wie ein Profitcenter zu agieren. »Mit der aktuellen Betriebsstruktur stehen sich Unternehmen im digitalen Zeitalter nun selbst im Weg.« (Hays/PAC 2015, S. 11)

In der klassischen pyramidalen Struktur ist das Weiterkommen auf der Karriereleiter ein wesentlicher Anreiz für viele Mitarbeiter und Führungskräfte, was zu einem (impliziten) Wettbewerb um die nach oben weniger werdenden Führungspositionen führt. Auch die meisten Instrumente des Personalmanagements wie Zielvereinbarungen und Anreizsysteme im Rahmen des Performance Management »sind auf die Aufrechterhaltung der Pyramide« ausgerichtet (Häusling et al. 2016, S. 11). Vor allem sind sie häufig der Zusammenarbeit abträglich, insbesondere wenn sie über Abteilungsgrenzen und den originären Aufgabenbereich hinausreichen sollen. Grundsätzlich bilden Instrumente und Prozesse des durchschnittlichen Performance Management die Einstellung ab, dass Leistung in der Regel dem Einzelnen zuzurechnen ist und nicht einem Team oder einer sonstigen Gemeinschaft. Doch dort, wo schnelle kreative Problemlösungen gefragt sind, sind Anreiz- und Beurteilungssysteme, die auf die Leistungsoptimierung des Individuums zielen und dessen Motivation auf die Erreichung der individuellen, mit Boni verknüpften Ziele lenken, nicht mehr zeitgemäß (vgl. Weinberg 2015). Bosch hat beispielsweise die individuelle variable Vergütung abgeschafft, weil sie unter anderem die Zusammenarbeit mit anderen eingeschränkt habe (vgl. Kübel 2016). Nun setzt man mehr auf die intrinsische Motivation der Führungskräfte. Variable Vergütung gibt es weiterhin, allerdings nur noch gekoppelt an Unternehmens- und Bereichsziele.

Bosch ist eine der wenigen Ausnahmen. Immer noch setzen viele Unternehmen sogar auf das Gegenteil einer Zusammenarbeitskultur, nämlich auf Wettbewerb zwischen Mitarbeitern. Ausdruck davon ist insbesondere das von GE einst populär gemachte Stack Ranking oder auch die Forced Distribution, die erzwungene Normalverteilung im Rahmen von Beurteilungen. Danach muss eine Führungskraft die zu Beurteilenden in eine Reihenfolge bringen (Stack Ranking) beziehungsweise die Teammitglieder in verschiedene Leistungsklassen einordnen, wobei sich die Einordnung in der Regel nach der gaußschen Normalverteilung richtet und nicht unbedingt nach der tatsächlichen Performance des Mitarbeiters.

Auch Führungskräfte befinden sich untereinander nicht selten im Wettbewerb um Budgets und Anerkennung. Letzteres bekommt man am häufigsten für den eigenen Status im Unternehmen sowie für das Fachwissen, das man sich über Jahre erworben hat. Deshalb ist Wissen immer noch für viele ein wichtiges Instrument, um sich Einfluss und Macht zu sichern. Führungskräfte werden noch zu oft nach ihrer vorhandenen Expertise ausgewählt und weniger danach, wie gut sie Menschen führen können.

Mittlerweile wird das ausgeprägte Silo- und Konkurrenzdenken zum echten Problem für die Unternehmen. Das Bewusstsein der Führungskräfte ist diesbezüglich jedoch vorhanden. Die große Mehrheit nennt das Silo- und Konkurrenzdenken als wesentlichen Grund für die Nicht-Umsetzung notwendiger Verbesserungsmaßnahmen (vgl. Hays/PAC 2015, S. 11). Zu viele Interessengruppen verfolgen unterschiedliche Ziele. Das jeweilige Unternehmen beschäftigt sich in solchen Fällen mehr mit sich selbst als mit den Kundenbedürfnissen und dem Verfolgen einer gemeinsamen Vision.

Die Funktionssilos schränken die Potenziale der Zusammenarbeit ein und fördern vor allem die Trägheit einer Organisation. Diese kann sich zum Beispiel in mangelnden Investitionen, fehlendem Know-how oder innerem Widerstand gegen Veränderung zeigen (vgl. Häusling et al. 2016, S. 8). Träge Unternehmen haben Schwierigkeiten, sich an Veränderungen in ihrem Umfeld anzupassen, vor allem, wenn diese eine gewisse Dynamik aufweisen. Lange Zeit war das für die meisten Unternehmen kein großes Problem, weil die jeweiligen Märkte eine gewisse Übersichtlichkeit und die Geschäftsfelder klare Grenzen hatten. Veränderungen passierten, aber langsam, und sie konnten leichter vorausgesehen werden. Als Beispiel sei an dieser Stelle der Journalismus genannt. Bis zum Internet hat sich die Tageszeitungsbranche kaum verändert, die Grenzen waren eindeutig. Heute konkurrieren die Verlage im Netz mit anderen Medienunternehmen wie Fernsehanstalten, Bloggern oder sozialen Netzwerken wie Facebook, das mittlerweile das größte Medienunternehmen ist. Nachrichten können heute auf dem Handy gelesen werden, es gibt News-Aggregatoren und sogar Algorithmen, die Texte schreiben können. Diese Entwicklung hat nur wenige Jahre gedauert. Und sie geht in hohem Tempo weiter.

2.2 Veränderungen mit enormer Geschwindigkeit

Mit dem Übergang zur Wissensgesellschaft wird für die Wirtschaft der technische Fortschritt immer wichtiger. Dieser führt auch zu immer kürzeren Produktionszyklen. Dauerte es Mitte des 20. Jahrhunderts noch Jahrzehnte von der Idee bis zur Massenproduktion, wird der Zyklus heute eher in Monaten oder gar Wochen gemessen. Und die technologische Entwicklung macht immer größere Sprünge beziehungsweise geht immer schneller vonstatten. Sie wächst exponentiell (vgl. Petry 2016, S. 26). Heute ist die Digitalisierung die strukturprägende Basisinnovation, die durch die intelligente Vernetzung und Kombination bereits bestehender Technologien alle Bereiche des Lebens, Arbeitens und Wirtschaftens beeinflusst (Apt et al. 2016, S. 28). Die Unternehmen agieren im digitalen Zeitalter, und Geschäftsmodelle und -prozesse werden zunehmend geprägt von digitalen Megatrends wie Social Media, Cloud Computing, Big Data, Mobile und vor allem durch das Internet der Dinge. Weiteres großes Potenzial wird bei der Entwicklung von künstlicher Intelligenz gesehen.

Das Besondere des digitalen Zeitalters gegenüber materiellen Technologien ist, dass digitale Produkte und Dienstleistungen sehr schnell und leicht skalierbar sind aufgrund von beinahe null Grenzkosten. Das führt zu radikalen Veränderungen auf bestehenden Märkten.

Plattformen und Disruption
Insbesondere Unternehmen aus den USA und dort im Speziellen aus dem Silicon Valley haben große Veränderungen gebracht – auch für deutsche Firmen. Dort versteht man die Grundgesetze der Digitalökonomie besser als nirgendwo sonst. Und zwei davon kann man betiteln mit: Disruption und Plattformen (vgl. Keese 2014).

Digitalunternehmen wie Facebook, Airbnb oder Uber stellen selbst keine Produkte her und mischen doch die Medien-, Hotel- und Taxibranche auf. Und sie tun das im Vergleich beispielsweise zu deutschen Unternehmen mit relativ geringen Kapitalinvestitionen: Uber besitzt keine Autos, Airbnb keine Hotels.

Die größere Gefahr besteht aber in disruptiven Innovationen, die dank der Digitalisierung heute in immer schnelleren Abständen erscheinen. Disruption ist, wie Christoph Keese in seinem Buch »Silicon Valley« (2014) schreibt, die beliebteste Vokabel an der amerikanischen Westküste. Eine disruptive Innovation wäre beispielsweise das Aufkommen des ersten Musik-Streaming Dienstes Spotify, hingegen nicht die CD, »weil sie den Markt für physische Tonträger intakt ließ« (ebd. S. 111). Eine disruptive Innovation war auch die Plattform für den Buchkauf von Amazon. Sie kam nicht von den Buchhändlern, genauso wie Spotify nicht von der Musikindustrie gekommen ist. Das ist normal, weil Unternehmen in der Regel nicht in der Lage sind, einander disruptiv anzugreifen. Sie treffen rationale Entscheidungen und beliefern ihre Kunden mit dem, was diese wünschen (ebd.). Für eine disruptive Innovation müssten sie fähig sein, eigene Ineffizienzen im System zu erkennen und gegenwärtige Kundenbedürfnisse ein Stück weit zu ignorieren. Disruptive Innovationen funktionieren nicht auf Basis von Marktforschung.

Die Digitalisierung hat dazu geführt, dass Branchen- und Industriegrenzen immer mehr verschwimmen. Unternehmen aus der einen Branche können zunehmend auch Produkte in einer anderen anbieten. Unternehmen müssen sich deshalb anders als früher bewusst sein, dass sich mögliche Wettbewerber nicht nur in der eigenen Branche befinden. »Digitale Angreifer« mit ganz anderen Geschäftsmodellen könnten für sie gefährlich werden. Mehr und mehr Top-Managern ist dieser Wandel klar. Das zeigt eine weltweite Befragung von IBM unter Spitzenmanagern. Auf die Frage, von wo sie zukünftig mehr Wettbewerb erwarten, aus der eigenen Industrie oder anderen Branchen, waren die Antworten 2013 diesbezüglich noch weitgehend ausgeglichen. Zwei Jahre später ist für die Befragten wesentlich eindeutiger, dass mehr Wettbewerb aus anderen Industrien droht (vgl. IBM 2015).

Für die Unternehmen ist dabei eine wesentliche Herausforderung, die technologischen Entwicklungen im Blick zu behalten, wie die Studie von IBM zeigt. Von den externen Faktoren ist Technologie derjenige, der Organisationen am meisten beeinflusst. Es ist der wesentliche Game Changer, sagen Top-Manager weltweit – knapp vor Marktentwicklungen und weit vor regulatorischen Veränderungen. Ihrer Einschätzung nach sind die drei wichtigsten Technologien für die nächsten Jahre: Cloud Computing, mobile Lösungen und das Internet der Dinge.

Technologie ist also der wichtigste Treiber für die ansteigende Dynamik und Komplexität, die die Umwelten prägen. Hinzu kommen jedoch noch andere Trends wie die Veränderungen der Demografie und ein gesellschaftlicher Wertewandel. Gerade junge Menschen legen heute tendenziell mehr Wert auf Sinnstiftung und Autonomie im Job als Beschäftigte in früheren Zeiten. Die Erwartungen der Mitarbeiter an Führung sind anspruchsvoller geworden.

Zudem stehen den Unternehmen heute besser informierte Kunden gegenüber, die erwarten, dass ihre sich schneller ändernden Bedürfnisse zeitnah befriedigt werden.

Die VUCA-Welt

Die Digitalisierung und ihre beschleunigte Entwicklung, aber auch andere genannte Veränderungen führen zu einer Umwelt, die allgemein als VUCA bezeichnet wird und der sich Unternehmen und Führungskräfte immer häufiger ganz oder teilweise gegenübersehen. VUCA steht für Volatility (Volatilität), Uncertainty (Unsicherheit), Complexity (Komplexität), Ambiguity (Mehrdeutigkeit). Das heißt, auf dem Markt herrscht eine dynamische Entwicklung, die enorme Kraft haben und sprunghaft in jede Richtung gehen kann. Es gibt also häufige Veränderungen und keine Beständigkeit (Volatilität). Für die Unternehmen entstehen unklare und nicht berechenbare Situationen (Unsicherheit). Es gibt keine einfachen Ursache-Wirkung-Zusammenhänge und dem Unternehmen oder der Führungskraft fällt es immer schwerer, eine Situation zu bewerten. Nicht selten bewegen sie sich sogar in einer Umwelt, die widersprüchlich ist beziehungsweise bei den Akteuren eine ambivalente Haltung hervorruft (Mehrdeutigkeit).

Das Akronym VUCA ist ein beliebter Begriff in der Managementwelt geworden, um die relevanten Veränderungen für Unternehmen und Führungskräfte zu umschreiben. Doch um die für die Unternehmen relevanten Entwicklungen deutlich zu machen, reicht es, sich auf den Begriff der Komplexität zu fokussieren – er ist der wichtigste, auch weil er die anderen weitgehend umfasst. Denn komplexe Problemsituationen sind per se dynamisch. Das heißt, die Situation ändert sich von selbst mit der Zeit ohne das Einwirken eines Akteurs. Zudem herrscht Intransparenz in Bezug auf die Situation. Es liegen nämlich nie alle erforderlichen Informationen vor. Außerdem schließt der Begriff der Komplexität durchaus auch wechselseitige Abhängigkeiten mit ein. In der Regel existieren mehrere Ziele, die miteinander in Konflikt stehen können (Weilbacher 2016, S. 42). Komplexe Situationen machen es nötig, dass man Prioritäten setzt und Entscheidungen auf Basis von Informationen trifft, die nie vollständig sind. Und die Entscheidungen müssen manchmal ziemlich schnell getroffen werden.

Die Komplexität, mit der sich Unternehmen und Gesellschaft konfrontiert sehen, wächst rasant. Sie wächst sogar noch schneller als die Rechenleistung der Supercomputer. Es ist die Vielzahl an technologischen Entwicklungen und deren Kombinationen, die die Beschleunigung vorantreibt: die exponentiell wachsende Rechenleistung, die explodierende Datenmenge und eine rasant wachsende Anzahl der Dinge, die mit dem Internet verbunden sind. Die Frage ist, wie geht man als Unternehmen mit dieser Komplexität, die die Umwelten prägen, um? Die Herausforderung liegt zum einen darin, mit der Dynamik einigermaßen mithalten zu können und Entscheidungen schnellstmöglich zu fällen. Zum anderen müssen diese trotz Komplexität und Unübersichtlichkeit eine gewisse Qualität haben. Eine Antwort auf die Herausforderung ist in der Regel ein Mehr an dezentralen Entscheidungen und Autonomie in den Organisationen sowie eine bestmögliche Nutzung der kollektiven Intelligenz. Dafür ist es zwingend nötig, dass zwischen Menschen, die sich für den Unternehmenserfolg einsetzen, eine positive Beziehung besteht und sie effektiv zusammenarbeiten.

2.3 Das Zeitalter der kollektiven Intelligenz

Es sind einige Indizien und Entwicklungen dahingehend zu beobachten, dass wir ein neues Zeitalter betreten haben. Es ist allerdings nicht nur das digitale Zeitalter, sondern auch das der Zusammenarbeit und Netzwerke. In dynamischen Märkten ist zentrale Steuerung und Problemlösung nicht mehr effizient. Auch um heutzutage zu innovieren, braucht es die Zusammenarbeit, die ich hier auch Social Collaboration nenne und damit mehr als das Agieren auf Social-Media-Plattformen meine.

2.3.1 Netzwerkstrukturen als Treiber

Die Fähigkeit, Netzwerke auszubilden und in solchen Systemen interagieren zu können, ist für viele Unternehmen schon heute ein entscheidender Faktor, um wirtschaftlich erfolgreich zu sein. Die Komplexität von Produkten hat zum Teil so stark zugenommen, dass sie nur in Zusammenarbeit mit anderen Unternehmen oder Institutionen erfolgreich bearbeitet werden kann. Konkrete Gründe, die Unternehmen motivieren, eine solche Kooperation einzugehen, können unter anderem sein, dass man alleine nicht genügend Know-how mitbringt, die eigenen Ressourcen nicht ausreichen oder man im Alleingang schlicht nicht schnell genug am Markt wäre mit einem Produkt. Schon lange ist die enge Zusammenarbeit mit den Wertschöpfungspartnern gang und gäbe in der deutschen Wirtschaft. Gleichzeitig wird es zunehmend wichtiger, Kooperationen einzugehen, die über diese klassische Zusammenarbeit hinausgehen, um innovationsfähig zu bleiben. Wobei der Engpass dabei meist nicht in der fehlenden Verfügbarkeit guter Ideen liegt, sondern in deren erfolgreicher und schneller Umsetzung in marktgängige Produkte und Dienstleistungen (vgl. Fit für Innovation 2011). Aufgrund der steigenden Dynamik ist die Innovationsfähigkeit entscheidend für den Erfolg oder gar für das Überleben von Unternehmen.

> *»Die Fähigkeit von Unternehmen zur Ausbildung von Netzwerken wird künftig über wirtschaftlichen Erfolg und Misserfolg entscheiden. Ursächlich hierfür ist die Tatsache, dass die Komplexität von Produkten und Prozessen so stark zunimmt, dass diese nur durch koopera-*

tive Formen der Arbeitsteilung, also kollaborativ, zu beherrschen ist. Hinzu kommt, dass Netzwerke Problemstellungen aus unterschiedlichen Perspektiven beleuchtet und Bedürfnisse von Kunden und Kooperationspartnern identifiziert werden können.«

(Fit für Innovation 2011, S. 10)

Doch nur mit der eigenen Forschungs- und Entwicklungsabteilung radikale Neuerungen schnell zu entwickeln und umzusetzen, wird zunehmend schwieriger, weil innerhalb der eigenen Unternehmensnetzwerke die Perspektiven zu wenig divers sind und die Ressourcen nicht ausreichen.

Man denke an die Bankenbranche und die Herausforderung durch die Fintechs als Beispiel. Früher waren strategische Allianzen mit branchenfremden Unternehmen so gut wie unmöglich. Heute kooperieren die großen Geldhäuser mit Start-ups, um an innovativen Technologien zu partizipieren, die das traditionelle Geschäft irgendwann obsolet machen können. Früher wurden Fintech-Unternehmen als Bedrohung wahrgenommen. Heute schließt eine Deutsche Bank beispielsweise keinen Weg der möglichen Zusammenarbeit aus. In neuen Kreativzentren arbeitet sie auch mit Technologieunternehmen wie Microsoft und IBM zusammen, die Expertise, Ressourcen und Geschäftskontakte einbringen (De la Motte 2015).

Spitzenmanager sind sich der Bedeutung von solchen Partnerschaften für die Innovationsfähigkeit bewusst. Laut der weltweiten Befragung von IBM (2015) wollen sie sowohl ihre Partnerschaften aktiver und intensiver gestalten, um an externe Innovationen zu kommen, als auch bestehende Netzwerke ausbauen.

Technologische Entwicklungen und Innovationen sind die Haupttreiber dieser Notwendigkeit. Dabei sind die Grenzen zu sozialen Innovationen oftmals schwierig zu ziehen. Neue Technologien können neue Arbeitsabläufe oder Strukturen, neue Kompetenzen und neue Berufsbilder notwendig machen.

Wertschöpfung in Netzwerken mit Partnern
Der Einzelne, der für sein Unternehmen in solchen Kooperationssystemen mit externen Partnern tätig ist, muss sich einbringen, offen sein, zuhören und zur Empathie fähig sein können. Es wird in diesen Systemen in der Regel hierarchieübergreifend zusammengearbeitet. Diese Erfahrung – und damit auch gewisse Erwartungen an die eigene Kultur und Entscheidungsprozesse – nimmt das Individuum mit in den betrieblichen Alltag seines Unternehmens.

Entscheidender für einen von den Netzwerkkooperationen ausgehenden Veränderungsdruck ist allerdings die Tatsache, dass konventionelles hierarchisches Management nicht mehr als geeignet erscheint, wenn der Großteil der Wertschöpfung abhängig ist von Unternehmensnetzwerken und weniger von den Ressourcen, die ein Unternehmen besitzt. Und wenn Vertrauen ein wichtiger Faktor für eine erfolgreiche Zusammenarbeit mit externen Partnern ist, ist es kontraproduktiv, wenn in den internen Beziehungen im Unternehmen kaum Vertrauen herrscht.

Interessanterweise sind vor allem große Unternehmen mehr und mehr bereit, ihre Innovationsprozesse ganz zu öffnen. In einer Studie des Fraunhofer IAO und der UC Berkeley (2013) wurde erstmals repräsentativ erhoben, wie große Unternehmen Open Innovation anwenden. 78 Prozent der befragten Führungskräfte gaben an, dass ihr Unternehmen seit mehreren Jahren diesen Ansatz praktiziere. Sie realisieren gemeinsam mit Kunden Innovationen, pflegen informelle Netzwerke oder arbeiten mit Universitäten zusammen. Crowdsourcing war damals noch kein großes Thema, doch das dürfte heute anders sein.

Mehr dezentrale Entscheidungsfindung
Zunehmend lässt sich beobachten, wie Unternehmen oder Teileinheiten sich bemühen, netzwerkartige Strukturen zu entwickeln – das gilt auch für große Konzerne. Die Komplexität und Volatilität des Umfeldes zwingt dazu, mehr Entscheidungen dezentraler zu treffen. Zumindest die Einsichten sind bei den Spitzenmanagern da (vgl. IBM 2015). Denn »dem Subsidiaritätsprinzip folgend ist die Komplexität unserer Wirtschaft nur beherrschbar, wenn sich die Teileinheiten eines Unternehmens in hohem Maße selbst organisieren und damit vernetzen können« (Anderson/Uhlig 2015, S. 274).

Nichtsdestotrotz lassen sich über Jahrzehnte gewachsene hierarchische Gebilde und die dazugehörige Führungskultur nicht über Nacht verändern und so manche Ankündigung kann man auch als Schaufensterpolitik betrachten (vgl. Kühl 2016).

Trotzdem geht es darum, Anpassungen an Marktveränderungen möglichst schnell vorzunehmen und Entscheidungen dort zu treffen, wo die Expertise ist. Laut einer Studie der Beratung Deloitte (2016) zieht gar ein neues Organisationsmodell herauf in der Wirtschaftswelt, nämlich das »Netzwerk der Teams«. Danach entstehen derzeit in den Unternehmen flexible, cross-funktionale Teams zu speziellen Projekten und Herausforderungen, die miteinander interagieren. Und je agiler und kundenfokussierter ein Unternehmen ist, desto wahrscheinlicher sei es, dass es sich in die Richtung Teamnetzwerk bewegt.

Die Tendenz, Mitarbeitern und Teams mehr Autonomie, aber auch mehr Verantwortung zu geben, geht mit einem gesellschaftlichen Wertewandel einher. Der Drang, selbst zu gestalten und nicht nur Anweisungen auszuführen, ist größer als in früheren Zeiten. Und in besonders wissensintensiven Branchen gehen die talentierten Menschen eher dahin, wo es große Freiheiten in der Arbeit gibt (vgl. Bock 2016, S. 314). Auf Mitarbeiter im IT- und Software-Bereich trifft das am häufigsten zu. Und da früher oder später jedes Unternehmen von der Digitalisierung betroffen ist, ist anzunehmen, dass diese Berufsgruppe in jeder Firma an Bedeutung gewinnt und ihr Einfluss zunehmen wird.

2.3.2 Projektarbeit, agile Methoden und Social Software

Bevor Begriffe wie Agilität und Netzwerke allgegenwärtig waren, gab es in den Organisationen Projekte, um beispielsweise neue Produkte zu entwickeln oder Veränderungen anzustoßen und umzusetzen. In der Regel wird eine Aufgabe zum Projekt, wenn sie einmalig ist und ein Mindestmaß an Komplexität vorliegt. Projekte sind in der Regel interdisziplinär und bereichsübergreifend. Die Fähigkeit zur Zusammenarbeit der Projektmitglieder und eine partnerschaftliche Atmosphäre sind wesentliche Erfolgsfaktoren.

Seit Jahren nehmen Projekte an Bedeutung zu, weil traditionelle Organisationsformen mit der Bewältigung komplexer Aufgaben überfordert sind und die Zusammenarbeit verschiedener Fachbereichsmitglieder in einer Linienorganisation zu viele Reibungsverluste mit sich brächte. Die können sich Unternehmen aufgrund des hohen Tempos auf den Märkten immer weniger leisten. Projektorganisationsformen werden deshalb auch teilweise oder ganz aus der bestehenden Linienorganisationsform herausgelöst. Die Arbeitszeit, die Mitarbeiter durchschnittlich in Projekten verbringen, nimmt zu. In der Studie von Hays und PAC (2015) ist von 35 Prozent die Rede. Noch wichtiger ist allerdings, dass 62 Prozent der befragten Fachbereichsleiter eine Zunahme in den vergangenen zwei bis drei Jahren konstatieren. Als Grund hierfür wird zumeist direkt oder indirekt auf den digitalen Wandel verwiesen. Herausforderungen der Digitalisierung wie die Einführung IT-gestützter Prozesse und Produkte können kaum durch vordefinierte Routinen bewältigt werden. Selten wird die Bedeutung der Produkte in den Organigrammen abgebildet. Auch bei Beurteilungen im Rahmen von Performance-Management-Systemen wird Projektarbeit selten adäquat berücksichtigt, da sich das System auf die bilaterale Beziehung zwischen Führungskraft und Mitarbeiter fokussiert.

Interessant zu beobachten ist außerdem, dass Projekte immer weniger mit klassischen Methoden angegangen werden. Zunehmend kommen auch Scrum, Kanban oder Design Thinking beim Projektmanagement zum Einsatz. Dabei werden die agilen Methoden allerdings häufig mit klassischen Projektmanagement-Methoden kombiniert (Hochschule Koblenz/GPM 2015). Ob kombiniert oder nicht: Eine wichtige Voraussetzung für eine erfolgreiche (agile) Projektarbeit ist eine Kooperations- und Verantwortungskultur.

Agiles Arbeiten auf Augenhöhe
Bei allen agilen Methoden spielt eine partnerschaftliche Zusammenarbeit eine wichtige Rolle. Sie finden zunehmend auch außerhalb der Softwareentwicklung Verbreitung: bei IT-nahen Themen und ohne besonderen IT-Bezug. Nutzer bewerten sie bei fast allen Kriterien grundsätzlich besser als klassische Projektmanagement-Methoden. Ob Ergebnisqualität, Mitarbeitermotivation, Teamwork oder Effizienz – überall haben laut einer Studie der Hochschule Koblenz und der Deutschen Gesellschaft für Projektmanagement GPM (2015) die agilen Methoden die Nase vorn. Das gilt insbesondere für die iterative Methode Scrum, die auch am weitesten verbreitet ist. Bei Scrum wird im Gegensatz zur sogenannten Wasserfall-Methode kein fertiges Produkt geplant, sondern es geht um kontinuierliche Verbesserung, wobei der Fokus auf dem Kunden und seinen Bedürfnissen liegt. Scrum setzt unter anderem auf selbstorganisierte Teams, enge Feedback-Schleifen und klare Verantwortlichkeiten. Damit ist Scrum nicht einfach nur eine Methode, sondern sie einzusetzen, hat Einfluss auf die Unternehmenskultur. Mitarbeiter bekommen weitgehende Freiheiten eingeräumt durch Führungskräfte und brauchen deren Vertrauen. Das ist eine Frage des Mindsets. Führungskräfte müssen lernen, loszulassen.

Als ein wesentliches Kriterium, damit Scrum gelingt, nennen Boris Gloger und Jürgen Margetich »echtes Teamwork«. Das heißt: Ihnen geht es nicht darum, Begrifflichkeiten zu nutzen, die en vogue sind. Scrum ist dabei nur ein Beispiel dafür, dass es um Grundsätzliches geht: »Wir brauchen Teamwork, weil uns komplexe Produkte als Individuen überfordern. Der Beitrag des Einzelnen im Entstehungsprozess ist nicht klar abgrenzbar.« (Gloger/Margetich 2014, S. 51) Und – das ist das Besondere – es sei eine nachhaltige soziale Verbindung innerhalb des Teams und die Verantwortlichkeit für das Produkt über das Projektziel hinaus wichtig. Zu allen Zeitpunkten und auf allen Ebenen werden gemeinsame Ziele und

Aufgabenstellungen geteilt (vgl. ebd.). Dass das für die meisten Unternehmen einen wirklichen Kulturwandel bedeutet, dürfte klar sein.

Methoden wie Scrum oder Design Thinking beruhen auf der gemeinsamen Zusammenarbeit vor Ort. Heute findet Zusammenarbeit allerdings mehr und mehr virtuell statt, weil die Mitglieder eines Teams an verschiedenen Orten verteilt sind.

Web-2.0-Technologien
Der Einsatz von Web-2.0-Technologien hat das Teamwork erleichtert. Viele Unternehmen setzen Social Software ein, um eine effiziente Teamarbeit zu erreichen, die ihnen die Nutzung von E-Mails nicht mehr bieten kann. Social-Collaboration-Plattformen und andere Tools sind ein Treiber vernetzter Formen von Zusammenarbeit im Unternehmen und über Firmengrenzen hinweg. Sie erleichtern den hierarchie- und funktionsübergreifenden Austausch und haben damit auch Einfluss auf eine Unternehmenskultur. Doch sie sind kein Selbstzweck. Unternehmen wollen den Wissenstransfer innerhalb der Belegschaft erhöhen und Business-Entscheidungen beschleunigen. Die »Deutsche Social Collaboration Studie« der TU Darmstadt mit Campana & Schott (2016) zeigt, dass vorwiegend große Unternehmen mit mehr als 20.000 Mitarbeitern einen hohen Social-Collaboration-Reifegrad aufweisen sowie Unternehmen, deren Fokus auf den Markt und den Kunden gerichtet ist.

Social Collaboration mit Hilfe von Web-2.0-Technologien ist Teil der Digitalen Transformation. Der Wandel, den die Mehrheit der Unternehmen durchläuft beziehungsweise durchlaufen wird, umfasst aber mehrere Dimensionen. Es geht um die Nutzung von Technologien wie Social Media und um die Digitalisierung von Prozessen oder Produkten. Es geht aber noch mehr um Einstellungen von Mitarbeitern und Führungskräften, es geht um Kultur. Es lässt sich ein langsamer Wandel in der deutschen Wirtschaft beobachten. In dem Bemühen, mit der Dynamik der Märkte Schritt zu halten, bekommt der Einzelne tendenziell mehr Verantwortung und wird die Vernetzung über Funktionen hinweg vorangetrieben. Die Einzelorientierung ist nicht mehr das vorherrschende Paradigma. Dem Wir – geformt von starken Ichs – gehört dieses Zeitalter.

Teil 2

Personalmanager als Förderer von Zusammenarbeit und Autonomie

3 Was es für eine gute Zusammenarbeit braucht

Trotz der genannten Entwicklung, die wir sehen, das Innovieren in Unternehmensnetzwerken oder die Verbreitung von agilen Methoden, gilt in den Unternehmen das Trennende immer noch als das vorherrschende Prinzip. Es wird in Abteilungen, Hierarchieebenen, Professionen gedacht und die meisten Mitarbeiter und Führungskräfte sind erpicht darauf, sich von allen anderen abzugrenzen und sich mit ihrem jeweiligen Bereich zu identifizieren. Das Trennende kostet jedoch Kraft und wertvolle Zeit im täglichen Arbeiten. Wer, wenn nicht das Personalmanagement, soll zukünftig dafürstehen, Trennendes aufzuheben und Verbindungen herzustellen, wo früher kein oder kaum Kontakt war? Es sollen Beziehungen entstehen und Zusammenarbeit möglich werden – und das nicht nur im unmittelbaren Arbeitsbereich, sondern über Aufgabengrenzen hinweg.

Man sollte den Gedanken zulassen, das ganze Unternehmen als Team zu betrachten, das auf ein gemeinsames Ziel hinarbeitet. Diesen Teamgedanken im Unternehmen zu fördern, könnte bestehende Gräben verkleinern. Der Weg dahin ist in den allermeisten Fällen lang. Denn das People Management hat selbst jahrelang in den Unternehmen das Trennende gefördert – und tut es in den meisten Fällen immer noch.

Bevor ich aber auf die konkreten Aufgaben der Personalfunktion eingehe, wie ich sie sehe, will ich zunächst darauf schauen, was eigentlich mit Zusammenarbeit gemeint ist. Dass sie in – und auch zwischen – den Unternehmen effektiv abläuft, ist der wesentliche Grundpfeiler für Erfolg im digitalen Zeitalter.

3.1 Zusammenarbeit in Teams, Communities of Practice und informellen Netzwerken

Wenn man über Zusammenarbeit spricht – oder (Social)Collaboration, das ich hier als Synonym verwende –, dann denkt man in der Regel zuerst an ein Team. Die kleinste Einheit in einem Unternehmen steht wie keine andere Institution für das Thema. Bei einem Team handelt es sich meist um bis zu ein Dutzend Leute, die zielorientiert gemeinsam an einem definierten komplexen Problem oder an einer Aufgabe arbeiten. Manfred Gellert und Claus Nowak (2014) sprechen von zwei bis acht Fachleuten. Man ist bei der Problemlösung aufeinander angewiesen, es gibt also gegenseitige Abhängigkeiten. Damit ist eine funktionale Abteilung in der Regel kein Team, weil sie nicht gemeinsam an einer Herausforderung arbeitet.

Auch Projektmitglieder bilden ein Team, mit dem Unterschied, dass ihre Aufgabe einen einmaligen Charakter hat und die Zusammensetzung nur für das eine Projekt besteht. Die Grenzen zwischen einem »normalen« Team in der Linienorganisation und einem Projektteam werden allerdings fließender, da die Dynamik in der Wirtschaftswelt dafür sorgt, dass Mitarbeiter schneller Teams wechseln müssen, sodass das Gefühl der Projektarbeit bei manchem aufkommen dürfte.

Die Zusammenarbeit findet ihren formellen Ausdruck beispielsweise in Form von vordefinierten und weniger definierten Prozessen, die den Austausch zwischen Personen und Einheiten festlegen: Jour Fixe, Mitarbeitergespräch, Review, Retrospektive sind solche Beispiele. Menschen kommen in diesen unterschiedlichen Formen von Meetings zusammen, um etwas gemeinsam zu erreichen.

Communities of Practice

Neben der formellen Form findet Zusammenarbeit in einem Unternehmen immer auch auf der informellen Ebene statt. In den vergangenen Jahren sind unter anderem die sogenannten Communities of Practice (CoP) populär geworden. In der Regel geht es dabei um eine informelle Gruppe von Menschen, die selbstorganisiert zusammenfinden, weil sie gemeinsame Interessen oder eine Leidenschaft für ein Thema teilen – über Funktionsbereiche hinweg. Dort tauschen die Teilnehmer ihr Wissen und ihre Erfahrungen rund um bestimmte Probleme und Problemlösungen aus ihrem Joballtag aus, geben sich gegenseitig Einblicke in die Arbeit. Es findet soziales Lernen statt. Und die Community of Practice wird zum Social-Learning-System. Vielleicht bekommt die Gruppe irgendwann auch den Charakter eines Expertennetzwerks (vgl. Wenger 1998). Mit dem Aufkommen von Social-Collaboration-Plattformen haben die CoP noch einmal einen Schub bekommen, weil der Austausch zwischen den Teilnehmern, die sich in der Regel an verschiedenen Orten befinden, dadurch schneller und effizienter vonstattengeht.

Die Grenze zwischen formellen und informellen Strukturen sind bei CoP fließend. Wenn sich beispielsweise eine Gruppe bestehend aus verschiedenen Webentwicklern oder Produktmanagern innerhalb eines Konzerns regelmäßig austauscht, wird es für das Management interessant, mehr darüber zu erfahren. Es ist gut beraten, solche CoP zu unterstützen und sie transparent zu machen, aber mit der Eingliederung in formelle Prozesse vorsichtig zu sein, weil dies die in der Regel stark intrinsisch motivierten Mitglieder demotivieren kann.

Jane Hart (2016) sieht CoP zusammen mit (Projekt-)Teams als Formen der Social Collaboration, durch die aufgrund der Zusammenarbeit kontinuierliches implizites Lernen geschieht, was letztendlich auch die Leistung des Einzelnen verbessert. Sowohl bei Teams als auch bei CoP erfolgt der Austausch beziehungsweise die Zusammenarbeit immer häufiger mithilfe von digitalen Collaboration-Plattformen wie Enterprise Social Networks (ESN).

Interne Netzwerke

Natürlich kann es neben den CoP noch andere informelle Communities geben, Menschen innerhalb eines Unternehmens, die in irgendeiner Form zusammenkommen. Die Frage dabei ist immer: Welchen Zweck erfüllen diese Communities? Letztlich ist entscheidend, ob es um das Lösen irgendeines Problems im Business-Kontext geht. Dann können wir von Zusammenarbeit oder Collaboration sprechen.

Wenn es einen intensiven Austausch der Mitarbeiter zu verschiedenen Seiten gibt, spricht man von einem Netzwerk. Damit meine ich erst einmal nicht die Netzwerkorganisation als Organisationsform, deren Mitglieder relativ autonom miteinander agieren, sondern informelle Netzwerke. Sie werden von keinem Organigramm abgebildet. Mitarbeiter haben in der Regel Kontakte zu anderen Mitarbeitern, pflegen Beziehungen, vielleicht hilft man sich gegenseitig ab und an. Deshalb bestehen in jedem Unternehmen solche informellen Netzwerke.

> *»Die wirkliche Struktur jeder Organisation sieht so aus: ein komplexes Netz flexibler Beziehungen und Vereinbarungen, die Menschen nutzen, um ihre Arbeit zu tun. Leider drücken die meisten Organisationen dieser ersten Struktur eine zweite auf: eine Struktur mit Kästen, die in Pyramidenform übereinander angeordnet sind.«* (Laloux 2015, S. 117)

Ob man nun ein informelles Netzwerk als Primär- oder Sekundärorganisation bezeichnen will, sei dahingestellt. Doch als Personaler muss man diese Netzwerke nicht nur akzeptieren, sondern sich mit ihnen auseinandersetzen und verstehen, welche Bedeutung sie für das Unternehmen haben (können).

Denn zunächst einmal wird in diesen informellen Netzwerken eine Menge Informationen und Wissen geteilt. Man denke an den Begriff des »Flurfunks«, der vor allem dann an Bedeutung gewinnt, wenn die interne Kommunikation mangelhaft ist. Nicht selten sind es gerade auch die informellen Beziehungen und Strukturen, die ein Unternehmen am Laufen halten. Und wenn man begreift, dass ein Unternehmen immer auch ein Netzwerk ist und nicht nur aus Hierarchie und Abteilungen besteht, kann man aufgrund von Analysen darauf kommen, dass Probleme oftmals in mangelnder Zusammenarbeit zwischen Funktionen und Einheiten begründet sind.

Und man stelle sich nun vor, das Personalmanagement würde die Beziehungen im Rahmen einer Zusammenarbeit, formell und informell, beispielsweise zwischen Marketing und Vertrieb analysieren und damit zu einem verbesserten Kundenservice beitragen. Das wäre wahrlich ein wertschöpfender Beitrag (vgl. Bordreau/Rice 2015).

Man darf nicht vergessen, dass die Zusammenarbeit zwischen Menschen immer eine soziale Dimension hat, die sich besonders im Informellen zeigen kann. Das People Management kann hier mittels empathischem Geschick eine wichtige unterstützende Rolle einnehmen.

3.2   Merkmale der Zusammenarbeit

In eine Zusammenarbeit bringt jeder seine Fähigkeiten, sein Wissen und seine Persönlichkeit ein. Sie ist kein Selbstzweck, sondern dient am Ende dem Unternehmenserfolg.

Wir brauchen die Zusammenarbeit, um Synergieeffekte zu erzielen und um komplexe Probleme zu lösen, weil unterschiedliche Perspektiven eingebracht werden und die Einzelnen sich gegenseitig anregen können im Miteinander. Doch auch das gegenseitige Unterstützen, das Helfen und sich helfen Lassen soll an dieser Stelle unter Zusammenarbeit verstanden werden, wenn es auf Basis einer reziproken Beziehung geschieht. Das heißt auch, dass echte Zusammenarbeit nicht von Hierarchie dominiert werden darf. Damit ist nicht unbedingt die formelle Hierarchie gemeint, sondern die tatsächliche Beziehung zwischen zwei Menschen. Informationen fließen eher horizontal. Das heißt, bei einer hierarchischen Beziehung muss gewährleistet sein, dass das Gegenüber sich ohne Hemmungen einbringen kann.

Kommunikation als große Herausforderung

Es ist klar, dass, wenn Menschen zusammenarbeiten, sie miteinander kommunizieren müssen. Und allein diese Tatsache ist schon eine Herausforderung. Systemtheoretisch betrachtet, ist sie sogar unwahrscheinlich (vgl. Luhmann 2001). Denn Kommunikation passiert immer zuerst im Kopf. Erst dann wird sie als Information einer zweiten Person mitgeteilt.

Da Person B wahrscheinlich nicht das versteht, was Person A mitteilen will, und erst recht nicht weiß, was Person A in ihrem Kopf für Informationen hat, ist die Kommunikation so schwierig. Nach Luhmann besteht sie aus diesen drei Komponenten: Information (durch den Sender), Mitteilung (durch den Sender) und Verstehen (durch den Empfänger). Die beiden Personen, zwischen denen diese Prozesse stattfinden, sind füreinander eine Art Blackbox. Es besteht eine doppelte Kontingenz. Und es wird bei jedem der Prozesse immer nur eine Möglichkeit von vielen realisiert: wie ich zum Beispiel etwas mitteile oder wie ich etwas von dem Gesagten verstehe. Und auch wenn Person A nichts sagt, wird dies von Person B mit der Zeit als Signal wahrgenommen. Es findet also dennoch in irgendeiner Form Kommunikation statt.

Doch entscheidend für die Zusammenarbeit ist gar nicht so sehr das Verstehen, sondern dass eine Anschlusskommunikation hergestellt wird, dass man also im Gespräch bleibt. Und man sollte sich immer wieder bewusst machen, dass nicht jeder dasselbe Bild von etwas hat wie man selbst.

Es gibt keine Objektivität, keine objektive Wahrheit, sondern in der Regel mehrere Perspektive der Menschen, die zusammenarbeiten. Und jedes Verhalten einer Person kann sinnvoll erscheinen, wenn man den Kontext kennt. Dieser systemische Grundgedanke ist verständlicherweise vielen Menschen im Arbeitsalltag fremd, wo man in der Kommunikation schnell mit Erklärungen oder gar Bewertungen agiert und weniger mit Beschreibungen. Das kann ein Miteinander erschweren.

3.3 Bedingungen für gute Zusammenarbeit

Es braucht bestimmte Voraussetzungen, wenn die Zusammenarbeit in einem Unternehmen stattfinden und zusätzlich produktiv sein soll. Klar ist, dass man sie – genauso wenig wie kooperatives Verhalten – verordnen kann (vgl. Gellert/Nowak 2014, S. 85). Zum Teil lassen sich Rückschlüsse von der Forschung zu Teams auf allgemeine Bedingungen innerhalb der Organisation ziehen. Und auf alle kann das Personalmanagement direkt oder indirekt einwirken. Letztlich geht es darum, Personen, Wissen und Ressourcen zusammenzubringen – oder die Voraussetzungen zu schaffen, dass das möglich ist.

3.3.1 Gemeinsames Problem und die Gestaltung der Vision

Grundsätzlich braucht es ein gemeinsames Ziel, das die Richtung vorgibt und motiviert. Auf die Teamarbeit bezogen ist die Formulierung eines Ziels sicherlich leichter und eher motivierend für den Einzelnen im Berufsalltag, als wenn es darum geht, die Zusammenarbeit zwischen unterschiedlichen Bereichen und Funktionen zu stärken. Reinhard K. Sprenger verwendet statt des Begriffs des Ziels deshalb den Begriff des Problems, das es gemeinsam zu lösen gilt. Zusammenarbeit falle bei gemeinsamen Problemen leichter als bei Zielen. »Zusammenarbeit resultiert daraus, ob es dem Management gelingt, Probleme zu präsentieren. Von da aus ist auch die Organisation aufzustellen.« (Sprenger 2012, S. 62) Und in der Regel geht es um das Lösen der Probleme der Kunden, an denen ein Unternehmen nah dran sein sollte. Sprenger macht auch deutlich, dass »das Problem eines anderen im Unternehmen per Definition mein Problem« ist (ebd. S. 66). Keiner sollte sich also mit der Aussage zurückziehen, dass etwas nicht sein Problem sei. Es müsse ein Kooperationsvorrang gelten. Das sei eine Frage des Mindsets, aber auch der Struktur.

Gemeinsam die Welt verändern
Ob Unternehmensziele die Zusammenarbeit zwischen unterschiedlichen Bereichen und Abteilungen fördern, ist abhängig davon, welche Kraft sie entfalten. Eine Vision sollte diese Kraft in jedem Fall entfalten – und die kann auch rund um die Lösung eines Problems gestaltet werden (beispielsweise die Etablierung von Elektroautos als vorherrschendes Fortbewegungsmittel, um Luftverschmutzung zu verringern). Eine starke sinnstiftende Vision kann die Mitarbeiter hinter sich versammeln und das kooperative Verhalten stärken. Die Mitarbeiter wissen, dass sie die Sinnerfüllung nur gemeinsam erreichen können. Und an dieser Stelle haben viele Firmen aus dem Silicon Valley den deutschen Unternehmen etwas voraus. Denn die Unternehmenslenker in den USA sehen häufig in ihrem Tun einen gesellschaftlichen Auftrag, denken groß und wollen die Welt verändern. Eine gute Vision muss auch etwas in mir erzeugen, muss anfassbar sein, ich muss sie mir vorstellen können. Bei Googles Vision, »die Informationen der Welt für alle zugänglich zu machen«, ist das der Fall. Es ist weniger der Fall, wenn die Vision allein darin besteht, den Umsatz um 20 Prozent zu erhöhen.

Gunter Dueck (2015) weist darauf hin, dass das Wort »Vision« von »sehen« kommt. Aber bei einer Gewinn- oder Umsatzsteigerung als Ziel sieht man nichts. Eine Vision brauche eine gute Gestalt, die jeder sehen und verstehen kann und deren Umsetzung sich jeder wünscht, weil er sie für sinnvoll hält.

3.3.2 Fähigkeit zur Reflexion und zum Respekt

Zusammenarbeit setzt beim Einzelnen manches voraus. Dazu gehört die Fähigkeit zur Selbstreflexion. Dass ich mir meiner eigenen Stärken und Schwächen bewusst bin sowie mein eigenes Verhalten und Wirken hinterfragen und gegebenenfalls anpassen kann. Und die Fähigkeit zur Reflexion betrifft heutzutage auch die Arbeitsergebnisse der Collaboration selbst, die immer wieder angeschaut und nachgesteuert werden müssen (vgl. Redmann 2016). Dafür ist es notwendig, Feedback annehmen zu können – zum eigenen Verhalten sowie zu den Ergebnissen. Das schließt eine gewisse Berücksichtigung mit ein. Dort, wo Menschen immer wieder in irgendeiner Art und Weise aufeinandertreffen, die sehr unterschiedlich sein können, muss jeder ebenfalls in der Lage sein, die Andersartigkeit des anderen anzuerkennen. Das ist eine Frage des Respekts und der Offenheit. Dieser Punkt ist gerade vor dem Hintergrund der zunehmenden Diversität in den Unternehmen besonders wichtig.

3.3.3 Transparenz

Erst wenn Mitarbeiter und Führungskräfte alle nötigen Informationen haben, können sie bestmöglich agieren. Transparenz ist die Basis einer guten Zusammenarbeit und die Voraussetzung für Vertrauen. Sie bezieht sich auf der horizontalen Ebene zum einen auf einen gut funktionierenden Informationsfluss zwischen den Beteiligten der direkten Zusammenarbeit: Woran arbeitet jeder? Was ist der aktuelle Stand? Sie bezieht sich zum anderen auch auf die darüber hinausgehenden Strukturen, auf das Umfeld innerhalb des Unternehmens. Es kann wichtig werden, zu wissen, woran andere arbeiten, um zum Beispiel Synergieeffekte zu erzielen. Oder zu wissen, wo ein Experte zu einem bestimmten Thema sitzt, der helfen kann. Und es muss zusätzlich eine Transparenz geben in Bezug auf das große Ganze. Erst wenn klar ist, wohin das Unternehmen steuert, was die Ziele sind, kann die Zusammenarbeit entsprechend eingeordnet und mit Sinn ausgestattet werden. Und es versteht sich von selbst, dass die mehr und mehr geforderte Verantwortungsübernahme durch die Mitarbeiter Transparenz hinsichtlich Unternehmenszielen, aber auch -zahlen braucht. Gute Zusammenarbeit setzt selbstverantwortliche Mitarbeiter voraus, die im Sinne des Unternehmens handeln. Hierzu sind aber alle wesentlichen Informationen vonnöten, sonst gibt es kein unternehmerisches Denken und Handeln.

Oftmals fehlt es in Unternehmen allerdings am Blick auf das Ganze. Weil Mitarbeiter und Bereiche zu sehr auf ihr eigenes unmittelbares Umfeld fokussiert sind. Sie interessieren sich in erster Linie für ihren eigenen Bereich (vgl. Dueck 2015). Um Transparenz herzustellen, sind sowohl Mitarbeiter und Führungskräfte in der Pflicht als auch das Spitzenmanagement – und natürlich das Personalmanagement. Jeder muss einen Beitrag zum Ganzen leisten.

3.3.4 Kein Wettbewerb

Es dürfte klar sein, dass Zusammenarbeit zwischen zwei Parteien nicht gelingen kann, wenn bestimmte Faktoren sie zu Konkurrenten machen. Dennoch gibt es immer noch sehr viele Unternehmen, in denen Strukturen, Prozesse und Kultur andere Signale setzen beziehungsweise sogar die Zusammenarbeit offensichtlich behindern. Dazu gehören zum Beispiel Ziele, die nur auf Kosten der Zielerreichung von anderen erreicht werden können. Beurteilungssysteme, die einen Wettkampf zwischen Mitarbeitern schüren. Eine Kultur, in der die Einzelleistung hochgehalten und die von einer Ellbogenmentalität geprägt wird. Oder Budgetplanungen, bei denen es besonders wichtig ist, sich gegen andere Fachbereichsleiter durchzusetzen. Unter solchen Bedingungen sind Appelle des Top-Managements, man solle doch mehr zusammenarbeiten und Teamfähigkeit zeigen, nicht allzu viel wert. Sie werden verpuffen und zu »Widerstand durch Beteiligung« führen.

Es muss also sichergestellt sein, dass Mitarbeiter beziehungsweise Teams oder Abteilungen nicht mit anderen um Aufmerksamkeit, Ressourcen oder Karriereoptionen konkurrieren.

3.3.5 Verständnis und Vertrauen

Es fördert ein kooperatives Verhalten, wenn man ein gewisses Vertrauen hat, dass der andere ausreichend kompetent ist. Das Vertrauen muss auch da sein hinsichtlich der Selbstständigkeit und Eigenverantwortung des anderen (vgl. Gellert/Nowak 2014, S. 87). Das ist nötig, damit genügend Energie in die Zusammenarbeit gesteckt wird. Es versteht sich von selbst, dass auch ein Grundvertrauen in Bezug auf Ziele und Absichten des anderen bestehen muss. Ein solcher Vertrauensaufbau braucht eine gewisse Zeit, vor allem bei einer überwiegend virtuell ablaufenden Zusammenarbeit. Vertrauen kann über Verstehen entstehen. Gerade wenn die Menschen in einem Unternehmen eigentlich in sehr unterschiedlichen Bereichen arbeiten, befördert es die Zusammenarbeit, wenn Phasen des gegenseitigen Kennenlernens durchlaufen werden und so Verständnis füreinander sowie für den jeweiligen Arbeitsbereich sich entwickeln kann.

3.3.6 Technologie

Ein positives Umfeld insbesondere in Hinblick auf moderne und funktionierende Technik ist für die Zufriedenheit von Mitarbeitern von hoher Bedeutung. Tools und Technologien sind auch für eine effiziente Zusammenarbeit besonders wichtig – gerade wenn die betroffenen Mitarbeiter sich an verschiedenen Orten befinden. Collaboration Tools beziehungsweise Collaboration-Plattformen auf Basis von Web-2.0-Technologie sind hier das Maß der Dinge geworden. Dazu können im Speziellen unter anderen Video Conferencing, Projektmanagement-Software, Instant Messaging, File-Sharing-Tools oder Wikis gehören. Derartige Technologie macht Zusammenarbeit effizient und schnell. Doch wenn das Betriebsklima oder die Unternehmenskultur vergiftet ist, nutzen die besten Tools wenig. Sie können das Commitment nicht ersetzen.

Zu erwähnen sind an dieser Stelle auch mobile Technologien und Feedback-Systeme. Zusammenarbeit lebt von Feedback geben und nehmen, damit Personen und Beziehungen sich weiterentwickeln können. Heutzutage gibt es einfache Software, die diesen Prozess unterstützt.

4   Ein neues Personalmanagement

Was digitalisiert werden kann, wird digitalisiert. Das gilt auch für alle relevanten Prozesse im Bereich People Management. Das hat schon heute zu einer Automatisierung vieler administrativer Aufgaben geführt – wie zum Beispiel im Rahmen von Onboarding oder Entgeltabrechnungen. Und gleichzeitig findet mehr Self Service statt. Mitarbeiter übernehmen viele Tätigkeiten wie die Urlaubsverwaltung oder die Verwaltung von An- und Abwesenheiten selbst. Das entlastet viele Personalressorts, die unter einem chronischen Mangel an Ressourcen zu leiden haben. Digitale Trends wie Cloud Computing und Mobile beschleunigen die Übertragung von einstigen Aufgaben der Personalabteilung auf die Fachbereiche. Weitere Entwicklungen im Bereich der Künstlichen Intelligenz werden zu weiteren Arbeitsentlastungen führen. Man denke an Chatbots, die die erste Kommunikation mit Bewerbern übernehmen, oder an Algorithmen, die in Echtzeit Mitarbeiterdaten auswerten.

Was bleibt dann eigentlich zukünftig für das People Management übrig, um einen Mehrwert für das Unternehmen zu leisten?

Ein strategisches Personalmanagement im Sinne einer vorausschauenden Planung ist immer schwerer möglich in einer VUCA-Welt, in der Geschäftsfelder innerhalb kürzester Zeit wegbrechen können und die Bindung hochqualifizierter Mitarbeiter ans Unternehmen abnimmt. Strategische Personalarbeit muss heute flexibel und anpassungsfähig sein sowie gleichzeitig einen Balanceakt hinbekommen: das Ausrichten an den Unternehmenszielen einerseits und das Begleiten und Befriedigen von Interessen der Teams, Führungskräfte und Mitarbeiter andererseits. Sie brauchen bestmögliche Bedingungen, damit sie ihre Stärken und Kompetenzen für das Unternehmen einsetzen können. Im besten Falle stimmen die Unternehmensinteressen und die Interessen der Mitarbeiter in den entscheidenden Punkten überein. Voraussetzung ist die Transparenz der Unternehmensziele und -strategie.

In einer Organisation, die auf die bestmögliche Nutzung der kollektiven Intelligenz Wert legt, sollte das People Management den Mitarbeitern Angebote machen, keine Vorgaben. Wenn die Angebote nicht attraktiv genug sind, dass sie angenommen werden von den Fachbereichen, müssen sie überarbeitet oder anders präsentiert werden.

Weniger auf Nachfolgeplanung, die heutzutage kaum langfristig zu planen ist, sondern stärker auf die Vernetzung sollte sich also der strategische Fokus richten, was das People Management noch in den wenigsten Fällen macht. Es gilt, (Social)Collaboration zu fördern, die richtigen Leute zusammenzubringen – als Team oder in Form einer Zusammenarbeit über Abteilungs- und Bereichsgrenzen hinaus. Es braucht das People Management als Vernetzer. In diesem strategischen Sinne handelt es als zentrale Einheit im Sinne der Unternehmensziele und der Unternehmensleitung.

Innerhalb einer Organisation muss es Menschen geben, die sich für das Thema Beziehungen und Zusammenarbeit besonders verantwortlich fühlen. Das können bestimmte Rolleninhaber sein oder eine Einheit. Die Funktion People Management oder ein Teil davon bietet besonders gute Voraussetzungen, diese Verantwortung wahrzunehmen und das Thema zu treiben. Es braucht dafür eine Einheit oder eine Rolle, die im Unternehmen gut vernetzt ist, die den Überblick und Interesse am Menschen hat. Und Social Collaboration findet nun einmal zwischen Menschen statt, sie (sollten) kommunizieren miteinander. Kommunikation ist die Basis von Vertrauen. Vertrauen macht Unternehmen schneller und ist eine wichtige Bedingung für konstruktive Zusammenarbeit. Es geht also insbesondere um die Kultur im Unternehmen. Und die gehört in den Aufgabenbereich des People Management. Es sollte den Mut haben, die Aufgabe anzunehmen, Zusammenarbeit in der Organisation möglich zu machen und voranzutreiben.

Gleichzeitig hat das People Management eine dezentrale Aufgabe und fokussiert sich auf das, was nötig ist, damit Mitarbeiter, Teams und Führungskräfte eine bestmögliche Leistung bringen können. Dabei geht es darum, ein für das Business wertvoller People Manager zu sein, der den Fachbereichen als Berater zur Seite steht – beispielsweise mit Coaching- und Datenanalyse-Skills. Aber auch in diesem Sinne handeln die Personalmanager möglichst strategisch, denn als Partner setzen sie sich mit den Problemen und Herausforderungen des jeweiligen Business auseinander, um eine bestmögliche Begleitung und Beratung anbieten zu können. Das Angebot von dezentral aufgestellten Partnern wird von der Unternehmensmaxime geleitet, dass Entscheidungen so weit unten beziehungsweise so nah am Markt wie möglich getroffen werden sollten. Ein solches Personalmanagement handelt im Sinne des Firmenziels, starke und eigenverantwortliche Teams und Mitarbeiter zu haben. Diese sind eine Voraussetzung für ein starkes Netzwerk und die grenzenübergreifende Zusammenarbeit im Unternehmen.

4.1 Relevante Einflussbereiche

Social Collaboration braucht Menschen, die sich bemühen, im Sinne des Unternehmens zu handeln. Das heißt, sich beispielsweise verantwortlich zu fühlen, was die beste Lösung für den Kunden ist, und die bereit sind, in Wertschöpfungsketten zu denken und zu arbeiten. Dafür ist es nötig, nicht nur auf die eigene Abteilung und das eigene Team zu schauen, wo die Zusammenarbeit natürlich auch stimmen muss, sondern ebenso darüber hinaus. Im Sinne des Unternehmens schauen Führungskräfte und Mitarbeiter im besten Falle, wo Zusammenarbeit für den Kunden und damit für das eigene Unternehmen sinnvoll ist, und werden selbst aktiv. Das müssen sie jedoch auch dürfen, sie müssen es können und wollen. Letzteres ist eine Frage der Organisationskultur. Eine Kultur der Zusammenarbeit ist das höchste Ziel, das ein Unternehmen erreichen kann. Doch es reicht nicht, wenn das Management dieses ausgibt und nichts weiter passiert. Und es reicht auch nicht, wenn mehr Teamwork eingefordert wird, Strukturen und Prozesse diese Forderung aber gar nicht widerspiegeln. Zusammenarbeit ist ein mehrdimensionales Thema. Und wenn das Personalmanagement sie im Unternehmen ausweiten und qualitativ verbessern will, dann muss es auch die verschiedenen Bereiche im Blick haben. Es gibt für das Personalmanagement zahlreiche Felder, auf denen es wirken kann, um Zusammenarbeit voranzubringen – oder zu bremsen (siehe Abbildung 1).

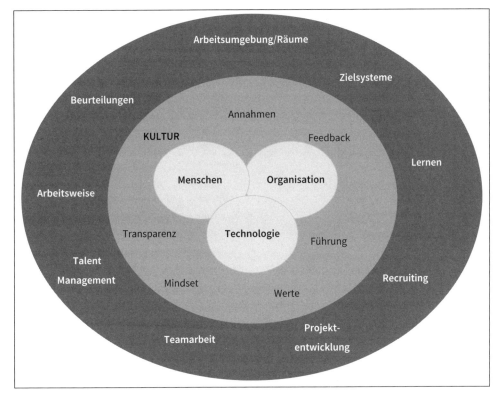

Abb. 1: Fokus des People Management auf das Thema Zusammenarbeit

Die Dimension der Kultur ist die wichtigste, doch Veränderungen sind hier schwierig und langwierig. Und es bringt wenig, hier zu versuchen, auf Verhalten und Annahmen in Richtung mehr Collaboration Einfluss nehmen zu wollen, wenn beispielsweise Zielsysteme oder das Performance Management System Egoismus schüren und somit implizit eine andere Botschaft an die Mitarbeiter geht. Deshalb ist eine ganzheitliche Sicht auf das Thema Zusammenarbeit beziehungsweise Social Collaboration so wichtig: Kultur, Struktur, Prozesse und Arbeitsbedingungen. Wenn sich das Personalmanagement das Thema zu eigen machen will, muss es früh auf die eigenen Prozesse und Instrumente schauen: Entsprechen sie dem, wo man als Unternehmen hinwill? Wenn eine kooperative Leistungskultur angestrebt wird, müssen auch alle Angebote dahingehend überprüft und entsprechend angepasst werden, um gegenüber den Mitarbeitern glaubwürdig zu sein.

4.2 Die Transformation der Organisation

Es gilt für das Personalmanagement, auf mehreren Ebenen zu arbeiten – nacheinander oder gleichzeitig: bestehende Prozesse zu prüfen und zu hinterfragen, Vernetzung zu fördern und – in der Regel zu einem fortgeschrittenen Zeitpunkt – echter Partner zu sein. Auf einige Punkte in Abbildung 2 gehe ich an anderer Stelle ausführlich ein. Im Folgenden will ich lediglich die Ganzheitlichkeit des Themas und die notwendigen Schritte bewusst machen.

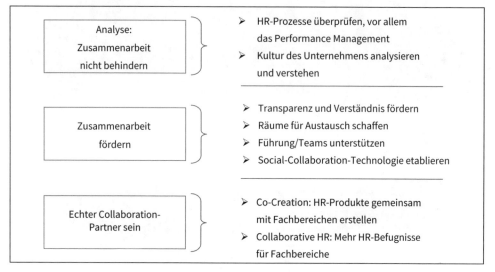

Abb. 2: Vorgehen des People Management für mehr und effektivere Social Collaboration

4.2.1 Verstehen, analysieren, verändern

Wenn Programme und Events gestartet werden, um den übergreifenden Austausch zu fördern, ist das gut. Doch die bestehenden Strukturen und insbesondere die Prozesse gehören mindestens genauso in den Blick: allen voran das Performance Management. Es ist das Herz der meisten organisationalen Veränderungsprozesse.

Es geht also darum, zu überprüfen, welchen Zweck insbesondere das Beurteilungssystem, die Zielvereinbarungen und das Vergütungssystem haben. Und kritisch zu analysieren, ob dieser Zweck tatsächlich – zumindest überwiegend – erreicht wird. Von allen People-Prozessen und -Instrumenten sollte das Personalmanagement hier als erstes ansetzen, weil beim Performance Management der größte Hebel für eine Kulturveränderung liegt. Andere Bereiche wie Talent Management, Recruiting oder die Personalentwicklung können im Laufe der Zeit folgen. Doch auch sie sollten früher oder später dahingehend betrachtet werden, ob sie so, wie sie gestaltet sind, in ein Unternehmen passen, das, wo es möglich ist, auf Teamkompetenz und die kollektive Intelligenz setzt. Fragen, die sich dabei stellen, könnten sein: Ist unser Kompetenzmodell noch zeitgemäß? Wie verbindlich soll es sein?

Sollten wir mehr auf Profile setzen, die fachlich breiter aufgestellt sind? Braucht es in unserem Recruiting-Prozess mehr Meinungen und Perspektiven? Entwickeln sich unsere Mitarbeiter auch mal in einen anderen Fachbereich hinein? Wollen wir das als Unternehmen überhaupt?

Aber auch das eigene Verhalten in der Personalabteilung muss hinterfragt werden: Verhalten wir uns ausreichend kooperativ? Wie sehen das unsere internen Kunden? Zeigen wir uns offen und nehmen wir Feedback an?

Wie transparent sind wir?
Sich die Mühe zu machen und zu analysieren, welche Unternehmenskultur man hat, ist naturgemäß besonders schwierig. Weil diese Selbstreflexion eine ehrliche Auseinandersetzung verlangt und das Ergebnis unangenehm sein kann. Der Punkt kann so heikel sein, dass ein gewünschter Wandel zu mehr kooperativem Verhalten und echter Zusammenarbeit an dieser Stelle vielleicht sogar schon zu Ende ist, weil bei der Geschäftsführung die Einsicht fehlt, dass es tatsächlich Defizite gibt.

Die Analysemethoden sind vielfältig. Dazu gehören vor allem: Fragebogen, Interviews oder Beobachtungen. Der Aufwand, den man unternimmt, ist nach oben offen. Ein erster wichtiger Schritt kann schon die Beobachtung elementarer Indizien sein und somit das Bewusstmachen eventueller Mängel, zum Beispiel hinsichtlich der Transparenz. Gibt es eine regelmäßige Kommunikation des Vorstandes? Kann jeder Mitarbeiter Strategie und Ziele einsehen? Gibt es eigentlich bereichsübergreifende Events? Oder feiert jede Abteilung für sich zum Beispiel die Weihnachtsfeier? Relativ schnell kann aufseiten des Personalmanagements eine Liste entstehen, die eine Vielzahl von Punkten auflistet inklusive einer Bewertung hinsichtlich des Beitrags zu unterschiedlichen Dimensionen wie Transparenz oder Gemeinschaftsgefühl.

Zur Analyse könnte des Weiteren die Untersuchung gehören, wie die Kommunikation im Unternehmen eigentlich verläuft – formell wie informell. Auch das ist in der Regel mit einem gewissen Aufwand verbunden und ab einer gewissen Größe des Unternehmens nur noch mit technologischer Unterstützung möglich. Denkbar ist aber zum Beispiel, einen kurzen Online-Fragebogen zur Zusammenarbeit mit anderen Bereichen zu entwerfen und einzusetzen. Auch andere Wege sind vorstellbar.

Für das People Management geht es auf der Ebene der Analyse nicht in erster Linie darum, alles Bisherige zu verändern oder in Grund und Boden zu stampfen, sondern vielmehr um das Verstehen und Bewusstmachen. Weil auf dieser Basis eine bessere Auswahl aktiver Maßnahmen für mehr Collaboration getroffen werden kann und es leichter ist, zu verstehen und abzuschätzen, wie sie wirken.

4.2.2 Vernetztes Arbeiten

Als Personaler die Rolle des aktiven Netzwerkgestalters beziehungsweise des Verantwortlichen für Social Collaboration auszuüben, findet sich in der Regel nicht in dessen traditionell gängigen Aufgabenbeschreibungen. Ein solcher Verantwortungsbereich jenseits des klassischen Aufgabenportfolios wird von den Fachbereichen allerdings nur akzeptiert, wenn die administrativen Aufgaben für die internen Kunden zufriedenstellend erledigt werden – wie auch immer und mit welcher Art von Unterstützung das geschieht. Erst dann sollte People Management als Treiber von Zusammenarbeit im Unternehmen auftreten – und damit unter anderem auch als Förderer von Beziehungen und Communities.

Die Möglichkeiten, die Vernetzung voranzubringen, sind zahlreich. Zum einen geht es darum, zwischen den unterschiedlichen Einheiten, Abteilungen und Funktionen das Interesse und das Verständnis füreinander zu fördern und gleichzeitig allen Beteiligten die Bedeutung einer vernetzten Zusammenarbeit näherzubringen. Dafür müssen Menschen und ihre Arbeit sichtbar werden und es müssen Räume entstehen, wo Austausch stattfinden kann. Das ist zum Beispiel die berühmte Teeküche, die Organisation einer Veranstaltung, wo sich kollektive Intelligenz beziehungsweise Kreativität entfalten kann, und das ist das Begeistern von Mitarbeitern für die Gründung einer Community of Practice (CoP) – on- und offline.

Das Vorantreiben des vernetzten Arbeitens dient zum anderen auch der Förderung von Autonomie und Selbstverantwortung bei den Beschäftigten. Gemeinsam mit den Führungskräften müssen die Personaler die Mitarbeiter stark machen und sie ermutigen, Aufgaben eigenständig zu erledigen, sich zu trauen und Entscheidungen zu treffen – mit anderen zusammen, wenn es sinnvoll ist.

Es braucht den ganzen Menschen
Denn echte, kreative und dynamische Zusammenarbeit braucht immer den ganzen Menschen, seinen Mut, seine Ideen, seine Eigeninitiative, seine Bereitschaft sich zu öffnen, ohne Angst. Echte Zusammenarbeit braucht Mitarbeiter, die Verantwortung für ihr Projekt übernehmen, die es vorantreiben, die wollen, dass es ein Erfolg wird. Die aber gleichzeitig auf Führungskräfte angewiesen sind, die loslassen können und die ihren Mitarbeitern bei der Vernetzung helfen.

Es braucht eine gewisse Freiheit und die Beschäftigten sollen sie im Sinne des Geschäftserfolgs bestmöglich nutzen. Hierbei brauchen viele aber einen Begleiter, nämlich das People Management.

Denn der Zuwachs an Freiheit ist nicht jedermanns Sache, sie verlangt eine gewisse persönliche Reife. Das betrifft sowohl die Führungskräfte als auch die Mitarbeiter. Man muss kritikfähig sein und über Reflexionsvermögen verfügen, mehr Verantwortung übernehmen und mehr Engagement entwickeln. Das ist anstrengend – deshalb wünschen sich viele Mitarbeiter auf dem Papier Freiheit und fallen in der Praxis schnell (gerne) in hierarchische Muster zurück (vgl. Leitl 2016).

Eine solche Begleitung brauchen auch Teams, die in der Arbeitswelt tendenziell freier agieren können, jedoch zunehmend geprägt sind von Diversität. Unterschiedliche Persönlichkeiten treffen in Teams aufeinander – und dennoch müssen sie effektiv zusammenarbeiten. Die Diversität bezieht sich ebenfalls darauf, dass Teams zunehmend cross-funktional zusammengesetzt sind, um agiler zu sein und bessere Ergebnisse zu erzielen. In redaktionellen Teams sitzen zum Beispiel nicht mehr nur Redakteure und in einem anderen die Anzeigenverkäufer wie früher. Sondern Redakteure bilden heute im Multimedia-Zeitalter ein Team mit UX-Designern, Programmierern, Webdesignern und Sales-Mitarbeitern.

»Das Team steht im Fokus, nicht mehr der Einzelne – Arbeitsprozesse bewegen sich in Schleifen, nicht mehr linear, und der Arbeitsplatz wird zu einem flexiblen Ort der kreativen Zusammenarbeit, nicht mehr ein Ort des Einzelkämpfertums.« (Weinberg 2015, S. 71)

Wer heute Vernetzer sein will, muss eine Affinität zu Technologie haben. Das Personalmanagement ist davon nicht ausgenommen. Vernetzung zu fördern heißt heute nämlich ebenfalls, virtuelle Räume für den Austausch bereitzustellen und Software für eine effiziente Zusammenarbeit zu kennen. Ohne geht es nicht. Ich werde später in Kapitel 8 erneut darauf eingehen.

4.2.3 Kollaboratives Personalmanagement

In einer fortgeschrittenen Phase des Wandels in Richtung einer kollaborativen Arbeitswelt ist die Personalfunktion als echter Partner tätig und ein wichtiger Knotenpunkt in einem Unternehmensnetzwerk. Die funktionale Arbeitsteilung hat in den meisten Unternehmen aber zu einer Personalarbeit, die im stillen Kämmerlein entsteht, und zu einer HR-Funktion geführt, die sich am Rand befindet statt mittendrin – abgeschottet, fernab der wirklichen Probleme des Business und der externen Kunden. Zum Teil mit dem Ergebnis, dass Prozesse und Instrumente kreiert werden, die an den eigentlichen Bedürfnissen der Teams, Führungskräfte und Mitarbeiter vorbeigehen und letztendlich auch kaum zur Wertschöpfung beitragen.

HR sollte mehr dazu übergehen, die eigenen Produkte mit dem Business gemeinsam zu entwickeln und so echte Zusammenarbeit zu leben. Aktiv auf sie zugehen, nach Problemen fragen und gemeinsam nach Lösungen suchen. Dafür muss das Personalmanagement lernen, neue Formen der Kollaboration zu nutzen, um cross-funktional mit den Kollegen Kundennutzen zu erzeugen (vgl. Häusling/Fischer 2016). Und mit Kunden sind die externen Kunden gemeint. Deren Bedürfnisse gehen auch HR an. Die Personaler können keine wirkliche Hilfe für die Fachbereiche sein und keine adäquaten Lösungen anbieten, wenn ihnen die Märkte und die Interessen der Endkunden fremd bleiben.

Letztlich kann das konsequenterweise dazu führen, dass einige originäre HR-Kompetenzen und Befugnisse auf die Fachbereiche übergehen (vgl. Gräßler 2015), weil zum Beispiel standardisierte Prozesse und Produkte nicht mehr weiterhelfen und das Personalmanagement zu weit weg ist, um individuell angepasste Lösungen zu bieten. In einigen Bereichen kann man diesen Trend beobachten wie zum Beispiel in der Weiterbildung. Es wird weniger zentral gesteuert, sondern nur eine Art von Rahmen vorgegeben. Mitarbeiter wissen selbst am besten, was sie wann, wie und von wem lernen. Der zentrale Seminarkatalog ist nur noch für Grundlagenwissen wichtig.

Bestimmte Prozesse und Instrumente nicht mehr vorzugeben oder anzubieten, ist aber für das Personalmanagement nicht tragisch. Sondern es schafft Ressourcen, in eine veränderte Rolle hineinzuwachsen, die es in einer dynamischen und komplexen Arbeits- und Wirtschaftswelt braucht: eine People-Funktion, die mehr Begleiter und Berater ist und sich um die Kultur und die Vernetzung im Unternehmen kümmert.

4.3 Die Vision des Human Collaboration Management: Rollen und Selbstverständnis

Es wird ganz allgemein viel über die Personalfunktion diskutiert und welche Rollen sie zukünftig einnehmen sollte, damit sie relevant bleibt und für das jeweilige Unternehmen einen wichtigen Wertbeitrag liefern kann – und das in einem digitalen Zeitalter. Dabei wird häufig besserwisserisch und arrogant auf die Profession der Personaler eingeprügelt. Die Personalabteilung ist das liebste Hassobjekt. 2015 schrieb der Harvard Business Manager auf dem Titel einer Ausgabe: »Langsam, bürokratisch, ahnungslos.«

Die Kritik trifft den Zeitgeist, ist häufig überspitzt und verallgemeinernd. Es ist immer wichtig, wenn man sich die Personalfunktion in einem Unternehmen anschaut, auch zu sehen, was gut läuft. Und da gibt es immer etwas. Schließlich hat das jeweilige Firmensystem – inklusive Personalmanagement – bislang in den meisten Fällen funktioniert.

Doch klar ist auch: Man kann beobachten, dass sich in vielen Unternehmen Rollen und Aufgabenfokus der Personalmanager langsam wandeln – zum Teil radikal. Es gibt trotz vieler Dinge, die gut laufen, einen Handlungsdruck, sich in einer dynamischen Arbeits- und Wirtschaftswelt neu zu erfinden. Und in der Tat ist die Personalfunktion häufig zu weit weg vom Business-Alltag und zu stark in internen Prozessen verhaftet.

4.3.1 Selbstverständnis

Die genuine Aufgabe eines Personalmanagements auch im Zeitalter der Digitalisierung sollte eigentlich recht einfach sein. Es muss das Unternehmen und seine Mitarbeiter dabei unterstützen, die notwendige Leistung zu bringen, und ihnen helfen, die Bedürfnisse der externen Kunden zu erfüllen. Man kann auch sagen, es geht darum, Probleme zu lösen. Die Business-Einheiten lösen momentane (und zukünftige) Probleme des Kunden. Und die Aufgabe der Personaler ist es, die Probleme des Unternehmens, des Managements, der Führungskräfte und der Mitarbeiter zu lösen – oder ihnen zumindest dabei beratend zur Seite zu stehen. Die Probleme des Business und indirekt auch die Probleme des externen Kunden müssen auch die Probleme des Personalmanagements sein. Sein Selbstverständnis ist das eines Problemlösers. Dabei hilft ist es natürlich, wenn man jemand ist, der Probleme liebt. Weil man sich dann nicht mit der vermeintlich ersten einfachen Lösung zufriedengibt (vgl. Bordreau/Rice 2015). Ein solches Selbstverständnis kann dafür sorgen, einzelne Prozesse und Instrumente kritisch zu sehen: Welche Probleme lösen sie wirklich? Wie im Marketing muss die Devise »pull statt push« lauten. HR drückt nicht irgendwelche Produkte mit zweifelhaftem Wert in die Fachbereiche hinein, sondern das Ziel muss sein, dass die Mitarbeiter irgendwann zum People Management kommen mit der Bitte, bei einer Problemlösung zu helfen: Die Zusammenarbeit mit Team B stimmt nicht und die eigenen Arbeitsabläufe stimmen nicht. Außerdem gehen die Zufriedenheitswerte der externen Kunden des Shop C zurück. Wo könnte das Problem liegen?

Bei Personalern als HR-Business-Partnern mag ein solches Selbstverständnis schon recht verbreitet sein, doch häufig sind es keine Partnerschaften auf Augenhöhe und zu oft beschränkt sich das Angebot auf administrative Angelegenheiten. Es geht aber darum, auch selbst aktiv und frühzeitig Lösungen anzubieten, aufgeschlossen zu sein, zu zeigen, dass einen das Problem des internen Kunden selbst umtreibt, aber auch innovative Methoden und spannende Formate im Portfolio zu haben, um so ein gutes Kundenerlebnis zu schaffen (vgl. Hölzle 2016).

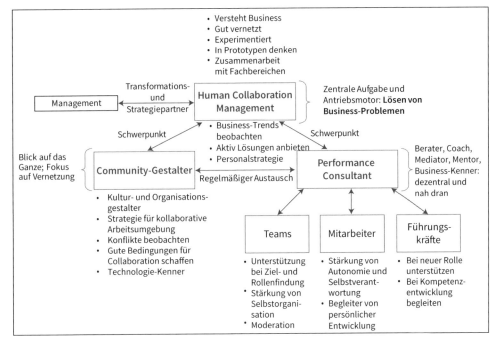

Abb. 3: Human Collaboration Management: Rolle und Selbstverständnis

Das Selbstverständnis des Problemlösers ist die Grundlage eines Human Collaboration Management (siehe Abbildung 3). Auch der Blick auf die Vernetzung im Unternehmen folgt diesem Fokus: Wie kann die Vernetzung noch effizienter erfolgen, damit im Sinne des Kunden Informationen schneller fließen? Der Vertrieb arbeitet weitgehend isoliert – wie können wir ihn näher an die Produktentwicklung und das Marketing bringen? Das Personalmanagement kann Beziehungen und Zusammenarbeit also nur fördern, wenn es das Business versteht, lösungsorientiert und zusätzlich sachkundig über Collaboration-Technologie sprechen kann.

Mehr Berater, weniger Sheriff
Die Personaler sollten stärker auf zwischenmenschliche Interaktionen und Beziehungen schauen. Das beinhaltet auch die früher oft verspottete Rolle des Kümmerers, die Empathie verlangt und eine der wichtigsten Eigenschaften der Personalmanager sein wird. Zum einen, um die Zusammenarbeit im Unternehmen voranzubringen. Und zum anderen, um Teams, Mitarbeiter und Führungskräfte zu begleiten, die zukünftig mit mehr Freiheit umgehen müssen. Dafür braucht es Personaler, die bereit sind, sich auf deren Probleme sowie deren Konflikte mit Kollegen und die Herausforderungen aufgrund neuer Verantwortlich-

keiten und Situationen einzulassen und sich ihrer anzunehmen. Hier wird das People Management noch stärker die Rolle eines Beraters und Coachs einnehmen. Die Entwicklung der Unternehmen in Richtung dezentrale Strukturen und (teil-)autonome Einheiten macht es nötig. Die Rolle des Prozess-Sheriffs wird eher in Organisationen zu finden sein, die keinem intensiven Wettbewerb ausgesetzt sind und/oder ein Geschäft betreiben, das in weiten Teilen ohne Wissensarbeiter auskommt.

4.3.2 Rollen

Um das eigene Unternehmen in einer komplexer werdenden Umwelt mit ersten Maßnahmen gewinnbringend zu unterstützen, muss nicht gleich ein neues Organisationsmodell ins Leben gerufen werden, denn zuerst geht es um eine Haltungsfrage: Will das Personalmanagement sich aktiv am Lösen von Business-Problemen beteiligen? Es geht um den Mut, sich selbst zu hinterfragen und den eigenen Wandel zu wagen. Es geht zudem um eine neue Fokussierung, eine neue Schwerpunktsetzung im Rahmen der Personalarbeit. Letztlich dreht sich die Zukunft von HR um die Frage nach dem Selbstverständnis.

Ein neues Selbstverständnis macht sich auch an Namen fest. Und mehr und mehr kann man sehen, dass in Unternehmen der Begriff des »Human Resources Management« an Zustimmung verliert und Personalfunktionen sich umbenennen, weil der Name nicht mehr das transportiert, was die eigene Personalarbeit ausmacht. People Operations (Google) oder Human Relations Management (Continental) sind solche Beispiele. Man sollte bei Veränderungen die symbolische Ebene nicht unterschätzen.

Human Relations Management oder Human Collaboration Management sind für mich gute Alternativen, weil sie das in den Vordergrund stellen, worauf es für die Personalfunktion der Zukunft vor allem ankommt, nämlich Beziehungen beziehungsweise Zusammenarbeit zu fördern. Die wichtigsten Aufgaben eines Human Collaboration Management lassen sich am besten darstellen, wenn man die Funktion noch einmal in zwei zentrale Rollen aufteilt: Ich nenne sie Community-Gestalter und Performance Consultant (siehe Abbildung 3). Sie sollen nicht die komplette Personalarbeit darstellen, aber anschaulich machen, worauf es in Zukunft ganz besonders ankommt.

Und diese Zukunft liegt für das Personalmanagement insbesondere in der Kulturgestaltung sowie Organisationsentwicklung und in der Rolle des Transformationspartners und Beraters für Teams, Führungskräfte und Mitarbeiter.

Der Community-Gestalter hat das Ziel, die Unternehmenskultur und die Verbindungen zwischen Teams und anderen Einheiten zu stärken. Seine Aufgaben und Verantwortlichkeiten leiten sich aus einer Gesamtstrategie ab. Die Aufgabe des Performance Consultant ist es, Teams, Führungskräfte und Mitarbeiter zu begleiten und zu unterstützen, damit sie die bestmögliche Leistung für ihr Unternehmen bringen können. Er oder sie liebt das Lösen von Problemen – auch mit einem Blick auf kommende Herausforderungen – und bedient sich eines breiten Methodenarsenals. Die Befriedigung der Bedürfnisse der Fachbereiche ist sein Ziel, aber gleichzeitig auch, dass Teams, Führungskräfte und Mitarbeiter weitgehend selbstverantwortlich handeln.

4.3.2.1 Der Community-Gestalter

Mit dem Begriff der Communities sind zunächst Gruppen gemeint, die irgendeine Art von Gemeinschaft bilden. Beispielsweise werden sie durch gemeinsame Interessen, Werte und/oder Ziele zusammengehalten. Die Mitglieder kommunizieren regelmäßig, tauschen sich aus, unterstützen einander in irgendeiner Form. Ihr Austausch basiert auf einem Prinzip der Freiwilligkeit. Ihre Entwicklung lässt sich nicht erzwingen, jedoch andersherum erschweren oder verhindern. Man kann sie fördern und bestmögliche Bedingungen bereitstellen, sodass sie sich auch über klassische Bereichsgrenzen hinweg bilden können – langfristig oder nur für einen bestimmten Zeitraum.

Weil dies auch mit einem strategischen Blick möglich ist beziehungsweise gemacht werden sollte, habe ich den Begriff des »Gestaltens« gewählt.

Das Unternehmen als Community, in dem gemeinsame Ziele verfolgt werden, das kein Silodenken kennt und in dem Hierarchien existieren, die Menschen in ihrem Handeln nicht hemmen, ist als Vision zu verstehen, die den Community-Gestalter antreibt. Damit ist er zuallererst ein Kulturförderer und -entwickler. In eine ähnliche Richtung geht der Gedanke, das Unternehmen als Team zu betrachten. Beides steht im Konflikt mit der häufig anzutreffenden Praxis in Unternehmen, sich auf Basis von trennenden Prinzipien auszurichten.

Das erste Anliegen ist das Möglichmachen von Vernetzung: ein Denken, ein In-Beziehung-Bringen, womöglich ein gemeinsames Handeln über Abteilungs- und Hierarchiegrenzen hinweg. Das kann die Basis für die Bildung von Communities sein, muss es aber nicht. Das Wichtigste ist, dass Zusammenarbeit stattfindet, wo sie für das Erreichen der Unternehmensziele sinnvoll ist. Das ist kein Selbstzweck, sondern die Ziele des Community-Gestalters sind (1) Bedingungen zu schaffen, die eine starke, vertrauensvolle, aber auch änderungsbereite Kultur möglich machen; die (2) geprägt ist von (sozialem) Lernen und gegenseitigem Unterstützen und (3) in der Kreativität und Innovation in einem hohen Tempo möglich sind. Hinzu kommt (4), die bestmögliche Zusammenarbeit im Sinne der (eigentlichen) Wertschöpfungsstrukturen und -prozesse zu fördern sowie (5) eine bestmögliche Nutzung der kollektiven Intelligenz zu ermöglichen. Hierfür muss sich der Community-Gestalter zwar zuerst als Kulturförderer, aber ebenso als Organisationsentwickler sowie als jemand verstehen, der die Chancen der technologischen Möglichkeiten zu nutzen weiß.

Lern- und Innovations-Communities im Speziellen bietet der Community-Gestalter seine Unterstützung an und bemüht sich, dass Erkenntnisse solcher Gemeinschaften von anderen relevanten Bereichen gesehen werden – von der Produktentwicklung oder der Geschäftsführung beispielsweise.

Je mehr Communities (of Practice) innerhalb eines Unternehmens über Bereichs- oder Abteilungsgrenzen hinweg entstehen und gelebt werden, desto eher können sie die Kraft erzeugen, eine Firmenkultur weiter zu verändern. Es braucht aber immer auch die Story, die alles zusammenhält.

Gleichzeitig findet (die offizielle) Zusammenarbeit heute ohnehin nicht in dauerhaften Strukturen statt, sondern es entstehen immer wieder neue Konstellationen, weil Unternehmen zunehmend zu fluiden Gebilden werden. »Die Dynamik des Umfeldes zwingt zu permanenten Anpassungen von Strukturen und Arbeitsweisen.« (Anderson/Uhlig 2015, S. 279)

Der Community-Gestalter bewegt sich also in einem Feld des dauerhaften Wandels und versucht dabei die informelle und formelle Vernetzung im Blick zu behalten beziehungsweise sie aktiv voranzutreiben, wenn es nötig ist.

Seine Aufgabe kann auch eine integrierende sein. Denn »mit der zunehmenden Differenzierung in selbstorganisierte, teilautonome Einheiten wird die Integration immer schwieriger, gleichzeitig aber auch immer notwendiger« (Kühl 2015, S. 10). Die Aufgabe der Vernetzung wird also mit der Zunahme an Autonomie von Teams und Bereichen anspruchsvoller, weil sie nicht angeordnet werden kann.

Ein Streiter und Anwalt für Social Software

Technologie kann da helfen. Der Community-Gestalter braucht eine hohe Technikaffinität, insbesondere in den Social-Media-Welten muss er sich zu Hause fühlen. Er ist ein Anwalt und Streiter für Collaboration-Plattformen und bewegt sich auf ihnen gekonnt. Gegenüber der Geschäftsführung setzt er sich für den Einsatz von Social Software ein und steht ihr sowie anderen Einheiten beratend zur Seite. Technik ist auch wichtig, um Transparenz herstellen zu können, zum Beispiel um Experten leichter zu finden oder um ein Netzwerk im Unternehmen sichtbar zu machen: Wie stark sind die Beziehungen zwischen den einzelnen Einheiten?

Der Community-Gestalter wird häufig auf den technologischen Bereich beschränkt. Doch wenn seine Aufgabe in der Förderung von Social Collaboration im eigentlichen Sinne liegt, dann müssen ebenfalls die Dimensionen Organisation und Kultur im Fokus behalten werden. Schließlich ist deren Basis die zwischenmenschliche Kommunikation, und die findet on- wie offline statt. Überhaupt sollten sich Personalmanager viel mehr noch auf Kommunikation in allen ihren Facetten verstehen. Die Sprache wird ihr wichtigstes Werkzeug – auch als Berater.

4.3.2.2 Der Performance Consultant

Personalmanager als Performance Consultants sollten so dezentral wie möglich agieren (siehe Abbildung 4).

Die möglichst direkte Begleitung der Führungskräfte, Mitarbeiter und Teams durch einen Personalmanager wird unter anderem notwendig sein, weil die Zunahme an Freiheit und Flexibilität auch zu Belastungen und Herausforderungen führt, die sich beispielsweise in Überforderungen oder Konflikten zeigen können. Performance Consultants sind deshalb im Allgemeinen Berater und im Speziellen – in einem fortgeschrittenen Stadium – je nach Situation Berater, Mediator, Moderator oder Coach.

Der Performance Consultant macht Angebote, keine Vorschriften. Im Idealfall ist er nah am Business und genießt dessen Vertrauen und Wertschätzung. Er oder sie ist Berater und geht auch aktiv mit Lösungsvorschlägen auf Teams, Mitarbeiter und Führungskräfte zu. Deren Leistung beziehungsweise Leistungsverbesserung ist der erste Fokus der Personalarbeit. Für die diesbezügliche Beratung greift der Performance Consultant auf die Analyse von relevanten Daten zurück – beispielsweise zur Teamzusammensetzung oder zu besonderen Verhaltensauffälligkeiten.

Es ist sinnvoll, dass jeder Personalmanager eine andere spezielle Expertise bezüglich der People-Themen mitbringt, jedoch gleichzeitig in der Lage ist, die Expertise von ande-

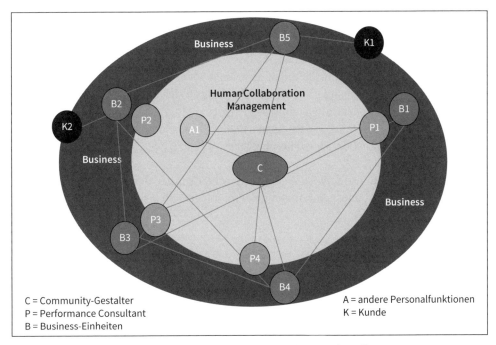

Abb. 4: Human Collaboration Management: zentrale und dezentrale Rollen

ren aus dem eigenen Netzwerk anzuzapfen. Dieses Netzwerk besteht auch außerhalb des eigenen Unternehmens. Jeder Performance Consultant ist in der Beratung trainiert und kennt die Grundprinzipien des Coachings. Er oder sie ist ein guter Zuhörer, empathisch und neugierig.

Ihr Ziel als Performance Consultants ist die Leistungsverbesserung und die Stärkung der Autonomie der Facheinheiten – auch hinsichtlich der People-Themen. Sie beraten zu Einstellungs- oder Entwicklungsfragen und übernehmen je nach Reifegrad des Bereichs oder der Organisation die Verantwortung für People-Prozesse – mit einem entsprechenden Back-Office im Rücken. Die Intensität und die Art der Beratung richtet sich nach dem jeweiligen Reife- sowie Freiheitsgrad. Es mag Einheiten und Führungskräfte geben, die wollen von den Personalern für eine zu besetzende Stelle fünf Kandidaten präsentiert bekommen, erst dann mischen sie sich in den Prozess ein. Andere betreiben vielleicht gar ein ausgereiftes Peer Recruiting und der People Manager ist dabei Sparringspartner und fordert das Team mit seinen Fragen heraus. In einem Unternehmen, das sich netzwerkartiger aufstellen will, sollten möglichst viele HR-Befugnisse und -Aufgaben auf die Fachbereiche übergehen. Für jeden Bereich in der Verantwortung des Personalmanagements ist zu fragen: Ist es noch sinnvoll, dass wir das machen oder könnten die Mitarbeiter und Führungskräfte nicht vieles selbst übernehmen, um zum Beispiel an Schnelligkeit zu gewinnen, aber auch weil sie näher dran sind an einem Thema.

Zu oft erlebt man in Unternehmen Personalabteilungen, die sich aus reiner Gewohnheit an Verantwortlichkeiten als Unterstützungsfunktion klammern und alles dafür tun zu zeigen, dass diese auch ihre Berechtigung haben. Zu oft wird dabei leider (unbewusst) von einer weitgehenden Unmündigkeit des Mitarbeiters ausgegangen. Dabei sollten sich Personaler viel eher von der Frage leiten lassen, wie sie wirklich helfen und wo sie einen Unterschied machen können.

Zum Beispiel Teams zu unterstützen, die ihre Arbeitsabläufe neu justieren wollen. Oder eine Führungskraft, deren Aufgabe es ist, dem Team beratend als Mentor zur Seite zu stehen und nur in einer Krisensituation die Entscheidung an sich zu reißen, braucht vielleicht einen Coach, der sie bei der Entwicklung begleitet. Und Mitarbeiter können durch den Performance Consultant bestärkt werden, eigenständig Entscheidungen zu treffen und Eigeninitiative zu zeigen. Er ist für sie ein Lernbegleiter vor allem, wenn es um ihre persönliche Entwicklung geht.

Der Performance Consultant ist ebenfalls ein echter Partner, dessen Leidenschaft es ist, gemeinsam mit seinem internen Kunden dessen Probleme zu lösen.

4.3.3 Arbeitsweise

Viele Personalmanager sollten ihre derzeitige Arbeitsweise überdenken. Diesbezüglich kann man viele Anregungen von agilen Methoden, insbesondere dem Design Thinking, bekommen. Es stellt für die meisten Personalabteilungen irgendwann einen Wendepunkt hinsichtlich der Arbeitsgestaltung dar. Dabei geht es weniger um die Anwendung eines Methodenwerkzeugs als vielmehr um eine Haltung: Auf welche Art löst man Probleme? Und was sieht man eigentlich als seine vordringlichste Aufgabe?

Grundsätzlich brauchen Personaler – genauso wie andere Professionen – die Bereitschaft, sich weiterzuentwickeln sowie zu experimentieren. Sie sollten neugierig und mutig sein, etwas auszuprobieren. Zugleich gilt es, offen zu bleiben für Neues und die Ideen anderer, Ideen, die aus dem ganzen Unternehmen kommen können.

> »Öffnen Sie sich verrückten Ideen. Finden Sie Wege, ja zu sagen. Unsere ultimative
> Informationsquelle sind die Googler im ganzen Unternehmen.« (Bock 2016, S. 334)

Diese Geisteshaltung ist dem Design Thinking immanent. Es werden Fragen aus Sicht des Kunden gestellt, man versetzt sich in seine Lage und nimmt Abläufe und Verhaltensweisen genau unter die Lupe (siehe Kasten). Lösungsideen werden in Form von Prototypen möglichst früh sichtbar gemacht. Es wird aus der Anwenderperspektive getestet und immer wieder Feedback eingeholt. Und dann Schritt für Schritt verbessert. Die Wünsche und die Bedürfnisse des Kunden stehen dabei stets im Mittelpunkt. Entscheidend bei dem Ansatz sind drei Merkmale (vgl. Weinberg 2015; Nowotny 2016), die das Vorgehen prägen:
- Das jeweilige Team oder die Gruppe besteht aus Mitgliedern unterschiedlicher Disziplinen, sodass bei einer Problemlösung verschiedene Perspektiven einfließen.
- Es gibt kein lineares Vorgehen, sondern es ist ein iterativer Entwicklungsprozess, geprägt durch Recherche, genaue Beobachtung und extensives Prototyping.
- Die räumliche Umgebung zeigt sich flexibel und unterstützt das gemeinsame Arbeiten. Da beim Design Thinking die Visualisierung eine wichtige Rolle spielt, gibt es auch ausreichend Materialien (zum Beispiel Stifte, Knete, Lego, Bastelmaterialien), um erste Lösungsideen schnellstmöglich anschaulich zu machen.

> **BEGRIFFSERKLÄRUNG**
>
> **Design Thinking**
> Das Design Thinking ist eine der bekanntesten agilen Methoden. Der Ansatz wird vor allem als Innovationsmethode angewendet in Bezug auf die Entwicklung von Produkten und Dienstleistungen. Es ist eine systematische Herangehensweise an komplexe Problemstellungen. Die Methode wurde von David Kelley, dem Gründer einer Design-Agentur in den USA, entwickelt. In Deutschland treibt sie vor allem die HPI School of Design Thinking in Potsdam seit 2007 maßgeblich voran. Ein wesentliches Erfolgselement von Design Thinking sind interdisziplinäre Teams. Zwei weitere sind variable Räume und der Design-Thinking-Prozess. Dieser Prozess führt Teams in iterativen Schleifen durch sechs verschiedene Phasen. In der ersten Phase, dem **Verstehen**, erkundet es das Problem und versucht, eine geeignete Frage zu stellen. In der Phase des **Beobachtens** schaut das Team nach außen und versucht sich in Nutzer und Betroffene einzufühlen. Es werden Menschen befragt und beobachtet. Danach folgt das **Definieren der Sichtweise**, das heißt, die gewonnenen Erkenntnisse werden zusammengeführt und verdichtet. Es werden Hinweise gesucht, die Aufschluss geben, welche Interessen und Bedürfnisse die Nutzer tatsächlich haben. In der Phase **Ideen** wird eine möglichst große Zahl an Lösungsmöglichkeiten gesammelt, um sich anschließend zu fokussieren. Die Vorschläge werden zum Beispiel nach Attraktivität für den Nutzer, Wirtschaftlichkeit und Umsetzbarkeit sortiert. Danach werden **Prototypen** entwickelt, wobei die schnelle Umsetzung große Bedeutung hat (vgl. HPI Academy 2017).
> Forscher des Potsdamer Hasso-Plattner-Instituts fanden in einer Studie heraus, dass Unternehmen, die auf diese Methode setzen, sich verändern. Von einer verbesserten Arbeitskultur vor allem im Team sprachen 71 Prozent der Teilnehmer. 69 Prozent sagten, die Innovationsprozesse seien deutlich effizienter geworden (vgl. HPI 2015).

Das Design Thinking ist mehr als eine Methode. Es steht beispielhaft für eine grundsätzlich andere Herangehensweise an Probleme – nämlich kollaborativ, iterativ und konsequent an Kundenbedürfnissen orientiert. Und wenn man den letzten Punkt weiterdenkt, ist man im nächsten Schritt bei der Co-Creation: »Denn der Veränderungsdruck, der mit einer wachsenden Vernetzung und stetiger Digitalisierung von Arbeitsprozessen weiter anwachsen wird, ist so stark, dass Unternehmen gar nicht mehr die Zeit haben, Produkte und Services alleine zu entwickeln. Sie sind auf die möglichst frühzeitige Einbindung des Kunden beziehungsweise Endnutzers angewiesen, um hier schneller zu größerer Kundennähe zu kommen und sinnvolle Produkte oder Dienstleistungen auf den Markt bringen zu können.« (Weinberg 2015, S. 124)

Vielfalt und Co-Creation
Das Personalmanagement tut gut daran, sich vom Design Thinking inspirieren zu lassen. Denn es muss zunehmend selbst schnell, flexibel und konsequent kundenorientiert agieren. Und der Ansatz ist nicht nur für die Produktentwicklung anwendbar, sondern eignet sich auch, um interne Prozesse und Services zu verbessern (vgl. Nowotny 2016). Wie wäre es zum Beispiel mit einem Workshop von Personalern gemeinsam mit internen Kunden wie Vertriebsmanagern, um herauszuarbeiten, wie ein Recruiting-Prozess bezüglich der Besetzung von Vertriebsstellen und die Rolle des Personalmanagements dabei aussehen

könnte? Denn ein standardisierter Recruiting-Prozess mag effizient für das People Management sein, doch das heißt nicht, dass er auch effektiv für die Fachteams ist.

Oder es gibt einen nachweislichen Leistungsabfall in einem Team und Personaler als Performance Consultants nehmen sich der Herausforderung an, indem sie erst einmal versuchen, das Problem zu verstehen und beobachten, wie die Leute arbeiten, um anschließend Feedback zu geben.

Der Ansatz zeigt zudem, wie wichtig es ist, bei einer Problemlösung auf verschiedene Perspektiven zurückgreifen zu können. Diversität bringt fast immer einen Mehrwert. Sie sollte auch ein Personalteam prägen – und ein Team aus Performance Consultants sowieso.

Diverse Personalteams
Bei Google gibt es für das People Operations Team beispielsweise das Zwei-Drittel-Einstellungsmodell. Das heißt, nur zu einem Drittel haben die Mitarbeiter einen klassischen HR-Hintergrund. Ein weiteres Drittel kommt von Consulting-Firmen, speziell Strategieberater, weil sie ein tiefes Verständnis für das Business haben und in der Regel wissen, wie man komplexe Probleme angeht. Das dritte Drittel sind Spitzenanalytiker. Sie haben einen hohen Forschungsstandard»und bringen dem gesamten Team Techniken bei, die einem traditionellen HR-Team sonst gar nicht zur Verfügung stünden – wie die Nutzung der Programmiersprache SQL« (Bock 2016, S. 337). Google hat bei der Zusammenstellung seines People Operations Team sicherlich nicht unbedingt an Design Thinking gedacht. Das Anliegen war einfach, unterschiedliche Talente und Fähigkeiten zu kombinieren. Dieses Zusammenbringen von Vielfalt ist aber auch ein Grundgedanke des Design Thinking.

Eigentlich spielt der Ansatz den Personalern in die Hände, denn eine Eigenschaft, die ihnen nachgesagt wird in ihrer – meist belächelten – Rolle als Kümmerer, ist bei dem Ansatz besonders wichtig: Empathie. Die Fähigkeit also, sich in den anderen hineinzuversetzen zu können, in seinen Alltag und seine Sichtweise auf eine Herausforderung.

Sollen im ganzen Unternehmen agile Methoden wie das Design Thinking vorangetrieben werden, ist es ohnehin sinnvoll, wenn die Personaler mit gutem Beispiel vorangehen und selbst Dinge im täglichen Arbeiten ausprobieren. So könnte beispielsweise Kanban im Recruiting-Prozess eingesetzt werden. Oder Peer-Feedback wird zuallererst im eigenen Personalteam getestet (vgl. Häusling et al. 2016).

Agile Personalarbeit bei Axel Springer
Die Personalentwicklung bei Axel Springer hat hier schon einen Wandel vollzogen. Wenn man die Räume der Abteilung betritt, dann fallen einem schnell an der Wand das große Kanban-Board und eine Menge kleiner Zettel auf. Nach eigenen Angaben hat man alle Arbeitsabläufe auf agil umgestellt. Anlass war die Initiative »move«, die 2014 gestartet wurde und die, mithilfe unterschiedlicher Formate und Maßnahmen, die Vernetzung bei gleichzeitiger Wissensvermittlung zum Ziel hat. Für Johannes Burr, Leiter Change Management und Personalmarketing, hat sich die Umstellung gelohnt. Ein Grund sind schnellere und bessere Ergebnisse. Hilfreich war vor allem die Idee des Minimum Viable Product, also die Überzeugung, »bereits mit dem kleinsten funktionierenden Produkt in eine Testphase zu gehen und erste Formatideen mit Kundengruppen zu erproben. Ferner bewährte sich die Durchführung von Retrospektiven, bei denen durch regelmäßige Einbeziehung von

Kundenfeedback an der Optimierung der getesteten Formate gearbeitet wurde« (Burr 2016, S. 349).

Im Zuge der Entwicklung der Formatideen haben die Personalentwickler bei Axel Springer auch eine »Fail-fast-Kultur« kennengelernt. Sie sind nun eher bereit, bestimmte Konzeptideen schnell wieder zu verwerfen, wenn klar ist, dass aus ihnen nichts werden wird.

Das Engagement der Personalentwickler bei Axel Springer ist vorbildlich und immer mehr Abteilungen im Konzern schließen sich einer agilen Arbeitsweise an. Die Initiative zum Wandel ist also von den Personalern ausgegangen – und natürlich haben sie es trotz der Erfolge nicht leicht. Es gibt immer noch sehr viele Journalisten bei Axel Springer, die wenig bereit sind, sich mit anderen zu vernetzen.

Die Initiative der Personalentwickler ist lobenswert und ein Personalteam, das sich so grundlegend ändert, noch viel mehr. Doch die Wirkung ist begrenzt, wenn nicht die gesamte Personalpolitik, Strukturen und die Kultur in den Wandel einbezogen werden.

Teil 3

Personalmanager als Community-Gestalter

5 Human Collaboration Management und das Menschenbild

Human Collaboration Management (HCM) beinhaltet nicht nur, die Vernetzung voranzutreiben und die Zusammenarbeit zwischen selbstverantwortlichen und selbstbewussten Mitarbeitern zu fördern sowie die Bedingungen für eine unterstützende Kultur zu schaffen, sondern HCM impliziert auch eine bestimmte Grundhaltung. Dazu gehört zum Beispiel die Einstellung, dass die meisten Menschen bereit sind, grundsätzlich ihr Bestes zu geben. Und dazu gehört die Einsicht, dass in der Regel (aber nicht immer) das Individuum nicht intelligenter als die Gruppe ist, auch nicht, wenn er sich Vorstandsvorsitzender nennt. Das bedeutet nicht, dass nicht das Individuum letztlich die Entscheidung treffen kann. Aber jeder Problemlösung tut eine Vielfalt an Perspektiven gut. Es braucht eine Gemeinschaft, in der jeder Einzelne sich traut, sich mit seiner Individualität, mit seinem Wissen, seinen Ideen und seiner Persönlichkeit einzubringen.

5.1 Grundlegendes

Konstruktive Zusammenarbeit von eigeninitiativ handelnden Menschen, die sich mit ihrem ganzen Selbst einbringen, setzt ein positives Menschenbild voraus – und zwar zunächst einmal von den Führungskräften, die den Raum geben für eine gewisse Selbstorganisation und Autonomie der Mitarbeiter. Das heißt, denke ich als Führungskraft, dass Menschen grundsätzlich motiviert sind und Leistung bringen wollen? Oder glaube ich, dass sie dazu neigen, arbeitsscheu zu sein, sodass es wichtig ist, sie zu kontrollieren? Douglas McGregor hat in den 60er-Jahren diese beiden grundlegenden Menschenbilder formuliert und sie Theorie X und Theorie Y genannt. Sieht die Führungskraft die Mitarbeiter eher als faul und verantwortungsscheu, folgt sie einem pessimistischen Menschenbild (Theorie X) (vgl. Blessin/Wick 2013; Schaffner 2015).

In diesem Fall wird die Führungskraft ihnen misstrauen und sie über Anweisung, Regeln und Kontrolle führen wollen. Entscheidend dabei ist, dass dadurch ein Teufelskreis in Bewegung gesetzt wird, eine selbsterfüllende Prophezeiung (siehe Abbildung 5). Denn wenn die Führungskraft aufgrund ihres Menschenbildes eng und direktiv führt, fördert das bei den Mitarbeitern die Passivität. Diese spüren keinerlei Vertrauen und machen Dienst nach Vorschrift. Dadurch fühlt sich die Führungskraft in ihrem Menschenbild und Führungsstil bestätigt, obwohl sie es mit ihrem Verhalten erst hervorgerufen hat.

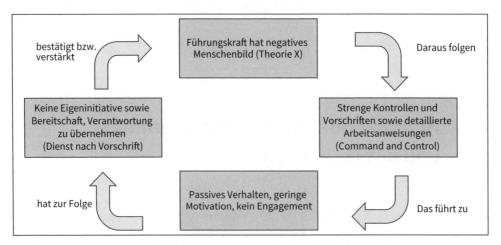

Abb. 5: Negatives Menschenbild führt zu passivem Verhalten (Schaffner 2015)

Die sich selbst erfüllende Prophezeiung gilt nach McGregor auch umgekehrt, wenn Führungskräfte ein Menschenbild im Sinne der Theorie Y haben und den Mitarbeitern Vertrauen schenken, weil sie davon ausgehen, dass diese intrinsisch motiviert, verantwortungsbewusst und zielorientiert sind. Ein solches Verhalten wird zum Beispiel durch einen delegativen Führungsstil gefördert (vgl. Schaffner 2015, S. 565).

Ein positives Menschenbild ist aber nicht nur bei Führungskräften wichtig, sondern generell bei allen Mitarbeitern, die mit anderen zusammenarbeiten müssen. Denn heutzutage bilden beispielsweise häufig Menschen Projektteams, die sich anfangs gar nicht oder wenig kennen. Sie können nicht auf gute gemeinsame Erfahrungen zurückgreifen. Und dennoch sind Teams darauf angewiesen, möglichst schnell zu funktionieren. Ein negatives Menschenbild im Sinne von »Die meisten sind nur auf ihren eigenen Vorteil bedacht oder Trittbrettfahrer« macht eine Zusammenarbeit erst einmal ineffektiv. Es braucht einen Vorschuss an Vertrauen. Es gibt in der Regel keine andere Wahl, weil alle aufeinander angewiesen sind.

Natürlich gibt es auch Menschen, die Vertrauen missbrauchen, doch Einzelfälle sollten ein grundsätzlich gefestigtes Menschenbild nicht erschüttern.

Menschen werden nicht mit einem X-Verhalten geboren, sondern sie erwerben es irgendwann im Laufe ihres (Arbeits-)Lebens, weil sie zum Beispiel Misstrauen von anderen erfahren haben.

Niels Pfläging sagt, Theorie X ist nicht mehr als ein Vorurteil, das wir uns über andere Menschen gebildet haben. Wir beobachten ihr Verhalten und schließen daraus auf ihre Natur. »Dabei wird der Einfluss des Umfelds, des Kontexts, der erheblichen Einfluss auf Verhalten hat, nicht selten ausgeblendet.« (Pfläging 2015, S. 25)

Das Menschenbild spiegelt sich in den Prozessen
Egal ob negativ oder positiv: Welches Menschenbild in einer Organisation vorherrscht, spiegelt sich in vielen Prozessen und Richtlinien wider. Weniger in postulierten Werten oder schön formulierten Leitbildern, sondern vor allem ganz konkret im Performance Management und da insbesondere in Anreiz- und Beurteilungssystemen. Diesbezüglich

sehen wir in der Mehrzahl der Unternehmen ein pessimistisches Menschenbild, denn ihr Performance Management fokussiert sich auf die extrinsische Motivation: Es werden von außen Anreize gesetzt, damit der Mitarbeiter oder die Führungskraft die bestmögliche Leistung liefert. Ohne diese Anreize, so glaubt man, wird sie nicht erbracht. Das System der Motivierung, wie man sie in den meisten Unternehmen kennt, ist demnach auf einem Fundament des Misstrauens gegenüber der eigenen Belegschaft geschaffen worden (vgl. Sprenger 2014). Und das prägt natürlich das Verhalten der Mitarbeiter und Führungskräfte.

> **EXKURS**
>
> **Selbst- und Fremdbild**
> In seinem Buch »Mythos Motivation« berichtet Reinhard K. Sprenger von seinen Erfahrungen aus Seminaren und Kongressen, wo er Führungskräften die Frage gestellt hat: »Mit wieviel Prozent Ihrer möglichen Arbeitsleistung tun Sie Ihren Job?« Und die Führungskräfte aller Hierarchieebenen geben annähernd 100 Prozent an. Auf die Frage »Wie möchten Sie von Ihrem Vorgesetzten motiviert werden?« reagieren fast alle ablehnend. Sie halten allerdings die Motivierung ihrer eigenen Mitarbeiter für unabdingbar (Sprenger 2014, S. 47).

Das Thema Motivation hat also ganz viel mit dem Menschenbild zu tun. Interessanterweise sehen viele Führungskräfte, aber auch Mitarbeiter, sich selbst nicht als arbeitsscheu oder desinteressiert, den einen oder anderen unter ihren Kollegen aber durchaus. Und wenn man diese wiederum fragt, wie sie sich selbst und andere sehen, dann ergibt sich dasselbe Bild. Die meisten Menschen haben in Bezug auf sich selbst ein positives Menschenbild, bei den anderen sind sie skeptisch, weil sie vielleicht schon einmal ein bestimmtes Verhalten beobachtet oder sogar über die betreffende Person »etwas gehört haben«. Dabei tritt niemand in ein Unternehmen ein mit dem Vorsatz, von nun an faul zu sein. In der Regel ist jeder motiviert und will sein Bestes geben.

5.2 Aufgaben des Personalmanagements

Sich klarzumachen, welches Menschenbild im Unternehmen herrscht, insbesondere im Spitzenmanagement, ist eine wichtige Voraussetzung für eine digitale Transformation. Denn bestimmte Handlungslogiken speisen sich aus dem Bild, das entscheidende Personen in der Organisation vom Menschen haben. Dieses Bewusstmachen ist Aufgabe des Personalmanagements, wobei es zuerst gilt, die eigenen Annahmen kritisch zu prüfen. Anschließend stellt sich die Frage, ob die proklamierten Werte zum Menschenbild passen. Bei einer ehrlichen Überprüfung können sich hier paradoxe Botschaften ergeben. Wenn einerseits Vertrauen als Wert hochgehalten wird, andererseits aber kurz getaktete Reportings Standard sind, kleinste Anschaffungen freigegeben werden müssen und diejenigen Karriere machen, die wettbewerbsorientiert denken und handeln, dann passt das nicht zusammen (vgl. Brandes et al. 2014).

> **FALLBEISPIEL**
>
> **Negatives Menschenbild bei Lebensmittel-Discountern?**
> Ein negatives Menschenbild in einem Unternehmen kann zu extremen Kontrollmaßnahmen führen. 2008 geriet Lidl wegen »Stasi-Methoden« in die Schlagzeilen. Der Discounter hatte Mitarbeiter in vielen Filialen systematisch überwacht, insbesondere mithilfe von Miniaturkameras. Es wurden detaillierte Protokolle über das Verhalten der Mitarbeiter verfasst: Wie häufig geht zum Beispiel jemand auf Toilette? Wer hat mit wem ein Verhältnis? Mit der Überwachung hat Lidl Persönlichkeitsrechte verletzt. Auch andere Handelsunternehmen haben ihre Mitarbeiter bespitzelt.
> Michael Fischer hat bis 2011 in einer leitenden Position bei einem Lebensmitteldiscounter gearbeitet und über seine Erfahrungen mit dem »Spiegel« gesprochen. Er berichtet von einem schikanösen Umgang mit Mitarbeitern und Führungskräften – und einem absoluten Kontrollwahn: »Unsere Bezirksleiter mussten ihre Einsatzpläne vorlegen, damit wir jederzeit wussten, wann sie in welcher Filiale sind. Das wurde durch Anrufe kontrolliert, mindestens einmal die Woche wurde ihnen auch hinterhergefahren. Man hat die Facebook-Accounts gecheckt, die Telefonrechnungen kontrolliert. Wer krank war, wurde mit Blumen ›besucht‹, um sicherzugehen, dass der Kollege auch wirklich krank ist. Und natürlich wurden im großen Stil Kameras eingesetzt.« (Fischer 2016, S. 70)

In Bezug auf das Menschenbild stellen sich vor allem Fragen wie: Können wir jemandem, den wir nicht allzu gut kennen, erst einmal Vertrauen schenken? Und glauben wir daran, dass jemand grundsätzlich aus sich selbst heraus motiviert ist, ein Ziel zu erreichen? Und wenn nein, warum nicht?

Diese Auseinandersetzung muss beim obersten Management beginnen. Denn die Annahmen hinsichtlich des Menschenbildes prägen eine Unternehmenskultur maßgeblich. Und das daraus abgeleitete Verhalten der Führungskräfte wird genau beobachtet.

Allerdings ist eine firmenübergreifende Vertrauenskultur in der Regel eher schwer auszumachen, weil sie immer unvollständig bleibt – wenn sie überhaupt existiert. Vertrauen gibt es zwischen zwei Menschen. Wie sie sich konkret verhalten, wie die Führungskraft bei einem Fehler des Mitarbeiters reagiert, wird von anderen genau beobachtet (vgl. Sprenger 2012, S. 269).

Positives Bild vom Menschen

Für ein Unternehmen, das in einer komplexen Umwelt bestehen will und sich immer wieder verändern muss, das auf seine Mitarbeiter und ihre Fähigkeiten sowie ihre Bereitschaft zur Vernetzung angewiesen ist, für ein solches Unternehmen ist ein positives modernes Menschenbild unabdingbar. Wenn Menschen kein Vertrauen spüren und keinen Freiraum bekommen, um zu gestalten und Ideen zu verwirklichen, werden sie auch nicht die Zusammenarbeit mit anderen suchen und aktiv diese Zusammenarbeit im Sinne eines gemeinsamen Ziels vorantreiben. Ein positives Menschenbild ist die unabdingbare Voraussetzung dafür, dass Social Collaboration eine Chance hat. Dafür muss das Personalmanagement arbeiten, dafür muss es sich einsetzen – nicht missionarisch, sondern wertschätzend, bescheiden und zielorientiert.

Hier kann zum Beispiel eine systemische Herangehensweise im Austausch mit Führungskräften ein Weg sein, indem man ihnen alternative Deutungsmöglichkeiten zu bestimmten Situationen anbietet, Raum schafft für mehrere Perspektiven. Wenn der Rahmen des Betrachtungsfeldes geändert wird, ändern sich oft wahrgenommene Zusammenhänge und Bedeutungen, dann gibt es noch eine weitere Deutungsmöglichkeit außer der, dass der Mitarbeiter faul oder schuldhaft ist (vgl. Königswieser/Hillebrand 2015).

Wenn nun allerdings die Meinung herrscht, dass Menschen gut sind und, wenn die Rahmenbedingungen stimmen, dass sie sich selbst motivieren und Verantwortung übernehmen können, gilt es für Entscheider danach zu handeln. Dann sollten Vorstand, Personalmanagement und Führungskräfte dafür sorgen, dass Menschen im Unternehmen ein hohes Maß an Freiheit erfahren und einen Vertrauensvorschuss bekommen. Es wäre folgerichtig, Kontrollstrukturen zurückzufahren und Transparenz zu schaffen, damit Mitarbeiter beispielsweise Einsicht in die wichtigsten Ziele und Vorhaben bekommen.

> **FALLBEISPIEL**
>
> **Das positive Menschenbild bei Netflix**
> Der Video-Streaming-Dienst Netflix hat eine durchaus besondere Firmenkultur. Manche sprechen gar davon, dass der Gründer Reed Hastings die Personalarbeit neu erfunden hätte – und das, nachdem er bei seinem vorangegangenen Unternehmen noch ein Kontrollfreak gewesen ist. Bei Netflix hat Hastings alles anders gemacht. Die dazugehörige Präsentation »Netflix Culture: Freedom & Responsibility« von 2009 hat im Netz einen Nerv getroffen und wurde bis heute mehr als 14,5 Millionen Mal angeschaut. Sheryl Sandberg, CEO bei Facebook, nannte die Präsentation eines der wichtigsten Dokumente, die je aus dem Silicon Valley kamen. Der Kern der Unternehmenskultur ist relativ simpel: ein positives Menschenbild. Den Mitarbeitern wird vertraut, was zu einem Mindestmaß an Regeln und einem hohen Maß an Autonomie geführt hat. Das Menschenbild liegt allen HR-Praktiken bei Netflix zugrunde. Jeder Mitarbeiter darf arbeiten, wann und wo er will. Es gibt keine Urlaubsrichtlinien. Jeder kann so viel Urlaub nehmen, wie er will, und auch die sonst üblichen jährlichen Mitarbeiterbeurteilungen findet man bei Netflix nicht. Die Ausgaben-Policy besteht aus wenigen Wörtern: »Handle im besten Interesse von Netflix.« Doch das Unternehmen ist alles andere als ein Schlaraffenland. Es wird großer Wert auf eine High-Performance-Kultur gelegt sowie auf eine hohe Selbstdisziplin der Mitarbeiter. Da kommt nicht jeder mit. Dennoch ist Netflix einer der beliebtesten Arbeitgeber in den USA. Die Bewerbungsraten steigen jährlich um mehr als 200 Prozent (vgl. Fairchild 2016).

5.3 Anregungen und erste Ideen

Machen Sie mit dem eigenen Team einen Workshop zum Thema »Menschenbild und Personalarbeit«!
Die erste Frage, auf die Sie eine Antwort suchen sollten, ist: Welches Menschenbild herrscht bei uns? Zweitens: Passen die Unternehmenswerte dazu? Drittens: Inwieweit spiegeln die Prozesse, Instrumente und Richtlinien, die in der Verantwortung von HR liegen, das Bild wider? Nutzen Sie für die einzelnen Bereiche zum Beispiel eine Skala von 1 (widerspricht unserem Menschenbild beziehungsweise unseren Werten auf eklatante Weise) bis 10

(passt zu unserm Menschenbild beziehungsweise zu unseren Werten vollumfänglich). Dort, wo die größte Diskrepanz herrscht, sollte man sich zuerst für einen Wandel stark machen. Ziel muss es sein, dass das Personalmanagement im Unternehmen für ein aufgeklärtes, modernes Menschenbild eintritt. Hierzu muss es aber erst Klarheit über den eigenen Verantwortungsbereich bekommen und sich bewusst machen, wie groß der Handlungsbedarf ist.

Seien Sie Vorreiter!
Wenn Sie als Personalleiter der Meinung sind, dass es sich lohnt, Menschen zu vertrauen, und dass niemand Sie austricksen will, dann sollten in Ihrem Team Arbeitsbedingungen herrschen, die erwachsener, selbstdenkender und eigenverantwortlich handelnder Menschen würdig sind. Lassen Sie Ihre Mitarbeiter beispielsweise regelmäßig einmal zu Hause arbeiten, wenn das gewünscht ist, und geben Sie ihnen die Möglichkeit, eigene Projekte selbstständig zu gestalten. Streben Sie eine Ergebnis- und Feedback-Kultur statt einer Ansagekultur an.

Suchen Sie den Austausch mit dem CEO!
Menschenbild und Unternehmenswerte sind eng miteinander verknüpft. Wenn Sie der Meinung sind, die Werte passen nicht zu einem aufgeklärten, humanistischen Menschenbild, suchen Sie den Austausch mit dem CEO oder Mitgliedern der Geschäftsführung. Vielleicht bekommen Sie die Chance, einen kurzen Impulsvortrag zu halten über die Werte und Kompetenzen, die in der heutigen Arbeits- und Wirtschaftswelt – und in Ihrer Branche besonders – vonnöten sind, um anschließend darauf einzugehen, dass es im eigenen Unternehmen einen Anstoß zu einer neuen Werteentwicklung braucht.

Wenn die Werte das moderne Menschenbild widerspiegeln, was der Regelfall ist, gehen Sie mit konkreten Ideen zu Maßnahmen, mit denen Sie Konsequenzen aus dem Menschenbild ableiten, auf den Vorstand oder die Geschäftsführung zu. Es können zum Beispiel Ideen sein, die ein Signal des Vertrauens an die Belegschaft senden: ein Blog des CEO, regelmäßige Town-Hall-Meetings, Finanzzahlen im Intranet oder verschlankte Freigabeprozesse. Machen Sie deutlich, dass solche Zeichen des Vertrauens keine Einbahnstraße sind, sondern dass es einen »Return on Invest« gibt. »Es ist in Ordnung, klein anzufangen«, schreibt Laszlo Bock. Je weniger Vertrauen den Mitarbeitern gegenüber bisher an den Tag gelegt wurde, »desto bedeutsamer werden schon die kleinsten Gesten« bei den Angestellten im Unternehmen (Bock 2016, S. 316).

Treffen Sie vor dem Change eine Vereinbarung zum Menschenbild!
Wenn ohnehin eine Transformation beziehungsweise ein Veränderungsprozess ansteht – in Bezug auf Führung oder Strukturen –, ist das Bewusstmachen des Menschenbildes in der Organisation meist ein sehr wichtiger Anfang, um eine solide Basis zu schaffen. Das klarzumachen, ist Aufgabe des Personalmanagements. Werben Sie dafür beim CEO oder Ihrem direkten Vorgesetzten, sich damit auseinanderzusetzen, denn »man kann nicht wirksam an Organisation, Führung oder Veränderung arbeiten, wenn man nicht zuerst vereinbart, auf Grundlage welchen Menschenbilds man agieren wird« (Pfläging 2015, S. 25).

Drücken Sie den Führungskräften keine Diskussion zum Menschenbild auf!
Führen Sie mit einzelnen Führungskräften keine abstrakten Diskussionen über das Menschenbild. Lassen Sie Ihr Bild vielmehr in Gesprächen zu konkreten Situationen durchscheinen. Reden Sie den Führungskräften nicht nach dem Mund, hören Sie zu und bieten Sie alternative Perspektiven und Deutungsmöglichkeiten zu einem Thema an: Liegt das Problem allein daran, dass Person xy leistungsunwillig und unfähig ist? Oder kann es auch sein, dass die Kommunikation zwischen den betreffenden Personen verbesserungswürdig ist und gegenseitige Erwartungen nicht geklärt sind?

> FALLBEISPIEL
>
> **Kontextuelle Hilfestellung bei Unitymedia**
> Karl-Heinz Reitz, Leiter HR Business Partner und Organisationsentwicklung bei dem Kabelnetzbetreiber Unitymedia, hält einen kontinuierlichen Austausch über das Menschenbild für notwendig. Er geht von einem humanistischen Menschenbild aus. »Jeder gibt jeden Tag sein Bestes, in einem starken Team, mit einer Führungskraft, die coacht statt urteilt.« Er vermeidet aber, wie er sagt, einen abstrakten Austausch zum Menschenbild, sondern sein Team und er bieten kontextuelle Hilfestellung an. »Es geht ja immer um individuelle Fälle: Da hat jemand ein Burnout, ein familiäres Thema oder ist frustriert wegen irgendetwas; Teams suchen nach Orientierung oder Hilfe bei Interpretationen von Mitarbeiterumfragen; Führungskräfte brauchen individuelles Coaching oder sie zweifeln den Sinn bestimmter Prozesse an.« (Reitz 2016) Das ist die tägliche Arbeit des Personalteams und dabei geht es immer auch um Menschenbilder.

6 Human Collaboration Management und die Strategieentwicklung

Wenn die grundlegende Annahme besteht, dass Menschen gut sind und ihre Intelligenz und Perspektiven das Unternehmen voranbringen können, sollten sie auch die Möglichkeit haben, zu gestalten und sich einzubringen. Auch in Bezug auf die Strategieentwicklung können die Unternehmenslenker nicht auf das Wissen der Mitarbeiter verzichten, zum Teil auch, weil diese nah am Kunden sind. Zudem haben es Manager immer mit lebenden sozialen Systemen zu tun. Das heißt, sie sind nicht trivial steuerbar. »Wie eine Business-Unit auf eine von außen vorgegebene strategische Zielsetzung reagiert, bestimmen primär nicht die Architekten der Strategie, sondern immer die mehr oder weniger eingespielten Muster innerhalb der ›zu steuernden‹ Organisationseinheit.« (Nagel/Wimmer 2015, S. 60) Mitarbeiter und Einheiten einzubeziehen, beispielsweise durch das Einholen von Resonanz zu strategischen Entwürfen oder das Diskutieren von strategischen Leitbildern, erhöht deshalb die Chance auf eine erfolgreiche Umsetzung.

6.1 Grundlegendes

Die Strategie ist nicht tot – auch in diesen dynamischen Zeiten nicht. Eine Unternehmensstrategie hat nach wie vor eine sehr wichtige Bedeutung, nämlich Orientierung zu geben und Schwerpunkte des Handelns festzulegen. Auch eine People-Strategie ist sinnvoll, eine, die sich aus den Unternehmenszielen ableitet und ihrerseits die wichtigsten Handlungsfelder festlegt. Doch die Praxis zeigt: Je kleiner das Unternehmen, desto unwahrscheinlicher ist eine HR-Strategie. Es fehlt zumeist an Ressourcen, zu viele operative Aufgaben lassen keinen Freiraum und außerdem fehlt die Anbindung an die Geschäftsleitung.

In Bezug auf die Strategieentwicklung eines Unternehmens stehen heute mehr denn je die Strategieprozesse selbst im Fokus – bezüglich der Entwicklung sowie der Implementierung. Flexibilität spielt eine viel größere Rolle. Denn die Zukunftsentwicklung eines Unternehmens ist nicht genau planbar und vorhersehbar. Strategien werden heute in wesentlich kürzeren Abständen immer wieder überprüft und angepasst. Es reicht nicht mehr, einen Fünfjahresplan zu machen und den in der Schublade verschwinden zu lassen. Märkte und Kundenbedürfnisse ändern sich dafür zu schnell. Zu empfehlen sind deshalb periodische Standortbestimmungen, bei denen die strategisch relevanten Beobachtungen ausgewertet werden. Mithilfe derartiger Reflexionsschleifen werden die strategischen Festlegungen immer wieder einem Realitätstest unterzogen (vgl. Nagel/Wimmer 2015, S. 64).

Kai Anderson und Jane Uhlig machen zwei Faktoren für eine erfolgreiche Strategie aus. Zum einen stehen in der Regel nicht mehr Produkte im Kern der Strategie, sondern Geschäftsmodelle. Das heißt, Unternehmen wandeln sich vom Produkt- zum Lösungsanbieter. Ein Beispiel wären Automobilhersteller, die sich zum Mobilitätsdienstleister wandeln. Der zweite Faktor ist die »Vermeidung von Fixpunkten«. Agilität selbst wird zum Ziel der unternehmerischen Tätigkeit (Anderson/Uhlig 2015, S. 263).

Anpassungsfähigkeit als Ziel ist konsequent angesichts der Geschwindigkeit der Veränderungen, die disruptiv sein und in kurzer Zeit Geschäftsfelder obsolet machen können. Deshalb müssen Strategien heute stärker outside-in statt inside-out entstehen. Der Markt gibt die Richtung vor, weniger die eigenen Stärken des Unternehmens.

Für eine Organisation bedeutet das, sich nicht nur mit sich selbst zu beschäftigen, sondern mehr mit den Entwicklungen in den Märkten, die Auswirkungen auf das eigene Geschäft haben können. Und Unternehmen wie Google oder andere digitale Unternehmen zeigen, dass der Blick auf die eigene Branche hierbei nicht ausreicht. Potenzielle Konkurrenten können aus allen Richtungen kommen.

> **FALLBEISPIEL**
>
> **Agile Strategieentwicklung bei Saxonia**
> Die Software-Firma Saxonia Systems strebt eine agile Strategieentwicklung und -umsetzung an. Die strategischen Ziele bis zum Jahr 2020 hat das Unternehmen in einer Strategy Map verankert. Darin ist die grundlegende Ausrichtung des Unternehmens festgehalten. Die wird von einem Strategieteam, bestehend aus Führungskräften und Fachexperten, in regelmäßigen Abständen überprüft und adaptiert. Das Team trifft sich drei Mal im Jahr, um den abgelaufenen Strategie-Sprint inhaltlich und prozessual zu prüfen und die nächsten hoch priorisierten strategischen Initiativen zu planen. Ziel ist es, nach dem Meeting einen neuen Strategie-Sprint zu haben, der dann umgesetzt werden kann. Jede strategische Initiative hat einen »Owner«, der die Umsetzung in seinem Team vorantreibt und dafür verantwortlich ist, alle Aufgaben und deren Status an einem interaktiven Taskboard transparent zu machen (Janssen 2016).

Dasselbe gilt jedoch für potenzielle Kooperationspartner. Für eine schnelle, vom Markt vorgegebene Anpassung braucht es immer häufiger Partner, die nicht selten aus völlig anderen Branchen kommen. Innovationen bei Produkten, Prozessen oder Geschäftsmodellen werden mehr und mehr von fachfremden Bereichen inspiriert. Es geht also im Rahmen der Strategieentwicklung auch um die Frage, wie man als Unternehmen und Management an externe Erfahrungen und externes Wissen insbesondere zu neuen Technologien kommt. Die Vernetzung zu anderen Unternehmen, wissenschaftlichen Einrichtungen oder sonstigen Organisationen ist somit ein bedeutsamer Teil in einer Firmenstrategie.

Wertvolles Know-how sollte auch im eigenen Unternehmen vorhanden sein. Es ist bekannt, dass in einer Wissensgesellschaft dieses Know-how der Mitarbeiter die wichtigste Ressource ist, um im Wettbewerb erfolgreich zu sein. Doch das Problem ist zu oft, dass die Wissensträger zu wenig miteinander verbunden sind. Genauso wie die Anpassungsfähigkeit Teil der Strategie sein muss, sollte es deshalb ebenso das Aufbrechen der Funktions-Silos sein, um auch intern mehr Vernetzung zu ermöglichen. Denn steigende Komplexität in der Umwelt macht Netzwerke vonnöten, die komplexe Probleme lösen und gemeinsam innovative Ideen entwickeln – wenn nötig mit Externen. Die Vernetzung als Strategieziel sollte möglichst von allen Bereichen im Unternehmen unterstützt werden.

6.2 Aufgaben des Personalmanagements

Personaler müssen mehr denn je das Business verstehen, sich mit Chancen und Herausforderungen des Unternehmens auseinandersetzen. Das ist die allererste Aufgabe, insbesondere, wenn sie als Partner der Führungskräfte arbeiten – als Performance Consultant zum Beispiel. Nur dann können sie auch aktiv nach vorne gehen und Angebote machen, die sich nicht nur auf die Erfüllung von Aufträgen beschränken, sondern einen echten Mehrwert bieten. Sie müssen das Big Picture verstehen, die Bedingungen und Business-Notwendigkeiten, die den Kontext für die Entscheidungen des Personalmanagements bilden.

6.2.1 Dialog und die Nutzung der kollektiven Intelligenz

Hinsichtlich der Unternehmensstrategie gilt es für das People Management aber nicht nur, entsprechende Handlungsmaximen abzuleiten. Sondern da eine Strategie heute kein starres Gebilde mehr ist, das von oben festgelegt wird und von dem die Mitarbeiter keine Kenntnis haben, sollte dafür gesorgt werden, dass alle die Strategie kennen und immer wieder auch ein Strategiedialog im Unternehmen möglich ist. Einerseits muss die Strategie heute für die Mitarbeiter transparent sein, damit eine Richtung des Handelns klar ist und sie die nötigen Informationen haben, um Verantwortung zu übernehmen – auch über den eigenen vordefinierten Bereich hinaus. Andererseits muss aber ebenfalls sichergestellt werden, dass sie partizipieren und Einfluss nehmen können auf die Strategie. Denn kein Top-Management sollte heute noch abgeschieden im Elfenbeinturm alleine eine Strategie verabschieden. Es geht darum, die kollektive Intelligenz in einem Unternehmen zu nutzen. Nicht unbedingt, um gemeinsam die Strategie zu entwickeln – was auch möglich ist –, sondern vor allem, um von der Expertise der Mitarbeiter und Führungskräfte zu profitieren und gemeinsam zu versuchen, zukünftige Entwicklungen zu antizipieren. Und das als Basis für die letztliche Entscheidung der Unternehmenslenker. Die Möglichkeit der Einflussnahme kann sich in verschiedenen Formen zeigen.

Bei der Sparda-Bank München haben alle Mitarbeiter die Möglichkeit, dem Vorstandsvorsitzenden Geschäftsideen zu schicken. Laszlo Bock, ehemaliger Personalchef von Google, empfiehlt in seinem Buch »Work Rules« (2016) kleineren Unternehmen: »Fragen Sie Ihre Angestellten regelmäßig, was sie ändern würden, wenn das ihre Firma wäre. Weil Sie möchten, dass sie sich genau so verhalten: als wäre es ihre Firma.« (ebd. S. 316)

So etwas zu fragen, ist schlau. Denn das Spitzenmanagement weiß meistens eben nicht am besten, wo es langgehen sollte und welche Risiken überall lauern. Ein Personalmanagement, das sich als Vernetzer versteht, unterstützt also dabei, dass die Strategie transparent ist, und arbeitet als Community-Gestalter dafür, dass Formate und Kanäle etabliert werden, die den Dialog hinsichtlich Strategie und Zukunft erlauben. Letztendlich geht es darum, auf keinen wertvollen Beitrag zu verzichten und die Mitarbeiterverantwortung für das Unternehmen zu aktivieren und mit Leben zu füllen. Die Berücksichtigung von Mitarbeiterideen beziehungsweise das Einbeziehen in die Strategieentwicklung erhöht zudem die Akzeptanz der Strategie innerhalb des Unternehmens.

Wobei eine einfache Befragung wenig sinnvoll wäre. Sondern es gilt, eine Art Innovations-, Ideen- oder Strategieworkshop ins Leben zu rufen und damit einen Raum zu schaffen, in dem vernetzt gedacht werden kann, in dem die Teilnehmer sich gegenseitig inspirieren mit unterschiedlichen Erfahrungen und Perspektiven. Es muss einen Freiraum zum Denken geben und die Bereitschaft, bisherige Gewissheiten zu hinterfragen. Für das Personalmanagement ist es damit ebenfalls eine Aufgabe, bislang bestehende kommunikative Rituale in Bezug auf die Strategieentwicklung aufzubrechen und einen geschützten Kommunikationsraum zu schaffen, der eine gewisse strategische Flughöhe möglich macht (vgl. Nagel/Wimmer 2015).

Die erarbeiteten Ideen – zum Beispiel zu möglichen Geschäftsfeldern, Dienstleistungen oder sozialen Innovationen wie Arbeitsbedingungen – sind dann eine Basis für die Strategie, die womöglich vom Management formuliert wird. In jedem Fall ist Strategieentscheidung eine Sache von Führung, wie auch immer diese gelebt wird. Die Implementierung könnte beispielsweise im Rahmen von Projekten sichergestellt werden, in denen auch Mitarbeiter aus der Innovations- beziehungsweise Strategieveranstaltung vertreten sind. Wenn möglich, sollte also die Umsetzung der Strategie wieder in die Hände der Mitarbeiter gelegt werden, weil erst dann wirklich echte Verbindlichkeit und Engagement entstehen.

Öffnung der Strategieprozesse
Als Alternative bietet sich an, den Strategie-Workshop mit dem Management für einzelne wenige Mitarbeiter zu öffnen, weil sie unter Umständen frische Ideen einbringen. Oder das Personalmanagement setzt sich dafür ein, beispielsweise eine Art Fokusgruppe zu etablieren, die einen Querschnitt aus dem Unternehmen bildet und der Unternehmensführung immer wieder Feedback und Impulse gibt. Je nach Kultur und Struktur des Unternehmens kann diese Gruppe auch die Strategie mit der Geschäftsführung gemeinsam entwickeln, sich Feedback dazu holen und danach eine Strategieanpassung vornehmen.

Die technologischen Möglichkeiten helfen natürlich bei einem Strategiedialog beziehungsweise sie beschleunigen die Entwicklung hin zu einer Öffnung der Strategieprozesse. Ein Social Intranet kann hierfür die Plattform sein. »Zum einen bietet diese Öffnung die Möglichkeit, alle Mitarbeiter abzuholen und mit ihnen den Entwicklungsprozess des Unternehmens mitzugestalten, was den Widerstand verringert. Auf der anderen Seite muss HR die vorgebrachten Vorschläge natürlich möglichst transparent und systematisch bearbeiten.« (Wagner/Schirmer 2016, S. 34) Nicht zu vergessen ist, dass es ein hohes Tempo ermöglicht, wenn es darum geht, Feedback zu einer formulierten Strategie oder einem ersten Prototyp einzuholen.

Immer häufiger geht es darum, erst einmal etwas auszuprobieren. Es entstehen an verschiedenen Ecken im Unternehmen Projekte, immer mehr auf Initiative von leidenschaftlichen Mitarbeitern. Man gibt ihnen den Freiraum, etwas voranzutreiben, am Markt zu testen. Und wenn sie – und andere – Erfolg haben, ergibt sich aus mehreren kleinen Projekten eine umfassende Geschichte, die Mosaiksteine ergeben ein Ganzes, das sinnvoll ist. Dann entsteht eine Strategie aus den Initiativen innerhalb des Unternehmens.

> **FALLBEISPIEL**
>
> **Zukunftswerkstatt bei der GLS Bank**
> Bei der GLS Bank in Bochum gibt es die Zukunftswerkstatt. Hierfür werden zwölf Mitarbeiter bis zu 50 Prozent freigestellt, damit sie innovative Entwicklungen vorantreiben können. Die Mitarbeiter konnten sich dafür bewerben. Die zwölf haben zunächst eine sogenannte Lernreise unternommen und sich unterschiedliche Entwicklungen angeschaut: Innovationlabs, Gemeinschaftsformen oder Fintechs zum Beispiel. Danach haben sie aus den Ideen und Beobachtungen Projekte entwickelt und daraus wiederum Prototypen. Ziel war es vor allem, die eigenen Annahmen zu hinterfragen. Der Vorstandssprecher Thomas Jorberg sagte einmal in einem Interview: »Uns ging es darum, dass die zwölf Mitarbeiter wirklich rausgehen und die Dinge wahrnehmen und erspüren, statt im Büro gleich zu Anfang alles endlos zu analysieren.« (Jorberg 2016, S. 57)

Eine Strategieentwicklung nützt nichts, wenn sie nicht implementiert ist beziehungsweise sich im operativen Geschäft niederschlägt. Hier zu schauen, ob man noch auf Kurs ist, ist eine der wichtigsten Aufgaben von Führungskräften. Je ausgeprägter allerdings die Selbstorganisation in einem Unternehmen in Form von autonomen Teams ist, desto wichtiger ist die zusätzliche Rolle, die hier dem Personalmanagement in Gestalt der Performance Consultants zukommt. Indem sie im Sparring mit den Teams immer wieder auch im Sinne der Strategie argumentieren, weil die strategische Anbindung der Teams an das Gesamtunternehmen eventuell noch unzureichend ist.

Doch unabhängig davon, wie viel Selbstorganisation besteht: Es zeigt sich zunehmend, dass Personalmanagement stärker Kommunikationsaufgaben übernimmt – gerade beim Thema Strategie. Der Informationsfluss muss gewährleistet sein. Das People Management sorgt mit der internen Kommunikation einerseits dafür, dass die Mitarbeiter wissen, was die Geschäftsführung will, welche Ziele bestehen. Und andererseits gelangen Ideen und Anregungen der Teams zum Top-Management beziehungsweise wird die Basis für Mitwirkung an der Strategie hergestellt.

6.2.2 Strategische Inhalte

Eine Personalstrategie sollte, wenn es denn eine gibt im Unternehmen, flexibel gestaltet sein und sich auf die kurzen Zeithorizonte fokussieren. Je weiter entfernt die Zukunft, desto weniger sinnvoll ist eine detaillierte Planung. Die möglichen Handlungsfelder sind vielfältig: von Mitarbeiterbindung über Employer Branding bis zu der Frage, welche wesentlichen Kompetenzen brauchen wir in naher Zukunft? Bei jedem Gebiet stellt sich die Frage nach dem Aufwand. Und immer häufiger muss man fragen, ob in dem jeweiligen Bereich eine zentrale Steuerung des Personalmanagements überhaupt sinnvoll ist und nicht eher die Rolle als Begleiter und Berater die richtige ist.

Eine Personalplanung von zehn Jahren dürfte sich in vielen Branchen nicht mehr lohnen, weil sie aufgrund einer hohen Dynamik immer wieder angepasst werden müsste. Zudem müssten Ziel- und Ausführungsplanung eigentlich zusammenliegen, aber der Personalbereich ist wegen der nicht vorhandenen fachlichen Expertise zu weit weg. Strategische Planungen des People Management in Bezug auf nicht-fachliche Kompetenzen sind wiederum sinnvoll, weil sie übergreifend und geringerer Dynamik ausgesetzt sind.

Strategische Personalarbeit hat heute vor allem zwei Aufgaben. Zum einen muss sie die Anpassungsfähigkeit des Unternehmens unterstützen. Damit bewegt sich die Personalfunktion im Bereich Organisations- und Kulturentwicklung. So ist denn auch laut einer Umfrage die Flexibilisierung der Arbeitsstrukturen das wichtigste HR-Thema im Jahr 2017 (vgl. Hays/IBE 2017). Mobile Formen des Arbeitens sowie das Einbeziehen von Externen in das Workforce Management sind dabei zum Beispiel zwei Punkte, die zu mehr Flexibilität führen können. Dazu gehört ebenfalls die Transformation der Führungskultur, also die Begleitung der Führungskräfte zu einem agileren und Freiraum gewährenden Vorgehen.

Zum anderen muss strategische Personalarbeit heute kollektive Intelligenz fördern. Welche Fachbereiche müssten im Sinne einer bestmöglichen Wertschöpfung mehr zusammenarbeiten? Und wie schafft man das? Um solche Fragen zu beantworten, braucht es beim People Management ein Verständnis fürs Business. Erst dann können die Herstellung von Transparenz und das Fördern von Beziehungen zielgerichtet ablaufen.

Und für alle eigenen strategischen Themen gilt für das People Management selbst ebenso, von einer möglichst breiten kollektiven Intelligenz zu profitieren und nicht alleine ohne Austausch mit den Fachbereichen an der Zukunft zu arbeiten. Das heißt: Zumindest immer wieder Feedback einholen, schauen, ob man mit dem jeweiligen strategischen Thema noch auf der Spur ist.

Ein Beispiel hierfür wäre die Erarbeitung einer Employer-Branding-Strategie, die in der Regel in der Verantwortung der Personalabteilung liegt, doch ohne das Einbeziehen der Mitarbeiter sinnlos ist, schließlich geht es zuallererst darum zu bestimmen, was einen als Arbeitgeber und Unternehmen besonders macht. So sollte die Erarbeitung der Employer Value Proposition (EVP) gemeinsam mit den Mitarbeitern beziehungsweise einer Mitarbeitergruppe stattfinden. Zumindest aber sollte eine Befragung dazu stattfinden. Die EVP besteht aus vielen unterschiedlich gewichteten Faktoren – von der Vergütung über die Kultur bis zur Arbeitsumgebung – und drückt aus, was die Attraktivität des Arbeitgebers ausmacht.

Auch beim Pay-TV-Anbieter sky ist im Vorfeld zur vielbeachteten Kampagne »Die Rolle deines Lebens« die Erarbeitung der EVP im Dialog mit den Mitarbeitern entstanden. Der erste Aufschlag kam von den Personalern, die sich dann dazu umfassend Feedback eingeholt haben. Mitarbeiter traten als Testimonials in der Kampagne auf, die insgesamt im echten Teamwork entstanden ist. Anders geht es zukünftig auch nicht, weil das Kommunikations-Know-how immer wichtiger wird, gerade was den technischen Aspekt angeht. Denn Kampagnen werden digitaler und interaktiver und die Arbeitgeberkommunikation wird sich stärker an der Produktkommunikation orientieren (Blatt 2015). Employer Branding kann aus diesem Grund nur noch im Rahmen eines vernetzten Wirkens entstehen. Es braucht die Zusammenarbeit von People Management und Kommunikation.

6.3 Anregungen und erste Ideen

Sprechen Sie mit den Führungskräften!
Beschäftigen Sie sich mit dem Business Ihres Unternehmens. Lesen Sie Trendreports und Analysen rund um E-Commerce im Einzelhandel, die Herausforderungen der Pharmabranche in Südamerika oder den Einsatz von künstlicher Intelligenz im Marketing der Uhrenhersteller – was auch immer relevant sein könnte. Suchen Sie aber vor allem das Gespräch mit den Experten und Führungskräften. Es ist mühsam. Aber bemühen Sie sich um Einzelunterhaltungen mit Managern, inklusive CEO, und fragen Sie nach den Schlüsselherausforderungen. Es geht anfangs noch nicht darum, fachlich zu diskutieren, sondern zu verstehen. Hören Sie zu, lernen Sie! Das wird jeder honorieren. Aus den Gesprächen ergeben sich die Handlungsmaximen und in den meisten Fällen wird der Abbau von Silos im Unternehmen beziehungsweise eine effizientere Zusammenarbeit dazugehören. Hierzu erarbeiten Sie mit den Kollegen Ihre Strategie.

Werben Sie für einen Blog des CEO!
Werben Sie beim CEO dafür, dass er oder sie einen internen Blog betreibt. Das fördert den Dialog, wenn Kommentare möglich sind – und das sollten sie. Dort kann immer wieder auch die Strategie thematisiert werden. Es fördert das Vertrauen, wenn es möglich ist, mit dem CEO über die Strategie zu diskutieren oder ihn gar mit kritischen Nachfragen herauszufordern. Bei Freenet hat der CEO Christoph Vilanek einen solchen Blog und im Intranet gibt es die Aufforderung, ihm Fragen zu stellen, die rege genutzt wird.

Organisieren Sie eine Veranstaltung zur Ideenfindung als Teil der Strategieentwicklung!
Organisieren Sie in Abstimmung mit der Geschäftsführung eine hierarchieübergreifende Veranstaltung, in der Mitarbeiter und Führungskräfte oder ein Querschnitt an Mitarbeitern zusammenkommt und Ideen zur Zukunft des Unternehmens oder zu einem bestimmten, strategisch wichtigen Thema erarbeitet – im Rahmen eines Workshops (bis zu 15 Leute) beziehungsweise in einem Großgruppenformat. Ausgangspunkt sollte eine konkrete strategische Frage- beziehungsweise Problemstellung sein. Das Thema sollte hinreichend komplex, in die Zukunft gerichtet und geeignet sein, viele unterschiedliche Ideen zu sammeln. »In welchen Geschäftsfeldern werden wir in fünf Jahre den meisten Umsatz machen?« könnte eine Frage sein. »Wie wollen wir arbeiten?«, »Wie können wir die Kunden enger an uns binden?« oder »Wie kann Marketing in Zukunft erfolgreich sein?« sind andere Fragen. Wichtig bei solchen Veranstaltungen sind drei Dinge: (1) Es sind Menschen mit ganz unterschiedlichen Profilen dabei, sodass verschiedene Perspektiven einfließen; (2) die Leute sind aufgefordert, sich aktiv zu beteiligen, und es darf keine Hemmungen geben, Ideen zu äußern; (3) es muss sichergestellt sein, dass etwas mit den erarbeiteten Ideen – oder einigen von ihnen – passiert, dass daraus zum Beispiele Projekte entstehen.

World Café als Beispielformat
Als Format sei hier beispielhaft das World Café erläutert, das sowohl mit wenigen Menschen (mindestens zwölf) als auch mit mehreren Hundert möglich ist. Die Teilnehmer sind an mehreren Tischen verteilt. An einem Tisch sollten nicht mehr als vier oder fünf Perso-

nen sitzen, die alle eine bestimmte Fragestellung diskutieren. Die Gruppenmitglieder haben etwa 20 Minuten Zeit dafür. Ihre Ideen beziehungsweise die Zusammenfassung der Diskussion schreiben sie auf ein auf dem Tisch liegendes Flipchart-Papier. Nach der ersten Gesprächsrunde bleibt eine Person als Gastgeber am Tisch. Die anderen wechseln und diskutieren an anderen Tischen ihre Ideen. Der Moderator kann nun eine zusätzliche Frage hineinbringen, die der Diskussion eine neue Richtung gibt. Das World Café hat mindestens drei bis vier Runden. Am Schluss gibt es eine Zusammenfassung der Ideen (vgl. Vahs/Weiand 2013).

Auch hier gilt: Zumindest die wichtigsten Ideen müssen weiterverfolgt werden beziehungsweise sich in der Unternehmensstrategie wiederfinden. Welche Idee weiterlebt, beispielsweise indem man einen Prototyp anfertigt, Ideen testet oder ein Projekt ins Leben ruft, wird in den meisten Fällen oben in der Hierarchie entschieden. Es spricht jedoch vieles dafür, dass auch die Mitarbeiter als Crowd ein Votum abgeben. Wenn sich »Owner« einer Idee ausmachen lassen und sie die nötige Passion für diese haben, könnte die Crowd darüber abstimmen. Ein anderer Weg ist, dass der »Owner« im Unternehmen um Mitstreiter wirbt. Und diejenigen, die die meisten Unterstützer bekommen, erhalten auch die Erlaubnis weiterzumachen. Damit wird konsequent auf die Selbstverantwortung und die Leidenschaft der Mitarbeiter gesetzt. Wichtig ist eine gewisse Rückendeckung der Führungskräfte. Sie als Personalmanager sollten sich dafür einsetzen.

7 Human Collaboration Management und die Kultur

7.1 Grundlegendes

7.1.1 Wichtiger als die Strategie

Jedes Unternehmen hat eine Kultur – und je größer es ist, desto eher haben auch einzelne Abteilungen und Bereiche eine eigene, eine Subkultur entwickelt. Auch wenn niemand an der Kultur arbeitet, sie in keinem Strategiepapier erwähnt wird, sie in keinen Überlegungen eine Rolle spielt – sie ist da. Und sie zeigt sich überall: in der Art, wie Mitarbeiter miteinander sprechen, wie sie E-Mails schreiben, wie Projekte angegangen oder Entscheidungen im Unternehmen getroffen werden, all das hat mit Kultur zu tun. Und Unternehmenslenker sollten nicht den Fehler machen, sie für vermeintlich wichtigere Themen links liegen zu lassen.

BEGRIFFSERKLÄRUNG

Was ist Unternehmenskultur?
Jedes Unternehmen hat seine eigene, spezielle Kultur, die sich immer von den Kulturen der Wettbewerber unterscheidet. Der vermeintliche weiche Faktor ist am Ende betriebswirtschaftlich entscheidend. Der bekannteste Forscher zum Thema Unternehmenskultur, Edgar Schein, definierte sie als die Summe der gemeinsamen und selbstverständlichen Annahmen, die eine Gruppe in ihrer Geschichte erlernt (vgl. Schein 2010). Winfried Berner sieht Kultur als die »Persönlichkeit« eines sozialen Systems, »das heißt die Art, wie es auf die großen und kleinen Fragen des Lebens antwortet«. Sie ist seiner Ansicht nach »das Produkt der Entscheidungen, die es im Laufe seiner Entwicklung in Reaktion auf kritische Erfahrungen getroffen hat« (Berner 2010, S. 72). Für Berner ergeben sich drei Komponenten, die für das Verständnis von Unternehmenskultur zentral sind: Geschichte und Erfahrungen; Lernen und Entscheidungen sowie Annahmen, Überzeugungen und Gewohnheiten. Und die bekannte deutsche Organisationspsychologin Sonja Sackmann fasst Kultur so zusammen: »Kultur umfasst die grundlegenden Überzeugungen einer Gruppe, die das Denken, Fühlen und Handeln der Mitglieder beeinflussen und insgesamt typisch für sie sind.« (Sackmann 2015, S. 26) Und, so betont die Wissenschaftlerin, je größer eine Organisation sei, desto mehr Subkulturen entstehen. »Es gibt häufig keine einheitliche Kultur, die es zu messen gilt.« Abteilungen und Hierarchien können Subkulturen entwickeln oder sie entstehen durch unterschiedliche Professionen.
Es gibt nach Aussage von Sackmann mehr als 160 Definitionen von Kultur. Bei aller Unterschiedlichkeit ist vor allem eines klar: Eine Unternehmenskultur umfasst mehr als die Werte, die von der Firmenleitung ausgegeben werden.

Im Oktober 2013 schickte der CEO von Airbnb, Brian Chesky, eine E-Mail an seine Mitarbeiter, in der er ankündigte, dass das nächste Team-Meeting »zentrale Werte« als Thema haben werde. Die Überschrift der E-Mail lautete: »Dont't fuck up the culture.« Die E-Mail ist ein Plädoyer, Unternehmenskultur wichtig zu nehmen, weil sie das Fundament einer Firma ist. Und eine starke Kultur, so schreibt Chesky, ist der Nährboden für Innovationen. »Je stärker die Kultur, desto weniger festgeschriebene Geschäftsprozesse braucht ein Unternehmen. Wenn die Kultur stark ist, dann kann man jedem vertrauen, dass er das Richtige tut. Menschen können unabhängig und autonom sein. Sie können Entrepreneure sein. Und wenn wir ein Unternehmen sind, in dem man wie ein Entrepreneur denkt und handelt, dann werden wir in der Lage sein, Bahnbrechendes zu schaffen.« (Chesky 2014) Unternehmenskultur galt lange Zeit als weiches Thema, um das man sich kümmern kann, aber nicht muss – ein »nice to have«. Doch das ändert sich. Schon in den 90er-Jahren konnten die Harvard-Professoren John Kotter und Jim Heskett (1992) zeigen, dass Firmen mit einer stark ausgeprägten Kultur auch überdurchschnittliche Gewinne erzielen. Und wer sich den Erfolg von Unternehmen aus dem Silicon Valley anschaut, wird sehen, dass dieser nicht nur auf technischem Können basiert, sondern eine Frage der Kultur ist. Und eine starke, aber auch wandlungsfähige Kultur, ist jeder Strategie überlegen.

»Diese Anzeigen sind Mist«
Die herausragende Bedeutung von Kultur lässt sich am besten an konkreten Beispielen zeigen. Und ein eindrucksvolles erzählen Eric Schmidt und Jonathan Rosenberg in ihrem Buch »Wie Google tickt« (2015).

An einem Freitagnachmittag im Jahr 2002 spielte Google-Gründer Larry Page auf der Webseite seines Unternehmens herum. Er tippte Suchbegriffe ein und schaute, was für Resultate und Anzeigen er bekam. Er war nicht zufrieden mit den Ergebnissen. Denn manche Anzeigen standen in gar keinem Bezug zum Suchbegriff. Page druckte die Seiten mit den Ergebnissen aus, markierte die unpassenden Anzeigen, heftete die Zettel ans schwarze Brett in der Küche und schrieb in großen Buchstaben oben drüber: »Diese Anzeigen sind Mist« (»These ads suck«). Dann ging er nach Hause. Page sprach mit niemandem darüber, vergab keine Aufträge oder sonstiges. Nur die Zettel, sonst nichts. Am Montagmorgen bekam der Google-Gründer eine E-Mail von einem Suchmaschinen-Ingenieur. Dieser sowie vier weitere Kollegen hatten den Zettel gelesen und waren derselben Meinung wie Larry Page. In der E-Mail ging es jedoch nicht nur darum, Zustimmung zu äußern, sondern sie enthielt eine detaillierte Analyse, warum das Problem aufgetreten war, sowie eine mögliche Lösung. Und es war ein Link dabei zur testweisen Umsetzung dieser Lösung, die die fünf Kollegen über das Wochenende programmiert hatten. Das Interessante dabei: Das Team war eigentlich gar nicht unmittelbar zuständig, sie gehörten nicht zum Anzeigenteam. Sie waren einfach an jenem Freitagnachmittag im Büro und hatten zufällig die Nachricht von Larry Page gelesen.

Man kann natürlich fragen: Hatten diese fünf Leute nichts Besseres zu tun an einem Wochenende? Jedoch ist es ein beeindruckendes Beispiel für Mitarbeiter, die Verantwortung übernehmen, die eine Leidenschaft fürs Problemlösen haben und die sich zusammentun, um gemeinsam die Herausforderung anzugehen. Sie hätten auch den Zettel einfach ignorieren können und alles wäre in Ordnung gewesen.

Eine Unternehmenskultur, die den Unterschied macht, lebt von solchen Beispielen, die von anderen Mitarbeitern wahrgenommen werden. Besonders entscheidend ist, wie die Kultur tagtäglich von den oberen Führungskräften vorgelebt wird. Und wenn Zusammenarbeit die Kultur prägen soll, muss der Vorstand dafür ein Vorbild sein. Der CEO trifft keine einsamen Entscheidungen, sondern stimmt sich mit den Vorstandskollegen ab, und diese beziehen wiederum ihre Führungskräfte mit ein: bitten um Einschätzungen, fragen um Rat, hören zu. Sie leben eine Führung auf Augenhöhe.

7.1.2 Analysieren, was man hat und wohin es gehen soll

Wer eine Kulturveränderung anstrebt, sollte ungefähr wissen, wie der Status quo ist. Personalmanager sind im besten Fall aussagefähig über die eigene Kultur im Unternehmen – über die offiziellen Werte hinaus. Das ist alles andere als eine Selbstverständlichkeit. Nur eine Minderheit der Spitzenmanager beispielsweise versteht die Kultur des eigenen Unternehmens (vgl. Deloitte 2016).

Eine Kulturanalyse ist also durchaus sinnvoll, auch wenn sie nicht mehr so richtig in die agile Wirtschaftswelt zu passen scheint, wo mit iterativen Prozessen und Prototypen gearbeitet wird. Kulturarbeit braucht Zeit, weil Kultur eben nicht nur aus Artefakten besteht wie das Weglassen einer Krawatte, sie ist zum großen Teil nicht sichtbar, weil sie sich auch in den Annahmen der Mitarbeiter und Führungskräfte findet: Annahmen darüber, wie der Mensch ist, wie man sich verhält, wie man mit Zeit und miteinander umgeht. Aber genau deshalb ist es wichtig, dass sich Personaler mit der eigenen Kultur beschäftigen und über die Frage reflektieren: Wer sind wir? Die Unternehmenskultur ist auf Dauer entscheidend für den Erfolg eines Unternehmens, vor allem, wenn sie eine flexible Kultur sein soll, die sich an die Veränderungen in der Umwelt anpassen kann.

Für eine erste Analyse ist unter anderem eine Kombination von Beobachtung und Befragung bei unterschiedlichen Zielgruppen effektiv (vgl. Sackmann 2015).

Organisational Culture Inventory
Eines der bekanntesten Instrumente zur Messung von Organisationskultur ist das Organisational Culture Inventory (OCI). Mit dem OCI ist eine Beurteilung der operativen Kultur möglich und zwar in Bezug auf die Verhaltensweisen, von denen die Mitglieder glauben, dass sie erforderlich sind, um ins Unternehmen zu passen und den Erwartungen zu entsprechen (Human Synergistics International 2016). Dafür wird ein Fragebogen eingesetzt mit über 120 Fragen. Aus den Beantwortungen ergibt sich der Ist-Zustand einer Unternehmenskultur, der als Basis genutzt werden kann, um sich von da aus weiterzuentwickeln. Das OCI unterscheidet zwischen drei Formen von Verhaltenserwartungen an Mitarbeiter (siehe Abbildung 6): konstruktiv, passiv-defensiv und aggressiv-defensiv. Jeder dieser drei Kulturtypen basiert auf den zwei Dimensionen Aufgabenorientierung versus Mitarbeiterorientierung einerseits und Sicherheitsbedürfnisse niedriger Ordnung versus Befriedigungsbedürfnisse höherer Ordnung andererseits.
Jeder Kulturtyp wird von vier verschiedenen Formen von Normen repräsentiert. Die konstruktiven Formen sind diejenigen, die die Lösung von Problemen erleichtern, bei der Ent-

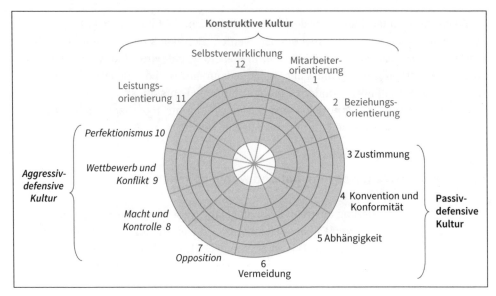

Abb. 6: Vereinfachte Darstellung des Organizational Culture Inventory (Human Synergistics International 2016; Vahs/Weiand 2013)

scheidungsfindung helfen, die Teamarbeit und die Produktivität unterstützen und insgesamt langfristig wirksame Verhaltensweisen sind. Die vier sind: Leistungsorientierung, Selbstverwirklichung, Mitarbeiterorientierung und Beziehungsorientierung (vgl. Vahs/Weiand 2013; Human Synergistics International 2016). Allerdings ergeben sich aufgrund der Analyse in der Regel keine klar abgegrenzten Zuordnungen zu einem Kulturtyp, sondern jeweils unterschiedlich starke Ausschläge.

Mit dem OCI ist es ebenfalls möglich, eine Soll-Kultur zu erheben, das heißt, das Instrument wird eingesetzt, um diejenige Kultur mithilfe der Teilnehmer zu definieren, die für eine langfristige Leistungsfähigkeit und Wirksamkeit Bedingung ist.

7.1.3 Kulturwandel

7.1.3.1 Kulturdialog

Eine Befragung allein reicht jedoch nicht. Es ist wichtig, mit Führungskräften und Mitarbeitern in den Dialog zu treten und in diesem zu bleiben, um gemeinsam eine Kulturveränderung zu schaffen. Denn eine Unternehmenskultur lässt sich nicht verordnen, sie muss kontinuierlich von allen erarbeitet werden. Für den Kulturdialog gilt es, zunächst die Führungskräfte und Mitarbeiter zu mobilisieren, dann gemeinsam ein Zielbild zu entwickeln sowie dafür zu sorgen, dass der Dialog nicht abebbt und in die Breite getragen wird. Vom oberen Management muss die Unterstützung kommen, damit der Prozess glaubwürdig ist. Das erarbeitete Ergebnis wie zum Beispiel ein Wertekanon muss sich in der Strategie oder im Unternehmensleitbild wiederfinden. Es gibt zahlreiche Großgruppenformate, mit denen der Kulturdialog seinen Anfang nehmen kann.

Kulturwandel bei der Deutschen Bahn
Bei der Deutschen Bahn hat man in den vergangenen Jahren einen beeindruckenden Kulturwandel vorangetrieben. Seit 2012 ist er zentraler Bestandteil der Konzernstrategie 2020. Und auch hier hat der Wandel mit einer Analyse angefangen im Jahr 2010 (siehe Abbildung 7). Dafür wurden 215 Mitarbeiter interviewt. Die Ergebnisse waren schlecht: kein Vertrauen und Verständnis, keine Einbindung der Mitarbeiter.

Das Management entschloss sich zu einem Dialog über die Kultur mit Führungskräften und Mitarbeitern – breit angelegt, über alle Ebenen. Zunächst wurden im Juni 2010 bis März 2011 fünf Zukunftskonferenzen mit je bis zu 1000 Teilnehmern abgehalten. Auf diesen entstand eine erste gemeinsame Vision einer Unternehmenskultur. Der Dialog wurde später auf breiterer Basis intensiviert in den sogenannten regionalen Zukunftsdialogen, die in Deutschland von Oktober 2011 bis März 2012 stattfanden. Diese hierarchieübergreifenden Konferenzen hatten je 300 Teilnehmer. Sie waren auch der Startpunkt für die regionale Kulturarbeit mit den Konzernbevollmächtigten (vgl. Schwentkowski 2014).

> **BEGRIFFSERKLÄRUNG**
>
> **Gruppenformat Zukunftskonferenz**
> Die Zukunftskonferenz ist ein moderiertes Format für Großgruppen (bis zu 80 Personen), mit dessen Hilfe eine gemeinsame Vision oder ein Zukunftsbild erarbeitet wird. Sie kann aber auch eingesetzt werden, um ein bestimmtes Problem gemeinschaftlich zu lösen. Alle Teilnehmer sind eingebunden und fungieren als Experten. Sie steuern ihr Wissen, ihre Ideen und ihre Fantasie bei. Aufgaben können auch in Kleingruppen bearbeitet werden. Der Fokus der Zukunftskonferenz liegt auf Gemeinsamkeiten und nicht auf Trennendem. In der Regel dauert die Konferenz zwei bis drei Tage und durchläuft dabei verschiedene Phasen. Sie beginnt zuerst mit einem gemeinsamen Rückblick in die Vergangenheit, der ein Gemeinschaftsgefühl erzeugen soll. Danach folgt der Fokus auf die Gegenwart. Man schaut auf aktuelle Entwicklungen sowie darauf, was die Teilnehmer stolz macht beziehungsweise was sie bedauern. Anschließend beschäftigt man sich mit dem Entwurf von Zukunftsszenarien. In einem kreativen Prozess sollen mutige und innovative Ideen entstehen. Abschließend werden ein gemeinsames Zukunftsbild erschaffen, Ziele erstellt und Maßnahmen abgeleitet. Eine Zukunftskonferenz ist geeignet, ein starkes Wir-Gefühl zu erzeugen.

Mit den Zukunftskonferenzen und Zukunftsdialogen waren offene Gespräch möglich. »Wir wussten jetzt, welche wichtigen Themen angepackt werden mussten, und hatten viele Anliegen der Mitarbeiter offen und ehrlich diskutiert«, schrieb Ulrich Weber damals (2014, S. 9).

Die Unternehmenskultur, die entstehen sollte, hatte auch eine bessere Zusammenarbeit zum Ziel – eine partnerschaftliche Zusammenarbeit über Hierarchieebenen hinweg und zwischen den Geschäften. Und es gab den Wunsch nach einer gemeinsamen Identität. Zum Zielbild gehörten außerdem eine verbesserte Führungsqualität, mehr Entscheidungsspielräume vor Ort sowie eine vertrauensvolle, konstruktiv-kritische Dialog- und Feedback-Kultur (vgl. Schwentkowski 2014).

Die Glaubwürdigkeit des Kulturentwicklungsprozesses bei der Deutschen Bahn wurde unterstrichen durch die Strategie DB 2020, die den kulturellen Wandel zu einer zentralen

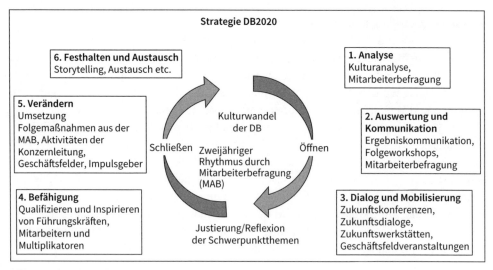

Abb. 7: Kulturwandel bei der Deutschen Bahn (Deutsche Bahn AG; Schwentkowski 2014)

Stoßrichtung gemacht hat, sowie durch die konzernweite Mitarbeiterbefragung, die seit 2012 alle zwei Jahre stattfindet, den Prozess immer wieder neu justiert und bestimmte Maßnahmen zur Folge hat. Von März bis Juni 2014 wurden fünf Zukunftswerkstätten mit je 300 bis 400 Teilnehmer abgehalten, in denen man sich jeweils ein Handlungsfeld aus der Befragung vornahm.

Die Deutsche Bahn hat erkannt, dass Wandel auf vielen Ebenen geschieht und jeder einen Beitrag leisten kann. Zwar hat der Vorstand zentrale Veränderungen wie die Mitarbeiterbefragung angestoßen, doch die vielen kleineren Maßnahmen müssen vor Ort entwickelt und umgesetzt werden. So wurde beispielsweise ein spezielles Workshop-Konzept entwickelt, das es ermöglichte, ähnliche Fragen wie auf den Konferenzen von einer Führungskraft und ihren Mitarbeitern diskutieren zu lassen. »Ergebnis waren konkrete Maßnahmen vor Ort und das Verständnis von jedem Einzelnen, was sein Beitrag für eine weiterentwickelte Kultur sein kann.« (Weber 2014, S. 10)

7.1.3.2 Feedback-Instrumente beim Kulturwandel

Mit der zweijährlichen anonymen Mitarbeiterbefragung kann der DB-Konzern analysieren, ob der Wandel weiter in die richtige Richtung geht und die Veränderungen nachhaltig sind. Wobei eine anonyme Befragung immer nur die zweitbeste Lösung sein kann, weil sie keinen wirklichen Dialog ermöglicht. Jedoch in einem stark hierarchischen Konzern, der erst am Anfang des Kulturwandels steht, ist sie sinnvoll, um überhaupt Feedback zu bekommen.

2014 haben von den weltweit über 300.000 Mitarbeitern rund 190.000 an der Befragung teilgenommen, die von einem externen Marktforschungsinstitut durchgeführt wurde – eine gute Teilnahmequote. Die Befragung konstatierte eine insgesamt positive Entwicklung, aber ebenfalls Verbesserungsbedarf in der Kommunikation mit den Führungskräften sowie bei den Themen Führung, Zusammenarbeit und Weiterentwicklung.

Flexible und dynamische Befragungen

Im Rahmen eines Kulturwandels haben Feedback-Instrumente in Form von Befragungen eine elementare Bedeutung. In den digitalen dynamischen Zeiten von heute reicht es allerdings nicht mehr, lediglich alle zwei Jahre seine Mitarbeiter zu befragen. Kurze Online-Umfragen sind heute einfach möglich – über Social Media oder mithilfe eines Intranet-Tools. Fragen können mit dem Smartphone sogar von unterwegs beantwortet werden. Eine große, umfassende Mitarbeiterbefragung könnte beispielsweise von kurzen Pulsbefragungen zu bestimmten Themen in kürzeren Abständen flankiert werden. Damit würde auch den Erwartungshaltungen von Mitarbeitern und Führungskräften entsprochen, die aufgrund von privaten Apps mit Echtzeitdaten eine »sehr hohe Taktung gewöhnt sind« (Werther/Stephany 2016). Personalmanager sollten solche Pulsbefragungen auch eigenständig nutzen, um Meinungen zu bestimmten HR-Themen oder Stimmungsbilder abzufragen im Rahmen des Wandels. Die Mitarbeiterbefragung ist heute mitnichten das alleinige Instrument einer Geschäftsführung.

Feedback für Führungskräfte

Im Rahmen eines Kulturwandels haben Führungskräfte eine Schlüsselfunktion. Sie sind wichtige Multiplikatoren im Wandel und haben häufig eine Vorbildrolle inne. Deshalb ist es wichtig, dass sie regelmäßig Feedback erhalten, wie sie mit ihrem Verhalten auf andere wirken. Ohne Feedback kann keine Entwicklung stattfinden. Das 270-Grad- beziehungsweise 360-Grad-Feedback ist diesbezüglich ein geeignetes Instrument, wenn es insbesondere mit dem Zweck der Entwicklung eingesetzt wird und nicht vornehmlich der Bewertung und damit der Vergütung dient. Im Rahmen eines Kulturwandels bekommen Führungskräfte durch das Feedback Unterstützung, inwieweit sie bereits die angestrebte Kultur leben.

> **BEGRIFFSERKLÄRUNG**
>
> **360-Grad-Feedback**
> Das 360-Grad-Feedback ist eine weit verbreitete Methode zur Einschätzung von Führungskompetenzen aus unterschiedlichen Perspektiven. Die Einschätzungen kommen in der Regel von Mitarbeitern, Vorgesetzten, Kollegen (270 Grad) und Kunden (360 Grad). Zudem nimmt die Führungskraft eine Selbsteinschätzung vor. Mit dem 360-Grad-Feedback können Fremd- und Selbstwahrnehmung gegenübergestellt werden. Der Zweck dieses klassischen Instruments der Führungskräfteentwicklung ist unter anderem die Stärkung der Führungskompetenzen. Das Feedback wird anonym abgegeben, weil angenommen wird, dass es dann eher offen und ehrlich ist. Zu den Erfolgsfaktoren gehören unter anderem, dass die Führungskraft die Ergebnisse im Team bespricht und beispielsweise mit Hilfe eines Coachs an der Veränderung arbeitet.
> Von einer Verknüpfung der Ergebnisse mit der variablen Vergütung raten viele Experten ab, weil so »echte« Einsichten in Bezug auf eine Verhaltensänderung erschwert werden und der Fokus von der eigenen Entwicklung auf den extrinsischen Anreiz gelenkt wird. Das 360-Grad-Feedback sollte ein Entwicklungsinstrument bleiben.

Die Fragen eines 360-Grad-Feedbacks können beispielsweise auf die Führungswerte ausgerichtet werden. Die Führungskräfte sollten sich genügend Zeit zur Reflexion des eigenen

Verhaltens nehmen. Danach ist es wichtig, dass die Ergebnisse mit dem Team besprochen werden und es zu einem Dialog mit dem eigenen Vorgesetzten über die wichtigsten Entwicklungsfelder kommt.

Ich werde mich im Kapitel 7.2.5 ausführlicher mit dem Thema Feedback beschäftigen, weil es in einer Netzwerk-Kultur zentral ist. Es sei aber schon einmal gesagt, dass eine vollständige Digitalisierung der Feedback-Prozesse nicht das Ziel sein sollte. Digitale Befragungen sind effizient und bringen schnell Ergebnisse. Doch ohne mündliches Feedback leidet die Qualität der Ergebnisse, weil Face-to-Face-Kommunikation in der Regel eher Nachfragen erlaubt und dabei das Feedback differenzierter ausfällt. Beides, analog und digital, sollte im besten Fall kombiniert werden. Beispielsweise könnte im Rahmen einer Zukunftswerkstatt Instant Feedback per App eingesetzt werden (vgl. Werther/Stephany 2016).

Eine andere Frage, die sich vor allem bei 360-Grad-Feedbacks stellt, ist die der Anonymität. Es hat sich gezeigt, dass in den meisten Unternehmen das Feedback anonym erfolgt, weil so am ehesten offene und ehrliche Antworten zu erwarten sind. Allerdings muss man auch konstatieren, dass eine solche Befragung den Werten einer von Zusammenarbeit geprägten Kultur widerspricht, wo im besten aller Fälle Vertrauen und Transparenz herrschen. Beides sollte zumindest angestrebt werden. Denn Feedback braucht das offene Visier. Aus diesem Grund gilt auch hier: Die anonymisierte Form ist nur die zweitbeste Lösung.

7.1.3.3 Ambassadors für den Wandel

Sogenannte Ambassadors, Councils oder Change Agents sind mittlerweile bei vielen Veränderungsvorhaben zu finden. Und in der Tat sind sie ein mächtiges Instrument in einem Kulturentwicklungsprozess. Im Rahmen des Kulturwandels bei der Deutschen Bahn heißen sie Impulsgeber: 850 Männer und Frauen, die sich freiwillig engagieren und unter anderem die Aufgabe haben, den Wandel in den Geschäftsfeldern, den Regionen und vor Ort zu begleiten und mitzugestalten. Ambassadors sind wichtige Multiplikatoren, die den Wandel vorantreiben und ihm ein Gesicht geben können. Sie stehen für Fragen und Diskussionen zur Verfügung, geben Anregungen und Tipps und leben im besten Falle die gewünschte Kultur, sodass sich andere Mitarbeiter daran ein Vorbild nehmen können. Mitarbeiter werden so zu Gestaltern und sind nicht nur Betroffene. Die Chance auf eine nachhaltige Veränderung erhöht sich.

Die Guides bei Continental
Bei Continental heißen die Change Agents Guides. Die rund 400 Männer und Frauen sind ein wesentlicher Erfolgsfaktor im Hinblick auf die digitale Transformation des Technologieunternehmens. Das Guide-Konzept wurde maßgeblich von Harald Schirmer (2016) geprägt. Es entstand im Zuge der Implementierung der Business-Netzwerk-Plattform ConNext, um deren weltweite Nutzung voranzubringen. ConNext ist eine interne Social-Media-Plattform (Enterprise Social Network), die einen wesentlichen Baustein für eine transparente Netzwerkkultur darstellt. Hintergrund der Einführung des Guide-Konzeptes war die Einsicht, dass sich mit der Einführung von Social Media auch die Kultur der Zusammenarbeit sowie die Art und Weise, wie Abstimmungsprozesse ablaufen, ändern würde. Die Guides

bilden dabei ein freiwilliges globales Netzwerk, in dem Mitarbeiter aus allen Divisionen, Regionen und Funktionen vertreten sind. Jeder Guide sollte für maximal 200 Mitarbeiter Ansprechpartner sein. »Zum einen ging es um die Synergieeffekte eines virtuellen, globalen Teams, zum anderen sollten Grundmomente der Zielsetzung schon in der Implementierung modelhaft getestet, umgesetzt und weiterentwickelt werden« (Schirmer 2016, S. 363). Jeder Guide durfte für dieses Projekt mit Zustimmung des Vorstands zehn Prozent seiner Arbeitszeit einsetzen. Wie Harald Schirmer im Nachhinein berichtet, war eine der großen Herausforderungen, die heterogene Gruppe zu einem erfolgreichen Team zusammenzuführen. Deshalb wurde auf der Basis der unterschiedlichen Kulturen eine gemeinsame Vision entwickelt, indem man sich auf zentrale Themen für das Projekt fokussierte: gemeinsame Werte beziehungsweise Kulturentwicklung, Haltung und Verhalten.

Die Guides bewarben sich für das Netzwerk und sollten hierfür verschiedene Fragen beispielsweise zur Veränderungsbereitschaft beantworten. Beteiligung und Teamspirit waren wichtige Voraussetzungen. Die Vorbildfunktion sollte sich zudem nicht nur in der konkreten Arbeitsweise zeigen, wie zum Beispiel durch den weitgehenden Verzicht auf E-Mails, sondern ebenso in einer virtuellen Zusammenarbeit der Guides, die von den Continental-Werten Vertrauen, Verbundenheit, Freiheit und Gewinnermentalität geprägt ist.

7.1.4 Die Social-Collaboration-Kultur

7.1.4.1 Kooperative Grundtendenzen

»Komplexität entzieht sich dem linearen Modus des theoretischen und praktischen Zugriffs auf die Welt. Vernetzung, Enthierarchisierung, Entwickeln und Konzipieren im Team, Öffnen und Teilen von Wissen, kurz: der radikale Wandlungsprozess unserer kulturellen Praxis ist nicht mehr optional. In ihm liegt die Herausforderung und Aufgabe für die nahe Zukunft.«

(Weinberg 2015, S. 25)

Die Vernetzung im Unternehmen und mit anderen Unternehmen ist eine entscheidende Voraussetzung für den wirtschaftlichen Erfolg. Sie ist also kein Selbstzweck. Sondern die produktive Zusammenarbeit im Team und zwischen Teams beziehungsweise Abteilungen hat den Zweck, die Kundenbedürfnisse bestmöglich zu erfüllen und damit einen Beitrag zum Unternehmenserfolg zu leisten. Davon sollten die Beteiligten im besten Falle überzeugt sein.

In den meisten Unternehmen ist es allerdings anders. Es gibt immer noch viele Prozesskulturen wie in Banken oder Versicherungen, wo Absicherungen, Misstrauen und hierarchisches Denken vorherrschend sind und es darum geht, keine Fehler zu machen. In anderen Unternehmen wiederum findet kaum Vernetzung statt, weil Mitarbeiter sich (unbewusst) im Wettbewerb mit anderen Kollegen, Teams oder Abteilungen sehen: um Budgets, Aufmerksamkeit oder Beförderungen.

Dabei spricht viel dafür, dass uns eine kooperative Grundtendenz angeboren ist. Denn intuitiv entscheiden wir uns eher für das Soziale und wenn wir länger nachdenken, eher egoistisch (vgl. Rand et al. 2012). Das liegt vor allem daran, in welchem Umfeld wir sozialisiert wurden, welche Erfahrungen wir gemacht haben. Klar, wenn es eine Vertrauensbeziehung gibt, dann ist Kooperation leichter. Und dennoch geht es immer auch darum, welches Verhalten ich von meinem Gegenüber erwarte. Menschen verhalten sich kooperativ, wenn sie erwarten dürfen, dass der andere auch kooperiert (vgl. Zaremba 2016). In Bezug auf Organisationen ist also von großer Bedeutung, welche Grundannahmen ihre Mitglieder bezüglich des Verhaltens der anderen haben.

Schwierige Startbedingungen
Die Startbedingungen für von Zusammenarbeit geprägte Unternehmenskulturen sind erst einmal schwierig, denn wir alle bewegen uns auch in einer Gesellschaft, in der ein wettbewerbsorientiertes Menschenbild herrscht. Und wir arbeiten in Organisationen, in denen Leistung Einzelnen und nicht Gruppen zugeschrieben wird.

Auch die Personalmanagement-Funktion hat hierzu das Ihrige getan und die meisten Instrumente und Prozesse auf das Individuum ausgerichtet wie beispielsweise bezüglich des Performance und Talent Management. Neben der Fokussierung auf den einzelnen Mitarbeiter ist ein Grund auch schlicht Bequemlichkeit. Es ist eben einfacher, einen Einzelnen zu managen, als sich um Teamentwicklung und Vernetzung zu kümmern.

Doch nun muss das Personalmanagement sich beidem intensiver widmen, weil die Veränderungen in der Umwelt keine andere Wahl mehr lassen. Entwicklungen wie die zunehmende Kommunikation über Social Media, die Open-Source-Bewegung oder der Trend des Co-Creation, wie zum Beispiel die gemeinsame Produktentwicklung von Unternehmen und Kunden, beeinflussen auch die Kultur im Unternehmen. »In einer Welt, in der sich immer mehr Menschen vernetzen, werden die Wir-Qualitäten, die Wir-Intelligenz, das Miteinander gestärkt.« (Weinberg 2015, S. 176) Unternehmenssysteme bleiben davon nicht unberührt.

7.1.4.2 Elemente der Social-Collaboration-Kultur

Eine von Kooperation geprägte Unternehmenskultur kann auch eine Hochleistungskultur sein mit einzelnen Leistungsträgern, die sich bezüglich ihrer Performance von anderen abheben. Firmen wie Google oder Netflix sind Beispiele dafür. Allerdings steht der Einzelne mit seiner Leistung nicht im Vordergrund, weil bei allen die Erkenntnis besteht, dass das Netzwerk beziehungsweise die Gemeinschaft notwendig ist, um einen höheren Grad der Zielerreichung zu schaffen. Und dass Spitzenleistungen auch abhängig sind vom jeweiligen Umfeld, das das Unternehmen bietet. Leistungsträger stellen ihre Fähigkeiten in den Dienst einer größeren Sache, der Vision des Unternehmens. Es gibt keine Stars, wie das zum Beispiel in manchen Werbeagenturen der Fall ist. Der Vergleich mit anderen, den Leistungsträger häufig brauchen, bezieht sich auf das Messen mit konkurrierenden Unternehmen, nicht auf die eigenen Kollegen. In einer von Social Collaboration geprägten Kultur bilden selbstbewusste und eigenverantwortlich handelnde Individuen eine Gemeinschaft. Es gibt ein gewisses Wir-Gefühl.

Vertrauen und Verantwortung
Ein Wir-Gefühl kann man nicht verordnen, Zusammenarbeit – zumindest in Teams – vielleicht schon. Nur ist sie dann wenig effektiv. Zusammenarbeit oder Kooperation als Unternehmenswert festzuhalten, ist unnötig und sollte ohnehin irgendwann für jedes Unterneh-

men eine Selbstverständlichkeit sein. Zusammenarbeit beziehungsweise das vernetzte Arbeiten ist eine Folge von guten Bedingungen. Man kann beides fördern, einen Anschub geben, Räume dafür schaffen, aber es wird alles nicht besonders wirksam sein, wenn nicht grundlegende Voraussetzungen gegeben sind. Daran gilt es zu arbeiten. Dann ergibt sich Social Collaboration – mit ein wenig Unterstützung – von alleine.

Die allerwichtigste Basis ist Vertrauen. Mitarbeitern und auch Führungskräften sollte etwas zugetraut werden. Mit Vertrauen kann ein Gefühl der Verantwortlichkeit entstehen und dementsprechendes Handeln gezeigt werden. Das heißt ebenso: Fehler machen dürfen, scheitern dürfen. Wenn Mitarbeitern das nicht zugestanden wird, sie stattdessen eine negative Sanktion zu erwarten haben, ziehen sie sich wieder auf ihren eigenen Aufgabenbereich zurück. Sie probieren dann nichts mehr, suchen keine Verantwortung fernab des eigenen Bereichs, bringen sich nicht mehr bezüglich des großen Ganzen ein und streben auch nicht mehr nach der Zusammenarbeit mit anderen Bereichen.

Jeder Mitarbeiter muss Zusammenarbeit auch wollen, bereit sein, seine Arbeit sichtbar zu machen, andere zu unterstützen und sich in einem Netzwerk zu bewegen.

Working Out Loud
Der Wunsch, nicht mehr nur still vor sich hin zu arbeiten und sich um die eigene Selbstoptimierung zu kümmern, wächst bei immer mehr Menschen. Die von John Stepper ins Leben gerufene Bewegung »Working Out Loud« aus den USA, die auch in Deutschland immer mehr Anhänger findet, gibt dem Wunsch einen Namen. Der Begriff steht für eine offene Zusammenarbeit im Netzwerk. Es geht dabei darum, seine Arbeit transparent zu machen, zum Beispiel über Social Media, um dann in den Austausch mit Gleichgesinnten zu gehen und ein breites interdisziplinäres Netzwerk entstehen zu lassen. Das kann über sogenannte »Working Out Loud Circles« geschehen, die aus etwa einem halben Dutzend Menschen bestehen. Interessanterweise macht die Bewegung nicht vor den Unternehmenstoren halt. Zunehmend mehr Mitarbeiter fühlen sich inspiriert und tragen die Ideen von »Working Out Loud« in ihre Unternehmen hinein.

Es ist eine Mischung aus Lebenseinstellung und praktischen Techniken, um diese Einstellung im Alltag umzusetzen. John Stepper (2015) benennt fünf Kernelemente:
- Arbeit sichtbar machen: Arbeitsergebnisse, auch Zwischenergebnisse, veröffentlichen.
- Eigene Arbeit verbessern: Querverbindungen und Rückmeldungen helfen, die eigenen Ergebnisse kontinuierlich zu verbessern.
- Großzügige Beiträge leisten: Anderen Hilfe anbieten, anstatt sich selbst großspurig selbst darzustellen.
- Ein soziales Netzwerk aufbauen: So entstehen breite interdisziplinäre Beziehungen, die einen weiterbringen.
- Zielgerichtet zusammenarbeiten: So kann das volle Potenzial der Gemeinschaft ausgeschöpft werden.

Steppers Elemente machen deutlich, worauf es ankommt: zum einen eine Kultur, die transparentes Arbeiten und echtes Feedback ermöglicht, sowie zum anderen ein Mindset bei Führungskräften und Mitarbeitern im Unternehmen, nämlich auch anderen helfen zu wollen. Es gilt, offen und interessiert an anderen Menschen zu sein, um Anschlussfähigkeit herzustellen.

Das Wollen, Können, Sollen, Dürfen

Doch eine Kultur der Zusammenarbeit, der Social Collaboration lässt sich nicht einfach umstellen, weil jemand »Working Out Loud« für sich entdeckt hat und nun seine Kollegen begeistern will. Kultur zu entwickeln, ist ein langwieriger Prozess und es müssen möglichst alle Dimensionen mit einbezogen werden. Das AkKo-Modell (Akteur und Kontext) macht deutlich, dass sich Verhalten von Menschen nur verändert, wenn alle vier Determinanten von Verhalten, nämlich »Können« und »Wollen« in Bezug auf den Akteur sowie »Sollen« und »Dürfen« in Bezug auf den Kontext, berücksichtigt werden.

Ein Mitarbeiter kann zum Beispiel eine neue, in einem Leitbild festgehaltene Verhaltensweise begrüßen, doch er erhält Signale von der Führung, dass er das lieber lassen soll. Oder es gibt Direktiven, die einem transparenten Arbeiten entgegenstehen, oder Zielsysteme, die so gestaltet sind, dass die offene Zusammenarbeit einem Karriere-Suizid gleichkommt.

Es gilt, nicht nur auf den Akteur zu schauen, sondern auch den Kontext zu betrachten, in dem er sich bewegt (siehe Abbildung 8).

Es reicht nicht, dass der Einzelne gewillt ist, mit anderen zusammen etwas zu erreichen und das auch als sinnvoll empfindet (Wollen) und sogar die notwendigen persönlichen Kompetenzen wie Empathie (Können) dafür mitbringt. Strukturen und Prozesse müssen Zusammenarbeit und vernetztes Arbeiten unterstützen und sollen diesen nicht entgegenwirken (Sollen). Und dann muss es Vorbilder geben, die Social Collaboration leben (Dürfen). Häufig gibt es von der Unternehmensleitung Appelle, man möge doch vernetzt oder eigenverantwortlicher arbeiten, und die direkte Führungskraft, die den Mitarbeiter beurteilt, sieht es anders. Das sagt sie nicht offen, sondern es zeigt sich, wenn Mitarbeiter und Vorgesetzter den Handlungsspielraum aushandeln.

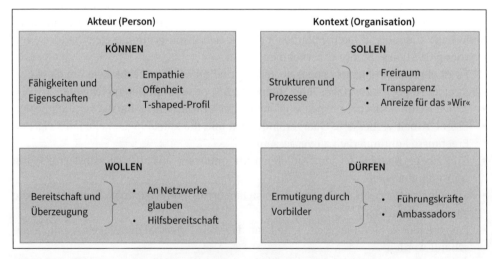

Abb. 8: Wandel zur Social-Collaboration-Kultur mithilfe des AkKo-Modells

7.1.4.3 Agiles, wertebasiertes Arbeiten und die Social-Collaboration-Kultur

Zusammenarbeit braucht ein Mindestmaß an Grundregeln. Ohne geht es nicht. Selbst Firmen oder Teams, die eine Social-Collaboration-Kultur bestmöglich leben, sollten einen Rahmen aushandeln, innerhalb dessen sich alle bewegen müssen. Ein Wertesystem kann diesen Rahmen abstecken und damit eine notwendige Basis schaffen für eine funktionierende Zusammenarbeit. Gleichzeitig sind divergierende Wertvorstellungen häufig der Grund für Konflikte. Werte sind immer Wesensmerkmale von Teams und Organisationen. Und wenn bestimmte Formen der Zusammenarbeit entstehen, entwickeln sich hierzu auch passende Werte und Wertesysteme (Nowotny 2016).

Schaut man auf die derzeit sehr populären agilen Methoden wie beispielsweise Scrum, bei denen eine funktionierende nachhaltige Zusammenarbeit im Zentrum steht, dann fällt auf, dass immer wieder betont wird, wie wichtig bestimmte Werte und Haltungen sind. Agil zu arbeiten heißt also nicht nur, Strukturen und Prozesse zu verändern und sich das notwendige Handwerkszeug anzueignen. Sondern die zwischenmenschlichen Beziehungen der Akteure müssen auch von einem gewissen Vertrauen geprägt sein.

Im Scrum-Guide von Jeff Sutherland und Ken Schwaber (2016) werden fünf zentrale Werte aufgeführt, die für die agile Zusammenarbeit entscheidend sind:

- Commitment: Jeder steht hinter den Zielen und will sie erreichen.
- Mut: Die Teammitglieder haben den Mut, die richtigen Dinge zu tun und schwierige Probleme anzugehen.
- Fokus: Jeder arbeitet fokussiert an den Aufgaben und Zielen.
- Offenheit: Jeder – im Scrum-Team und auch die Stakeholder – ist einverstanden, bezüglich der Arbeit und den dazugehörigen Herausforderungen offen zu sein.
- Respekt: Die Teammitglieder respektieren einander gegenseitig als fähige und unabhängige Personen.

Auf diese Werte sollten sich die Mitglieder eines Scrum-Teams verständigen. Darüber hinaus gibt es sicherlich noch weitere Werte, die man nennen könnte. Valentin Nowotny (2016) listet zum Beispiel zusätzlich noch »Einfachheit«, »Feedback« und »Kommunikation« auf. Insbesondere die beiden letztgenannten Werte sind für eine allgemeine nachhaltige Social-Collaboration-Kultur entscheidend. Wobei man darüber streiten könnte, ob »Kommunikation« ein Wert ist. Schließlich kann man »nicht nicht kommunizieren« (Axiom nach Paul Watzlawick).

Die Popularität der agilen Methoden hat mittlerweile dazu geführt, dass mehr und mehr Unternehmen sich komplett neu aufstellen wollen. Das agile Arbeiten, das seinen Anfang in der Softwareentwicklung nahm, schwappt auf andere Funktionsbereiche über. Auch beispielsweise Produkte oder Projekte sollen zunehmend agil entwickelt werden. Mehr noch: Ganze Organisationen und Unternehmen haben sich zum Ziel gesetzt, in ihrer Gesamtheit agil zu sein. Veränderungsfähigkeit wird zum eigentlichen Zweck, um relevante Veränderungen in der Umwelt wahrzunehmen und ihnen schnell sowie effektiv zu begegnen (vgl. Anderson/Uhlig 2015, S. 262).

Das heißt, wer agil sein will und zukünftig beispielsweise Projekte nach einem iterativen Vorgehen entwickelt statt nach der Wasserfall-Methodik, muss auch die dazugehörigen Werte ernst nehmen. Mitarbeiter sind in agilen Organisationen bereit, die Kollegen aktiv mit Wissensweitergabe zu unterstützen – zumindest theoretisch. Hierfür müssen unter anderem die notwendigen Strukturen geschaffen werden (vgl. Häusling et al. 2016).

Wenn ein Unternehmen also tatsächlich ein agiles Organisationsmodell anstrebt, dann rückt insbesondere das Thema der Zusammenarbeit in den Fokus. »Diese wird konsequent daran ausgerichtet, was für den Erfolg dienlich ist. Das kann jeden Tag neu sein, denn jeden Tag ist vielleicht eine andere Form des Zusammenwirkens notwendig. Teams finden sich und lösen sich wieder auf. Und das stetig.« (Redmann 2016, S. 93) Und die Zusammenarbeit hört nicht an den Unternehmensgrenzen auf.

Einzelgänger haben es damit in agilen Organisationen schwer. Gefragt sind starke, veränderungsbereite Individuen, die Verantwortung übernehmen und gerne mit anderen zusammenarbeiten. Valentin Nowotny (2016) vergleicht agile Organisationen mit Jazz-Bands. Haben sie einen hohen Reifegrad, dann bestehen sie irgendwann aus hochbegabten Solisten, die vor allem im Team zu wahren Höchstleistungen auflaufen.

7.2 Aufgaben des Personalmanagements

Wenn über die zukünftige Rolle des Personalmanagements gesprochen wird, dann spielt das Thema Unternehmenskultur fast immer eine Rolle. Die meisten Experten halten in einer komplexer werdenden wissensbasierten Arbeitswelt eine Kultur vonnöten, die es erlaubt, Verantwortung, Handlungsfreiheit und Zusammenarbeit zu leben (vgl. Roper 2016). Eine solche Kultur zu fördern, würde zum Beispiel für das Personalmanagement bedeuten, Bedingungen zu schaffen, dass Mitarbeiter nicht nur von dem Wissen der unmittelbaren Kollegen profitieren, sondern auch von dem verschiedener Experten im ganzen Unternehmen. Es geht darum, Ansätze zu fördern, dass Mitarbeiter von sich aus bereit sind, ihr Know-how mit anderen zu teilen.

Das Personalmanagement sollte sich zudem dafür verantwortlich fühlen, dass im Unternehmen Feedback möglich ist. Es muss zwischen den Mitarbeitern sowie zwischen Mitarbeitern und Führungskräften in regelmäßigen, nicht allzu großen Abständen Feedback gegeben werden – in beide Richtungen. Außerdem wird es wichtiger, zu wissen, wie es den Mitarbeitern geht und welche Meinung sie zu bestimmten Themen haben oder welche Ideen. Das kann heute mithilfe von Pulsbefragungen und Social Media Tools in kurzen Abständen passieren. Das People Management hat die Aufgabe, zu fragen und zuzuhören, in die Diskussion zu gehen und gegebenenfalls Maßnahmen zu initiieren. Letztlich muss in einem Unternehmen eine gesunde Kommunikationskultur bestehen, in der eine Kommunikation ohne Angst, interdisziplinär und hierarchieübergreifend stattfindet. Eine Kommunikationskultur, die es erlaubt, dass Mitarbeiter und Führungskräfte auf Augenhöhe miteinander sprechen, in der man sich gegenseitig wertschätzendes Feedback geben kann und in der lebendige Diskussionen möglich sind. Eine gute Kommunikationskultur ist die Basis für Social Collaboration, sodass die Chance auf eine konstruktive und vertrauensvolle Zusammenarbeit besteht. Dieses Themas muss sich das Personalmanagement verstärkt annehmen, keine andere Funktion im Unternehmen bringt dafür bessere Voraussetzungen mit. Wir erleben allgemein große Veränderungen, manche sprechen von einer Revolution: In und außerhalb von Unternehmen gewinnen Netzwerke an Bedeutung. Zumindest für den Erfolg der internen Netzwerke haben Personaler eine große Verantwortung (vgl. Suarez 2014) – und der Erfolg ist unter anderem abhängig von der Kommunikationskultur.

7.2.1 Das Fördern des Dialogs

7.2.1.1 Offener Austausch braucht Mut

Eine Kommunikationskultur bedeutet nicht nur, dass Informationen von oben nach unten fließen. Eines der Ziele des Personalmanagements muss ein Ende des Silo-Denkens sein und somit ein offener Austausch im Unternehmen – in Teams und zwischen Abteilungen. Grundbedingung dafür sind Räume, die geschaffen werden müssen, damit Menschen überhaupt erst einmal aufeinandertreffen, sodass langsam Verständnis füreinander entstehen kann: Welche Aufgaben haben die anderen? Woran arbeiten sie? Welchen Zwängen unterliegen sie? Welche Kompetenzen sind im Job der Kollegen nötig? Erst wenn dieser Anfang gemacht ist, können Offenheit und vertrauensvolle Beziehungen entstehen. Das ist kein einfacher Prozess. Denn wenn interdisziplinärer und hierarchieübergreifender zusammengearbeitet wird und sich jeder traut, sich mit seinen Ansichten und Positionen einzubringen, wird Kommunikation anspruchsvoll und können Konflikte entstehen, was wiederum den Kommunikationsbedarf erhöht (vgl. Häusling et al. 2016). Und dennoch: Das People Management sollte sich für einen offenen Dialog verantwortlich fühlen, damit unterschiedliche Perspektiven und Argumente gehört werden, und so zum Beispiel eine Basis für bestmögliche Entscheidungen entstehen kann.

Es fehlt eine Streitkultur
Was man aber in den meisten Unternehmen immer noch beobachten kann, sind erhebliche Defizite in der Dialogkultur. Es wird zu wenig kommuniziert. In manchen Unternehmen herrscht regelrecht Stille. Ein offener Austausch von Argumenten ist eine Seltenheit – insbesondere über Hierarchieebenen hinweg. Es fehlt häufig eine positiv besetzte Streitkultur. Aufgabe der Führungskräfte wäre es aber, die eigenen Mitarbeiter aufzufordern, offen ihre Meinung zu sagen, »mutig zu sein, damit auch die beste Idee sich durchsetzen kann« (Brodbeck 2016, S. 27). Hier muss das People Management im Rahmen der Führungskräfteentwicklung ansetzen. Es gehört eine gewisse persönliche Reife dazu, andere Meinungen auszuhalten, ohne die eigene Autorität infrage gestellt zu sehen. Kommunikation ist anstrengend für die Führungskraft: Sie muss dem Mitarbeiter zuhören und eine eventuell anders ausgefallene Entscheidung begründen. Davor scheuen viele Führungskräfte zurück oder sind der Meinung, sie hätten keine Zeit dafür.

Mut ist also ein wichtiger Wert in einem Unternehmen. Es geht darum, sich zu trauen, »über seinen Schatten zu springen«, um etwas auszuprobieren und seine Überzeugungen, Argumente offen auszusprechen. Es ist klar, wenn dieser Mut gehemmt beziehungsweise bestraft wird, zieht sich der Betroffene irgendwann zurück. Und es ist verständlich, dass die Versuchung der Führung groß ist, Auseinandersetzungen zu unterdrücken. »Dennoch haben Führungskräfte mehr als je zuvor die Verantwortung, eine Streitkultur herauszukitzeln. Leider kommen viele nicht mal auf die Idee, diese Verantwortung wahrzunehmen.« (Ebd. S. 27) Für die Personalmanager heißt das, auch einmal unbequem zu sein und immer wieder auf diese Verantwortung hinzuweisen.

Die Kommunikation über interne soziale Netzwerke wie Yammer, Slack oder Workplace von Facebook kann einen Anstoß hin zu einer offenen und vertrauensvollen Kultur geben. Denn Mitarbeiter trauen sich erfahrungsgemäß über Social Media eher, einen Manager über zwei Hierarchiestufen hinweg anzusprechen, als von Angesicht zu Angesicht im Firmengebäude. Doch Kommunikation kann nicht nur online stattfinden. Sie besteht nämlich zum großen Teil aus Gestik, Mimik und Stimme und nur zum kleineren Teil findet sie über Inhalte statt (vgl. Hünninghaus 2016). Das heißt, Online-Kommunikation bleibt immer etwas begrenzt.

7.2.1.2 Anregungen und erste Ideen

Bieten Sie Dialogformate an!
Bieten Sie Dialogformate an, um den Austausch zwischen unterschiedlichen Disziplinen sowie Führungsebenen lebendig zu halten und das Wir-Gefühl zu stärken – immer verbunden mit einem konkreten Ziel. Es kann um ein großes Thema gehen wie einen Kulturdialog mit dem Ziel, gemeinsame Werte aufzustellen. Oder Sie haben mitbekommen, dass in einem Bereich Kundenzahlen zurückgehen, und Sie bieten der Führungskraft an, einen Workshop mit den unterschiedlichen Teams zur Ideengenerierung zu organisieren.

EXKURS

Teilnehmer-Regeln für Workshops
Zu Beginn eines Workshops ist es sinnvoll, sich auf Regeln zum Umgang miteinander zu verständigen, um einen konstruktiven Verlauf zu erleichtern. Sascha Pogacar von Progressive Mind hat sieben Regeln in Ich-Form formuliert. Diese hat er auf Karten gedruckt und verteilt sie am Anfang an die Teilnehmer. Sie werden laut vorgelesen. Diese Regeln lauten:

1. »**Ich bin ein wichtiges Mitglied der Arbeitsgruppe und habe etwas Wichtiges zu diesem Workshop beizutragen.**«
   Mit dieser Regel wird zu vermeiden versucht, dass Teilnehmer die Zeit im Workshop einfach nur absitzen.
2. »**Ich behandle alle anderen, wie ich selbst behandelt werden möchte.**«
   Diese Grundregel sollte selbstverständlich sein. Doch es ist gut, das Bewusstsein dafür immer wieder zu schärfen.
3. »**Wir haben alle dieselben Rechte und Pflichten.**«
   Alle Beteiligten in dem Workshop sollen sich auf einer Ebene bewegen – jenseits der Unternehmenshierarchien. Dadurch wird der Austausch produktiver.
4. »**Alles, was in diesem Kreis gesagt wird, bleibt in diesem Kreis.**«
   Diese Regel hilft, den Workshop zu einem kreativen und insbesondere angstfreien Raum zu machen.

5. **»Alles, was wichtig ist, wird öffentlich gemacht. Alles, was nicht öffentlich gemacht wird, ist nicht wichtig und spielt keine Rolle.«**
   Mit »öffentlich« ist die Öffentlichkeit der Workshop-Runde gemeint. Die Regel will dafür sensibilisieren, alles Wichtige auch wirklich zu äußern.
6. **»Ich unterbreche die anderen nicht und lasse sie ausreden.«**
   Diese Regel ist wichtig, damit der Workshop ein gemeinsamer bleibt. Wenn man nicht darauf achtet, sprechen nur noch die dominanten Teilnehmer.
7. **»Ich sage nur das Wichtige und lasse nur das Unwichtige weg. Ich drücke mich klar und deutlich aus. Ich fasse mich kurz und prägnant.«**
   Es gibt immer wieder Menschen, die schnell in einen Redeschwall verfallen. Diese Regel macht noch einmal bewusst, dass es für ein konstruktives Miteinander gut ist, wenn man sich möglichst kurzhält (Pogacar 2017).

Bilden Sie sich zum Thema Moderation weiter und machen Sie bekannt, dass Sie als Moderator zur Verfügung stehen. Denkbar sind moderierte Workshops zu bestimmten Fragestellungen oder Kick-off-Veranstaltungen zu einem anstehenden Projekt. Voraussetzung für solche Veranstaltungen ist, dass die Gruppe voraussichtlich intelligenter ist als der Einzelne. Es muss zudem klar sein, dass mit dem Ergebnis weitergearbeitet wird, was in der Regel motivierend wirkt. Die Moderatorenrolle ist eine anspruchsvolle und wichtige Aufgabe, weil man Kommunikation durch kluges Nachfragen am Laufen halten und Gesagtes strukturieren können muss. Und man sollte in der Lage sein, Stimmungen im Raum wahrzunehmen und flexibel darauf reagieren können.

Thematisieren Sie das Thema »kollektive Intelligenz« und setzen Sie sich dafür ein, dass sie eine Chance bekommt!
In vielen Unternehmen trauen sich Mitarbeiter nicht, ihre Meinungen zu sagen. Manche halten ihre Ideen zurück, weil sie der Ansicht sind, diese seien nicht erwünscht. Vielleicht gibt es bei Ihnen sogar Daten aus Mitarbeiterbefragungen, die das bestätigen. Suchen Sie selbst den Dialog mit den Führungskräften darüber. Machen Sie klar, wie wichtig es ist, dass in Ihrem Unternehmen keine Angst herrscht und es womöglich ein großes Potenzial an Wissens- und Erfahrungsschätzen gibt, das ungenutzt ist. Auch wenn manche Führungskräfte es nicht wahrhaben wollen: Machen Sie klar, dass die kollektive Intelligenz eher in der Lage ist, komplexe Probleme zu lösen, als die individuelle. Greifen Sie im Rahmen der Führungskräfteentwicklung auf Gruppenübungen zurück, die das deutlich machen und dafür sensibilisieren. Die Führungskraft sollte im echten Business den Mut haben, Entscheidungen zu treffen, genauso wie den Mut, den offenen Austausch zu fördern und auf die Meinungen und Einschätzungen der Mitarbeiter zu hören beziehungsweise sie zu berücksichtigen.

Kollektive Intelligenz und Prognosemärkte
Es zeigt sich immer wieder, dass es sich lohnt, Entscheidungsprozesse mit einer großen Gruppe zu teilen, um bessere Antworten zu bekommen. Hier bieten soziale Kommunikationstools einfache Möglichkeiten, Einschätzungen von der »Firmen-Crowd« zu bekommen – vor allem dann, wenn es um die Beurteilung bestehender Alternativen geht. Man denke an verschiedene Motive im Rahmen einer Employer-Branding-Kampagne oder die Frage, welche Werte bei einer Kampagne in den Fokus genommen werden sollen.

Fordern Sie also die Mitarbeiter immer wieder auf, sich mit wichtigen Fragen auch einmal an eine große Gruppe zu wenden, um eine Einschätzung oder Bewertung zu bekommen. Weisen Sie im Social Intranet darauf hin, wenn jemand sich an die Gruppe wendet. Werben sie beim Top-Management darum, dass es durchaus sinnvoll sein kann, die interne Crowd nach Einschätzungen zu fragen, zumal es ein tolles Zeichen der Wertschätzung wäre. Ein beeindruckendes webbasiertes Tool, mit dem auf die kollektive Intelligenz der Mitarbeiter gesetzt wird, sind die sogenannten Prognosemärkte (Social Forecasting), die vor allem durch die Deutsche Telekom bekannt geworden sind, aber auch von Unternehmen wie Münchner Rück oder Lufthansa eingesetzt werden.

Mit einem Social Forecasting Tool wird das Wissen der Mitarbeiter in Form von Prognosen gebündelt. Einschätzungen zu Produkten und Ähnlichem lassen sich so quantifizieren und können eine wichtige Hilfe für Managemententscheidungen sein. Stephan Grabmeier (2016) weist darauf hin, dass der Nutzen durch das Social Forecasting enorm ist: Es reduziere in erheblichem Maße die Budgets für die Marktforschung; es werde den Mitarbeitern damit eine hohe Wertschätzung entgegengebracht; und das Management bekomme eine sichere und schnelle Entscheidungsbasis.

Die Prognosemärkte sind ein Beispiel dafür, dass es sich lohnt, auf die kollektive Intelligenz zu setzen. Sprechen Sie mit dem Top-Management und den Fachbereichen darüber. Überlegen Sie gemeinsam, wo solche und ähnliche Tools geeignet sein könnten, Einschätzungen einzuholen. Betonen Sie, dass es nicht darum geht, die Verantwortung für die Entscheidung abzugeben, sondern Meinungen und Perspektiven zu erfragen, um bessere Entscheidungen zu treffen.

7.2.2 Das Fördern der Lernkultur

7.2.2.1 Selbstorganisiertes und vernetztes Lernen

Der offene Austausch ist eine wichtige Voraussetzung, um voneinander zu lernen. Und so ziemlich jedes Unternehmen braucht heute eine ausgeprägte Lernkultur, um angesichts der schnellen Veränderungen auch zukünftig erfolgreich zu sein. Das sagen mittlerweile fast alle Spitzenmanager (vgl. Deloitte 2016). Neben der sozialen Interaktion braucht es Mitarbeiter, die Lust am Lernen haben und bereit sind, sich aus Eigeninitiative Neues anzueignen.

Das Lernen in Organisationen wird heute insbesondere geprägt von Selbstorganisation, Vernetzung, Mobilität und Informalität (vgl. Weilbacher 2014).

Selbstorganisation: Der Mitarbeiter wird auch in den Unternehmen zunehmend in die Mündigkeit entlassen. In Zeiten, in denen Wissen immer schneller veraltet, ist es sinnvoll, sich dann das entsprechende Wissen anzueignen, wenn es benötigt wird. Der Einzelne trägt selbst die Verantwortung, den relevanten Zeitpunkt zu bestimmen. Und er oder sie weiß am besten, wo das Wissen zu finden ist. Seminarkataloge, die von der Personalabteilung herausgegeben werden, bieten sich weniger für fachliches Wissen an als eher für grundlegende fächerübergreifende Methodiken.

Vernetzung: Im Netz gibt es schon lange Experten-Foren zu unterschiedlichen Themen. Allerdings muss man aktiv teilnehmen. Es ist ein Geben und Nehmen. Dieses Prinzip überträgt sich zunehmend auf die Unternehmen. Die Grenzen zwischen Lerner und Lehrer sind schwerer zu ziehen. Solche Communities zu den jeweiligen Fach- und Interessensgebieten müssen nicht auf Online-Formate beschränkt sein – und auch nicht auf das einzelne Unternehmen.

Eine gelebte Dialogkultur sollte immer wieder Externe einbeziehen. Sie können Wissen und Perspektiven anbieten, die im Unternehmen nicht vorhanden sind, und damit die Arbeit von Einzelnen und Teams enorm bereichern. Doch für den Dialog braucht es auch einen gewissen Freiraum. Wenn Mitarbeiter nur davon gefangen sind, dass sie ihre operativen Aufgaben abarbeiten, ist produktiver Austausch nicht möglich. Für Harald Schirmer (2016b) ist es eine der essenziellsten Aufgaben, die ein Personalmanagement heute meistern muss, dafür zu sorgen, dass jedem Mitarbeiter und jeder Führungskraft Zeit gegeben wird, damit ein Austausch untereinander stattfinden kann, in der sie aber auch aktiv den Austausch mit Externen suchen und forcieren. In dieser »freigeräumten« Zeit können außerdem Lösungen und Misserfolge beschrieben, diskutiert und geteilt und Feedback gegeben werden. Schirmer würde hierfür je nach Jobrolle 10 bis 30 Prozent der Arbeitszeit einplanen.

> **FALLBEISPIEL**
>
> **Open Collaboration bei der Deutsche Bahn**
> Das Arbeiten in Netzwerken wird zunehmend auch eine Alternative, wenn es um die Entwicklung sozialer Innovationen geht. Im Sommer 2015 hat die Deutsche Bahn zu dem Thema »Arbeitswelten 4.0« eine Initiative ins Leben gerufen. Ziel war es, gemeinsam Szenarien zu erarbeiten, die veranschaulichen, was die Digitalisierung für die Mitarbeiter der Deutschen Bahn bedeutet. Das Netzwerk bestand je zur Hälfte aus internen und externen Experten. Zu den Externen zählten Vertreter von Forschungsinstitutionen wie den Fraunhofer-Instituten, aber auch von anderen Unternehmen. Die Experten erstellten Prototypen für verschiedene Bereiche des Konzerns. Dabei ging es zum Beispiel um Führung und Organisationsmodelle oder Kommunikation und Zusammenarbeit. Die Prototypen waren anfangs keine ausgereiften Konzepte, sondern sie dienten verschiedenen Geschäftsfeldern der Deutschen Bahn dazu, neue Wege auszuprobieren.

Moderne Kommunikations- und Collaboration-Tools haben die Zusammenarbeit und den Austausch mit Externen enorm erleichtert, insbesondere wenn es Cloud-Lösungen sind. Über eine Team-Kommunikation-Software wie Slack lässt sich schnell eine Gruppe zu einem Thema ins Leben rufen, zu dem auch externe Mitarbeiter eingeladen werden können.

Mobilität: Leistungsstarke Smartphones und Tablets sowie gute Wlan-Möglichkeiten haben das Lernen von unterwegs populär gemacht. Wir brauchen das zeitlich und räumlich flexible Lernen. An fast jedem Ort kann man sich mit anderen Experten austauschen, ein Podcast hören oder das Video einer Vorlesung anschauen.

Informalität: Lernen findet auch in Gesprächen mit Kollegen statt, in Internetforen, auf Messen und Kongressen. Ohnehin lernen wir bei der täglichen Arbeit spontan und eigeninitiativ. Wir suchen nach einer Problemlösung: im Netz, bei Kollegen, in Büchern. Arbeiten und Lernen lassen sich deshalb nicht mehr trennen. Und gerade weil es neben dem formellen, institutionalisierten Lernen ein informelles Lernen gibt, kann eine zentrale HR-Funktion naturgemäß keine volle Kontrolle über das Lernen im Unternehmen haben. Es gilt, den Mitarbeitern und ihrer Selbststeuerung zu vertrauen.

Die Personaler als Lernbegleiter
Aufgabe des Personalmanagements als Community-Gestalter ist es, eine Lernkultur voranzutreiben. Es fördert das Lernen als Moderator und Lernbegleiter, beispielsweise indem es Lern-Communities unterstützt und als Ansprechpartner für den Einzelnen zur Verfügung steht – auch im Hinblick auf dessen Entwicklung.

Außerdem sollte das People Management weniger daran denken, das Lernen zentral steuern zu wollen, als vielmehr das Mitarbeiternetzwerk einzubeziehen. Räume und Bedingungen schaffen, sodass Mitarbeiter gerne bereit sind, ihr Wissen zu teilen. Es gibt zudem bereits klassische Personalinstrumente, die den Austausch untereinander fördern, wie Job Rotation oder Mentoring-Programme, auf die ich später eingehe.

Wissen interaktiv entwickeln
Online-Technologien haben das Lernen revolutioniert. Sie sind nicht nur einfach ein möglicher Kanal. Personaler sollten ihre Möglichkeiten besonders im Fokus haben, weil Online-Tutorials und Online-Foren besonders gut geeignet sind, das informelle, vernetzte und selbstständige Lernen zu ermöglichen. Jeder kann nach seinem Tempo lernen und wann es ihm passt. Mehr noch: Erst durch soziale Online-Technologien lässt sich komplexes Wissen interaktiv entwickeln (vgl. Vernau/Hauptmann 2014). Diese Technologien ermöglichen ein Lernen, das sonst nicht stattgefunden hätte (siehe Abbildung 9).
Zudem werden beim Online-Lernen enorme Datenmengen gesammelt. Im Zuge der zunehmenden Bedeutung von People Analytics besteht hier die Chance für das Personalmanage-

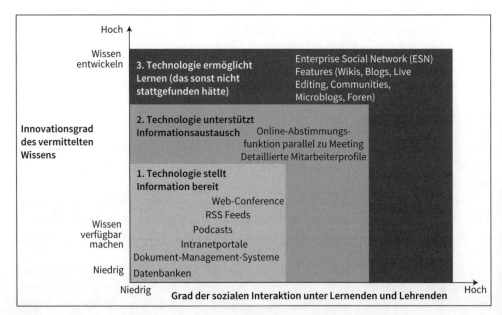

Abb. 9: Komplexes Wissen interaktiv entwickeln (Vernau/Hauptmann 2014)

ment, Daten und Lernanalysen zu nutzen, um die Unterstützung für den Einzelnen zu verbessern. Algorithmen können dem Lernenden unter anderem anzeigen, was Kollegen mit ähnlichen Interessensgebieten gerade lernen.

7.2.2.2 Anregungen und erste Ideen

Ermutigen Sie die Mitarbeiter zu twittern!
Jahrelang wurde Twitter immer wieder in Umfragen der Lern-Expertin Jane Hart zum Lern-Tool Nummer eins gewählt. Zuletzt landete es auf Platz 3 (vgl. Hart 2016b). Es ist auch ihr persönlicher Favorit, um schnell und einfach zu sehen, welche Ideen und Aktivitäten andere umtreiben. Twitter erlaubt es, zu unterschiedlichen Themen, und seien sie noch so besonders, mit anderen Experten verbunden zu sein. Es gibt keine bessere Art in dieser schnelllebigen Zeit, zu dem jeweiligen Thema »State of the Art« zu bleiben. Man kann natürlich Twitter auch nur passiv wie eine Zeitung nutzen, aber es lebt eigentlich vom Geben und Nehmen. So entstehen echte Communities zu bestimmten Leidenschaften und Fachgebieten, die ein enormes Lernpotenzial haben können und in die man auch Fragen hineingeben kann.

> **EXKURS**
>
> **Die besten Lern-Tools**
> Jedes Jahr lässt die Lern-Expertin Jane Hart (2016b) mittels Umfragen die besten Lern-Tools ermitteln. Interessanterweise haben viele davon einen Collaboration-Charakter. Hier sind die Top 20 für das Jahr 2016:
>
> 1. YouTube
> 2. Google Search
> 3. Twitter
> 4. PowerPoint
> 5. Google Docs/Drive
> 6. Facebook
> 7. Skype
> 8. LinkedIn
> 9. WordPress
> 10. Dropbox
> 11. Wikipedia
> 12. Yammer
> 13. Whatsapp
> 14. Prezi
> 15. Kahoot
> 16. Word
> 17. Evernote
> 18. Slideshare
> 19. OneNote
> 20. Slack

Deshalb: Vernetzen Sie sich. Legen Sie sich einen Twitter-Account zu und tauschen Sie sich beispielsweise mit anderen Personalexperten aus. Und dann machen Sie Twitter Ihren Kollegen schmackhaft – den Personalern, den Marketern, den Programmierern, Designern und anderen. Und wer sich für Themen außerhalb der eigenen Disziplingrenzen interessiert, umso besser. Die Mitarbeiter haben darüber hinaus die Möglichkeit, sich über soziale

Netzwerke wie Twitter als Marke zu positionieren und damit ihre Employability zu erhöhen. Das ist am Ende eine Win-win-Situation. Der Mitarbeiter bringt von außen neues Wissen ins Unternehmen und agiert im besten Falle als Botschafter der Arbeitgebermarke. Für sich selbst baut er ein Netzwerk auf, das er auch nach Verlassen der Firma nutzen kann. Der Mitarbeiter hat außerdem die Möglichkeit, sich mit Hilfe der Community weiterzuentwickeln – und das ist ein enormer Motivator.

Lassen Sie die Mitarbeiter Kongresse und Tagungen besuchen!
Das gleiche Prinzip funktioniert auch in der Offline-Welt. Setzen Sie sich dafür ein, dass die Mitarbeiter Kongresse, Tagungen und andere Veranstaltungen besuchen, um dort zu netzwerken und Neues zu lernen. Ihr Unternehmen könnte jedem der Mitarbeiter die Möglichkeit geben, beispielsweise fünf Tage pro Jahr an Arbeitszeit für den Besuch von Fachtagungen zu nutzen. Das wird von den Mitarbeitern sehr wertgeschätzt und bringt eine willkommene Abwechslung. Im Nachgang könnten sie den Kollegen und anderen Interessierten in einem kurzen Vortrag beziehungsweise einer Diskussionsrunde über die Veranstaltung berichten und so einige neue Impulse in die Organisation reingeben.

Ermöglichen Sie Job Rotation!
Job Rotation ist ein klassisches HR-Instrument aus der Personalentwicklung, doch es kommt – mit Ausnahme bei Traineeprogrammen – bislang noch eher selten zum Einsatz, wird aber wieder populärer. Denn es können mit einem systematischen Arbeitsplatzwechsel, der unterschiedliche Formen haben kann, nach einem bestimmten Zeitraum mehrere Ziele erreicht werden. Es fördert die Flexibilität der Mitarbeiter, die zudem unterschiedliche Bereiche im Unternehmen kennenlernen und damit ein besseres Verständnis für Aufgabenbereiche und die Wertschöpfungskette entwickeln. Die Job Rotation ermöglicht eine Verbreiterung der Kompetenzen. Es fördert das sogenannte T-shaped-Profil. Das heißt Mitarbeiter entwickeln zusätzlich zu ihren tiefgehenden Spezialkenntnissen (vertikales Wissen, der senkrechte T-Strich) weitere Kenntnisse auf hohem Niveau in einem anderen Bereich (horizontales Wissen, der waagerechte T-Strich). Mit einem solchen Profil werden Vernetzungswahrscheinlichkeiten größer. Ein T-shaped-Profil erfordert allerdings ebenfalls eine höhere soziale Kompetenz (vgl. Hagemann et al. 2013).

Viele Unternehmen legen beispielsweise Wert darauf, dass ihre Personaler keine Kaminkarrieren durchlaufen, also sich nicht ausschließlich im HR-Bereich bewegen. Sie müssen nach einiger Zeit in einen Fachbereich wie Marketing oder Sales wechseln. Das fördert das Verständnis für das Business. Auf der anderen Seite profitiert auch die Personalabteilung, in die zum Beispiel Marketing- oder Sales-Leute hineinrotieren. Sie bringen Kompetenzen mit, die lediglich durch das Personalmanagement sozialisierte Mitarbeiter nicht mitbringen.

Reinschnuppern
Job Rotation dient für manche Firmen sogar primär der Mitarbeiterbindung. Bei Hootsuite ist das beispielsweise der Fall. Das Social-Media-Management-Unternehmen erlaubt es Mitarbeitern, die mindestens ein Jahr an Bord sind und sehr gute Leistungen gezeigt haben, für drei Monate in eine andere Abteilung hineinzuschnuppern und wenn es ihnen gut gefällt und es einen Bedarf gibt, dort festangestellt zu werden. CEO Ryan Holmes will

damit herausragenden Mitarbeitern etwas bieten, damit sie länger in seinem Unternehmen bleiben. Denn seiner Beobachtung nach gehen die Besten nach einiger Zeit wieder, insbesondere, weil sie neue Herausforderungen suchen und eine völlig neue Rolle mit anderen Verantwortlichkeiten ausprobieren wollen (vgl. Holmes 2016). Bei Hootsuite können die Leute nun drei Monate lang für einen Tag pro Woche die neue Position testen, müssen zuvor aber einen Lernplan verfassen. Wenn es nach drei Monaten für alle Seiten in Ordnung ist, wechselt der Mitarbeiter Vollzeit auf die neue Stelle. Wenn es doch nicht das Richtige ist, macht er oder sie den alten Job weiter. Der Nutzen des Programms liegt hier nicht nur in der Möglichkeit, dem Mitarbeiter etwas zu bieten, sondern das Unternehmen profitiert zusätzlich von dessen breiterem Kompetenzprofil und den Einblicken in eine neue Rolle.

Es ist jedoch ebenfalls der Arbeitsplatzwechsel für eine noch kürzere Zeit möglich, um einem Silo-Denken etwas entgegenzusetzen. Bei thyssenkrupp beispielsweise gibt es das Programm Job Swap, das Mitarbeitern die Möglichkeit bietet, ihre Aufgaben mit einem Arbeitskollegen aus einem anderen Geschäftsbereich oder einer anderen Region zu tauschen und so dessen Alltag im Unternehmen besser kennenzulernen. Bis zu drei Wochen können die Job Swapper woanders hineinschnuppern und so neue Perspektiven gewinnen und Verständnis entwickeln für andere Kulturen oder Abläufe. Mit dem Programm werden Routinen durchbrochen und der Horizont erweitert.

Initiieren Sie ein kollegiales Weiterbildungsnetzwerk und Peer Coaching!
Bei Google gibt es seit einigen Jahren ein Programm namens »Googler2Googler«, in dessen Rahmen sich eine Menge Mitarbeiter bereit erklären, anderen etwas beizubringen. Wenn sie einen Kurs oder ähnliches anbieten, werden sie dafür von ihrem Hauptjob abgezogen. Doch der Zeitaufwand ist überschaubar. Viele Kurse umfassen nur ein paar Stunden oder werden lediglich einmal im Quartal angeboten. Die Themen sind sehr unterschiedlich und reichen von »Körper-Geist-Bewusstsein« bis zu »Einführung in das Programmieren für Nicht-Ingenieure« (Bock 2016).

Die eigenen Mitarbeiter für ein internes Weiterbildungsnetzwerk zu mobilisieren, ist aus vielerlei Gründen sinnvoll. Zum einen ermöglicht es ein schnelles Lernen in Ihrer Belegschaft und es entstehen Kontakte zwischen Menschen, die vorher nichts miteinander zu tun hatten. In einem Kurs ist einer Lehrender, in einem anderen Lernender. Der Vorteil gegenüber vielen externen Weiterbildern ist, dass Ihre Mitarbeiter zum einen aus der Praxis kommen; die Firma, in der alle arbeiten, kennen; und nicht nur theoretisches Wissen vermitteln. Zum anderen wirkt es auf viele Mitarbeiter motivierend, wenn sie Kollegen etwas beibringen können und als Experten auf dem jeweiligen Gebiet Anerkennung bekommen.

Initiieren Sie ein solches Netzwerk. Machen Sie allerdings, wenn möglich, keine Einschränkungen bei der Themenauswahl, um die Teilnehmer nicht zu demotivieren. Die harten Business- oder IT-Themen werden schon dabei sein. Die Kurse können natürlich auch virtuell zum Beispiel als Webinar stattfinden.

Ein solches Netzwerk aufzubauen, ist nicht einfach. Sie müssen bei der Unternehmensspitze und den Führungskräften darum werben und ihnen klarmachen, dass es sich für das Unternehmen auszahlt. Sorgen Sie für Feedback-Möglichkeiten nach den Vorträgen, sodass auch die Lehrenden immer wieder an sich arbeiten können.

Die Herausforderung ist vor allem der Beginn, ein Netzwerk an den Start zu kriegen und für die Transparenz der Angebote zu sorgen, wofür aber bei kleineren Unternehmen relativ einfach das Internet beziehungsweise eine Social Software genutzt werden kann.

Coaching durch Kollegen
Zu einem Weiterbildungsnetzwerk kann außerdem ein Peer Coaching gehören. Menschen brauchen ab und an ein offenes Ohr und eine frische Perspektive für Fragen und Herausforderungen, die den Job oder die eigene Karriere betreffen. Wenn der Coach aus der eigenen Firma kommt, der vielleicht sogar einmal vor ähnlichen Herausforderungen stand, besteht eine große Chance, dass die Ratsuchenden sich eher verstanden fühlen und schnell eine Nähe entstehen kann. Für eine Firma sind Peer Coachings besonders interessant, weil sie die Gemeinschaftsbildung fördern.

Bei Google gibt es beispielsweise die sogenannten Tech Advisor. Das sind erfahrene Führungskräfte, die vertrauliche Vieraugengespräche anbieten, um Mitarbeiter in den technischen Abteilungen zu unterstützen.

Vor allem für Führungskräfte ist es sinnvoll, sich immer wieder mit anderen Führungskräften auszutauschen – über Herausforderungen im Job oder positive wie negative Erfahrungen. Das erfordert ein gewisses Grundvertrauen. Regen Sie solche Treffen in kleinen Gruppen an, die Sie – zumindest am Anfang – moderieren. Sorgen Sie für einen geschützten Rahmen, innerhalb dessen sich die Teilnehmer über aktuelle Führungsfragen austauschen können. Das gelingt besonders dann, wenn es im Joballtag ansonsten zwischen den Führungskräften wenig Schnittmengen gibt, sodass sie im Rahmen der kollegialen Beratung eher bereit sind, sich zu öffnen. Kommunikative Fähigkeiten und Empathie werden durch Peer Coaching beziehungsweise kollegiale Beratung gefördert.

Die kollegiale Beratung könnte auch über Unternehmensgrenzen hinweg organisiert werden. Bereits 2009 wurde ein solches Netzwerk mit Namen »External Peer Reflection« von einer Personalerin der BSH Hausgeräte GmbH ins Leben gerufen, was damals sehr besonders war.

Ein Austausch von Führungskräften aus unterschiedlichen Unternehmen hat den Vorteil, dass etwaige Konkurrenzangst kein Thema ist. Und es gibt in den Gruppen einen gewissen Abstand zum eigenen Handeln, was vielen Beteiligten guttut. Gleichzeitig kommen Führungskräfte zusammen, die in ähnlichen Situationen agieren und sich mit ihren Erfahrungen gegenseitig inspirieren können. Wichtig ist, dass zwischen den Gesprächspartnern »die Chemie« stimmt, sodass nach einer Zeit ein Vertrauensverhältnis entstehen kann. Zudem sollte ein professioneller Coach anfangs methodische Grundlagen hinsichtlich der Gespräche beziehungsweise zur kollegialen Fallberatung erläutern (vgl. Schäfer 2013).

Führen Sie ein Mentoring-Programm ein!
Auch ein Mentoring-Programm fördert den vertrauensvollen Austausch zwischen zwei Personen in einer Firma. Und auch hier ist es wichtig, dass die Teilnehmer im Joballtag nicht in einem direkten Weisungsverhältnis zueinanderstehen. Mentoring-Programme sind mittlerweile weitverbreitet. Auch außerhalb von Unternehmen gibt es zahlreiche Netzwerke, die diese anbieten. Der Ursprungsgedanke des Mentoring ist, dass einem

Berufsanfänger ein erfahrener Mitarbeiter oder eine erfahrene Führungskraft zur Seite gestellt wird, die als Mentoren ihr (fachliches) Wissen und ihre Erfahrungen an den Mentee weitergeben, wodurch dieser in seiner beruflichen und persönlichen Entwicklung gefördert wird.

Doch in einem guten Mentoring-Programm profitieren beide Seiten von der Beziehung. Auch der Mentor kann in der Regel vom Mentee lernen und inspiriert werden, sodass die Rollen nicht klar abzugrenzen sind.

Der Begriff des Reverse Mentoring zielt darauf ab, dass Ältere auch von Jüngeren lernen können. Mehr und mehr Unternehmen setzen im Zuge der Digitalisierung solche Reverse-Mentoring-Programme auf, im Rahmen derer junge »Digital Natives« ihre Kompetenzen an die »Digital Immigrants« weitergeben. Dazu gehören unter anderem die Deutsche Telekom, Henkel oder die HypoVereinsbank.

Bei Henkel haben beispielsweise im Rahmen eines Reverse-Mentoring-Programms mehr als 160 digitalaffine Nachwuchsmanager die Mentorenrolle übernommen, um mehr als 220 Führungskräften Einblicke in ihren digitalen Alltag zu geben. Das Programm, das auf eine gemeinsame Initiative der Personal- und Kommunikationsabteilung zurückgeht, wird als Schritt zu einer digitalen Unternehmenskultur gesehen.

Oftmals scheitern Mentoring-Programme allerdings in der Praxis, weil Verantwortliche die Programme nur einmal anstoßen und dann nicht mehr darauf achten, ob es zu einem regelmäßigen Austausch kommt. Termine werden anberaumt und dann (in der Regel) von dem in der Hierarchie höherstehenden Mitarbeiter kurzfristig abgesagt.

Legen Sie ein Mentoring-Programm in Ihrem Unternehmen auf und bleiben Sie dran! Wichtig ist, dass alle Beteiligten Interesse am Austausch haben. Fragen Sie Erwartungen ab und legen Sie viel Wert auf das Matching. Regen Sie an, dass Mentor und Mentee sich anfangs über ihre Ziele der Zusammenarbeit klar werden und beide darüber sprechen. Fragen Sie regelmäßig nach dem Stand des Austauschs, geben Sie Impulse, wenn die Arbeit des Tandems nicht von der Stelle kommt. Notfalls muss ein Ersatz-Mentor für den Mentee gefunden werden. Evaluieren Sie das Programm abschließend, lernen Sie aus dem Feedback für zukünftige Programme.

Regen Sie die Bildung von Communities of Practice an!
Ich habe bereits auf die Bedeutung von Communities of Practice in Unternehmen hingewiesen. In der Regel sind es selbstorganisierte Interessengemeinschaften von Mitarbeitern, die sich im Joballtag selten austauschen. Sie sind für den Einzelnen wichtig, weil er sich mit anderen Experten beziehungsweise Interessierten auf seinem Gebiet vernetzen kann und dazulernt. Für das Unternehmen hat die abteilungsübergreifende Vernetzung eine besondere Bedeutung und im besten Falle werden in den Communities business-relevante Probleme gelöst. Communities of Practice »betten Lernen und Problemlösung in den Kontext sozialer Beziehungen ein – an der Schnittstelle zwischen informeller Struktur und Wertschöpfungsstruktur« (Pfläging 2015b, S. 121).

Bei Axel Springer gibt es beispielsweise die sogenannten »Best Practice Clubs«. Es ist eines von vielen Formaten des Programms »move«. Die »Best Practice Clubs« fördern die marken- und bereichsübergreifende Zusammenarbeit und den Austausch über Fachthemen. Der kollegiale Fachaustausch soll auch bei konkreten Problemlösungen helfen (vgl.

Burr 2016). Die Themen sind vielfältig. So gibt es unter anderem einen »Best Practice Club UX«, der dem Austausch rund um Themen wie User Experience, Design oder User Research dient, oder zu Webentwicklung.

Helfen Sie, andere sichtbar zu machen
Regen Sie die Bildung solcher Communities an, wenn es sie noch nicht gibt. Unterstützen Sie sie, indem sie zum Beispiel bei der Beschaffung von Räumen helfen oder auf potenzielle Teilnehmer hinweisen. Soziale Netzwerke machen die Entstehung und die Entwicklung der Communities zudem einfacher. Helfen Sie dem Koordinator der Gruppe im Rahmen Ihrer aktiven Social-Intranet-Rolle. Soziale Netzwerke haben den Vorteil, dass Gruppen mit ähnlichen Themen nicht lange nebeneinander bestehen bleiben, sondern dass diejenige mehr Zulauf hat, deren Thema für das Unternehmen relevanter ist.

Aufgrund der zunehmenden Bedeutung sozialer Netzwerke in den Firmen ist die Sichtbarkeit der Communities größer und die Selbstorganisation einfacher als früher. Beiträge beispielsweise von Ingenieuren oder Wissenschaftlern finden mehr Anerkennung auch bei Top-Managern, von denen selbst mehr und mehr sich in den internen Netzwerken aktiv einbringen (vgl. Sommer 2016c). Helfen Sie, Communities sowie einzelne Experten sichtbar zu machen im Unternehmen – auch explizit beim Top-Management. Und regen Sie immer wieder Experten an, Beiträge zu verfassen. Machen Sie klar, dass diese interessant sind und gewürdigt werden. Die Beachtung und Würdigung wird die Experten anspornen, weiter aktiv zu bleiben.

Organisieren Sie Impulsvorträge!
Das Programm »move« des Axel-Springer-Konzerns sieht eine Vielzahl von Formaten, Projekten und Maßnahmen vor, die vor allem das Ziel der Vernetzung bei gleichzeitiger Wissensvermittlung haben. So gibt es beispielsweise drei Mal im Jahr das sogenannte »Media Powerhouse« – eine Konferenz der internen Experten, bei der die Referenten in 60-minütigen Vorträgen ihr Wissen auf Gebieten wie crossmedialer Journalismus, Social Media, Online Marketing oder Innovation an das Publikum geben. Die Atmosphäre ist locker und es ist keine Anmeldung erforderlich. Generell wird bei allen »move«-Formaten darauf geachtet, dass Mitarbeiter diese leicht in den Joballtag integrieren können und die Hürden für eine mögliche Teilnahme so niedrig wie möglich sind.

Alle Vorträge werden per Livestream übertragen. Auch Leute, die nicht vor Ort sind, können Fragen an die Referenten stellen. Die Konferenz gibt ihnen die Möglichkeit, als Experten zu einem bestimmten Thema sichtbar zu werden, dadurch können sie sich zum einen profilieren und zum anderen sind sie für andere leichter ansprechbar. Das »fördert den Austausch über Marken- und Bereichsgrenzen hinaus und bricht mit womöglich bestehendem Silodenken« (Burr 2016, S. 350).

Ein anderes Beispiel ist das »Learning Lunch« von Axel Springer, das einmal im Monat Wissensimpulse in der Mittagspause vorsieht. In einem Konferenzraum kommen bis zu 200 Mitarbeiter zusammen und kriegen ein Lunchpaket sowie einen Expertenvortrag zu digitalen Themen zu hören. Mitarbeiter können spontan daran teilnehmen. Die Vorträge werden aber auch aufgezeichnet und können anschließend im Archivbereich des Intranets abgerufen werden (ebd.).

Organisieren Sie Formate, in denen Mitarbeiter sowie externe Experten ihr Wissen weitergeben, um andere zu inspirieren. Fragen Sie vorher ab, welche Themen besonders interessant sind – sowohl für die Belegschaft als auch für das Management. Stellen Sie sicher, dass während oder nach den Vorträgen ein Dialog und Feedback möglich sind. Lassen Sie den Vortrag aufzeichnen oder bitten Sie den Vortragenden, später die wichtigsten Punkte zur Verfügung zu stellen. Die Atmosphäre sollte ungezwungen und locker sein. Der leckere Kaffee könnte für den einen oder anderen ein Anreiz sein, das nächste Mal auch dazuzukommen. Werben Sie im Vorfeld für die Veranstaltung. Machen Sie schon bei der Ankündigung ihre Experten sichtbar und laden Sie immer wieder in regelmäßigen Abständen Externe ein, um frische Impulse in die Firma hereinzuholen.

Bringen Sie Kollegen zum Lunch zusammen!
Mitarbeiter aus unterschiedlichen Bereichen im Unternehmen per Zufallsprinzip zum gemeinsamen Lunch zusammenzubringen, ist eine Idee, die von immer mehr Unternehmen wie beispielsweise Otto, Telefónica oder SAP umgesetzt wird. Die Programme tragen Namen wie »Mystery Lunch«, »Lunch Roulette« oder »Networking Lunch«. Es gibt mittlerweile auch einige Start-ups, die das Zusammenbringen von Mitarbeitern mit ihrer Software unterstützen.

Einmal initiiert, ist der Aufwand eines solchen Lunches für die Personalabteilung gering und der Nutzen relativ groß, weil der Blick über den Tellerrand gefördert wird. Mitarbeiter treffen so auf Kollegen, die sie sonst vielleicht niemals zu Gesicht bekommen hätten. Sie lernen die Arbeit anderer Abteilungen und Bereiche kennen, bekommen Informationen und Anregungen. Und weil keine Unterschiede hinsichtlich der jeweiligen Position im Unternehmen gemacht werden, fördert es eine Dialogkultur, die über Hierarchien hinweg gelebt wird. Außerdem hat das gemeinsame Mittagessen als Setting den Vorteil, dass es in der Regel in einer entspannten Atmosphäre stattfindet. Vorstellbar wäre ebenfalls, mehr als zwei Menschen zu einem Treffen zusammenzubringen.

Die Lunch-Applikationen lassen sich auch auf spezielle Bedürfnisse hin konfigurieren. Zum Beispiel könnten im Hinblick auf große geplante Projekte die betroffenen Mitarbeiter schon im Vorfeld des Projektstarts zusammengebracht werden, um einander kennenzulernen.

Bringen Sie die Menschen aus den unterschiedlichen Abteilungen in Ihrem Unternehmen zusammen: Marketing-Leute mit Softwareentwicklern, Personaler mit Produktentwicklern. Natürlich können sich Menschen auch virtuell treffen, aber ein persönliches Zusammentreffen ist dennoch wichtig, damit ein wirkliches Kennenlernen und ein offener Austausch möglich werden. Und die Erfahrung zeigt, dass wir Menschen oftmals zu bequem sind, um selbst die Initiative zu übernehmen und Kollegen aus anderen Abteilungen einfach anzusprechen.

Veranstalten Sie BarCamps!
BarCamps haben in den vergangenen Jahren eine enorme Verbreitung gefunden. Das Veranstaltungsformat, das auch als Unkonferenz bezeichnet wird, kommt ursprünglich aus der IT-Szene. Mittlerweile werden inzwischen zu ziemlich jedem denkbaren Thema BarCamps veranstaltet. So gibt es in Berlin unter anderem das HR BarCamp, das von Christoph

Athanas und Jannis Tsalikis ins Leben gerufen wurde. Es gibt auch immer mehr Unternehmen, die interne BarCamps zum Wissensaustausch oder zur Ideenfindung veranstalten: Deutsche Telekom, Bosch, Deutsche Bahn, Volksbanken Raiffeisenbanken oder der SWR haben schon Erfahrungen gesammelt. Audi hat unter anderem ein internes BarCamp mit 60 Teilnehmern aus dem Personalbereich zum Thema »Arbeitswelt der Zukunft« organisiert.

Ein BarCamp unterscheidet sich von einer klassischen Konferenz vor allem darin, dass keine passiven Zuschauer vorgesehen sind, sondern alle Teilnehmer sollen sich aktiv einbringen, sozusagen »Teilgeber« sein. Sie bestimmen vor Ort die Themen, die in sogenannten Sessions bearbeitet werden. Entscheidend ist eine Kommunikation, die auf Augenhöhe stattfindet. Die Atmosphäre ist in der Regel locker. Man duzt sich. Es sind eher keine Experten vorgesehen, die von einer Bühne herunter »predigen«.

Alle Teilnehmer haben die Möglichkeit, eine Session anzubieten. Dabei ist alles möglich, was den Wissensaustausch und den Dialog fördert. Es kann eine konkrete Fragestellung sein, ein Best-Case-Beispiel, ein praktischer Workshop oder ein aktuelles Diskussionsthema. In der Regel stellt jeder, der möchte, zu Beginn der Veranstaltung sein Thema für die Session im Rahmen eines Pitches vor. Die Teilnehmer stimmen dann ab, wie das Programm aussehen soll.

Aktuell und spontan

Die Teilnehmer teilen sich danach in Kleingruppen auf die verschiedenen Sessions auf, die in der Regel 45 Minuten dauern. Es finden immer mehrere Sessions parallel statt. Derjenige, der das Thema vorgestellt hat, fungiert als Moderator und Impulsgeber. Im Plenum werden die Ergebnisse der Sessions meistens abschließend kurz vorgestellt, aber nur, wenn die BarCamp-Gruppe nicht allzu groß ist.

Nehmen Sie selbst an BarCamps teil, machen Sie die Erfahrung und überzeugen Sie Kollegen, es Ihnen gleichzutun. Ein nächster Schritt könnte sein, dass Ihr Unternehmen zu einem bestimmten Thema eine solche Veranstaltung organisiert. Und wenn Sie genug Erfahrungen gesammelt haben, organisieren Sie ein internes BarCamp – für das ganze Unternehmen, wenn Ihre Firma nicht allzu groß ist, oder für einen bestimmten Bereich. Ein BarCamp ist durchaus mit bis zu 300 Teilnehmern möglich.

Setzen Sie ein Oberthema fest, das für Ihr Unternehmen relevant ist und nah an den Bedürfnissen der Mitarbeiter – Vertrieb oder Arbeitswelt der Zukunft beispielsweise. Dennoch sollte ergebnisoffen diskutiert werden. Überlegen Sie auch, Externe miteinzubinden: wichtige Kunden oder Experten auf einem bestimmten Gebiet. Achten Sie darauf, dass die Teilnehmer einen unterschiedlichen Hintergrund haben, sodass auch verschiedene Perspektiven in Bezug auf ein Thema Berücksichtigung finden. Lassen Sie also über die »Zukunft der Arbeitswelt« nicht nur Personaler diskutieren.

In BarCamps wird Wissen sichtbar, das vielleicht bis dato nur informell existierte und nirgendwo dokumentiert wurde. Die Menschen können voneinander lernen und rücken dabei näher zusammen. In der kleinen Gruppe diskutiert auch der Vertriebsleiter mit dem Trainee offen mögliche Lösungswege. Ein weiterer Vorteil ist die Aktualität des Programms eines BarCamps. Etwas, das sich beispielsweise einen Tag vorher ereignet hat, kann Berücksichtigung finden. Vor allem in Branchen mit einem kurzen Innovationszyklus ist das ein großer Vorteil gegenüber klassischen Konferenzformaten. Alles läuft bei einem Bar-Camp also ziemlich spontan ab (vgl. Theofel 2013).

Wichtig ist eine Nachbereitung der Veranstaltung, beispielsweise indem Ergebnisse dokumentiert werden, sodass Nicht-Teilnehmer auch davon profitieren. Lassen Sie die Session-Geber hierfür ihre wichtigsten Ergebnisse schriftlich zusammenfassen. Und berichten Sie dem Vorstand darüber. Auch ist es sinnvoll, den Dialog im Netz fortzusetzen, in einem Forum oder einer Community. Regen Sie dazu an, Gruppen zu gründen.

Fördern Sie eine Kultur, in der es völlig in Ordnung ist, um Rat oder Hilfe zu bitten!
Eine Lernkultur, die auf starke Beziehungen und Social Collaboration setzt, lässt sich nicht über Nacht etablieren, schon gar nicht, wenn bislang das Gegenteil von der Unternehmensspitze und den Führungskräften vorgelebt wurde. Denn in vielen Firmen wird Lernen als unproduktive Zeit gesehen und als etwas, das der Einzelne alleine macht. Jemanden um Hilfe zu bitten, wird in diesen Unternehmen als Schwäche gesehen.

Wenn das in Ihrem Unternehmen nun anders sein soll, dann müssen Sie es zum einen vorleben und zum anderen für eine Kultur werben, in der es in Ordnung ist, um Rat oder Hilfe zu fragen. Sensibilisieren Sie die Führungskräfte dafür, wie wichtig das ist, um eine lernende Organisation zu werden. In dieser sollte zum Beispiel gelten:

- Um Rat zu fragen und um Hilfe zu bitten, ist kein Zeichen von Schwäche.
- Andere in die eigene Arbeit einzubeziehen, ist gern gesehen, auch wenn es dafür keinen formellen Prozess gibt.
- Es ist ebenfalls in Ordnung, bereits Zwischenergebnisse zu teilen, um Feedback zu bekommen.
- Es ist gern gesehen, wenn man sich Gedanken über Herausforderungen macht, die jenseits der eigenen Stellenbeschreibung liegen.
- Der Vorstand weiß nicht immer, was das Beste für das Unternehmen ist.

Es ist klar, dass allein das Zitieren solcher »Werte« nicht reicht, wenn sie nicht gelebt werden. Vor allem, wenn die Führungskräfte als Vorbilder ausfallen beziehungsweise eine Lernkultur nicht mittragen. Setzen Sie sich dafür ein und versuchen Sie, mentale Hürden bei den Mitarbeitern abzubauen, indem Sie sie ermutigen, sich an Kollegen zu wenden, wenn sie Rat, Auskunft oder Unterstützung brauchen. Nicht immer wird es diesen passen. Das muss dann offen und wertschätzend mitgeteilt werden.

7.2.3 Das Fördern von Transparenz

7.2.3.1 Eine Voraussetzung für Vertrauen

Mangelnde Transparenz ist aufseiten von Mitarbeitern stets einer der größten Kritikpunkte in Organisationen. Es fehlt zum einen häufig an Wissen hinsichtlich der Arbeit von Kollegen und anderen Abteilungen, was allerdings auch oft an der eigenen Bequemlichkeit liegt. Zum anderen ist vielen Mitarbeitern nicht klar, wohin das Unternehmen sich bewegt, was die Strategie ist, welche Einheit welche Ziele hat und wie das große Ganze aussieht. Vor allem wenn es um finanzielle Zahlen geht, herrscht oftmals ein großes Schweigen. Es mag gute Gründe der Unternehmensleitung geben, nicht alles für jeden transparent zu machen.

Doch für vertrauensvolle Beziehungen ist es förderlicher, die in der Regel herrschende Entscheidungslogik bezüglich der Transparenz umzudrehen. Das heißt, es wäre ein großer Vertrauensvorschuss der Geschäftsführung, wenn die Regel gälte, dass zunächst alles für jeden transparent ist. Es sei denn, es gibt gute Gründe, manches nicht für die Mitarbeiter zu veröffentlichen. Dann muss das so kommuniziert werden.

Transparenz ist eine elementare Voraussetzung für Vertrauen. Und erst, wenn ich alle wichtigen das Unternehmen betreffenden Informationen habe, kann ich versuchen, in dessen Sinne zu handeln. Es ist deshalb wenig zielführend, wenn unternehmerisches Denken und Handeln von den Mitarbeitern verlangt wird, sie aber von vielen Informationen ausgeschlossen werden.

Transparenz hinsichtlich relevanter Informationen ist ebenfalls eine wichtige Voraussetzung für die Arbeitsfähigkeit von Teams und Mitarbeitern. Es ist die Aufgabe von Führungskräften, Informationen von oben weiterzugeben, doch kommen sie dieser oftmals völlig unzureichend nach: aus zeitlichen Gründen zum Beispiel oder auch aus politischen Gründen, um einen Wissensvorsprung zu behalten.

Das große Ganze anschauen
Ein Unternehmen, das Informationstransparenz ganz hoch bewertet, ist beispielsweise allsafe JUNGFALK. Die Firma mit etwa 180 Mitarbeitern verkauft Ladegut-Sicherungssysteme und kommt ohne formale Abteilungsstrukturen aus. Bei allsafe JUNGFALK steuern drei wesentliche Kennzahlen das Unternehmen: Auftragseingang, Umsatz, Lieferperformance. Sie stehen jedem Mitarbeiter täglich aktuell zur Verfügung – und damit nicht nur den Führungskräften. Die Folge dieser Informationstransparenz ist, dass Mitarbeiter sich das große Ganze anschauen und sich zusammen mit Kollegen Gedanken machen können, wie man das Unternehmen als Ganzes nach vorne bringt. Konsequenterweise messen die Kennzahlen auch nicht die individuelle Performance, sondern das Gemeinschaftsergebnis (vgl. Brandes et al. 2014).

Ein weiterer wichtiger Punkt hinsichtlich der Transparenz betrifft das Wissen und die Kompetenzen, die im Unternehmen vorhanden sind. Für ein effektives kollaboratives Arbeiten ist es für jeden Mitarbeiter und jedes Team wichtig zu wissen, ob und welches Know-how im Unternehmen vorhanden ist und wen man zu welchem Thema ansprechen kann. Eine solche Transparenz zu fördern, sollte in den Händen der Personaler liegen. Denn auch hier geht es um eine bestmögliche Arbeitsfähigkeit der Business-Einheiten. Mitarbeiterprofile, die Kompetenzen und Erfahrungen enthalten, lassen sich heute sehr gut auf Intranet-Plattformen darstellen. Die Herausforderung ist eher, dass die Daten gepflegt und aktuell gehalten werden.

Transparenz ist allerdings kein Allheilmittel und sie hat sozusagen auch eine »dunkle Seite«. Nämlich dann, wenn sie lediglich Kontrollzwecken dient, wenn also der Vorgesetzte vom Mitarbeiter permanente Transparenz fordert hinsichtlich dessen Arbeitsschritten, was dann schnell als Überwachung und Gängelung wahrgenommen werden kann. Wichtig ist: Wie wird ein Mehr an Transparenz wahrgenommen? Darüber muss gesprochen werden.

7.2.3.2 Anregungen und erste Ideen

Seien Sie ein Anwalt für Transparenz!
Setzen Sie sich dafür ein, dass alle Mitarbeiter weitgehende Informationen bekommen, auch und gerade was Unternehmenszahlen angeht. Das fördert zum einen Vertrauen und zum anderen das Verantwortungsgefühl der Mitarbeiter. Gegenüber der Unternehmensleitung sich für ein Mehr an Informationstransparenz stark zu machen, ist sicher anstrengend und unangenehm. Aber Sie wissen, wofür diese Anstrengungen gut sind: Es hilft den Mitarbeitern, eigenverantwortlicher zu handeln und bessere Entscheidungen zu treffen. Wenn das Spitzenmanagement mehr Transparenz lebt, ist es auch für Abteilungen und Teams einfacher, ihr Wissen und das, woran sie arbeiten, transparent zu machen. Eine wichtige Voraussetzung, um Synergien zu erzielen und doppelte Arbeit zu vermeiden.

Bedenken gegenüber einem Mehr an Transparenz müssen allerdings ernst genommen werden. Setzen Sie sich dafür ein, dass über das Thema diskutiert wird: In welchen Bereichen nützt Transparenz, wo schadet sie eher? Moderieren Sie den Dialog.

Rufen Sie ein Q&A-Format ins Leben!
Es ist wichtig, dass die Unternehmensführung nicht den Kontakt zu der Belegschaft verliert. Es muss also zum einen dafür gesorgt werden, dass Feedback von unten nach oben gelangt. Zum anderen müssen aber ebenso von oben Informationen fließen. Und es ist wertschätzend gegenüber den Mitarbeitern, wenn diese ab und an in regelmäßigen Abständen auch vom CEO direkt kommen. Das kann über einen Blog passieren. Das kann aber auch im Rahmen eines Town-Hall-Meetings ablaufen, auf dem der CEO nicht nur Informationen vorträgt und dann verschwindet, sondern in dem er sich ebenfalls den Fragen der Mitarbeiter stellt.

Google ist für vieles berühmt, insbesondere aber für seine TGIF-Meetings. TGIF steht für »Thank God it's Friday«. Die Meetings finden wöchentlich, allerdings wegen der Zeitverschiebung donnerstags statt. Die Firmenlenker Sergey Brin und Larry Page laden die gesamte Firma zu diesem Event ein. Tausende nehmen persönlich oder per Videoübertragung teil, Zehntausende sehen sie sich später online an. Die Firmenchefs geben dabei aktuelle Informationen, stellen neue Produkte vor und begrüßen neue Mitarbeiter. Vor allem jedoch – und das ist das Besondere – beantworten sie 30 Minuten lang Fragen von jedem Mitarbeiter der Firma, egal zu welchem Thema (Bock 2016). Das deutsche Unternehmen Zalando hat ein ähnliches Format. Ansonsten gibt es ein solches regelmäßiges Q(uestion)&A(nswer)-Format in Deutschland eher selten.

Es ist eine Frage der Kultur, wie offen eine solche Fragerunde ist. Zwei Dinge sind dabei entscheidend: Die Firmenlenker beantworten die Fragen ehrlich und sagen, wenn sie etwas nicht beantworten können oder wollen und was es dafür für Gründe gibt. Zum anderen darf es keinerlei Sanktionen für jemanden geben, wenn er oder sie kritische Fragen stellt.

Bei einem TGIF-Event profitieren die Mitarbeiter nicht nur von den Antworten, sondern ebenfalls von den vielen Fragen. Jeder bekommt einen Eindruck davon, was anderen auf den Nägeln brennt. Denn es gibt natürlich viel mehr Fragen, als in 30 Minuten gestellt werden können. Sie werden im Vorfeld mithilfe eines Tools transparent ausgewählt. Nutzer diskutieren und stimmen über sie ab.

Fördern Sie den Einsatz von Kanban-Boards!
Kanban ist eigentlich eine Methode der Produktionsprozesssteuerung und wurde erstmals von Toyota genutzt. Die Grundidee ist die sogenannte Pull-Steuerung, das heißt die Materialbereitstellung orientiert sich ausschließlich am Verbrauch im Produktionsablauf. Es wird nur das hergestellt, was auch bestellt wurde. Besonders interessant bei Kanban ist die Visualisierung von Aufträgen und in welchem Status sie sich befinden – und das ist für jeden sichtbar. Eine solche Visualisierung in Form eines sogenannten Kanban-Boards ist für unterschiedliche Teams interessant – auch für Personalabteilungen. Dafür kann ein Whiteboard verwendet werden, auf dem einzelne Karten die jeweilige Aufgabe repräsentieren. Allein das führt bereits zu einer gewissen Transparenz (Abbildung 10).

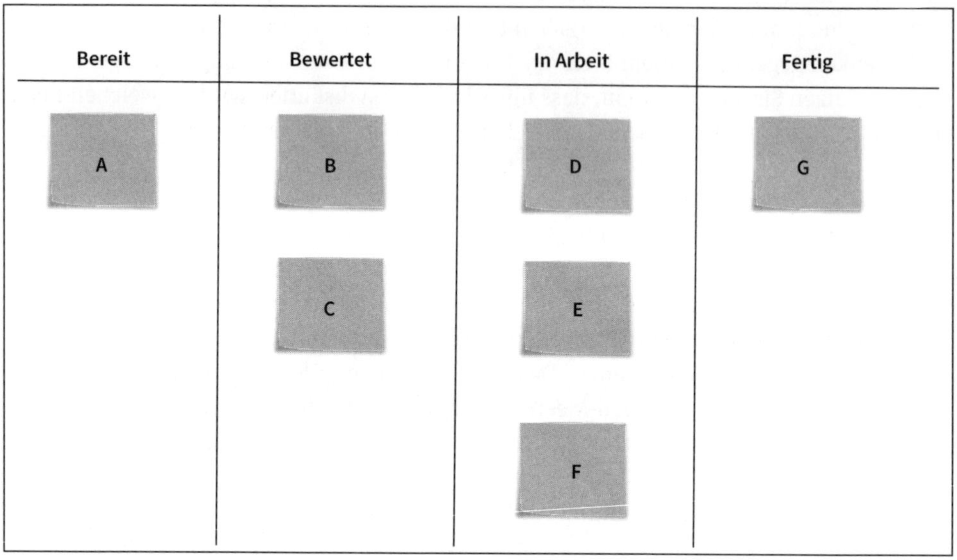

Bereit	Bewertet	In Arbeit	Fertig
A	B	D	G
	C	E	
		F	

Abb. 10: Beispiel für ein Kanban-Board

Während die Aufgaben in den verschiedenen Zeilen auffindbar sind, werden in den Spalten die Stufen des Workflows eingetragen. Ganz einfach wäre: »to do« (noch zu tun) und »done« (fertig). Eine dritte mittlere Spalte könnte sein: »in progress« oder »doing« (in Arbeit). Weitere Spalten sind möglich. Wichtig ist, dass der »Work in Progress«, also die Menge an parallelen Aufgaben, limitiert wird. Somit kann nicht zu viel Multitasking stattfinden (vgl. it-agile 2016). Eine Regel könnte sein, dass maximal drei Aufgaben in einer Spalte hängen dürfen. Und solange es nicht weniger sind, kann keine weitere Aufgabe nachrücken.

Kanban macht nicht nur die jeweiligen Aufträge sichtbar, sondern zeigt ebenso, wo es Probleme gibt und welche Aufgaben voneinander abhängen.

Kanban-Boards bei Yello Strom
Bei dem Energieanbieter Yello Strom arbeitet man mittlerweile ebenfalls mit Kanban-Boards. An diesen wird sogar abteilungsübergreifend sichtbar, welche Aufgaben gerade anstehen, wer woran arbeitet und wie der Arbeitsfluss zum Kunden läuft. Für Yello Strom ist das ein

erster Schritt, um sich vom Abteilungsdenken zu verabschieden, hin zu mehr selbstverantwortlichem Arbeiten und einem Denken in Wertschöpfungsketten. Das Kölner Unternehmen setzt die Kanban-Boards auf Basis einer grundlegenden Entscheidung ein, die im Herbst 2015 getroffen wurde, nämlich das agile Modell für das gesamte Unternehmen anzuwenden. Dabei wird aber bewusst nicht auf Tempo gesetzt, sondern auf das Prinzip der kleinen Schritte sowie auf viele Feedback-Schleifen (vgl. Sommer 2016).

Probieren Sie zunächst in Ihrem eigenen Personalteam Kanban-Boards aus. Ihre Kunden sind vor allem die Mitarbeiter und Führungskräfte. Physische Boards entfalten eine große Kraft und regen die Kommunikation der Team-Mitglieder an, wenn diese vor dem Board stehen und die Aufgaben besprechen. Doch es gibt auch eine Menge gute Software-Tools in diesem Bereich wie »Trello« oder »Kanban Tool«, die sehr viele nützliche Funktionen mitbringen.

Sie könnten zum Beispiel damit beginnen, Ihr Bewerbermanagement nach dem Kanban-Prinzip zu bearbeiten und andere Abteilungen einladen, sich das einmal anzuschauen. Später sollten Sie sich für den Einsatz von Boards in anderen Abteilungen starkmachen beziehungsweise in einem darauffolgenden Schritt eine abteilungsübergreifende Nutzung der Whiteboards anvisieren.

Wie bei anderen agilen Methoden geht Kanban in der Regel mit einer weitgehenden Selbstorganisation einher. So ist zum Beispiel das Festlegen der Prozessregeln Sache der Teams (Nowotny 2016). Der Einsatz von Kanban-Boards muss aber nicht gleich zu Beginn mit einer neuen Art der Führung verknüpft werden. Werben Sie für den Einsatz der Boards mit dem Argument, dass sie mehr Transparenz bringen und das Arbeiten erleichtern. Sie werden die Führungskultur verändern – wenn auch langsam.

Trommeln Sie für Stand-up-Meetings!
Eng verbunden mit Kanban und Scrum sind die Stand-up-Meetings. Im Rahmen von Scrum heißen sie »Daily Scrum«. Doch es spricht überhaupt nichts dagegen, dass jedes Team oder Unit, egal ob es agil arbeitet oder nicht, jeden Arbeitstag mit einem kurzen Meeting im Stehen beginnt, denn oftmals ist das Wissen innerhalb von Teams und Abteilungen nicht sehr hoch, wenn es um die Frage geht, was der jeweilige Kollege eigentlich macht. Viele arbeiten stumm nebeneinander und es findet lediglich eine bilaterale Kommunikation zwischen der Führungskraft und dem jeweiligen Mitarbeiter statt. Eine tägliche Besprechung abzuhalten und dabei über die anstehenden Aufgaben zu sprechen, ist schon ein Fortschritt. Doch entscheidend ist, dass sie wirklich kurz und knackig ist. 15 Minuten müssen reichen. Die Besprechung im Stehen abzuhalten, hilft dabei, dass sich die Team-Mitglieder fokussieren. Das wird beim Daily Scrum zum einen dadurch unterstützt, dass das Meeting am Taskboard abgehalten wird. Zum anderen empfehlen Boris Gloger und Jürgen Margetich (2014), sich entlang von drei Fragestellungen auszutauschen:
- Was habe ich gestern fertig bekommen?
- Was nehme ich mir für heute vor?
- Wo benötige ich Hilfestellung, wo kann ich unterstützend wirken?

Wenn jede Abteilung und jedes Team einen solchen fokussierten Austausch hinbekommen, hat das in der Regel einen positiven Einfluss auf die Transparenz und das Arbeitsklima. Wirklich wichtig ist aber, dass die Kommunikation sich auf Augenhöhe abspielt und das Steh-Meeting von der Führungskraft nicht einfach nur genutzt wird, um Aufgaben zu verteilen. Und auch beim »Daily Scrum« gilt: Das People Management sollte es selbst ausprobieren und dann dafür in den anderen Einheiten werben. Die Verbesserungen im Kleinen werden auch im Großen in Form einer kommunikativeren und transparenteren Kultur spürbar sein.

Stellen Sie Transparenz her mit Business Model Canvas!
Seit Jahren wird an das Personalmanagement völlig zu Recht die Forderung gerichtet, sich mit dem Business des eigenen Unternehmens auseinanderzusetzen. Letztlich ist es nicht möglich, Unterstützung bei der Problemlösung zu liefern, wenn die Personaler nicht die Geschäftsprodukte und den Markt kennen. Deren Business-Verständnis ist auch deshalb so wichtig, weil sie die Aufgabe haben, in einer dynamischen Arbeits- und Wirtschaftswelt den gesamtunternehmerischen Blick und das unternehmerische Denken der Mitarbeiter zu fördern, was wiederum einem wirklichen Miteinander im Sinne der Firma zugutekommt.

Doch das scheitert bereits daran, dass die Mitarbeiter nicht in der Lage sind, das Unternehmen als Ganzes wahrzunehmen. Sie sehen in der Regel nur den Ausschnitt aus der individuellen Perspektive.

Mit der von Alexander Osterwalder entworfenen visuellen Methode Business Model Canvas ist es relativ einfach möglich, dass Mitarbeiter ein gemeinsames Bild vom Unternehmen bekommen. Es soll eine gemeinsame Sprache über das Geschäftsmodell und seine Veränderung entstehen. Es ist somit ein kollaboratives Werkzeug (vgl. Reiter 2016). Und dafür reicht ein Blatt Papier (siehe Abbildung 11).

Das Business Model Canvas setzt sich aus neun Elementen zusammen, die ein Geschäftsmodell ausmachen und für seinen Erfolg wesentlich sind. Sie bilden eine Art Baukasten. Die neun sind: Kundensegmente, Werte- beziehungsweise Nutzenversprechen, Kanäle, Kundenbeziehungen, Einnahmequellen, Schlüsselressourcen, Schlüsselaktivitäten, Schlüsselpartnerschaften und Kostenstruktur.

Von vielen wird empfohlen, an dieser Stelle einmal analog zu arbeiten und die Vorlage als Plakat zu verwenden. Ideen und Ansätze können dann auf Post-its festgehalten werden. Das Business Model Canvas ist so einfach gehalten, dass alle Beteiligten in der Lage sind, in kurzer Zeit, »sachkundig und auf Augenhöhe die Wertschöpfung des Unternehmens miteinander zu reflektieren, Stärken und Schwachpunkte zu identifizieren und Verbesserungsmöglichkeiten im eigenen Bereich und anderswo in einer Weise zu erarbeiten, die der Komplexität der vervielfältigen Unternehmensverflechtungen deutlich besser gerecht wird als jede abteilungsinterne Diskussion über die Nachbarabteilungen« (Brandes et al. 2014, S. 150 f.).

Sie können mit der Methode allen Mitarbeitern ein Verständnis des Geschäfts vermitteln und damit einen wesentlichen Beitrag für mehr Transparenz leisten. Ein Bild der Firma könnte beispielsweise von Vertretern aus allen Abteilungen erarbeitet werden.

Der andere Nutzen ist noch größer: Bringen Sie eine Diskussion voran über Abteilungs- und Hierarchiegrenzen hinweg. Und welches Thema würde sich besser eignen als das Geschäftsmodell? Organisieren Sie Veranstaltungen, auf denen zusammen über das gemeinsame Unternehmen diskutiert wird. Das ist Social Collaboration – und sogar ohne virtuelle Plattform.

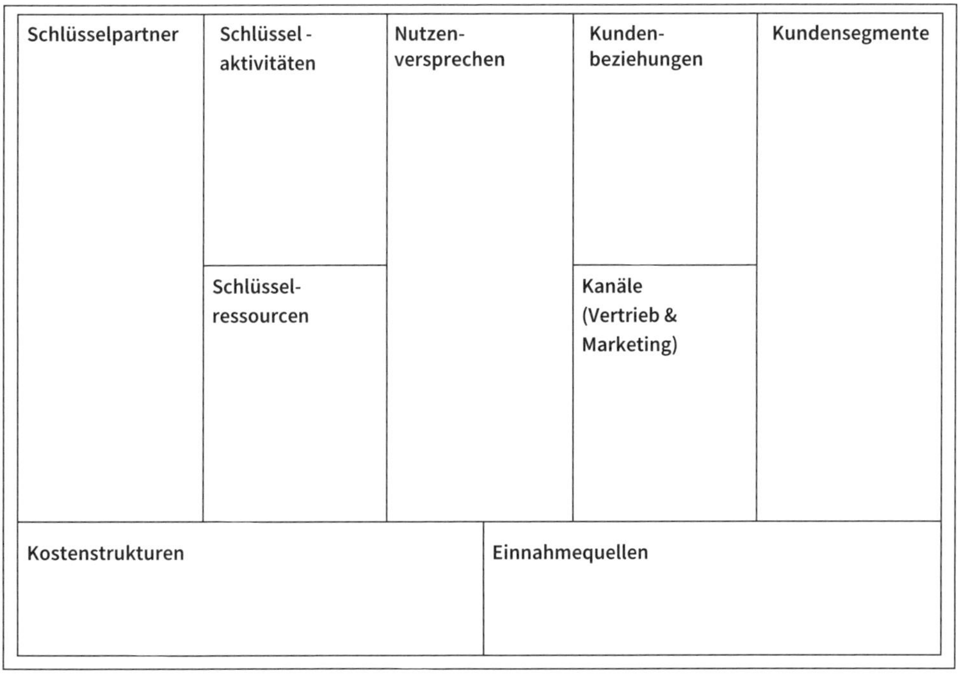

Schlüsselpartner	Schlüssel-aktivitäten	Nutzen-versprechen	Kunden-beziehungen	Kundensegmente
	Schlüssel-ressourcen		Kanäle (Vertrieb & Marketing)	
Kostenstrukturen		Einnahmequellen		

Abb. 11: Bestandteile des Business Model Canvas (Strategyzer 2017)

Sorgen Sie für mehr Transparenz in den Zielsystemen!
In den meisten Firmen sind Ziele nicht transparent. Welche Ziele der Kollege im eigenen Team oder gar in einer anderen Abteilung hat, ist Mitarbeitern oftmals unbekannt. In der Regel werden sie bilateral zwischen Führungskraft und Mitarbeiter vereinbart und außer den beiden erfährt sonst so gut wie niemand etwas über die Ziele. Das erschwert allerdings die Zusammenarbeit. Denn wenn diese beispielsweise einem Projektteilnehmer bekannt sind, kann er ein Verständnis für das Handeln des anderen entwickeln. Transparenz fördert empathisches Verhalten. Wenn Ziele offengelegt werden, könnte das auch Menschen zusammenführen, deren Ziele ähnlich sind.

Ein Konzept, das in diesem Bereich auf Transparenz setzt und immer populärer wird, ist OKR. Es steht für »Objectives and Key Results«, wurde von Intel-Gründer Andy Grove erfunden und von Google bekannt gemacht. Andere Unternehmen, die es nutzen, sind zum Beispiel Oracle, LinkedIn oder Zalando. Bei OKR werden jedem Ziel messbare Schlüsselergebnisse zugeordnet. In regelmäßigen Abständen, zum Beispiel pro Quartal, werden die Erfolge gemessen und die OKR angepasst.

OKR werden nicht nur auf Unternehmensebene, sondern auch auf Team- und Mitarbeiterebene festgelegt. Die Ziele werden aber von Mitarbeiter und Führungskraft verhandelt und sollen natürlich mit den Unternehmenszielen in Einklang stehen, das heißt: der Mitarbeiter überlegt sich seine Ziele und bespricht sie mit dem Vorgesetzten.

Bei Google finden sich die OKRs jedes Mitarbeiters im Intranet und sind für jeden anderen ganz leicht anzuschauen. Auch die der Unternehmensleitung sind bekannt. Jedes Quartal posten die Geschäftsführer ihre OKRs und veranstalten ein unternehmensweites

Meeting, um sie offen zu diskutieren. Nach diesem Meeting wissen die Mitarbeiter, welche Prioritäten das Unternehmen für das kommende Quartal hat, und richten ihre Ziele entsprechend aus (vgl. Schmidt/Rosenberg 2014). Den Startschuss gibt also die Firmenleitung, ihre OKRs sowie der vierteljährliche Leistungsstand des Unternehmens setzen den Maßstab für die OKRs der Teams und Mitarbeiter. Und auf die anderen Googler wirkt es motivierend zu sehen, wie man selbst zum großen Ganzen beiträgt.

OKRs werden zwar für die Mitarbeiterbeurteilungen herangezogen, das Erreichen der Ziele und Ergebnisse bestimmt jedoch nicht ausschließlich die Bewertung. Eine geringe Zielerreichung führt nicht automatisch zu einer schlechten Beurteilung. Und es gibt auch keine direkte Verknüpfung mit einer leistungsabhängigen Vergütung. Das macht ein transparentes Vorgehen in Bezug auf die eigenen OKRs einfacher.

Für das People Management sollte es generell ein Ziel sein, mehr Transparenz im Zielsystem anzugehen. Anderenfalls bleibt unser Gegenüber eine Black Box. Was treibt ihn an? Worauf konzentriert er sich? Welchen Zwängen unterliegt sein Handeln? Wenn das nicht mehr geheim ist, kann schneller ein konstruktives Miteinander zum Beispiel im Rahmen eines Projektes stattfinden.

Transparenz bei den Zielen fängt oben an. Die Unternehmensziele müssen allen bekannt sein. Es reicht aber nicht, sie nur zu veröffentlichen, sondern das Spitzenmanagement muss bereit sein für Austausch, sich Meinungen und Perspektiven anhören und gegebenenfalls die OKR auf Unternehmensebene nachjustieren. In einer Kultur der Kollaboration geht es nicht ohne eine weitgehende Transparenz und dazu gehören die Offenlegung von Zielen und der Austausch darüber.

7.2.4 Das Fördern von firmeninternen Netzwerken für mehr Innovation

7.2.4.1 Mitarbeiter ermutigen

Die Märkte sind heute geprägt von immer kürzer werdenden Produktlebenszyklen und einem kontinuierlichen Bedarf an Erneuerungen. Mehr denn je ist es deshalb insbesondere die Innovationsfähigkeit eines Unternehmens, die über dessen Erfolg oder gar Überlebensfähigkeit entscheidet. Doch Innovation kann und darf nicht mehr nur Sache einer einzigen Abteilung sein. Genauso wie die Zusammenarbeit mit anderen Unternehmen nötig ist, um radikale Neuerungen in möglichst kurzer Zeit hervorzubringen, braucht es auch innerhalb des Unternehmens das Denken und Handeln in Netzwerken. Es braucht unterschiedliche Perspektiven, um echte Neuentwicklungen zu schaffen, die möglichst viele verschiedene Aspekte zusammenführen (vgl. Weinberg 2015).

Doch vor allem ist Innovation ein Kulturthema. Es muss in einem Unternehmen den Mut geben, Gewagtes zu denken, zu experimentieren und auszuprobieren. Mit Mut ist auch »Ermutigung« gemeint, nämlich Mitarbeiter zu bestärken, Ideen zu spinnen, voranzutreiben und zu testen. »Um innovativ zu sein, braucht der Mensch Vertrauen in die eigenen Ideen. Und das entwickelt sich am besten in einem Umfeld, das auf Neues positiv und im wahrsten Sinne neugierig reagiert.« (Pferdt 2016, S. 9) Innovation braucht also Vertrauen – und Freiheit. Es wird für Mitarbeiter schwer, kreativ zu sein, wenn die Arbeitswochen mit Meetings und operativem Alltagsgeschäft vollgestopft sind. Auch die Ziel- und Anreizsysteme dürfen Innovation nicht behindern. Zu oft bleiben Innovation und Kreativität zugunsten von finanziellen Zielen und Beurteilungskriterien unberücksichtigt, geben Vorgesetzte keinen Freiraum, eigene Ideen zu entwickeln und fokussiert sich Feedback zu oft auf Fehler anstatt auf das Positive. Überhaupt ist die Art, wie Feedback gegeben wird, sehr prägend für eine kreative Collaboration-Kultur. Ein Unternehmen, in dem Vorgesetzte grundsätzlich zuerst die Risiken von Mitarbeiterideen sehen und dabei vielleicht noch die Person abwerten, kann eine mögliche Innovationskultur bereits im Keim ersticken.

Ebenfalls entscheidend ist schließlich eine ausgeprägte Nutzerorientierung. Sie sollte Teil der Unternehmenskultur sein. Für den Innovationsprozess heißt es, möglichst früh den Nutzer einzubeziehen, seine Bedürfnisse zu kennen, sein Verhalten zu beobachten oder seine Meinungen zu einem ersten Prototyp einzuholen. Dafür braucht es auch den Mut, mit unfertigen Produkten nach draußen zu gehen, wie es beispielsweise Google mit seinem selbstfahrenden Auto oder seinen Glasses gemacht hat.

Personalmanager als wichtige Akteure für mehr Innovation
Ich möchte die Aufgaben des Personalmanagements hinsichtlich einer Innovationskultur in sieben Bereiche einteilen, wobei alle eng miteinander verknüpft sind.
1. Es müssen Räume entstehen, die Zusammenarbeit wahrscheinlich machen, in denen Menschen mit einem unterschiedlichen Hintergrund und Profil aufeinandertreffen können. Denn »Menschen mit engen sozialen Netzwerken wie einem Geschäftsbereich oder einem Team haben häufig ähnliche Ideen und Herangehensweisen an Probleme. Und mit der Zeit erlischt dann die Kreativität« (Bock 2016, S. 251). Deshalb ist es so wichtig, unterschiedliche Bereiche miteinander in Kontakt zu bringen. Oft geht es auch einfach darum, eine gute Idee, die auf einem Gebiet funktioniert hat und dort selbstverständlich ist, in ein anderes zu übertragen, wo sie noch unbekannt ist.
2. Das People Management sollte sich ebenfalls verantwortlich fühlen, dass neue Impulse und Anregungen von außen ins Unternehmen hereinkommen. Das kann zum Beispiel über sogenannte Lernreisen passieren. Solche Touren im Rahmen einer Zukunftswerkstatt, Führungskräfteentwicklung oder eines Talent-Management-Programms müssen nicht gleich ins Silicon Valley gehen. Die Lernreise im Rahmen des sogenannten Development Circle, das Bertelsmann besonderen Talenten bietet, ging beispielsweise schon zu einem Zukunftsforscher und zu verschiedenen Start-ups, mit denen die Teilnehmer unter anderem diskutierten, wie man mit unvorhergesehenen Situationen umgeht. Das Besondere an dem Programm ist aber vor allem, dass die Talente an einem gemeinsamen Projekt arbeiten (vgl. Walk 2016).
Personaler müssen also neben der Förderung eines vernetzten Arbeitens dafür sorgen, dass erstens die Bereitschaft im Unternehmen besteht, sich nach außen zu öffnen, und zweitens auch tatsächlich Begegnungen mit externen Experten stattfinden.
3. Ich habe bereits in Kapitel 4.3.3 über die Methode Design Thinking gesprochen. Dass sich die Haltung hinter der Methode im Unternehmen verbreitet, das könnte die Personalabteilung vorantreiben. Sich in den Kunden hineinzuversetzen und seine Bedürfnisse in den Mittelpunkt aller Bemühungen zu stellen, ist eines der entscheidenden Elemente der Methode. Die Kraft des Design Thinking ist nicht zu unterschätzen.

4. Um ernsthaft für Design Thinking als Methode werben zu können, muss das People Management selbst nutzerorientiert denken und arbeiten. Und hier kann wieder eine Verbindung zu den oben erwähnten Lernreisen hergestellt werden, die ein sehr gutes Beispiel dafür sind, Produkte in Co-Creation mit den Teilnehmern zu entwickeln. Mit der Design-Thinking-Methode können Personaler, Trainer und ausgewählte Teilnehmer das Programm gemeinsam entwickeln. Die Lernreise, zum Beispiel konzipiert für Talente, würde selbstgesteuertes Lernen sowie Innovationserfahrungen verbinden. Nach der Lernreise könnten die Teilnehmer in kurzen Sprints eigene Projekte umsetzen.

Das Personalmanagement sorgt mit diesem Vorgehen dafür, dass ein Produkt nicht am Nutzer vorbei erarbeitet wird. Das gilt zunächst in Bezug auf die Mitarbeiter und Führungskräfte, die internen Kunden. Aber auch die Bedürfnisse der externen Kunden, insbesondere die der Jobkandidaten, müssen als Orientierungsrahmen beachtet werden. Helfen kann hier beispielsweise das Konzept der **Personas**, das man aus dem Marketing kennt und das ebenfalls auf das Recruiting beziehungsweise Personalmarketing übertragen wird. Personas sind fiktive Personen, die jeweils bestimmte Nutzergruppen repräsentieren und deren typische Eigenschaften verdeutlichen sollen. Man versucht die Anzahl von Personas auf drei bis vier zu reduzieren. Sie werden in der Regel mithilfe eines Steckbriefs visualisiert. Das heißt, sie bekommen einen ausgedachten Namen, ein Alter und ein Bild verpasst. Daneben werden unter anderem Fragen zu Vorlieben und Interessen beantwortet. Wenn möglich, werden Personas auf Basis von Analysen und vorhandenen Daten entwickelt.

Das Konzept soll helfen, besser zu verstehen, wer die Nutzer sind, welche Motivation und Ziele sie haben. Auch für Recruiter kann dies nützlich sein, um sich bewusst zu machen, wen man eigentlich erreichen will, um dementsprechend zum Beispiel eine Kampagne oder eine Stellenanzeige zu gestalten.

5. In Zeiten, in denen Innovation wichtiger wird, braucht es zum einen Menschen, die bereit sind, Risiken einzugehen, aber auch eine Enttabuisierung des Scheiterns. Das ist eine Frage der Kultur und es ist Aufgabe der Personaler, den Mitarbeitern und insbesondere den Führungskräften deutlich zu machen, dass Ideenreichtum und Innovationsfähigkeit geschätzt werden und das Ausprobieren und Experimentieren gern gesehen sind. Hierfür braucht es eine Personalfunktion, die gut vernetzt ist und als Coach Mitarbeiter und Führungskräfte begleitet. Der Umgang mit Fehlern und Misserfolgen im Unternehmen ist entscheidend dafür, wie risikobereit Mitarbeiter bei zukünftigen Projekten sind (vgl. Anderson/Uhlig 2015).

6. Ein wichtiger Hebel hinsichtlich Innovation liegt bei der Führung. Es braucht eine Führung, die Zutrauen zu den Mitarbeitern hat und ihnen Raum zur Entfaltung gibt, sowie eine Feedback-Kultur, in der zwar auch Kritisches angesprochen wird, aber in einem wertschätzenden Rahmen. Bezüglich beider Bereiche ist das People Management in der Regel ein entscheidender Akteur mit der Möglichkeit, maßgeblich Einfluss zu nehmen.

7. Kreativität braucht Freiheiten. Unternehmerisch denkende Menschen und generell Kreative sind nur dann langfristig im Unternehmen zu halten, wenn sie Autonomie zugestanden bekommen, um an ihren Ideen zu arbeiten. Das motiviert. Das People Management muss sich für solche Freiheiten einsetzen. Für mehr und mehr Unternehmen sind

mittlerweile auch ehemalige Start-up-Gründer und andere Unternehmertypen interessant, weil sie gelernt haben, Risiken einzugehen und gesamtunternehmerisch zu denken. Unternehmen wie BMW oder ProSiebenSat.1 werben gezielt um ehemalige Gründer. Generell muss das Personalmanagement seinen Beitrag leisten, dass sich unter den Angestellten ein Großteil als sogenannte Intrapreneure versteht. Das heißt, diese Menschen könnten ebenso den Weg eines Entrepreneurs gehen. Sie denken und handeln wie Unternehmer und sind diejenigen, die ihnen vorgesetzte Regeln immer wieder ausreizen (vgl. Reiter 2016).

Der größte Hebel diesbezüglich ist für die Personaler das Recruiting, da es schwierig ist, aus bestehenden Mitarbeitern Intrapreneure zu machen. Doch wenn diese von außen geholt werden, besteht die große Chance, dass sich dadurch eine Unternehmenskultur verändert – wenn die Kultur denn bereit dazu ist. Es ist ein Balanceakt. Wenn man diesen Unternehmern keine Autonomie gibt, gründen sie eben ihre eigene Firma.

7.2.4.2 Anregungen und erste Ideen

Nehmen Sie das Thema Innovation in Ihre Mission auf!
Die Business-Einheiten sollten wissen, was das People Management neben dem Alltagsgeschäft für eine Mission hat. Viele – weder die Linie noch HR selbst – sind sich dessen nicht bewusst. Das Personalmanagement sollte nach einem Klärungsprozess damit offen nach außen gehen. Zur Mission sollte eine Förderung der Innovationskultur gehören. Das hilft, das eigene Handeln darauf zu fokussieren und das Unternehmen für den Beitrag des People Management in Bezug auf Innovationen zu sensibilisieren. Die Mission muss entsprechend intern kommuniziert werden.

Machen Sie sich stark für freie Zeit!
Das Grunddilemma bezüglich mangelnder Kreativität ist die fehlende Zeit. Den Unternehmen fällt es schwer, ihren Mitarbeitern Zeit einzuräumen. Das hektische Tagesgeschäft schluckt alles – auch jedes kreative Handeln. Die Beispiele von Unternehmen wie Google, 3M oder dem kleinen Softwarehaus Itemis sind bekannt. Sie ermöglichen Mitarbeitern, explizit einen Teil ihrer Arbeitswoche für eigene – oder auch fremde – Projekte zu nutzen. So können sie ohne Druck an Ideen arbeiten. Bei Google ist es die berühmte 20-Prozent-Zeit. Machen Sie sich dafür stark im Unternehmen. Es muss ja nicht gleich ein Tag in der Woche sein. Wichtig ist, dass die Führungskräfte bei diesem Vorhaben mitziehen.

Es sollte, wenn möglich, auch nicht jeder richtungslos an seinen Ideen tüfteln und das Unternehmen hat nichts davon. Das Interessante an der 20-Prozent-Zeit bei Google ist, dass man sie auch für die Projekte anderer einsetzen kann. Und je tragfähiger und erfolgversprechender ein Projekt wird, desto mehr Freiwillige zieht es an, die bereit sind, ihre Zeit für jemanden anderen einzusetzen. Dass die vielversprechenden Ideen sich durchsetzen, kann mithilfe eines internen Crowdfunding gefördert werden. Das Unternehmen lässt die »interne Crowd«, die Mitarbeiter, entscheiden, welche Ideen sie für vielversprechend halten. Das können sie zum Beispiel in Form eines Budgets zeigen, ein bestimmter Betrag als Anstoßfinanzierung, über den jeder Mitarbeiter verfügen kann. Es müssen sich also andere im Unternehmen finden, die das Projekt unterstützen – zeitlich und materiell. »Ein interner Innovationsmarkt diszipliniert den kreativen Prozess.« (Pfläging/Hermann 2015, S. 95)

Laszlo Bock betont, dass der 20-Prozent-Rahmen in der Praxis sehr unterschiedlich in Anspruch genommen wird. Die Gesamtnutzung schwankt von Jahr zu Jahr und hat sich bei ungefähr zehn Prozent eingependelt. Für ihn ist die Vorstellung der 20 Prozent wichtiger als die Realität. »Das Ganze spielt sich außerhalb der formellen Kontrolle durch das Management ab und das wird auch immer so sein, weil man die begabtesten und kreativsten Leute nicht zwingen kann zu arbeiten.« (Bock 2016, S. 127)

Machen Sie den Führungskräften den vielfältigen Nutzen einer solchen Regelung klar und glauben Sie an das Verantwortungsgefühl ihrer Mitarbeiter. Überlegen Sie gemeinsam, wie man mehr freie Zeit im Daily Business organisieren kann. Der Output verhält sich in der Wissensgesellschaft nicht mehr proportional zur eingesetzten Arbeitszeit. Erfahrungen anderer Unternehmen zeigen, dass nach einer Phase der Umstellung die Produktivität des Unternehmens nicht leidet. Im Gegenteil: Die Mitarbeiter sind tendenziell motivierter, weil sie an eigenen Ideen arbeiten können, und die Chancen auf Innovationen erhöhen sich.

Probieren Sie einen FedExDay!
Ein besonderes Veranstaltungsformat ist der FedExDay, der Teil eines allgemeinen Innovationsprozesses sein kann. Bekannt ist das Format auch unter dem Begriff Hackathon. Es ist ein offenes Format, bei dem Mitarbeiter, in der Regel Entwickler, 24 Stunden lang – inklusive Ruhephase – über neue Produkte und Services brüten. Es gibt so gut wie keine Vorgaben. Die Mitarbeiter arbeiten mit wem sie wollen und an was sie wollen. Häufig entsteht während eines FedExDays eine kreative Energie, die bestehende Projekte entscheidend voranbringen kann oder die zu neuen Innovationen führt. Am Ende werden die Ergebnisse den anderen Teilnehmern präsentiert. Probieren Sie einen FedExDay aus – zum Beispiel mit den Softwareentwicklern oder den Marketing-Leuten oder mit beiden zusammen.

Nutzen Sie den Jam!
Während beim FedExDay die Mitarbeiter räumlich zusammenkommen, werden beim Jam die Möglichkeiten von Social Media genutzt. Dabei wird in Online-Foren diskutiert und Ideen werden gesammelt. IBM hat mithilfe eines Jams sein Performance Management 2015 völlig umgekrempelt. Dieses Vorgehen ist mehr als beeindruckend. Die Personalabteilung hat also sich nicht einfach ein neues System ausgedacht und es dann implementiert. Sondern sie hat sich an die 380.000 Mitarbeiter in 170 Ländern gewandt und Crowdsourcing betrieben. Angefangen hat es mit einem Post auf der internen Social-Media-Plattform, in dem die Beschäftigten aufgefordert wurden, ihre Ideen für ein neues Performance-Management-System mitzuteilen. Der Post wurde 75.000 Mal angeschaut und 2000 Mal kommentiert. Danach trafen sich Personaler zusätzlich mit einigen ausgewählten Mitarbeitern, um weiteren Input zu bekommen (Zillman 2016).

Am Ende haben die Mitarbeiter einen Wechsel des Systems forciert. Durch den Jam konnte identifiziert werden, was ihnen wichtig ist. Auf dieser Basis wurden schließlich ein neuer Prozess und ein neues Tool zur Leistungsbewertung erarbeitet (vgl. Janzen 2016).

Das Beispiel zeigt, dass es überhaupt nicht sinnvoll ist, an einem System festzuhalten, das nichts mit der gelebten Realität der Mitarbeiter zu tun hat. Oft haben sie deshalb die besseren Ideen, weil sie näher dran sind. Hören Sie auf die Crowd und nutzen Sie für einzelne große Fragestellungen die kollektive Intelligenz und den Ideenreichtum eines Jams.

Setzen Sie auf agile Netzwerke!
Im Jahr 2015 gewann Vodafone zusammen mit Fuhrmann Leadership einen HR Excellence Award für ein herausragendes Projekt mit dem Namen »Agile Netzwerke«. Das Konzept ist eine Antwort auf das traditionelle Ideenmanagement, bei dem Mitarbeiter Ideen im Rahmen eines klassischen Vorschlagswesens irgendwo einreichen und danach lange nichts mehr davon hören. Und wenn die Idee dann doch irgendwann umgesetzt wird, gibt es einen Bonus. Der Mitarbeiter hat aber keinen wirklichen Kontakt zu seiner Idee, weil ihm die Umsetzung nicht zugetraut wird.

Mit der Bildung eines agilen Netzwerks, das weitgehend selbstorganisiert arbeitet, wollte Vodafone genau das ändern. Als Pilotprojekt wurde der Bereich »Customer Operations Enterprise« ausgewählt. Laut Michael Fuhrmann und Jürgen Raith wurde der Wandel zwar vom Top-Management angeschoben, die eigentlichen Ideen und deren Umsetzung stammten jedoch von den Mitarbeitern selbst. »Schließlich wissen sie, die jeden Tag mit den Kunden zu tun haben, selbst am besten, worüber diese sich ärgern und wie sie deren Zufriedenheit steigern können, etwa wenn es um bürokratische Formulare oder falsche Rechnungen geht. Experten aus möglichst allen operativen Gruppen des Bereichs sollten dabei helfen, Verbesserungsideen der Mitarbeiter zu verwirklichen.« (Fuhrmann/Raith 2016, S. 66)

> **FALLBEISPIEL**
>
> **Agiles Netzwerk bei Vodafone**
> Startpunkt für das agile Netzwerk im Bereich »Customer Operations Enterprise« von Vodafone war ein Teambuilding-Workshop, um vor allem die 50 Führungskräfte des Unternehmensbereichs für die Netzwerkidee zu gewinnen. Von diesen 50 meldeten sich sechs Manager freiwillig für ein Kernteam aus sogenannten Netzwerk-Scouts. Dieses Team verständigte sich auf fünf Hauptziele der Veränderung – die neue Vision des Bereichs Customer Operations. Es wurden Prozesse und eine zentrale Kommunikationsplattform etabliert. Scouts halfen den Mitarbeitern, die eine Idee vorschlugen, ein Team für die Umsetzung zu finden, gaben Ratschläge und unterstützten mit ihrer Expertise. Die Mitarbeiter sollten sich für ihre Ideen engagieren, statt sie nur einzureichen. Jeder, der eine Idee hatte, sollte auch die Verantwortung für deren Umsetzung übernehmen. Das Projekt wurde nach Angaben von Vodafone ein großer Erfolg. Es wurden zahlreiche Initiativen erfolgreich umgesetzt. Das Engagement und die Identifikation mit dem Unternehmen seien durch das Konzept enorm gestiegen (Fuhrmann/Raith 2016).

Regen Sie die Bildung eines solchen Netzwerks an. Machen Sie sich stark für ein Pilotprojekt in einem Bereich, in dem es zurzeit vielleicht an Ideen und Engagement fehlt. Wenn Mitarbeiter ihre eigenen Ideen verfolgen und umsetzen können, hat das eine enorm motivierende Wirkung. Wichtig ist jedoch, dass das agile Netzwerk und der Rest der Organisation verknüpft, also im Austausch miteinander bleiben.

7.2.5 Das Fördern der Feedback-Kultur

7.2.5.1 Häufiger, digitaler – aber auch wertvoller?

Feedback spielt für eine Lernkultur eine zentrale Rolle. Es ist wichtig für die Entwicklung und Veränderungen – sowohl auf individueller als auch auf Systemebene wie zum Beispiel einer Abteilung oder gar eines ganzen Unternehmens. Wir sind auf qualifiziertes Feedback angewiesen, um zu lernen und zu erfahren, wie unser Handeln auf andere wirkt. Feedback kann motivierend wirken.

Der Wert des Feedbacks geht jedoch über die eigentliche Rückmeldung hinaus, denn es zeigt mir davon unabhängig, dass ich wahrgenommen werde und sich mein Gegenüber mit mir und meinem Verhalten auseinandersetzt. Wir brauchen die anderen. Frederic Laloux schreibt in seinem Buch »Reinventing Organizations«: »Ohne äußere Stimuli werden wir verrückt. Ich denke, dass etwas Ähnliches geschieht, wenn wir kein Feedback über unsere Arbeit bekommen.« (Laloux 2015, S. 127)

Entscheidend ist, auf welche Art und Weise das Feedback ausgesprochen wird. Wird es wertschätzend, offen und ehrlich formuliert? Und dies wiederum hängt sehr stark davon ab, welche Kultur im Unternehmen herrscht. Ob zum Beispiel Fehler zum Anlass genommen werden, auf jemanden verbal einzuprügeln, oder ob demjenigen geholfen wird, daraus zu lernen und zu wachsen.

Viele Arten der Rückmeldung

Der Begriff des Feedbacks wird sehr allgemein für viele Arten der Rückmeldung beziehungsweise Rückkopplung verwendet. Von dem Feedback-Prozess zwischen zwei Menschen, auf den ich mich hier fokussiere und der zum Beispiel im Rahmen eines Mitarbeitergesprächs institutionalisiert werden kann, muss man noch das Aufwärts-Feedback unter anderem in Form von Mitarbeiter- und Pulsbefragungen unterscheiden, das für die Unternehmenssteuerung von großem Wert ist. Es fördert die Transparenz, indem Meinungen zu Themen oder Stimmungen abgefragt werden, und es hilft der Unternehmensleitung, mit den Mitarbeitern in Kontakt zu bleiben. Und gegebenenfalls ist es der Anfang eines Dialogs und von Veränderungsmaßnahmen. Außerdem gibt es noch das institutionalisierte Feedback für Führungskräfte, das häufig mittels des 360-Grad-Instruments erhoben wird und anonym erfolgt.

Doch egal, welche Form des Feedbacks man betrachtet, kann man ganz generell sagen, dass dessen Bedeutung in der Unternehmenswelt heute viel höher eingeschätzt wird als noch vor einigen Jahren, weshalb die entsprechenden Prozesse kürzere Intervalle des Feedback-Gebens vorsehen. Klassische Mitarbeiterbefragungen werden mittlerweile häufig von anderen Feedback-Formen ergänzt. Und für das klassische Mitarbeitergespräch wird der Jahresrhythmus von mehr und mehr Unternehmen als nicht mehr zeitgemäß betrachtet. Die Dynamik der Geschäftswelt gibt einen höheren Takt vor.

Digitale Unterstützung

Gerade im Bereich des Feedback-Prozesses hat die Digitalisierung in den vergangenen Jahren zahlreiche Tools auf den Markt gebracht, die dem Thema einen enormen Schub gegeben haben. Sie machen den Prozess in den Unternehmen schneller und effizienter. So lassen sich unter anderem Mitarbeitergespräche leichter und effektiver vorbereiten, indem beide Seiten zum Beispiel kontinuierlich ihre Beobachtungen festhalten, wodurch nicht nur die letzten Eindrücke zur Person beim Gespräch dominieren.

Doch vor allem hat die Digitalisierung das sogenannte Peer-to-Peer-Feedback nach vorne gebracht. Kollegen geben sich mithilfe eines digitalen Tools gegenseitig Feedback im Rahmen von Projekten zum Beispiel zu Präsentationen oder erstellten Konzepten – und das in Echtzeit. Damit kann Technologie, wenn sie denn genutzt wird, eine Organisation kulturell und strukturell verändern: Die Hürde, ein Feedback zu geben, kann digital leichter überwunden werden, weil es schnell und einfach geht. Es gibt auch Systeme, die in der Lage sind, abzubilden, wer wem wann wie oft Feedback gibt. Und damit bekommt man als Personaler einen Eindruck, wie stark eine Netzwerkorganisation gelebt wird.

Doch so sehr der Trend zur Digitalisierung zu begrüßen ist bei dem Thema, darf nicht vergessen werden, dass es beim Feedback auch um die Möglichkeiten des Austauschs und der Begegnung geht (vgl. Werther/Stephany 2016). Gerade wenn es um differenziertes oder »heikles« Feedback geht, braucht es die Kommunikation von Angesicht zu Angesicht. Erfahrungen aus den Unternehmen zeigen in Bezug auf das Peer-to-Peer-Feedback über digitale Tools, dass es häufig oberflächlich bleibt beziehungsweise sich in einem kurzen Lob erschöpft. Mit solchen Feedback-Systemen lässt sich also schnell die Wertschätzung für eine gelungene Arbeit ausdrücken. Das hat seine Berechtigung und ist wichtig. Doch mit echtem Feedback hat es nicht allzu viel zu tun.

Das ist auch schwierig und erfordert eine besondere persönliche Reife. In den Unternehmen hat man darauf in den vergangenen Jahren zu wenig geschaut. Der Fokus auf die Prozesse und die technischen Tools scheint die Frage nach der Qualität eines Feedbacks in den Hintergrund gedrängt zu haben. Dabei kommt es darauf in den Gesprächen zwischen Führungskraft und Mitarbeiter oder unter Kollegen ganz besonders an. Denn an diesem Punkt entscheidet sich die Frage des konstruktiven Miteinanders und ob es dem People Management gelingt, eine Social-Collaboration-Kultur erfolgreich voranzubringen.

7.2.5.2 Wirkung erzielen mit Feedback

Feedback zu geben ist nicht einfach. Man kann sogar sehr viel kaputt machen. Vor allem wenn Führungskräfte ihre Meinung für die Wahrheit halten, sie über den Mitarbeiter »ausschütten« und dabei im schlimmsten Falle diesen noch persönlich abwerten, kann das dazu führen, dass gute Mitarbeiter das Unternehmen verlassen. Und die Führungskraft ist sich keiner Schuld bewusst, weil sie doch, wie von der Personalabteilung gefordert, »Feedback« gegeben hat. Es ist erschreckend zu sehen, wie sehr Personaler das Thema Feedback in ihren Unternehmen vorantreiben wollen, aber wie wenig gleichzeitig auf die tatsächliche zwischenmenschliche Kommunikation geschaut wird. In den meisten Unternehmen kann man hinsichtlich des Feedbacks folgende Defizite feststellen:

- Es werden Menschen bewertet statt deren Arbeit.
- Statt subjektive Eindrücke zu kommunizieren, werden vermeintlich objektive Wahrheiten postuliert.
- Das Feedback wird verwechselt mit einem Lob oder Kommentar.
- Das Feedback erschöpft sich in einer Beurteilung.

In der Regel bekommen Mitarbeiter in ihrem Joballtag gar kein Feedback zu ihrer Arbeit – mit Ausnahme vielleicht eines oberflächlichen Lobs. Dass sich gezielt jemand die Zeit nimmt und ein differenziertes Feedback gibt, damit der andere daraus lernen kann, das ist die Seltenheit. Jeder hat zu viel zu tun oder man scheut das Feedback, weil es kritisch ausfallen würde, und der Feedback-Geber ist unsicher, wie er das rüberbringen soll. Nicht selten findet das komplette Thema Feedback in einem einzigen Event im Jahr statt: das Gespräch mit der Führungskraft. Und dieses Mitarbeitergespräch ist meistens zum Scheitern verurteilt. Denn die Führungskraft muss ein Feedback in Bezug auf die Arbeit eines ganzen Jahres geben, hat sich aber vermutlich nicht über das Jahr hinweg Notizen gemacht und gibt Feedback auf Basis der letzten Eindrücke. Und dann wird in dem Gespräch, wenn es ein Durchschnittsunternehmen ist, noch die Mitarbeiterbeurteilung kommuniziert, die in Form einer Punktzahl, Note oder eines Zielerreichungsgrads ausgedrückt wird. Es ist völlig normal, dass sich die Konzentration des Mitarbeiters auf die Beurteilung richtet, das Feedback der Führungskraft hallt nicht nach, weil es von der Bewertung verdrängt wird.

Wenn beim Feedbackgeben zu viel falsch gemacht wird, hat es keinen Wert. Zu oft wollen wir nämlich durch Feedback andere Leute dazu bringen, so zu werden, wie wir sie haben möchten. Was dazu führt, dass sich diese Menschen von uns entfernen. Deshalb ist es so wichtig, an der eigenen Haltung zu arbeiten, mit der wir Feedback geben und Gespräche führen. Jeder Mitarbeiter und jede Führungskraft sollte eine achtsame Gesprächsführung an den Tag legen. Und das kann man lernen (vgl. Laloux 2015).

Resonanz-Feedback

Feedback hat einzig den Zweck, beim Gegenüber Wirkung zu erzielen beziehungsweise Resonanz zu erzeugen. Chris Wolf und Heinz Jiranek (2015) sprechen deshalb auch vom Resonanz-Feedback. Der Feedback-Geber bietet seine Perspektive an und das ist wichtig, weil es Menschen grundsätzlich schwerfällt, wahrzunehmen, wie sie selbst wirken. Auf der Basis von ausgedrückter Wertschätzung wird die Wahrnehmung des Verhaltens des Feedback-Nehmers dargestellt, wie es gewirkt hat und was sich der Feedback-Geber wünschen würde. Dabei spielt das Timing eine wichtige Rolle. Nicht jede Situation ist dafür die richtige. Ob der Feedback-Nehmer Konsequenzen aus den Anregungen zieht, liegt bei ihm. Das ist das gute Recht eines mündigen Mitarbeiters. Allerdings sind für eine effektive und produktive Zusammenarbeit eine gewisse Beweglichkeit und die Bereitschaft zu lernen unumgänglich.

Besonders herausfordernd ist es, bei der Kommunikation der Wirkung auf einen selbst nicht zu werten, weil jede Wertung immer persönlich ist und als verletzend und herabsetzend wahrgenommen werden kann. Das Resonanz-Feedback hat damit einige Parallelen zum Konzept der Gewaltfreien Kommunikation (GFK) nach Marshall Rosenberg. Klar ist aber auch, dass völlige Wertfreiheit unmöglich ist, zumal wir in unserer Alltagskommunikation ständig irgendetwas bewerten. Entscheidend ist deshalb, dass sich die Gesprächsteilnehmer dessen bewusst sind und darüber reflektieren können. Es geht auch nicht um eine völlige Wertfreiheit als Ziel, denn sie macht eine fließende Kommunikation unmöglich. Sondern Ziel ist es, den anderen nicht zu verletzen, damit man mit seinem Feedback Wirkung erzeugen kann.

Das kann man erreichen, wenn Feedback in einem wertschätzenden Rahmen eingebettet ist. Auch wenn ein Feedback kritischen Inhalt hat, sollte man ebenfalls auf Stärken und

Potenziale des Gegenübers fokussieren, was bei ihm eine motivierende Haltung bezüglich einer Verhaltensänderung wahrscheinlicher macht (vgl. Wolf/Jiranek 2015).

BEGRIFFSERKLÄRUNG

Die vier Schritte der Gewaltfreien Kommunikation
Das Grundmodell der Gewaltfreien Kommunikation nach Marshall Rosenberg beinhaltet vier Schritte: Beobachtung, Gefühl, Bedürfnis und Bitte. Zuerst wird beschrieben, welches Verhalten man beim Gegenüber beobachtet hat, und dann, welche Gefühle diese Beobachtungen ausgelöst haben. Die Gefühle weisen auf Bedürfnisse hin, die nicht erfüllt sind. Um das zu ändern, muss man aktiv werden und dem Gesprächspartner sagen, was man sich wünscht. Auch bei der GFK ist es wichtig, Bewertungen herauszuhalten, und sie verlangt bestimmte Fähigkeiten bei den Menschen: einfühlsames Zuhören, Selbstempathie sowie einen ehrlichen und achtsamen Selbstausdruck (vgl. Weckert 2014). Die Gewaltfreie Kommunikation setzt also eine sehr hohe persönliche Reife voraus und ist im Business-Kontext sicherlich nicht leicht umzusetzen.

Schritt 1: Beobachten
Das wertfreie Beobachten hilft, in schwierigen Situationen einen konstruktiven Gesprächseinstieg zu finden. Emotionen werden an dieser Stelle herausgehalten. Beobachtungen werden in der Regel mit »ich« eingeleitet. Der beobachtende Gesprächspartner versteckt sich nicht.

Schritt 2: Gefühle
Hier geht es um die Wahrnehmung der eigenen (wahren) Gefühle, die die Beobachtung ausgelöst haben, sowie die Mitteilung dieser Gefühle. Bei diesem Schritt könnten dann Sätze fallen wie »Das ärgert mich« oder »Das verunsichert mich«.

Schritt 3: Bedürfnisse
Danach geht es um das Mitteilen eines Bedürfnisses. Was ist einem wichtig? Konflikte entstehen in der Regel, weil unterschiedliche Bedürfnisse aufeinanderprallen. Manchmal ist der einen Seite aber gar nicht klar, welches Bedürfnis des Gegenübers sie verletzt hat. An dieser Stelle werden Sätze gesagt wie: »Mir ist es wichtig, dass wir unser Meeting pünktlich beginnen« oder »Mir ist es wichtig, dass wir zu dem vereinbarten Termin fertig werden«.

Schritt 4: Bitte
Das Modell sieht als letzten Schritt die Formulierung einer Bitte an die andere Person vor. Man beschreibt, wie man sich die Erfüllung des eigenen Bedürfnisses vorstellt.
Der letzte Punkt ist der heikelste, denn hier kann das Modell schnell an Grenzen kommen, wenn das Gegenüber die Bitte nicht erfüllen kann, weil sie schlicht seinen eigenen Bedürfnissen entgegensteht. Dennoch kann die GFK auch im Arbeitsleben einen großen Nutzen entfalten, weil Mitarbeiter und Führungskräfte sensibilisiert werden, dass es in der Kommunikation neben dem eigentlichen rationalen Inhalt immer auch eine emotionale Ebene gibt, wie zum Beispiel Bewertungen.

Das Resonanz-Feedback wie auch Rosenbergs Modell lassen sich für fast alle Kommunikationsbeziehungen heranziehen – auch im Arbeitskontext. Dabei geht es für das Personalmanagement nicht darum, strenge Prozesse einzuführen, wie nun Feedback gegeben werden muss. Sondern Aufgabe ist es, zu sensibilisieren für das Thema und aufzuzeigen, wo die Chancen, aber auch die Risiken liegen.

7.2.5.3 Anregungen und erste Ideen

Bringen Sie Führungskräften und Mitarbeitern Feedback bei!
Feedback muss ein Herzensthema des People Management werden. Sie müssen die Experten dafür sein im Unternehmen. Denn es ist der Kern für eine lernende Organisation, die von Zusammenarbeit und der Nutzung kollektiver Intelligenz geprägt ist. Erweitern Sie Ihr Wissen zur Gewaltfreien Kommunikation oder zu achtsamer Gesprächsführung, zu Prozessen und Instrumenten und setzen Sie sich mit Tools auseinander, die den Feedback-Prozess unterstützen.

Nachdem Sie zunächst in Ihrem eigenen Team das Thema vorantreiben, sollten Sie Schulungen zum Feedbackgeben und -nehmen anbieten. Zuerst für die Führungskräfte, dann für alle Mitarbeiter. Vielleicht lassen sich ja im Unternehmen auch Beschäftigte finden, die sich auskennen hinsichtlich der Gewaltfreien Kommunikation und die Sie unterstützen können.

Regen Sie an, nach Feedback zu fragen – differenziertes Feedback!
Wenn die Mitarbeiter sensibilisiert sind für das Thema, sollten Sie dazu anregen, dass alle Beschäftigten Feedback einfordern: zum Beispiel nach einer Präsentation, in Bezug auf ein Konzept, eine Produktidee oder hinsichtlich des Verhaltens in einem Meeting. Menschen wollen wissen, wie sie wirken, wie man ihre Arbeit wahrnimmt und ob das, was sie tun, als wertvoll angesehen wird. Das Feedback sollte von Kollegen und Führungskräften kommen. Es gibt mittlerweile zahlreiche einfache Software-Tools, die das unterstützen. Das Feedback kann sich auch auf wenige Fragen konzentrieren. Allerdings: Natürlich haben auch Feedback-Bögen ihre Berechtigung, aber sie ersetzen kein wertschätzendes Gespräch auf Augenhöhe, in dem allein durch das Nachfragen differenzierter Feedback gegeben werden kann. Und man darf nicht vergessen, dass ein Großteil der Kommunikation über Mimik, Gestik und Stimme erfolgt. Also sollten die Menschen immer auch das persönliche Gespräche suchen und um Rückmeldung bitten.

Nehmen Sie dem jährlichen Mitarbeitergespräch seine Bedeutung!
Es wird allgemein zu viel in das Format des jährlichen Mitarbeitergesprächs gepresst. Feedback nur einmal im Jahr zu geben, ist ohnehin viel zu wenig. Führungskraft und Mitarbeiter beziehungsweise ihr Team müssen sich regelmäßig in kürzeren Abständen austauschen. Dafür muss es nicht unbedingt einen vordefinierten Prozess geben, zumal es je nach Unternehmensbereich, Team oder Individuum große Unterschiede geben mag, wie oft ein Feedback-Gespräch sinnvoll ist. Aber das Personalmanagement kann zumindest einen Mindeststandard festlegen von beispielsweise einem Gespräch in einem Quartal, dem beide Seiten sich über aktuelle Projekte und gegenseitige Erwartungen austauschen.

Probieren Sie Feedback-Tools aus – und das zuerst im eigenen Team!
Setzen Sie sich mit den bereits genannten Tools auseinander, die den Feedback-Prozess unterstützen, und testen Sie sie zuerst im eigenen Unternehmen. Feedback ist allemal auch ein Technikthema, weil es die entsprechenden Prozesse beschleunigen kann. Tools bieten auch einen guten Einstieg in das sogenannte Peer-to-Peer-Feedback. Doch hier muss sich das Personalmanagement überlegen, welcher Zweck verfolgt wird. Echtes Feedback, das beim Gegenüber Wirkung erzielt, ist mit solchen Systemen schwierig. Peer-to-Peer-Feedback-Tools sind aber allemal eine gute Möglichkeit, Beziehungen zwischen Mitarbeitern entstehen zu lassen und einander gegenseitig zu loben beziehungsweise einander Wertschätzung zu zeigen. Der Zweck dabei ist also in erster Linie, dass überhaupt Kommunikation stattfindet – und im besten Falle hierarchie- und abteilungsübergreifend.

8 Human Collaboration Management und das Social Intranet

Wenn sich Personaler heute mit Software auseinandersetzen, dann ist es meistens eine, die sie hauptsächlich selbst nutzen: zu Talent Management, Bewerbermanagement oder der Verwaltung von Weiterbildungen zum Beispiel. Es ist Software, die für sie gemacht ist, die dazu da ist, die Humanressourcen beziehungsweise die Ressourcen der Mitarbeiter effizient zu verwalten und zu managen. Mit der Technologienutzung der Mitarbeiter, mit deren Digital Workplace, mussten sie sich bislang gar nicht auseinandersetzen. Das heißt, so etwas wie eine gute User Experience der Mitarbeiter als Anwender war lange Zeit gar kein Thema.

Mit der Entwicklung zu mehr Self Service im Personalbereich hat sich das geändert. Mitarbeiter können sich heute schnell selbst helfen mit ein paar Klicks. Mitarbeiter, Führungskräfte und Personalmanager arbeiten in derselben Software, um Daten einzusehen, einzutragen und zu ändern. Man kann sagen, mit Self-Service-Software beginnt bereits die technologische Unterstützung einer Form von Collaboration. Denn das gemeinsame Ziel ist eine effiziente und schnelle Administration.

Das Personalmanagement wird sich noch weiter öffnen, um echte Zusammenarbeit mit den Fachbereichen zuzulassen. Und es muss sich damit beschäftigen, wie es auf der technologischen Ebene Social Collaboration innerhalb des Unternehmens effektiv fördern kann. Der Fokus verlagert sich auch beim Thema Technik weg von den eigenen Bedürfnissen hin zu der Frage: Wie kann das People Management das produktive Arbeiten der Mitarbeiter und Führungskräfte unterstützen?

Nun geht es um Collaboration-Software, um Recruiting-Tools, Feedback-Software oder Mitarbeiterempfehlungsprogramme, die für Mitarbeiter intuitiv und vor allem mobil nutzbar sind. Auch die Analyse von Daten und das Erkennen von Mustern wird eine größere Rolle spielen.

Im Rahmen der Digitalen Transformation darf sich das Personalmanagement nicht nur mit sich selbst beschäftigen, sondern muss einen Beitrag zur Unternehmenstransformation leisten. Nach Meinung von Experten gehört neben Change Management und Kulturwandel insbesondere die Einführung von Kollaborationsplattformen für die virtuelle Führung dazu (vgl. Kienbaum Institut@ISM 2016).

In einer wissensintensiven Arbeitswelt, die geprägt ist von Mobilität und der projektbezogenen sowie standortübergreifenden Zusammenarbeit, sind derartige Plattformen ein virtuelles Rückgrat. Konkret sprechen wir vom Social Intranet und hier insbesondere von dem auf das soziale Netzwerken fokussierte Enterprise Social Network (ESN).

Das Social Intranet entwickelt sich im Rahmen der allgemeinen Entwicklung in Richtung Digital Workplace zur zentralen Plattform. Über diese werden Informationen bereitgestellt und werden Kommunikation, Zusammenarbeit und Projektmanagement möglichst effizient gestaltet. Außerdem finden sich auf der Plattform zunehmend wichtige digitale Prozesse integriert – angefangen bei den einfachen wie dem Urlaubsantrag. Im besten Fall stellt sich der Mitarbeiter seine Services selbst zusammen. Es gibt des Weiteren den Trend, dass immer häufiger weitere Systeme, zum Beispiel aus dem HR- oder dem Marketing-Bereich, in das Social Intranet als zentrale Plattform integriert werden.

> **BEGRIFFSERKLÄRUNG**
>
> **Social Intranet und Enterprise Social Network**
> Mit Social Intranet ist eine unterschiedliche Anwendungen umfassende, integrierte Hauptplattform gemeint, die der Nutzer kaum noch verlassen muss (Gröscho et al. 2015, S. 8 f.). Es führt zum einen alle Informations- und Kommunikationsanwendungen zusammen, zum anderen ist es die Plattform für die Zusammenarbeit von Teams, Projektgruppen und anderen Communities. Unabhängig von der hierarchischen Position kann jeder im Unternehmen Wissen, Meinungen und Feedback einbringen. Zudem gibt es meist die Möglichkeit, unternehmensweit nach Experten zu suchen und ein persönliches Profil anzulegen. Eine Plattform, die sehr stark auf den Social-Collaboration-Bereich abzielt, wird als Enterprise Social Network (ESN) bezeichnet. Der Fokus liegt insbesondere auf dem Mitarbeiterdialog. Aber auch in ein ESN können andere Anwendungen wie zum Beispiel Wikis eingebunden werden.

Der Digital Workplace ist der Kern der Digitalen Transformation und Social Collaboration über die entsprechende Plattform der entscheidende Baustein. Doch neben der Technik braucht es auch die nötige Kultur, braucht es den Mut zum Austausch und durchlässige Strukturen und Hierarchien.

8.1 Grundlegendes

8.1.1 Das Social Intranet als zentrale Arbeits- und Vernetzungsplattform

Das Intranet wird von den Unternehmen zunehmend als zentrale Arbeitsplattform gesehen, die deshalb eine schlanke Navigation und eine intuitive Bedienbarkeit aufweisen muss. Hier sind soziale Netzwerke wie Facebook, die jeder kennt, die Benchmark. Auch die mobile Nutzbarkeit des Intranets von unterwegs per Smartphone oder IPad spielt eine immer wichtigere Rolle (vgl. Hirschtec/SCM 2016).

Es gibt viele verschiedene Anforderungen, die ein Social Intranet heute erfüllen muss. Zahlreiche Features decken diese ab (siehe Abbildung 12). Zu den Basic-Features gehören unter anderem redaktionelle Inhalte, also News, die sowohl zentral als auch dezentral bereitgestellt werden können, und die Möglichkeit, Dokumente abzulegen und gemeinsam daran zu arbeiten beziehungsweise auf verwandte Inhalte zu verlinken. Dieses gemeinsame Arbeiten findet in der Regel in virtuellen Projekt- und Teamräumen statt.

Abb. 12: Beispielhafte Features eines Social Intranet (Gröscho et al. 2015)

Wie bei Facebook gibt es auf den Plattformen meist die Möglichkeit, Beiträge zu »liken«, zu teilen oder zu kommentieren. Man kann sich ein persönliches Profil anlegen, was die Expertensuche erleichtert. Mit diesem Profil präsentiert man sich den Kollegen, macht zum Beispiel seine Expertise und Interessen transparent. Weitere Features sind unter anderem eine Chat-Funktion und die Möglichkeit, in Beiträgen Begriffe zu verschlagworten (taggen), um relevante Beiträge später leichter wiederfinden zu können. Und wie bei Facebook lässt sich am sogenannten Activity Stream sehen, welche Aktivitäten die anderen ausführen – beispielsweise in einer Community oder im gesamten Intranet. Ein Activity Stream zeigt kurze Status-Updates in Bezug auf neue Beiträge oder Änderungen von Dokumenten. Wie bei den großen sozialen Netzwerken kann ein Mitarbeiter wählen, welchen anderen Leuten er folgen will. Damit steuert er, über welche Aktualisierungen er informiert werden will.

FALLBEISPIEL

Dynamische Profile bei IBM
Bei IBM entwickeln sich die angelegten Profile auf der Plattform dynamisch unter anderem durch das sogenannte Tagging, die Verschlagwortung. Das heißt, Kollegen eines Mitarbeiters sprechen ihm Kompetenzen zu, indem sie diese zum Beispiel im Rahmen von Beiträgen in Foren erwähnen. Der Mitarbeiter kann sich natürlich auch selbst Skills zusprechen. Zusätzlich fließen Assessment-Ergebnisse in die Profile mit ein. Und schließlich wird berücksichtigt, was der Mitarbeiter in einem Forum, einem Blog oder Wiki gepostet hat. Dieses Wissen steht den anderen in Echtzeit in einer App zur Verfügung. Mit dieser kann man auch schnell nach bestimmten Skills suchen. IBM hat eine spezielle Methode entwickelt, das Expertise-Assessment, mit der man sich bemüht, die Kompetenzen der Mitarbeiter auf dem aktuellen Stand zu halten (vgl. Janzen 2016).

Communities bilden sich themenbezogen über Abteilungs- und Hierarchiegrenzen hinweg. So können sich alle, die an SEO-Optimierung, Design Thinking, einer bestimmten Programmiersprache oder Fußball interessiert sind, zu einer Gruppe zusammenschließen und dort miteinander diskutieren. Des Weiteren haben Social Intranets Blog-Funktionen und die Startseite lässt sich – zumindest zum Teil – nach eigenen Bedürfnissen konfigurieren, je nachdem, welche News und Widgets, also welche »Themenfenster« einem wichtig sind. Auch Wikis sind manchmal Teil eines Social Intranet (vgl. Gröscho et al. 2015; Hirschtec/SCM 2016).

Höhere Effizienz
Die Vorteile der Nutzung von Social-Collaboration-Plattformen liegen insbesondere in einer höheren Effizienz. Das zeigt die »Deutsche Social Collaboration Studie« der TU Darmstadt mit Campana & Schott (2016). Das gilt beispielsweise in Bezug auf die dokumentenzentrierte Zusammenarbeit. Unternehmen, die Technologien wie virtuelle Teamarbeitsbereiche intensiv nutzen, sind um 48 Prozent effizienter gegenüber den Unternehmen, die diese Technologie zwar bereitstellen, aber kaum einsetzen. Ähnliche Effizienzsprünge lassen sich bei den Themen Expertensuche (38 Prozent) und Austausch in übergreifenden Communities (55 Prozent) feststellen sowie beim Austausch von Dokumenten und der Kommunikation und Abstimmung im Team.

Es ist klar, dass das Potenzial einer verbesserten Zusammenarbeit durch eine Collaboration-Plattform sehr unterschiedlich ist – je nach Unternehmensgröße und Arbeitsform. Die größten Möglichkeiten ergeben sich unter anderem in global aufgestellten Geschäftsbereichen; in Disziplinen beziehungsweise Einheiten übergreifenden Projekten sowie in Bereichen, in denen typischerweise Wissens- und Informationslücken bestehen (vgl. Schönbohm 2016, S. 300). Der Mehrwert der internen Vernetzung zeigt sich also vor allem dann, wenn ein Unternehmen (weltweit) an verschiedenen Standorten operiert und sich dadurch mit der Zeit stark ausgeprägte Wissenssilos entwickelt haben. Ein ESN vereinfacht es massiv, Menschen aus unterschiedlichen Disziplinen zusammenzubringen – beispielsweise in Communities – und trägt so möglicherweise zu einer innovativeren Kultur bei.

Communities können einen ganz unterschiedlichen Fokus haben. Manche dienen nur dem Austausch und dem Sammeln von Informationen, in anderen werden Planungs- und Strategieprozesse oder ganze Entwicklungsprojekte abgewickelt. Rüdiger Schönbohm (2016) rät dazu, wenn bestehende Arbeitsprozesse in Communities überführt werden sollen, andere Informationskanäle, wie zum Beispiel E-Mail, nicht mehr zu nutzen. Außerdem sind klare Spielregeln wichtig und allen Beteiligten müssen sämtliche Informationen zur Verfügung gestellt werden.

Weniger Meetings und E-Mails
Die Steigerung der Effizienz hat schlicht auch damit zu tun, dass mit dem Einsatz eines ESN in der Regel die Kommunikation per E-Mail stark reduziert wird. Diese ist in den meisten Unternehmen das dominierende Medium, obgleich es für die Zusammenarbeit nicht wirklich geeignet ist. Es ist schwer, Informationen in den eigenen E-Mails wiederzufinden. Für andere Kollegen sind die Inhalte ohnehin nicht transparent. Es werden per E-Mail Dokumente hin und her geschickt, jedes Mal womöglich in einer neuen Version, sodass die Beteiligten schnell

den Überblick verlieren, was die aktuellste ist. Nicht zu vergessen, dass Mitarbeiter und Führungskräfte häufig auch in E-Mail-Verteilern vertreten sind, obgleich sie vielleicht nur ein rudimentäres Interesse an einem Thema haben beziehungsweise gar nicht davon betroffen sind. Nicht selten dient das »in cc setzen« der Absicherung oder wird gar verlangt. Insgesamt nimmt die Bearbeitung von E-Mails enorm viel Arbeitszeit in Anspruch.

Die Beratung Bain & Company hat bereits 2014 das Zeitmanagement von 17 Konzernen untersucht. Die Studie ergab, dass Führungskräfte im Schnitt 30.000 E-Mails pro Jahr erhielten. Zudem hielten sie sich durchschnittlich gut zwei Tage pro Woche in Sitzungen mit mehr als drei Teilnehmern auf. Die gesamte Belegschaft verbrachte im Schnitt 15 Prozent ihrer Arbeitszeit in Meetings. Viele fanden jedoch nur aus reiner Gewohnheit statt. Die Studie konstatierte, dass durch E-Mails und Meetings unnötig viel Zeit vertan wird, die Millionen kostet (Bain & Company 2014).

Natürlich sind regelmäßige Treffen von Angesicht zu Angesicht richtig und sinnvoll. Viele Besprechungen können jedoch durch einen Austausch in einer virtuellen Gruppe spielend ersetzt werden beziehungsweise ließen sich die Offline-Meetings verkürzen, weil das Gespräch im Intranet fortgeführt werden könnte.

Schnellere Entscheidungen
ESN erlauben schnellere Entscheidungen, weil Abstimmungen mit anderen einfacher sind. Es müssen nicht erst alle relevanten Personen zusammenkommen oder E-Mails hin- und hergeschickt werden. Sondern es wird sofort im Teamraum diskutiert oder man konzipiert eine kurze Umfrage. Kommunikation ist in sozialen Netzwerken schneller und direkter. Man kann beispielsweise von unterwegs ein Foto von einem Konkurrenzprodukt in die Community-Gruppe stellen und gleich darüber mit Kollegen sprechen. Dieses Foto könnte der Anfang einer Idee und später zu einer Projektgruppe und eines eigenen Produktes sein.

8.1.2 Das Social Intranet und die Macht der Kulturveränderung

Das Arbeiten mit einer Collaboration-Plattform ist weniger ein Thema der Technik als eines der Kultur. Es braucht gewisse kulturelle Voraussetzungen, hat allerdings gleichzeitig die Macht, eine Unternehmenskultur enorm zu verändern.

Es lässt sich zunächst einmal ein Zusammenhang zwischen dem Social-Collaboration-Reifegrad und der jeweiligen Unternehmenskultur insofern belegen, dass Firmen, deren Kultur sich eher nach außen auf den Markt und zu den Kunden richtet, einen höheren Reifegrad haben als diejenigen, die sich vorrangig auf Hierarchie und interne Prozesse fokussieren (vgl. TU Darmstadt/Campana & Schott 2016). Man kann also annehmen, dass ein gewisser Marktdruck die interne Vernetzung fördert.

Damit der Austausch über das Social Intranet jedoch wirklich gelebt wird, braucht es die Bereitschaft der Mitarbeiter, sich einzubringen. Dafür wiederum sind Ermutigung und Role Models nötig. Vor allem darf das Äußern von kritischem Feedback nicht zu negativen Konsequenzen führen, weil das die Leute hinsichtlich weiterer Aktivitäten hemmen wird. Eine Collaboration-Plattform lebt aber vom offenen, spontanen und hierarchieübergreifenden Austausch. Der Sinn ist Dialog. Das braucht Zeit, aber letztlich kann die Möglichkeit der Beteiligung die Kommunikationskultur in einem Unternehmen revolutionieren. In einem großen Konzern ist es für einen normalen Mitarbeiter in der Regel nicht möglich, einen Vorstand anzusprechen. Auf einer internen Plattform kann er jedoch einen Post kommentieren und das im besten Falle sogar kritisch.

Bei dem Tiefkühlkostanbieter Frosta gibt es seit 2015 ein Social Intranet, das unter anderem den Austausch zwischen den Mitarbeitern fördern soll. Es trägt dazu bei, dass Kommunikation ungezwungener und unabhängiger von Hierarchie wird. Als bei Frosta eine Produktneuheit das erste Mal vom Band lief, postete ein Mitarbeiter aus der Produktion ein Foto davon. Der Vorstandsvorsitzende kommentierte das sofort im Intranet (Wittenhagen 2016). Die umgekehrte Kommunikation ist zwar weniger selbstverständlich, aber mit der Zeit die logische Konsequenz, wenn man es ernst meint mit der Collaboration-Plattform.

Es geht ums Lernen

Eine neue Kommunikationskultur heißt jedoch nicht nur, dass der Mitarbeiter den Vorstands-Post kommentieren kann, sondern es beinhaltet noch mehr, die Lust und die Bereitschaft zu teilen und mit seiner Individualität einen Beitrag zum großen Ganzen leisten zu wollen. Für viele Menschen, die bislang eher passiv agierten oder die es sich in ihrem Silo gemütlich gemacht haben, heißt es, ihre Verhaltensweisen zu verändern. Ein ESN beziehungsweise ein Social Intranet ist deshalb nicht nur eine technische Plattform, sondern es verändert die Art, wie die meisten von uns bislang gearbeitet haben, völlig. Es ist ein kollaboratives, vernetztes Arbeiten, das immer auch Lernen miteinschließt, das Lernen voneinander im täglichen Austausch und Doing. Ganz allgemein müssen Individuum und Organisation bereit sein, in hohem Maße zu lernen, Feedback zu geben und transparent zu agieren. Die Komplexität und Dynamik der Veränderungen in den Umwelten macht das notwendig.

Das Social Intranet oder ein ESN ist deshalb ein wichtiges Element einer lernenden Organisation, die es braucht, um auch zukünftig erfolgreich zu sein. Simon Dückert (2016) spricht gar vom Social Intranet als Fundament der lernenden Organisation. Eine solche könne jedoch in rein hierarchisch aufgebauten Organisationen nicht gelebt werden, da diese bezüglich Stabilität und Wiederholung optimiert sind. Dückert beruft sich auf Gary Hamel, wenn er sagt, dass man das Web 2.0 als Vorbild verwenden und dessen Prinzipien auf die Führung und Gestaltung von Organisationen anwenden müsse. Das bedeutet: Neben der Organisation 2.0 und dem Management 2.0 gibt es außerdem HR 2.0 und das Intranet 2.0 – das Social Intranet.

Aber von alleine wird es ein Mehr an Transparenz, Dialog, Aktivität und Vernetzung nicht geben. Es braucht Menschen, die den hierarchie- und bereichsübergreifenden Austausch vorantreiben. Es braucht jemanden, der sich kümmert: Das sind vor allem die People Manager beziehungsweise die Community Gestalter aus dem Personalbereich.

8.2 Aufgaben des Personalmanagements

Das People Management muss Treiber eines Social Intranet sein, das als zentrale Arbeitsplatz- und Collaboration-Plattform dient. Diese steht im Zentrum einer Arbeitswelt, in der es so wichtig ist, dass Beziehungen entstehen und Lernen stattfindet. Dafür müssen sich die Personaler verantwortlich fühlen. Wenn sie das Thema Social Collaboration delegieren, und sei es »nur« in seiner technischen Dimension, werden sie abgehängt (siehe Kasten).

In den meisten Unternehmen ist das Social Intranet Sache der Kommunikation und der IT. Das beruht auf einer veralteten Sichtweise und rührt daher, dass das Social Intranet seine Ursprünge in der 1.0-Welt hat, in der das Intranet lediglich eine reine Sender-Empfänger-Kommunikation zuließ. Diese Welt allerdings ist vorbei. Wir leben in einer vernetzten Arbeitswelt – und die müssen insbesondere die Personalmanager gestalten.

VIER FRAGEN AN

Fragen an Harald Schirmer zum ESN bei Continental
Harald Schirmer ist Manager Digital Transformation and Change bei Continental und treibt dort das Enterprise Social Network (ESN) ConNext seit 2011 maßgeblich voran. Es hat weit über 100.000 Nutzer.

Harald, welche Aufgaben hat das Personalmanagement bei der Etablierung von ConNext vor allem übernommen?
Unsere Aufgabe war es vor allem, dass unser neues Enterprise Social Network sinnvoll und wertschöpfend von unseren Mitarbeitern genutzt wird. Das haben wir vor allem mithilfe unseres speziell dafür ins Leben gerufenen Guide-Netzwerkes geschafft: Rund 400 begeisterte Mitarbeiter aus mehr als 50 Ländern, die die Kultur des vernetzten Arbeitens vorleben und in das Unternehmen tragen. Es ist keine Transformation, die im Sinne des klassischen Change Management nach einer instabilen Phase endgültig abgeschlossen ist. Es geht vielmehr um »Leading Change«, also Führen im Wandel durch Transparenz, Beteiligung und Multiplikatoren. Das machen die Guides – und so viele Mitarbeiter wie möglich.

Du warst bezüglich der Einführung von ConNext für die Key Performance Indicators (KPIs) verantwortlich. Welche waren die wichtigsten?
Ja, wir mussten die üblichen Beweise, also KPIs, liefern. Dabei war es mein Ziel, dass mich irgendwann keiner mehr – inklusive Vorstand – nach KPIs fragt. Erst wenn keiner mehr nach Messgrößen fragt, ist man tatsächlich erfolgreich und die Veränderung ist angekommen. Erlebbare Erfolge überzeugen mehr als Power-Point-Folien, die den quantitativen oder qualitativen Status berichten. Es geht um die Begeisterung für eine neue Art zu arbeiten, die Bereitschaft, kollaborativ zu wirken und zu lernen – und dies bezogen auf zehn- und hunderttausende Menschen.

Wie kann die Nutzung eines ESN im Unternehmen die Personalarbeit an sich verändern?
Der Hauptauftrag für HR ist in meinen Augen künftig eine individuelle Personalentwicklung – nicht nur für Führungskräfte. Ein ESN macht das erst möglich, weil dort Social Learning stattfinden kann. HR hat dabei die Rolle des Kulturwandlers, um Lern- und Entwicklungsbegleiter werden zu können. Zudem muss es sich mit diversen Automatisierungen auseinandersetzen, Transparenz in die Prozesse bringen und einen neuen Umgang mit Wertschätzung fördern. Das alles wird HR verändern – und tut es jetzt schon.

> **Welchen Beitrag kann das People Management mithilfe einer Collaboration-Plattform leisten, um die Transparenz und das vernetzte Arbeiten zu fördern?**
> Menschen – im Sinne von mechanischer Ressourcenverwaltung – kann und sollte man nicht managen. Künftig wird es immer mehr Cobots und Robots geben – die kann man gerne managen. Wir sollten mit Menschen arbeiten, nicht über sie bestimmen. Es braucht zum einen vor allem Medienkompetenz und es braucht eine Verhaltensveränderung, die dem Prinzip »Working out Loud« folgt, also zum Beispiel seine Arbeit für andere sichtbar zu machen, in soziale Beziehungen zu investieren und andere zu unterstützen. ESN darf dabei nicht als Tool gesehen werden, sondern als Basis für eine veränderte kollaborative Verhaltensweise. Das kann kaum in einem einzelnen Workshop vermittelt werden, sondern bedarf einer gemeinsamen Lernreise. Wer künftig Kommunikation oder Social Collaboration delegiert – ob HR oder Führungskräfte –, wird vom Social Learning ausgeschlossen sein und es schwerer haben, intern Stellen zu besetzen. Und über soziale Netzwerke werden Verhalten und Führungsstil sichtbar. »Unsichtbaren« wird schnell ein intransparenter Führungsstil unterstellt. Wer Social Collaboration delegiert, wird ineffizient arbeiten; virtuelle Teams nicht erfolgreich führen können; keinen Zugang zum Reichtum der Diversität haben und schließlich der wachsenden Komplexität nicht mehr erfolgreich begegnen können. All das braucht nämlich ein engagiertes Netzwerk.

8.2.1 Die Einführung des Social Intranet

In Bezug auf die Einführung eines Enterprise Social Network rät Stephan Grabmeier zu einem Vorgehen in fünf Schritten. (1) Zunächst gilt es, die Social Readiness zu messen, eine Art Standortanalyse mithilfe eines Fragebogens, inwieweit das Unternehmen und die Mitarbeiter bereit und fähig sind, vernetzt und agil zu arbeiten. (2) Der zweite Schritt dient der Erarbeitung der geschäftlichen Relevanz. Es wird eine Social-Collaboration-Strategie erarbeitet, die klarmacht, welche geschäftlichen Probleme schneller gelöst werden können mit dem Einsatz der Technologie. Eindeutige Anwendungsfälle werden diskutiert und bestimmt sowie der Vorstand in einem Social-Collaboration-Strategieworkshop abgeholt, sodass dieser in der Lage ist, eine Entscheidung zur Umsetzung zu treffen. Wichtig ist, die Bedeutung einer Plattform und ähnlichem in einen größeren kulturellen Kontext einzubetten. (3) Danach wird die Technologie ausgewählt. Die Auswahl ist abhängig vom Reifegrad, den Business-Zielen und den Anwendungsfällen. (4) Der vierte Schritt verlangt nach Aussage von Grabmeier den längsten Atem, schließlich geht es da um die Umsetzung. »Alle Zielgruppen müssen abgeholt, begeistert, befähigt und davon überzeugt werden, dass jeder seinen Nutzen aus einem Unternehmen 2.0 (Enterprise 2.0) ziehen wird […] Der Fokus muss auf dem kulturellen Wandel des ›anders arbeiten‹ und ›anders führen‹ liegen.« (Grabmeier 2016, S. 336). (5) Als fünften Schritt sieht er schließlich die Einrichtung entsprechender Key Performance Indicators (KPIs), um messen zu können, ob die gesetzten Ziele erreicht wurden.

Key Performance Indicators und eine Vision
Die Aussagekraft von KPIs bei einem derart großen Vorhaben, das die Kultur umfassend verändern kann, muss man ein wenig mit Vorsicht betrachten (siehe Kasten »Vier Fragen an Harald Schirmer«). Social Learning lässt sich kaum in KPIs pressen. Wenn man sich allerdings zu anderen Bereichen auf Kennzahlen einigt, dann sollten es möglichst relevante sein: Die Zahl der angemeldeten Teilnehmer in einem ESN sagt beispielsweise nichts über den Erfolg aus, wenn die meisten Karteileichen sind. Die Page Impressions (Seitenaufrufe) sind da schon aussagekräftiger. Interessant ist dann, was genau die Seitenaufrufe generiert. Im Sinne des Collaboration-Gedankens sind Kennzahlen gut, die etwas zu Interaktivität und Beteiligung sagen, wie beispielsweise der prozentuale Anteil an Kommentaren zu den Beiträgen, die Zahl der Communities und der dortige Aktivitätsgrad in Form von Postings pro Mitglied und die Reaktionen darauf. Auch Umfragen und Interviews sind eine Möglichkeit der Erfolgskontrolle, insbesondere wenn es um Zufriedenheit geht. Andere Kennzahlen können in Richtung Innovation und Ideengenerierung zielen. Kennzahlen können sich also auf sehr unterschiedliche Bereiche fokussieren und sind abhängig von den Zielen, die im Vorfeld aufgesetzt werden.

Stephan Grabmeiers fünf Schritte haben von Anfang an das Ziel, ein Enterprise 2.0 zu etablieren. Eine Vision muss nicht mit einem so großen Schlagwort gekennzeichnet sein. Dennoch ist eine Vision wichtig und ihre Erarbeitung gehört an den Anfang – und zwar inklusive des Einbeziehens des oberen Managements. Denn gleich in der Vision muss klar werden, dass das Ziel der verbesserten Zusammenarbeit nicht nur ein technologisches Thema ist, sondern ebenso kulturelle Werte wie Vertrauen und Transparenz betroffen sind und die Einführung der Plattform konsequenterweise mit einem kulturellen Wandel einhergeht. Davon ist in hohem Maße die Führung betroffen. Deshalb muss das Personalmanagement bei der Ausarbeitung der Vision eine bedeutende Rolle spielen und das Spitzenmanagement früh abholen. Die Unterstützung der obersten Ebene ist für die Etablierung einer Collaboration-Plattform von enormer Wichtigkeit. Führungskräfte haben Vorbildfunktion und sollten sich möglichst sichtbar einbringen.

Freiwillige Early Adopters
Wenn man jedoch das Social Intranet als Fundament einer möglichen Netzwerkorganisation sieht, kommt man mit einem klassischen top-down Change-Management-Ansatz nur bedingt weiter, schließlich findet mit der neuen Plattform ein Stück weit die Demokratisierung der Kommunikationskultur statt. Zudem braucht ein Vorhaben, das eine verbesserte Zusammenarbeit sowie Nutzung der kollektiven Intelligenz zum Ziel hat, auch bei der Umsetzung die Intelligenz von vielen. Es braucht also möglichst früh Gleichgesinnte, die sich für die neue Art zu arbeiten begeistern können und die als Multiplikatoren und Ambassadors agieren – bereichs- und hierarchieübergreifend. Vorbildlich ist diesbezüglich das Guide-Netzwerk von Continental, das ich in Kapitel 7.1.3.3 erwähnt habe. Diese Mitarbeiter sind überzeugt, dass Social Media mehr ist als Technik und leben es vor.

Vielversprechend ist es hinsichtlich der Einführung eines ESN ebenfalls, wenn sich die verantwortlichen People Manager zum Beispiel freiwillige Early Adopter suchen und mit diesen ein Pilotprojekt starten. Die Auswahl dieser Gruppe könnte sich entweder danach richten, für wen im Unternehmen eine Collaboration-Lösung den schnellsten Nutzen bringen würde. Oder danach, in welchem Bereich oder Team es in puncto Zusammenarbeit einen besonderen Schmerzpunkt gibt. In jedem Fall lassen sich mit den Early Adopters erste Erfahrungen und Feedback sammeln, das für die Weiterentwicklung genutzt werden sollte. Gleichzeitig können sie als Multiplikatoren auftreten, Ansprechpartner für die Kollegen sein und Schulungen durchführen (vgl. Jahn 2017).

Auch wenn zu Anfang eine große Vision ausgegeben wird, die sich eine Kulturveränderung zum Ziel gesetzt hat, darf ein schlichter, aber wesentlicher Aspekt nicht aus den Augen verloren werden: Die Mitarbeiter müssen die Plattform als nützlich empfinden. Deshalb ist im Rahmen der Überzeugungsarbeit und der Kommunikationskampagne von großer Bedeutung, dass Multiplikatoren und People Manager verstehen, wie die Mitarbeiter gegenwärtig arbeiten und wie das ESN oder Social Intranet konkret helfen kann. Man sollte sich also nicht nur auf die Early Adopter konzentrieren, die womöglich sofort offen für die Neuerung sind.

Die Einführung braucht eine ganzheitliche Sichtweise. Zu einem kleinen Teil ist eine Collaboration-Plattform ein IT-Projekt. Noch viel mehr geht es jedoch um neue Arbeitsabläufe und Arbeitsweisen, um eine neue Kommunikationskultur sowie eine andere Art der Zusammenarbeit (vgl. Gröscho et al. 2015). Viele Fragen sind mit einem Social Intranet verbunden, die zahlreiche Themenbereiche berühren: Wie wollen wir zukünftig führen? Gibt es mehr Flexibilität hinsichtlich des Arbeitsortes? Wie gut ist unsere Feedback-Kultur? Wie gestalten wir Video-Konferenzen? Wie entstehen bei uns Innovationen?

All diese Fragen betreffen insbesondere den Verantwortungsbereich des Personalmanagements. Gut, wenn es vor der Einführung eines Social Intranet Antworten gibt. Spätestens aber, wenn mit der Plattform gearbeitet wird, ist Wegducken unmöglich.

8.2.2 Das Personalmanagement als (Social-Media-)Community-Gestalter

Der Begriff des Community-Gestalters oder Community Manager hat seinen Ursprung in der Social-Media-Welt: Community Manager für Facebook zum Beispiel und später für die internen Themen-Communities oder später die Communities, in denen Kunden sich austauschen und Ideen zu Produktneuheiten diskutieren. Doch genauso wie die Einführung eines Social Intranet nicht nur ein Technik-Thema ist, gilt dasselbe für Communities. Sie prägen unser Zeitalter, angetrieben durch das Web 2.0. Communities sind in der Regel selbstorganisiert, weisen keine nennenswerten formalen Hierarchien auf, der Austausch erfolgt auf Augenhöhe – und dies über Grenzen hinweg, zum Beispiel über die von Abteilungen oder gar Firmen. In Communities wirken Menschen, die intrinsisch motiviert sind. Solche Interessengruppen gab es in Firmen bereits vor dem Internetzeitalter, doch Social-Media-Plattformen machen sie sichtbarer und ermöglichen neue, effizientere Formen der Zusammenarbeit. Klar ist, dass sie Unternehmen verändern. In jeder Community findet Lernen statt. Experten bringen sich ein, neue Sichtweisen werden diskutiert. Technik und Kultur sind dabei wie zwei Seiten einer Medaille. Und in beiden Bereichen muss sich das Personalmanagement zu Hause fühlen und Verantwortung übernehmen: für eine Kultur, in der die Leute sich gerne austauschen und gemeinsam an einem Strang ziehen; sowie dafür, dass die kollektive Intelligenz eines Unternehmens bestmöglich genutzt wird.

Das People Management hat diesbezüglich zunächst die allererste Aufgabe, auf der entsprechenden Plattform Präsenz zu zeigen, zum Beispiel mit einem eigenen Widget, wo Mitarbeiter die neuesten HR-News finden. Gleichzeitig muss es sich selbst vernetzen. Das heißt, in Communities unterwegs sein, intern wie extern, und sich offen für Feedback und Anregungen zeigen. Themen gibt es sicherlich genug: Arbeitszeiten, Recruiting, Mitarbeitergespräche, Diversität.

Beteiligungskampagne bei Continental
Auch hier ist Continental ein vorbildliches Beispiel. Der Technologiekonzern hat 2016 ein Beteiligungskonzept entwickelt, um die Mitarbeiter in die Planungen zur Zukunft der Arbeit zu involvieren – und das mithilfe der eigenen Netzwerk-Plattform »ConNext«. Harald Schirmer ist auch hier einer der Treiber.

Dabei ging es um drei Hauptbereiche für flexiblere Arbeitsbedingungen: mobiles Arbeiten, Teilzeit, flexible Arbeitszeit und Sabbaticals. Die technologischen Möglichkeiten mit »ConNext« erlaubten eine echte Beteiligung in Echtzeit, die früher so nicht möglich gewesen ist. Die Funktionen der Social Media – nämlich Likes, Kommentare, Teilen und Tagging – sorgten für die Konsolidierung. Mit den Funktionen kann unter anderem verhindert werden, dass man eventuell in »zu viel« Feedback untergeht.

Die ganze Beteiligungskampagne fand in einer »ConNext«-Community statt, wo man über die Möglichkeiten zum Engagement in Foren und Blogs informiert wurde. Zudem wurden alle Materialien sowie Videos zur Verfügung gestellt. Die Beteiligung der Mitarbeiter in Form von Downloads, Teilen, Liken, Kommentieren wurde transparent gemacht. Insgesamt gab es mehr als 680.000 Aktionen unter anderem in Form von Likes, Views, Abstimmungen und Beiträgen (Schirmer 2017).

Mut machen
Später, in einem fortgeschrittenen Stadium der Social Collaboration, kann es darum gehen, Personalarbeit gemeinsam mit Fachbereichen zu gestalten und genau dafür auf die Möglichkeiten eines ESN zurückzugreifen.

Das eigene vernetzte Arbeiten ist die Voraussetzung, um als Community-Gestalter glaubwürdig zu sein. Erst dann können die eigentlichen Aufgaben angegangen werden:
- Mitarbeiter ermutigen, ihr Wissen und ihre Erfahrungen zu teilen und sich einzubringen: zum Beispiel in Foren und Communities, in Wikis und Blogs.
- Moderation von Entscheidungsprozessen, die die Crowd einbeziehen, um ein möglichst breites Spektrum an Perspektiven zu bekommen.
- Anlässe anbieten, damit Mitarbeiter kommentieren, diskutieren und voneinander lernen.
- Umfragen veranstalten und Stimmungsbilder zu bestimmten Themen einholen.
- Begleitung und Moderation von Ideengenerierung, -sammlung und -bewertung.
- Anregung zur Gründung von Communities beziehungsweise ihr Transparentmachen.
- Auf interessante Beiträge und Videos hinweisen.
- Generelles Werben für ein vernetztes Arbeiten: Profile anlegen, Begriffe und Kollegen in eigenen Beiträgen taggen, in Postings auf andere interessante Artikel und Einträge hinweisen (verlinken).
- Analysieren der Netzwerkbeziehungen: Wo finden intensive Interaktionen statt? Und welche Verbindungen könnten im Sinne der Wertschöpfung noch angeregt werden?

Das tieferliegende Thema ist die offene und vertrauensvolle Unternehmenskultur, in der Menschen bereit sind, aktiv zu werden, andere zu unterstützen und etwas von sich preiszugeben. Das bereits vorgestellte »Working-out-loud-Prinzip« kann dabei die Philosophie sein, auf die sich alle verständigen, für die aber vor allem das People Management steht und die Idee als Vorbild lebt. Working out loud (WOL) ist eine Art Schlüsselqualifikation in einer vernetzten Arbeitswelt, die ein transparentes Wirken als Voraussetzung hat. Das kann beispielsweise heißen, auch mal »Work in Progress« sichtbar zu machen sowie mit anderen zu diskutieren und nicht erst Feedback einzuholen, wenn die Arbeit abgeschlossen ist.

Collaboration mit Externen

Ein vernetztes Unternehmen kann sich nicht nur auf sich selbst fokussieren, sondern es verbindet sich konsequenterweise mit einer vernetzten Welt außerhalb der Unternehmensgrenzen, wodurch diese durchlässiger werden. »Während die interne Vernetzung die Zusammenarbeit innerhalb des Unternehmens verbessern, Kosten senken und Innovationskraft stärken soll, kommen bei der externen Vernetzung weitere für das Geschäft mindestens genauso wichtige Potenziale hinzu: das ›Heranrücken‹ an Märkte, Kunden und (Geschäfts-)Partner und das geeignete Einbinden dieser Stakeholder in die eigenen Wertschöpfungsprozesse.« (Schönbohm 2016, S. 305)

Es gibt zum Beispiel Intranets, die sich um Open-Innovation-Prozesse erweitern lassen. Mehr und mehr Unternehmen beziehen ihre Kunden bei der Produktentwicklung mit ein. In solchen Fällen kann ein Extranet eingerichtet werden, in dem sich Kunden, Geschäftspartner und andere Kooperationspartner einbringen. Auch Schulungen von Partnern und Zulieferern können über das Community-Netzwerk laufen.

Wo der jeweilige Aufgabenbereich der Personalmanager liegt, wird in Zukunft neu verhandelt. Es kommt dabei auch auf ihren Mut und ihre Neugierde an. Fest steht: Wenn alte Aufgaben aufgrund der Automatisierung wegfallen, kommen neue hinzu. Es geht um eine Neuerfindung.

Die genannten Stakeholder sind in der jetzigen Welt keine Kunden der People Manager. Das gilt häufig jedoch ebenso für Freelancer und sonstige freie Mitarbeiter, auf deren Expertise die Unternehmen immer häufiger angewiesen sind. Dass die meisten Personalmanager in einer dynamischen, wissensintensiven Arbeitswelt, in der Flexibilität so wichtig ist, die Externen kaum auf dem Schirm haben, ist ein großer Fehler.

Die sogenannte »gemischte Workforce« – Teams, bestehend aus Mitarbeitern und Freelancern – wird nämlich durch die interne Nutzung von Social Media gefördert. Collaboration-Tools wie Slack oder Yammer machen die Integration von Externen ganz einfach – zumindest technisch.

Es müssen trotzdem Beziehungen aufgebaut werden, damit Vertrauen entsteht und so eine hohe Produktivität möglich ist. Das ist ein Kulturthema par excellence für die People Manager. Es wäre eine vertane Chance, einfach nur die aufgeschriebenen Stunden der Freelancer in Anspruch zu nehmen und ansonsten nicht auf die Beziehungen zu den internen Mitarbeitern zu schauen. Zudem muss in jedem Unternehmen ausgehandelt werden, welche Zugangsberechtigungen die Externen auf einer Social-Intranet-Plattform bekommen. Hier geht es um eine Balance zwischen den Sicherheitsinteressen des Unternehmens und dem Signal, eine vertrauensvolle Beziehung zu dem externen Mitarbeiter aufbauen zu wollen.

8.3   Anregungen und erste Ideen

Versammeln Sie die Social-Media-Evangelisten als Change Agents und Mentoren um sich!
Für eine erfolgreiche Einführung eines Social Intranet oder ESN brauchen Sie als einer der Verantwortlichen leidenschaftliche Mitstreiter, die als Botschafter und Multiplikator fungieren. Zumindest für den wichtigsten Bereich eines Social Intranet, nämlich den der Social Collaboration, finden Sie die unter denen, die bereits eifrig Social Media nutzen – im privaten und/oder im beruflichen Umfeld. Sie sind zum Beispiel auf Twitter, Facebook, Xing, Snapchat, Instagram oder LinkedIn unterwegs. Sie sind es gewohnt, Wissen, Erfahrungen, Erlebnisse und Meinungen zu teilen, zeigen und pflegen ihr Profil, »taggen« Freunde und Bekannte in ihren Posts. Vermutlich gehört die Mehrheit von ihnen der jüngeren Generation an und nur die wenigsten sind im oberen Management zu finden. Nichtsdestotrotz sollten Sie sie für ihr Projekt gewinnen, wenn Sie das vernetzte Arbeiten über eine entsprechende Plattform voranbringen wollen. Ihr Netzwerk aus Social-Media-Evangelisten kann Ihrem Projektteam als Fokus- oder Resonanzgruppe immer wieder Feedback geben, sie treten als Werbebotschafter, Ansprechpartner und Mentoren auf und unterstützen Sie so dabei, die Idee von einem neuen Arbeiten in Ihrem Unternehmen zu verbreiten.

Wählen Sie ein Leuchtturmprojekt aus, das möglichst viele einbezieht und die Vorteile der Plattform deutlich macht!
Gleich zu Beginn ist es wichtig, die Vorzüge eines Social Intranet deutlich zu machen und möglichst viele dazu zu bewegen, auf der neuen Plattform aktiv zu werden. Wählen Sie hierfür ruhig ein richtiges Leuchtturmprojekt aus, das auf einer breiten Basis angelegt ist.

Bei dem Softwareanbieter Datev ist man neben einem Vorstandsblog genau mit so einem Leuchtturmprojekt 2013 als Piloten im Rahmen der Einführung eines Social Intranet an den Start gegangen (vgl. Korherr/Binzenhöfer 2015). Mit »Nachgefragt« wurde eine Plattform eingerichtet, auf der Mitarbeiter Fragen an den Vorstand stellen und diskutieren konnten. Interessante Fragen wurden mit »Gefällt mir« bewertet, sodass die für das Unternehmen relevantesten automatisch die höchste Sichtbarkeit bekamen. Innerhalb von zwei Wochen wurden mehr als 250 Fragen gestellt, die große Mehrheit allerdings anonym. Dennoch war es sowohl für den Vorstand als auch das People Management eine gute Chance zu sehen, was die Mitarbeiter bewegt.

Geben Sie die Möglichkeit, Nachrichten der Personalabteilung zu kommentieren!
Ein Social Intranet besteht immer auch aus einem redaktionellen Teil. Dabei geht es weniger um Zusammenarbeit als vielmehr um die Mitteilung von Neuigkeiten. Solche Informationen sind für die Mitarbeiter von großer Bedeutung, weil sie für mehr Transparenz sorgen. Doch auch wenn es redaktionelle Elemente sind, sollte es die Möglichkeit geben, auf sie zu reagieren beziehungsweise ein Feedback abzugeben. Das gilt ebenso für die Personaler, die, wenn möglich, ihr eigenes Widget für Personalnews haben sollten. Aufgrund der Kommentare und Likes der Mitarbeiter und Führungskräfte bekommt sie einen Eindruck davon, wofür es Anerkennung gibt und was kritisch gesehen wird. Doch die redaktionellen Themen dürften im Regelfall eher unspektakulär sein: die Aufforderung, den Resturlaub

zu nehmen, die Erinnerung an die neue Onboarding-Checkliste oder die Ankunft des Betriebsarztes. Hier geht es vor allem um die Symbolik, die das Zulassen von Reaktionen auf die News hat. Es zeigt: Das People Management ist offen und stellt sich der Diskussion – wenn es nötig ist.

Holen Sie Meinungen zu einem Thema aus Ihrem Verantwortungsbereich ein!
Den Mitarbeitern zu zeigen, dass Sie als Personaler offen sind für Anregungen von außen, sollte eines der ersten Anliegen sein, wenn das Ziel mehr Vernetzung im Unternehmen ist. Machen Sie ernst damit und nutzen Sie dafür das Social Intranet. Sie machen Personalarbeit vor allem für die Mitarbeiter und Führungskräfte. Dann beziehen Sie sie auch mit ein. Suchen Sie sich nach Absprache mit der Unternehmensleitung ein People-Thema aus Ihrem Verantwortungsbereich, lassen Sie es von den Mitarbeitern diskutieren und fragen Sie nach deren Meinungen und Einschätzungen. Es sollte zum einen ein Thema sein, das Sie ohnehin neugestalten wollten, zum anderen eines, das bei den meisten eine große Wirkung erzielt. Besonders geeignet sind da Themen rund um Arbeitszeit, Vereinbarkeit von Beruf und Familie und Mobilität. Es versteht sich von selbst, dass sich etwas von den Einschätzungen und Wünschen der Mitarbeiter in der Neugestaltung wiederfinden muss. Trauen Sie sich trotzdem und glauben Sie daran, dass die Mitarbeiter nicht nur ihre eigenen Interessen im Blick haben, sondern auch die des Unternehmens.

Teil 4

Personalmanager als Performance Consultants für Führungskräfte, Mitarbeiter und Teams

9 Human Collaboration Management und Führung

In Zeiten komplexer werdender Umwelten rückt eine Aufgabe von Führung in den Vordergrund, die in der gelebten Praxis bislang wenig im Fokus ist. Nämlich dafür zu sorgen, dass die kollektive Intelligenz in einer Organisation bestmöglich genutzt wird. Das heißt für Führungskräfte: Sie müssen vermehrt Zusammenarbeit ermöglichen und selbst netzwerkfähig sein beziehungsweise Netzwerke steuern können. Bislang schauen sie jedoch oft weniger auf den Gesamterfolg ihres Unternehmens, sondern zuerst auf die Performance des eigenen Bereichs. Und der Fokus gilt mehr dem einzelnen Mitarbeiter und seiner Leistung als dem Zusammenwirken der Team- beziehungsweise Netzwerkmitglieder.

Bilaterale Beziehungen sind im Rahmen der Führungsarbeit in einer komplexen Welt auch weiterhin wichtig. Allerdings ist das vorrangige Ziel nicht die Optimierung des Mitarbeiters und seiner Performance, sondern ihn zu stärken und zu befähigen, damit sich in Teams oder Projekten sein Potenzial optimal entfalten kann.

9.1 Grundlegendes

9.1.1 Führung als Beziehung

Wie Führung heute aussehen sollte und was sie erfolgreich macht, darüber wird seit vielen Jahrzehnten angeregt diskutiert. Und gerade heutzutage, da aufgrund der Digitalisierung und der New-Work-Bewegung sogar scheinbar unangreifbare Annahmen infrage gestellt werden, ist die Debatte hitziger denn je. Doch egal, welchen Standpunkt man vertritt, ist es sinnvoll, sich ins Bewusstsein zu rufen, dass mit (Personal-)Führung immer eine Führungsbeziehung gemeint ist – zwischen dem Führenden und dem Geführten. Für Jürgen Weibler heißt Führung, »andere durch eigenes, sozial akzeptiertes Verhalten so zu beeinflussen, dass dies bei den Beeinflussten mittelbar oder unmittelbar ein intendiertes Verhalten bewirkt« (Weibler 2016, S. 22).

Das heißt, (Personal-)Führung kann nur stattfinden, wenn eine Person führt und eine andere folgt. Das Handeln der Führungskraft im Sinne einer Verhaltensbeeinflussung des Gegenübers sollte von diesem auch akzeptiert werden, sonst bleibt die Wirkung begrenzt. Führung entsteht, weil sie dem Führenden zugeschrieben wird. Sie kann nicht von oben erzwungen werden. Sie ist damit eine von der Hierarchie unabhängige Kategorie, was in vielen Diskussionen vergessen wird, in denen die Begriffe beinahe synonym verwendet werden. Die Zahl der Vorgesetzten kann sich also von der Zahl der »Führer« unterscheiden. Einerseits wird nicht jeder Vorgesetzte als Führungsperson angesehen. Mit der Übernahme einer entsprechenden formalen Position wird lediglich die Erwartung verbunden zu führen. Andererseits kann Führung auch informell ausgeführt werden. So können Kollegen einem Mitarbeiter die Führung zuschreiben – ganz allgemein oder in einer Situation –, obwohl dieser keine formelle Leitungsfunktion innehat (vgl. ebd.).

Sich zu vergegenwärtigen, dass Führung nur als Beziehung funktioniert, macht klar, dass hier Kommunikation und wie sie vonstattengeht von großer Bedeutung ist. Zumal wenn man davon ausgeht, dass Personalführung heute nicht mehr nur aus Instruktionen und Kontrolle besteht.

Und egal, welche Managementmode gerade populär ist, kann man klar sagen: Führung wird es immer geben. Auch weil es immer Unsicherheit geben wird, die Entscheidungen nötig macht. Und das ist wohl die wichtigste Aufgabe von Führung: Für Entscheidungen zu sorgen und letztlich die Organisation zukunftsfest zu machen. Führung heißt Verantwortung zu übernehmen – insbesondere hinsichtlich der Zielerreichung. Und egal, wie selbstorganisiert ein Team ist, es braucht irgendeine Art von Führung. Und wenn es eine formelle Führungskraft beispielsweise als Teamleiter gibt, ist diese zuerst angesprochen, die Führung zu übernehmen.

Führung könnte auch eine Gruppe gemeinsam übernehmen, was Weiblers oben genannter Definition nicht widerspricht, wenn es gleichzeitig Geführte gibt, deren Verhalten beeinflusst wird.

Mythos Motivation

Führungskräfte können andere nicht motivieren. Das ist für viele unverständlich und in manchen Unternehmen wird die Motivation von Mitarbeitern immer noch als wichtige Führungsaufgabe genannt. Doch bereits vor fast 30 Jahren hat Reinhard K. Sprenger dies als Mythos entlarvt: »Motivation ist unwidersprechlich Sache des Einzelnen. Ihr Freiraum zu geben, ist Sache der Führung.« (Sprenger 2014, S. 250) Die Führungskraft kann also auf der einen Seite demotivieren, weil sie Bewegungsfreiheiten einschränkt und sich dem Mitarbeiter gegenüber respektlos verhält. Auf der anderen Seite kann sie aber ebenfalls Bedingungen schaffen, die Energien und Gestaltungswillen beim Mitarbeiter hervorrufen. Sprenger sagt schon beinahe Ungeheuerliches, wenn er schreibt, dass es auch um die Enttabuisierung formeller Regelungen zugunsten von Problematisierung geht. Damit meint er, Durchlässigkeiten zu fördern und Wahlmöglichkeiten zu lassen. Wenn die Mitarbeiter den ihnen entgegengebrachten Respekt als eine Einladung erkennen, ihren eigenen Gestaltungsraum selbstverantwortlich wahrzunehmen, dann können sie eine Sache auch zu ihrer eigenen machen. Das ist das Ziel. Dann ist es möglich, mit Leidenschaft an einer Aufgabe zu arbeiten. Die Mitarbeiter werden diese Leidenschaft nicht für etwas aufbringen, das sie nicht als ihre Sache anerkennen. Das wäre der Mythos Motivation.

Den Mitarbeitern Freiraum zu geben und sich um eine gute Kommunikation zu kümmern – das wären schon einmal zwei wesentliche Merkmale einer guten Führung. Beide Punkte gehören im Übrigen in ähnlicher Formulierung auch zu den insgesamt acht Merkmalen, die im Rahmen des Google-Projektes Oxygen erforscht wurden; es hatte zum Ziel herauszufinden, was die besten Manager vor den anderen auszeichnet (siehe Kasten). Die besten Manager sind diejenigen, deren Mitarbeiter im Vergleich zu anderen Teams sowohl sehr zufrieden mit der Führungskraft als auch besonders leistungsstark sind (vgl. Bock 2016).

> **EXKURS**
>
> **Merkmale der besten Manager aus dem Projekt Oxygen**
> Laszlo Bock (2016) berichtet in seinem Buch von dem Projekt Oxygen, das herausfinden sollte, was die besten Manager ausmacht. Folgende acht Merkmale wurden ermittelt:
> - Ein guter Coach sein
> - Dem Team Befugnisse erteilen und kein Mikromanagement betreiben
> - Interesse hinsichtlich des Erfolges und persönlichen Wohlbefindens der Team-Mitglieder bekunden
> - Sehr produktiv beziehungsweise ergebnisorientiert sein
> - Ein guter Kommunikator sein: zuhören und Informationen teilen
> - Das Team bei der beruflichen Entwicklung unterstützen
> - Eine klare Vision beziehungsweise Strategie für das Team haben
> - Über wichtige technische Kenntnisse verfügen, die bei der Beratung des Teams helfen.

9.1.2 Schwierige Bedingungen

Die Erwartungen an Führungskräfte sind heute gewaltig. Das zeigt sich schon an den zahlreichen Rollen, die immer wieder genannt werden, um das Aufgabenfeld und die Anforderungen an die Führung zu beschreiben. Und es sind Rollen, die für sich allein genommen bereits hohe Ansprüche an die jeweilige Person stellen. Talent Manager, Navigator, Coach, Vorbild, Innovator, Stratege, Mentor – die Aufzählung könnte endlos fortgesetzt werden: die Führungskraft als eierlegende Wollmilchsau. Gleichzeitig sind die Bedingungen für Führung aufgrund von Digitalisierung, der bereits erwähnten VUCA-Welt und eines gesellschaftlichen Wertewandels so herausfordernd wie nie.

Führungskräfte müssen heute mehr denn je »auf Sicht fahren«, Dinge ausprobieren und sich weniger auf lange Analysen und Planungen verlassen. Für einzelne Führungskräfte sind all diese Aufgaben zu viel. Sie sind überfordert. Deshalb muss Führung viel stärker verteilt und die kollektive Intelligenz im Unternehmen genutzt werden (vgl. Petry 2016).

Zudem müssen die Erwartungen an die Führungskräfte heruntergeschraubt werden – von Mitarbeitern und von der Unternehmensleitung.

Gerade die mittlere Führungsebene steht unter Druck. Auf den Märkten nimmt das Tempo zu und (potenzielle) Wettbewerber können praktisch aus jeder Branche und aus einer Vielzahl von Industrie- und Schwellenländern kommen. Der globale Wettkampf hat sich erneut verschärft. Gleichzeitig klagen Führungskräfte hierzulande über eine eingeschränkte Entscheidungsgewalt. Die Aufgabenbereiche und die Abhängigkeiten von anderen haben sich für sie mit den Jahren tendenziell vergrößert. Zusätzlich hat sich im Durchschnitt die Zahl ihrer unterstellten Mitarbeiter erhöht. Und sie verfügen über weniger Zeit, sich jedem Einzelnen von ihnen zu widmen (Fortange/Kropp 2016). Sehr vielen Führungskräften dürfte es also schwerfallen zu überblicken, was und wie ihre Mitarbeiter arbeiten, wodurch auch Feedback schwierig wird. Viele Führungskräfte sehen sich in einer Spirale von steigenden Anforderungen und Abhängigkeiten und haben ihren Platz noch nicht gefunden.

In einer Befragung von mehr als 1500 Führungskräften in Deutschland und Österreich im Rahmen einer Studie des Hernstein Instituts für Management und Leadership (2016) geben 80 Prozent an, dass sich Führung in den letzten Jahren bereits verändert hat. Wobei sich aus ihrer Sicht die meisten beziehungsweise stärksten Änderungen in den vergangenen Jahren auf der sozial-menschlichen Ebene (60 Prozent) vollzogen haben. Interessen und Bedürfnisse der Mitarbeiter werden stärker wahrgenommen und sind im Arbeitskontext mehr respektiert. Erst danach werden von den Führungskräften die technischen Veränderungen (25 Prozent) genannt, die die Arbeit beschleunigen. An dritter Stelle folgt die wirtschaftliche Ebene (15 Prozent). Die Führungskräfte nehmen eine stärkere Umsatzorientierung wahr. »Der Druck, Kennzahlen zu erreichen, wächst stetig«, heißt es in dem Report. »Das Marktumfeld wird damit als deutlich kompetitiver beschrieben, ein Effekt, der durch Trends zur Internationalisierung und ›globale Konkurrenz‹ angekurbelt wird.« (Hernstein 2016, S. 10)

60 Prozent der Befragten sehen einen Weiterbildungsbedarf, um die Veränderungen erfolgreich meistern zu können. Doch es braucht mehr als das.

Wir bewegen uns in einer Zwischenphase, in der neue Führungs- und Organisationsmodelle notwendig sind, aber zum großen Teil noch nicht gelebt werden.

> »Gute Führung ist im Vergleich zu früher nicht völlig anders. Es sind nur andere Schwerpunkte heute gefragt. Und natürlich ist Führung immer auch situationsabhängig beziehungsweise richtet sich nach der jeweiligen Beziehung. Grundsätzlich würde ich aber sagen, dass jeder, der führen will, einen klaren Führungsanspruch haben sollte. Und er oder sie muss mehr denn je eine stabile, in sich ruhende Person sein.« (Wittenstein 2016, S. 36)

9.1.3 Wie Führung sich verändert

9.1.3.1 Netzwerkstrukturen und Projektführung

Die Veränderungen in der Führung, die derzeit in den Unternehmen zu beobachten sind, hängen sehr stark mit einem Wandel der Organisationsstrukturen zusammen. Es gibt unterm Strich eine Tendenz zu flacheren Hierarchien und die Bemühungen der Unternehmen, sich netzwerkartigere Strukturen zu geben (vgl. Anderson 2015; Deloitte 2016), zumindest wenn es marktgetriebene Unternehmungen sind. Doch die Spannbreite an Entwicklungen über die unterschiedlichen Branchen hinweg ist riesig. Selbst innerhalb einzelner Organisationen gibt es unterschiedliche Tendenzen, zum Teil widersprüchliche oder Entwicklungen in Wellenform. Zudem werden die Entwicklungen unterschiedlich wahrgenommen – je nach Hierarchieebene. Das obere Management spricht am ehesten von Netzwerkstrukturen, das untere Management sieht eher die Hierarchie. Zudem wird mit dem

Begriff des Netzwerks Unterschiedliches verbunden. Manche meinen damit die selbstorganisierten, weitgehend hierarchielosen Netzwerke aus Teams, die miteinander interagieren. Solche Teams können als Netzwerk auch neben einem traditionellen hierarchischen System bestehen, beispielsweise als Start-up-Gründung. So sollen sowohl die Notwendigkeit der Stabilität für das traditionelle Geschäft als auch die nötige Agilität für neue Geschäftsmodelle bedient werden.

Andere sehen als Netzwerk eher den regelmäßigen Austausch von Mitarbeitern aus unterschiedlichen Abteilungen, ohne über den jeweiligen Vorgesetzten gehen zu müssen.

Dennoch kann man grundsätzlich sagen, dass die Entwicklungen rund um die Digitalisierung dazu führen, dass Entscheidungsfindung tendenziell schneller und deshalb zunehmend eher dezentral stattfinden muss. Und damit ist die Notwendigkeit verknüpft, dass Mitarbeiter selbstverantwortlicher arbeiten. Das sagt die Mehrheit der heutigen Führungskräfte sogar selbst. Auf die Frage, wie Führung im Jahr 2025 aussehen wird, sagen zwei Drittel der Befragten des Hernstein-Management-Reports, sie hielten es für wahrscheinlich, dass sich die Projektführung verstärkt durchsetzen wird. 55 Prozent erwarten eine Verringerung hierarchisch organisierter Führung und ein vermehrtes Aufkommen partizipativer Führung. 60 Prozent nehmen an, Führung wird dezentraler und digitaler (vgl. Hernstein 2016).

Die Wittenstein AG mit Sitz in Igersheim spiegelt den Trend exemplarisch wider. Das Unternehmen produziert und vertreibt intelligente Antriebssysteme und verfolgt einen konsequenten Prozess der Dezentralisierung. Damit geht eine zunehmende Projektarbeit einher, bei der Mitarbeiter interdisziplinär zusammenarbeiten, insbesondere wenn es um Innovation und Produktentwicklungen geht. Geführt werden die Projektgruppen von Leitern, die keine disziplinarische Verantwortung haben. Das verlangt von der Führungskraft unter anderem eine gute Selbstführung und Empathie (vgl. Wittenstein 2016).

Spagat zwischen Autonomie und Kooperation
Führung in hochqualifizierten Projektteams gab es schon lange, bevor Agile oder Digital Leadership in aller Munde war. Mit der zunehmenden Bedeutung der Projektarbeit und der entsprechenden Führung ist der strukturell bedingte Führungswandel schon vor Jahrzehnten eingeleitet worden. (Interdisziplinäre) Projektgruppen arbeiten in der Regel sehr selbstorganisiert, sind von einer gewissen Hierarchiefreiheit in der Aufgabenverrichtung geprägt und ihre Leiter sind häufig keine (disziplinarischen) Vorgesetzten, sondern fungieren eher als Ansprechpartner für die Auftraggeber in der Organisation.

Da in der Regel Projektgruppen für komplexe Aufgabenstellungen gegründet werden und der Leiter kein Weisungsrecht hat, wird Führung besonders anspruchsvoll und damit auch die Herausforderung, die Teammitglieder zu einer effektiven Zusammenarbeit zu bewegen und letztendlich das Projektziel zu erreichen. Gerade hoch qualifizierte Mitarbeiter haben ein starkes Bedürfnis nach Autonomie beispielsweise hinsichtlich Arbeitsmethode, Planung und Ergebnisqualität. Gleichzeitig müssen sie aber für die anderen verlässlich und in Bezug auf Kommunikation und Arbeitsteilung kooperativ sein. Hier müssen Projektleiter eine feine Sensorik entwickeln und immer wieder neu entscheiden, wo der Anspruch auf Autonomie unterstützt wird und wo Impulse für mehr Zusammenarbeit gesetzt werden müssen (vgl. Blessin/Wick 2013).

Die Studie von Hays und PAC (2015) konstatiert einen starken Anstieg der Projektarbeit in den letzten Jahren. Und die Gründe dafür verweisen zumeist direkt oder indirekt auf den digitalen Wandel, so nimmt in allen Fachbereichen der Anteil IT-gestützter Prozesse, Produkte und Dienstleistungen zu. Das Business der Unternehmen wird mehr und mehr über Projektarbeit abgewickelt, die damit auch in den Fokus der Organisationsentwicklung rückt. Und egal mit welcher Methode die Projekte gemanagt werden, zeigt die Bedeutung der Projektwirtschaft am Beispiel des Projektleiters, welche Aufgabe die Führung vor allem hat, nämlich für bestmögliche Bedingungen der Teammitglieder zu sorgen, sodass diese effektiv zusammenarbeiten und sich entfalten können. Eine solche Führung kann nicht mehr einfach anweisen, sondern unterstützt die Mitarbeiter, hört zu und schafft Bedingungen zur Entfaltung. Der Projektleiter nimmt die Mitarbeiter gleichzeitig aber auch in die Pflicht: Die Verantwortung der Zielerreichung haben alle.

Die Projektarbeit hat eine Abkehr der Personalführung nach Command and Control eingeläutet. Nun kommen die agilen Methoden hinzu, die mittlerweile im Projektmanagement – zumindest in hybrider Form – einen hohen Stellenwert genießen und die Art und das Verständnis von Führung noch einmal weiterdrehen. Die genannte Studie stellt für das Jahr 2015 fest, dass 40 Prozent die agilen Methoden in der Projektarbeit nutzen und sie im Vergleich zu herkömmlichen Methoden bessere Entscheidungen und richtige Prioritäten ermöglichen sowie alle Beteiligten besser einbinden (vgl. Hochschule Koblenz/GPM 2015; Hays/PAC 2015).

9.1.3.2 Digitale und agile Führung

Wenn sich in einem Unternehmen Führungsstrukturen und Führungsstile ändern, geschieht das in der Regel aufgrund eines Leidensdrucks und nicht, weil man die Mitarbeiter besser behandeln will. Genau deshalb entdecken die Unternehmen zunehmend neue Leadership-Paradigmen und nennen sie agile oder digitale Führung. Die durch klassische Hierarchie geprägte Führung bremst Geschwindigkeit. Unternehmen müssen heutzutage schnell sein: schnelle Entscheidungen treffen und schnell am Markt und beim Kunden sein. Die genannte VUCA-Welt und die Beschleunigung durch die Digitalisierung verlangen es, Informationen transparent zu machen und neben Daten und Maschinen auch »Wissens- beziehungsweise Intelligenzträger zu vernetzen, die verfügbare Erfahrung und (kollektive) Intelligenz zu nutzen und agil auf Veränderungen zu reagieren. Eine Vertrauenskultur ist die notwendige Basis hierfür, denn ohne sie ist Offenheit und damit dann auch Vernetzung, Partizipation und Agilität nicht möglich.« (Petry 2016, S. 42) Dennoch betont Petry, dass es nach wie vor Unternehmensbereiche und Aufgaben gibt, die gut mit traditionellen Ansätzen geführt werden können. Deshalb benötige eine erfolgreiche Führungskraft beziehungsweise ein erfolgreiches Unternehmen im digitalen Zeitalter beides: die auf Exzellenz ausgerichteten Managementansätze einerseits und die stärker auf Geschwindigkeit und Innovation ausgerichteten Ansätze andererseits. Digital Leadership verlangt nach Petry die Aufgabe von Kontrolle. Doch er sieht Führungskräfte auch in Zukunft weiter in der Pflicht, übergeordnete Ziele und Problemstellungen vorzugeben, Mitarbeiter und Teams mit den notwendigen Kompetenzen und Freiräumen auszustatten und dafür zu sorgen, dass diese selbststeuernd arbeiten können.

Allerdings sind es tendenziell eher die strategischen Ziele und Themen, die die Führungskräfte beschäftigen sollten. Sie kümmern sich weniger um Operatives, um konkrete

Aufgaben, sondern sie versuchen auf Basis der Vision über Ziele zu steuern. Das Team hat genügend Freiraum zu entscheiden, wie es dort hingelangt.

Das situative Führen ist zweifellos eine wichtige Fähigkeit. Dennoch sind die Möglichkeiten einer Führungskraft, die zwischen verschiedenen Managementansätzen wechselt, wie es Thorsten Petry als notwendig sieht, begrenzt. Der Spagat darf nicht zu groß sein: Eine Führung zwischen »Command and Control« und partizipativer oder geteilter Führung ist für eine einzelne Person schwer möglich, wenn sie ihrer Persönlichkeit treu bleiben will. Und angesichts der Tatsache, dass immer mehr Geschäftsmodelle und Prozesse digitalisiert und die Bereiche zunehmend vernetzt werden, beeinflusst der innovative, agile Teil automatisch den traditionellen Bereich. Eine nicht-digitale Welt ist bald nicht mehr denkbar und damit wird auch der Ansage-Stil irgendwann obsolet sein. Letztlich geht es auch um eine Frage der Haltung und die ist nur bedingt dehnbar, was die der Führung zugrunde liegenden Werte angeht. Teil der Haltung ist aber die Bereitschaft, sich auf schnelle Veränderungen einzustellen.

BEGRIFFSERKLÄRUNG

Was ist agiles Führen?
Agiles Führen ist nach Definition von Svenja Hofert »eine dynamische Haltung, ein Mindset, das Veränderung als Dauerzustand begreift. Agile Führungskräfte sind beweglich, flexibel und fähig zur Transformation von Menschen, Teams und Prozessen. Sie begreifen Führung als Rolle, die definierte Aufgaben beinhaltet anstatt als Position oder Funktion. Agile Führungskräfte handeln prozess- und zielorientiert und fördern die Selbstorganisation von Gruppen durch permanente Teamentwicklung. Ziel ist die Förderung von Selbstverantwortung und Kreativität.« (Hofert 2016, S. 84)

Diejenigen, die das agile Führen als ein absolut notwendiges Agieren von Führungskräften betrachten, sehen eine solche Haltung als entscheidend an. Es ist eine flexible Haltung zu Führung, die den Fokus auf die Transformation von Menschen und Prozessen legt (vgl. Hofert 2016). Agile Führung ist damit auf Mitarbeiter angewiesen, die bereit und in der Lage sind, sich zu verändern und weitgehend selbstorganisiert zu arbeiten.

In Kontakt mit dem Team
Bei der DB Vertrieb, die bereits eine umfassende Reorganisation hinter sich hat, will man grundsätzlich agil arbeiten. Dabei ist die Arbeit am Führungsverständnis zentral. Agile Leadership ist also auch für die DB Vertrieb vor allem Haltung und zu einem kleineren Teil eine Frage der Methoden. Wie man führen und arbeiten will im Unternehmen, wurde mit dem Akronym »kai« zusammengefasst: kundenzentriert, agil, innovativ.

Das »Programm« wird interdisziplinär begleitet. Besonders interessant ist aber, dass die Geschäftsführung als erstes voranging und sich überlegt hat, was für sie »kai« konkret bedeutet. Diese wenigen an das agile Manifest angelehnten Aussagen wurden an die nächsten Führungskräfte weitergegeben, die sich daraufhin wiederum gefragt haben, ob sie im Sinne von »kai« arbeiten. Die fünf Aussagen lauten:
- Kundenbegeisterung vor Gewinnoptimierung
- Iteration vor Perfektion

- Partizipation vor Hierarchie und Silos
- Vertrauen in Eigenverantwortung vor Top-down
- Vormachen und mitmachen statt nur weitermachen.

Der letztgenannte Punkt verlangt, mit den Mitarbeitern in Kontakt zu sein, also eine gewisse Nähe zum Team. Führungskräfte dürfen sich nicht abschotten. Das heißt nicht, sich selbst um operative Aufgaben zu kümmern, aber im Dialog zu bleiben und auch fachlich dazu in der Lage zu sein.

Doch wenngleich die Einsicht da ist, ist die Zusammenarbeit mit dem Team aufgrund der großen Führungsspanne in vielen Unternehmen eine besondere Schwierigkeit. Hinzu kommen oft mangelnde kommunikative Fähigkeiten. Boris Gloger spricht, wenn es um Kontakt und Anleitung geht, von der größten Herausforderung, ein agiler Manager zu sein. Denn es brauche Reflexionsvermögen, um vorzuleben, Modell zu sein, Dinge aufzuzeigen und Fragen zu beantworten. »Noch mehr braucht es das ständige Erspüren dessen, was das Team gerade benötigt. Vor allem in großen Organisationen erfordert das von vielen Managern, viel mehr Zeit mit ihren Teams zu verbringen.« (Gloger 2016, S. 205)

Interessanterweise benutzen die Befürworter der agilen Führung den Begriff der dienenden Führungskraft, die neben der hohen Kundenorientierung für optimale Arbeitsbedingungen sorgt und bei Mitarbeitern zuerst auf die Stärken statt auf die Defizite schaut. Die Führungskräfte kennen deren Qualitäten und Kompetenzen und versuchen sie entsprechend einzusetzen und die Mitarbeiter weiterzuentwickeln (vgl. Häusling et al. 2016). Es gilt, die Mitarbeiter stark zu machen, sie zu ermutigen, Verantwortung zu übernehmen und ruhig auch mal Fehler zu machen.

Als »dienende Führungskraft« laden sie die Mitarbeiter ein, gemeinsam an einer bedeutenden Sache zu arbeiten. Deshalb sollten agile Führungskräfte auch in der Lage sein, eine Vision und Sinn zu vermitteln. Es ist wichtig, dass der Beitrag des Teams und der der Mitarbeiter zum Ganzen deutlich wird. Hier ist viel Kommunikation gefragt: Wo stehen wir? Was ist unser Beitrag? Wie kann ich helfen? Fragen wie diese sind zentral für den Erfolg. Dazu gehören generell ebenso das regelmäßige gegenseitige Feedback-Geben und das aktive Weitergeben von Wissen. In einem agilen Umfeld geben die Mitarbeiter von sich aus ihr Wissen weiter, weil sie den Kollegen oder der Führungskraft helfen wollen. Diese kann einen wichtigen Beitrag leisten, um für ein entsprechendes Umfeld zu sorgen, in dem dies als normal angesehen wird.

Früher wäre das undenkbar gewesen, aber in einer wissensbasierten Arbeitsgesellschaft ist es gut, wenn Führung, Ziele und Verantwortung mit den Mitarbeitern geteilt werden. »Starke« Führungskräfte fürchten »starke und selbstbewusste« Mitarbeiter, die selbstorganisiert arbeiten wollen, nicht. Im Gegenteil. Das zu erreichen, ist die (langfristige) Aufgabe. Es geht auch nicht anders. Eine Führungskraft kann nicht alles halten in diesen widersprüchlichen und komplexen Zeiten. Sie sollte ebenfalls bereit sein, Unsicherheit und Schwäche zuzugeben und Mitarbeiter um Rat zu fragen.

Das ist eine wirkliche Umkehr vom Bild der Führungskraft als »harter Hund«, der auf alles eine Antwort hat.

Letztlich ist die Grundvoraussetzung für gute und erfolgreiche Führung heutzutage relativ lapidar: Führungskräfte müssen Menschen mögen, deren Vielseitigkeit schätzen und gerne mit ihnen zusammen sein. Viele möchten und können das, fühlen sich aber vom System, von Strukturen und Prozessen wenig unterstützt, wenn nicht gar blockiert. Weshalb Führungskräfteentwicklung ohne Organisationsentwicklung häufig vergeblich ist.

9.1.3.3 Fokus auf Zusammenarbeit

Von Führungskräften wird heute erwartet, dass sie People und Talent Manager sind. Es ist allgemeiner Common Sense, dass nicht mehr allein die fachlich Besten Führung übernehmen sollen. Nichtsdestotrotz muss eine Führungskraft gerade in wissensintensiven Branchen etwas von der fachlichen Materie verstehen, damit er oder sie Impulse geben kann und vom Team ernst genommen wird. Ein reiner Manager, der beispielsweise Programmierer führt, ohne Programmierkenntnisse und Leidenschaft für das Thema zu haben, ist nicht andockfähig und wird scheitern.

> **EXKURS**
>
> **New Era 7**
> 2014 hat sich Microsoft im Rahmen der Transformation neue Regeln gegeben (New Era 7), mit denen das Teamverhalten und die Organisationsstruktur auf eine neue Grundlage gestellt wurden.
> Man kann sie auch als Anleitung für die Führung sehen, wohin diese den Fokus richten sollte. Bei den Regeln spielen das »Wir-Gefühl« und die Zusammenarbeit eine große Rolle. Sie lauten:
> - **»Wir fördern und unterstützen Risikobereitschaft.** Wir schaffen eine Arbeitskultur, die Risikobereitschaft durch verschiedenartiges Denken, Zusammenarbeiten und Problemlösen fördert. Wir treffen kluge Entscheidungen auch ohne das gesamte Spektrum an verfügbaren Informationen und übernehmen dafür Verantwortung. […]
> - **Unser Handeln ist von Zusammenarbeit geprägt.** Wir wachsen durch Zusammenarbeit und lösen Hindernisse und Probleme zunächst in unseren Teams. Durch klar definierte Verantwortlichkeiten sind wir abgestimmt und wissen, wer unser direkter Ansprechpartner ist.
> - **Wir nutzen und schätzen die Erfahrungen und Ideen anderer.** Wir konzentrieren uns auf die Bedürfnisse anderer und unterstützen sie mit unseren Beiträgen und Handlungen. Wir manifestieren eine ›Wir-Haltung‹ und setzen verschiedene Wertbeiträge sinnvoll ein, ohne das Rad neu zu erfinden.
> - **Wir kommunizieren und feiern Erfolge der Transformation.** Wir wecken unsere Leidenschaft für die Transformation dadurch, dass wir Erfolge feiern und nehmen uns auch die Zeit dafür. […]
> - **Wir sind ergebnisorientiert und übernehmen dafür die volle Verantwortung.** Wir übernehmen gemeinsam die Verantwortung für die Problemlösung und Qualitätsprüfung des gesamten Projektes (nicht nur für unseren Beitrag). […]
> - **Wir erwarten und belohnen hochwertige Beiträge.** Wir liefern wertvolle, zielführende Beiträge und belohnen diese. Wir unterstützen andere bei ihrer Zielerreichung und teilen proaktiv unsere Arbeit. […]
> - **Wir sind kundenorientiert und streben danach, uns zu verbessern.** […]« (Frank/Hübschen 2015, S. 146 f.)

Doch Führung darf sich nicht in bilateralen Beziehungen und der Entwicklung des Einzelnen erschöpfen. Der Fokus muss mindestens ebenso der Zusammenarbeit gelten: in (Projekt-)Teams und zwischen Teams.

Schon lange vor dem Hype um Agilität hat Reinhard K. Sprenger betont, dass die erste Kernaufgabe von Führung die Organisation von Zusammenarbeit sei. Das ist gerade vor dem Hintergrund, dass in Unternehmen so viel Trennendes zu beobachten ist, eine Herausforderung. Ich rede von den Trennungen aufgrund der funktionalen Arbeitsteilung und der unterschiedlichen Hierarchieebenen. Auch nach unterschiedlichen Leistungen oder Potenzial wird getrennt.

Nichtsdestotrotz gibt es de facto Unterschiede und immer auch den Wunsch des Menschen nach Differenzierung. Doch es gilt, wieder die Balance zu finden und beides zu leben: das Ich und das Wir. Zusammenarbeit bedeutet nicht, das Individuelle zu leugnen. Auch nach Reinhard K. Sprenger braucht es bei den Führungskräften den Willen zu dienen, also die Bedürfnisse anderer zu priorisieren. Dieses Dienen heißt ebenfalls, die Unternehmensziele über die persönlichen Ziele zu stellen und das Ressortdenken zurückzudrängen.

> »Wir brauchen Manager mit intellektueller Breite, mit der Fähigkeit zur Zusammenschau und zum Zusammenbau: Es gilt, Personen, Ideen und Ressourcen miteinander zu verknüpfen. Diese Kompetenz ist umso gesuchter, als heute Menschen zusammenzubringen sind, die sich in Bezug auf ihren sozialen Hintergrund, ihr Fachwissen, ihr Alter und ihre kulturelle Prägung oft sehr unterscheiden.« (Sprenger 2012, S. 100)

Gleichzeitig gilt es, die Mitarbeiter zu befähigen, damit diese sich mit anderen auf verschiedenen Ebenen austauschen können. Kontakte bieten, einen Zugang zu Netzwerken, Freiraum und den Zuspruch zu kooperieren – das kann eine Führungskraft leisten, damit Mitarbeiter über Ressortgrenzen hinweg Beziehungen aufbauen und zusammenarbeiten.

Netzwerkfähig

Um Beziehungen und Zusammenarbeit über Teams und Geschäftseinheiten hinweg zu schaffen, müssen Führungskräfte eine Persönlichkeit mitbringen, die in der Lage ist, sich selbst zurückzunehmen. Sie moderieren und versuchen, Konflikte zu managen. Sie müssen mehr denn je kommunikationsstark und empathisch sein, Menschlichkeit zeigen. Sie brauchen unter anderem das, was man Beziehungskompetenz nennt. Die hat erst einmal viel mit der Fähigkeit zur Wahrnehmung zu tun – in Bezug auf eigene Beziehungen, aber auch hinsichtlich der Beziehungen Dritter. Ist eine Führungskraft beziehungskompetent, dann bringt sie eine grundsätzliche Kooperationsbereitschaft mit und ist in der Lage, sich selbst und die eigenen Emotionen zu reflektieren. Gegenüber dem Mitarbeiter ist sie fähig, Motive und Bedürfnisse zu erkennen. Hinsichtlich der Beziehungen von Dritten gilt es, diese wahrnehmen zu können und zu sehen, was sie brauchen, um produktiv sein zu können.

Mehr und mehr geht es darum, als Führungskraft Netzwerke aufzubauen – formelle und/oder informelle – und sich als einen Teil davon wahrzunehmen, als einen wichtigen Knotenpunkt, der dafür zu sorgen hat, dass Informationen fließen und Wissen geteilt wird. Führungskräfte sollten es sich außerdem zur Aufgabe machen, dass ihre Mitarbeiter in diesem Netzwerk gut arbeiten können – mit den notwendigen Kompetenzen und Ressourcen.

Die Forschung hat im Übrigen gezeigt, dass beispielsweise die Netzwerkeinbettung und die Zentralität von Teamführern innerhalb teaminterner Netze einen positiven Einfluss auf die Teamleistung hat. »Die Ergebnisse belegen, dass sich die Zentralität des Führenden in externen und internen Freundschaftsnetzwerken sowohl positiv auf die Teamleistung als auch auf die Reputation des Führenden innerhalb der Organisation auswirkt.« (Weibler 2016, S. 596) Informelle Beziehungen wurden in Unternehmen lange nicht beachtet und rücken erst langsam in den Fokus der Organisationsgestalter.

Netzwerke können also informell sein, vor allem aber sind sie virtuell. Das hat zur Konsequenz, dass sich Führungskräfte in der digitalen Welt wohlfühlen müssen. Das Beziehungsmanagement in dieser Welt ist besonders herausfordernd und macht es nötig, immer wieder auch Face-to-Face-Treffen abzuhalten – beispielsweise mit dem jeweiligen Team.

»Wer Teams führt, muss heute vor allem Netzwerke lenken können, Fachkompetenz ist die Grundlage, aber noch bedeutender ist die Fähigkeit, strategisch mit anderen Menschen zu kommunizieren.« (Frank/Hübschen 2015, S. 122)

9.2 Aufgaben des Personalmanagements

9.2.1 Führungskräfteentwicklung: alte Muster abstreifen

Das Personalmanagement hat beim Thema Führung in der Regel eine Mammutaufgabe vor sich. Es ist Begleiter des Wandels sowie Dialog-Partner und Impulsgeber für die Führungskräfte. Die neue Wirtschaftswelt macht eine neue Führungskultur nötig, aber sowohl Führungskräfte als auch Mitarbeiter verharren oft in altem Denken, alten Mustern, ohne diese zu hinterfragen. Eine Fähigkeit, die deshalb aktiviert werden sollte, ist die Selbstreflexion. Trotz Digitalisierung ist und bleibt sie eine der wichtigsten Kompetenzen.

Das hat man auch bei den VPV-Versicherungen so gesehen und sich in der Führungskräfteentwicklung erst einmal ein Minimalziel gesetzt. Die Führungskräfte sollten sich über die Wirkung ihrer Handlungen auf die Mitarbeiter bewusst werden und lernen, ihr Verhalten und ihre Denkmuster stärker zu reflektieren. Das Besondere: Die Führungskräfteentwicklung wurde ein Stück weit demokratisiert. Denn die Mitarbeiter sind in den Prozess einbezogen. Sie können Vorschläge für die konkreten Entwicklungsziele und für Seminarinhalte machen. Zudem werden die Mitarbeiter in die Verantwortung genommen, dass diese Entwicklungsziele für eine neue Führungskultur im Anschluss an die hierarchieübergreifend besetzten Seminare auch in der Praxis umgesetzt werden (Sommer 2016b). Die Mitarbeiter werden also beim Thema Führung mit in die Verantwortung genommen – ein Kulturschock für beide Seiten.

Coaching in der Führungskäfteentwicklung
Für die Personalmanager bietet es sich an, in die Rolle des Coaches zu schlüpfen und mit den Führungskräften an deren Wirklichkeitskonstruktionen zu arbeiten. Durch Fragen, Feedback und Übungen können festgefahrene Denkmuster durchbrochen werden, sodass

es eventuell bei einer Führungskraft zu neuen Bewertungen einer Situation oder des Verhaltens eines Mitarbeiters kommt. Konkrete Anlässe für ein Coaching können beispielsweise eine angestrebte Transformation im Unternehmen, das Erfordernis einer neuen Art von Führung oder eine grundlegende Reflexion zur Karriere des Coachees sein.

Coaching ist mittlerweile als Personalentwicklungsinstrument anerkannt, wenn es auch in der Regel von externen Coaches durchgeführt wird. Die Nachfrage ist in den vergangenen Jahren enorm gestiegen, was sich unter anderem mit der beschleunigten Arbeitswelt und dem zunehmenden Druck auf die Führungskräfte erklären lässt. Forschungsarbeiten verdeutlichen eine positive Wirkung von Coaching. Deutliche positive Effekte sind festzustellen in Bezug auf die Selbstregulation, die Einstellungen, Coping (Bewältigungsstrategien) sowie das Wohlbefinden und die Leistung. Negative Nebenwirkungen können aber ebenfalls vorkommen (Schermuly/Graßmann 2016).

Damit diese möglichst nicht auftreten, sind bestimmte Faktoren entscheidend. Vor allem muss die Beziehung zwischen Coach und (internem) Kunden stimmen und im Laufe des Coachings sollte sich ein offenes Vertrauensverhältnis etablieren. Dafür braucht es aufseiten des Personalers als Coach fachliche und methodische Kompetenz sowie eine wertschätzende, wohlwollende Haltung. Bei der Führungskraft als Coachee wiederum ist die Bereitschaft zu lernen wichtig, damit sich ein Reflexionsprozess in Gang setzen kann. Diesbezüglich könnte ein Thema das eigene Wirken sein und die Entwicklung einer Sensibilität dafür, dass sich das Verhalten eines Mitarbeiters häufig auf ein Verhalten der Führungskraft bezieht: Engmaschige Kontrollen können die Eigeninitiative lähmen und ein respektloses Verhalten demotiviert und kann zur inneren Kündigung führen.

9.2.2 Beratung bei Entscheidungen

Wenn die Führungskraft eine unangenehme weitreichende Entscheidung treffen muss, steht der People Manager als Performance Consultant zur Seite und greift dabei auf sein Wissen zu den People-Themen zurück. Er kann die Führungskraft jedoch ebenfalls beim Entscheidungsprozess unterstützen, indem der People Manager Fragen stellt, die es dem Manager ermöglichen, aus unterschiedlichen Perspektiven auf das Thema zu schauen. Der Ethikprofessor Joseph L. Badaracco (2017) hat zum Thema der Entscheidungsfindung unterschiedliche Herangehensweisen und Denkschulen zu einer Formel zusammengefasst, die Führungskräften helfen kann, sich ein Urteil zu bilden. Jeder Manager sollte sich danach vor jeder wichtigen anstehenden Entscheidung systematisch folgende fünf praxisorientierte Fragen stellen:
- Was sind die Konsequenzen?
- Wozu bin ich verpflichtet?
- Welche Lösung funktioniert?
- Wer sind wir?
- Womit kann ich leben?

Was sind die Konsequenzen?
Bei dieser Frage geht es darum, die zur Auswahl stehenden Handlungsoptionen zu analysieren und sich deren Auswirkungen vor Augen zu führen. Schon diese Frage muss mit anderen – Mitarbeitern und dem People Manager – erörtert werden. »Was können wir in dieser Situation tun?« oder »Wem werden diese unterschiedlichen Handlungsoptionen kurzfristig und langfristig schaden beziehungsweise nützen?« sind Fragen, die sich die Beteiligten und die Führungskraft stellen sollten.

Wenn es darum geht, sich die jeweiligen positiven und negativen Folgen einer Entscheidung zu vergegenwärtigen, ist auch eine **Mindmap** als Methode, ein Entscheidungsbaum nützlich. Dadurch wird der Entscheidungsprozess klarer.

Doch vollkommene Klarheit gibt es in der Regel nicht, die Folgen lassen sich häufig aufgrund wechselseitiger Abhängigkeiten und widersprüchlicher Entwicklungen schwer abschätzen. Entscheidungen fallen in der Regel unter Unsicherheit. Gerade deswegen ist es so wichtig, dass die Führungskraft bei der Frage nach den Konsequenzen andere miteinbezieht. Der People Manager muss das Bewusstsein für das Einbeziehen der kollektiven Intelligenz schaffen. Und er kann den Entscheidungsprozess moderieren. Wichtig ist, dass die Führungskraft ein direktes Umfeld um sich herum vorfindet, das von einer offenen und vertrauensvollen Kultur geprägt ist, in der auch kritische Meinungen geäußert werden können, ohne dass jemand negative Konsequenzen für sich fürchten muss.

Wozu bin ich verpflichtet?
Als Führungskraft hat man Verpflichtungen gegenüber anderen – den Kunden, den eigenen Mitarbeitern, den Vorgesetzten, den Unternehmensinteressen, den Aktionären, aber auch als Privatmensch gibt es Erwartungen und Verpflichtungen. Joseph L. Badaracco meint die Frage aber noch in einem philosophischen Sinne. Ihm geht es als Ethikprofessor um eine moralische Verpflichtung gegenüber den Mitmenschen. Sich darüber Gedanken zu machen, verlangt viel Selbstreflexion und Empathie. Es geht hier in erster Linie darum, einen Bewusstseinsprozess zu initiieren, der darauf hinwirkt, dass sich die Führungskraft nicht allein als ein Rolleninhaber sieht, der nur den Eigentümern des Unternehmens verpflichtet ist, sondern als ein menschliches Wesen, das sich darüber klar wird, was für es oberste Priorität hat.

> **EXKURS**
>
> **Die Coaching-Methode »Das innere Team«**
> Aus dem Coaching kennt man die Methode des »inneren Teams«. Dabei geht es darum, die divergierenden Positionen eines Klienten zu einem Thema offenzulegen. Die These, die der Methode zugrunde liegt, ist, dass jeder Mensch eine Vielzahl von sogenannten inneren Teammitgliedern in sich hat (innere Pluralität des Menschen), die miteinander in Widerstreit stehen können, wenn es um eine Entscheidung geht. Der Mensch ist also nicht nur eine homogene Persönlichkeit, sondern trägt verschiedene Persönlichkeitsanteile in sich, die unterschiedliche Interessen verfolgen und vielleicht gar unterschiedliche Werte haben. Ziel ist es, diese Stimmen, die Teammitglieder zu identifizieren und herauszufinden, wer welche Botschaft sowie welches Anliegen hat. Bei der Übung im Rahmen

einer Coaching-Sitzung ist es wichtig, dass alle inneren Teammitglieder zuerst »zu Wort kommen« und erst danach in einen Dialog treten. In der anschließenden Phase ist das Ziel, die unterschiedlichen Teile der eigenen Person teilweise zu akzeptieren und auszusöhnen. Schließlich muss der Klient entscheiden, welche Stimme in der betreffenden Entscheidungssituation Vorrang hat (vgl. Schulz von Thun 2013).

Welche Lösung funktioniert?
Hier geht es darum, sich ehrlich zu fragen, was machbar ist. Welcher Handlungsspielraum existiert? Und welche Ressourcen stehen der Führungskraft zur Verfügung? Welche Lösung ist für sie am praktikabelsten, wenn sie mit Engagement, Kreativität und vorsichtiger Risikobereitschaft an die Aufgabe herangeht? Auch politisches Geschick nennt Badaracco dabei als notwendige Eigenschaft, weil er davon ausgeht, dass es im Unternehmen in der Regel Machtzirkel gibt, in denen sich der Entscheider bewegt und die Protagonisten zudem alle eine eigene Agenda verfolgen.

Das trifft sicherlich auf die meisten Unternehmen zu. In einer vertrauensvollen Unternehmenskultur sollte dieser Punkt aber keine Rolle spielen.

Wer sind wir?
Diese Frage dreht sich um die Kultur und die Identität des eigenen Teams beziehungsweise des Unternehmens. Die Entscheidung wird an dieser Stelle aus der Perspektive der Werte und Normen betrachtet, die vorherrschen. Welche Handlungsoption würde die Ideale, Werte und Zielsetzungen, für die das Team steht, am besten widerspiegeln? Dabei ist oftmals die Herausforderung, sich diese Werte erst einmal bewusst zu machen.

Womit kann ich leben?
Eine Führungskraft muss mit den Konsequenzen einer Entscheidung leben können. Deshalb muss sie sich Gedanken darüber machen, was ihr als Manager und Mensch persönlich besonders wichtig ist. Es kann helfen, sich das bewusst zu machen, indem man sich vorstellt, wie es sich anfühlt, die Entscheidung einem guten Freund zu erläutern. Würde man sich damit wohlfühlen? Auch die einer Entscheidung zugrunde liegenden Beweggründe aufzuschreiben, kann für einen Klärungsprozess hilfreich sein.

Den Reflexionsprozess begleiten
In den seltensten Fällen werden Führungskräfte vor einer Entscheidung einen solchen ausführlichen Reflexionsprozess durchmachen wollen. Doch gerade bei Entscheidungen von großer Tragweite für die Führungskraft kann es hilfreich sein, eine Art Leitfaden für sich zu haben. Vor allem aber braucht sie Feedback von anderen, um unterschiedliche Perspektiven einzuholen. Und sie braucht einen Berater, der den Reflexionsprozess begleitet, der die richtigen Fragen stellt und gleichzeitig das Business kennt – den People Manager. Es muss nur vorab geklärt sein, welche Erwartungen an den Performance Consultant gerichtet sind, ob er Coach und Sparringspartner sein soll oder Berater, der konkrete Problemlösungen anbietet.

9.2.3 Stärkenorientierte Führung fördern

Wir schauen in Beziehungen zu häufig auf die Dinge, die nicht funktionieren. Das, was gut läuft, nehmen wir als selbstverständlich. Werden die Erwartungen an den anderen jedoch einmal nicht erfüllt, nimmt die Enttäuschung in unserem Bewusstsein einen verhältnismäßig breiten Raum ein.

Auch viele Führungskräfte fokussieren sich zu sehr auf die jeweiligen Unzulänglichkeiten des Mitarbeiters und beschäftigen sich zu wenig mit dessen Stärken. Und die bringt in der Regel jeder Mitarbeiter mit. Es ist zunächst eine Frage der Haltung, zuallererst darauf zu schauen. Es gilt für beide in einer Führungsbeziehung gemeinsam zu überlegen, wie diese Stärken bestmöglich zur Geltung kommen. Das verlangt allerdings auch von der Führungskraft, die Stärken des Mitarbeiters zu erkennen und sich dafür verantwortlich zu fühlen, dass dieser seinen Fähigkeiten entsprechend eingesetzt wird.

Boris Gloger (2016) verweist auf die einfache Regel, die Forschungen aus den USA bestätigt hätten, die da lautet: Worauf man seine Aufmerksamkeit richtet, davon bekommt man mehr. Und das gilt ebenso für die Führungskraft, die mehr von jenem Verhalten des Mitarbeiters bekommt, worauf sie ihren Fokus legt. Das liegt daran, dass wir Menschen soziale Wesen sind, die von anderen wahrgenommen werden wollen. Es kann sich also lohnen, wenn Führungskräfte zunächst das bemerken, was ihnen gefällt, und die Defizite erst einmal beiseiteschieben.

Es geht darum, eine Perspektive bei Führungskräften zu fördern, die den Mitarbeiter nicht als Mängelwesen wahrnimmt, das motiviert, gelenkt und kontrolliert werden muss, sondern als ein Individuum, das motiviert ins Unternehmen kommt und Leistung bringen will. Die Führungskraft sollte hierfür die nötigen Bedingungen schaffen, das heißt unter anderem dafür zu sorgen, dass Strukturen und Prozesse nicht zu sehr einengen und demotivieren.

Den Blick auf die Stärken zu schärfen und zuerst auf diese zu schauen, kann die Basis sein für ein vertrauensvolles und motivierendes Miteinander und eine wichtige Voraussetzung dafür, dass sich Mitarbeiter einbringen und ihre Stärken auch über das ursprüngliche Aufgabenfeld hinaus anbieten, weil sie das nötige Selbstbewusstsein haben und Rückendeckung von ihrer Führungskraft spüren.

Sich seiner Stärken bewusst zu sein, heißt nicht, blind für die eigenen Schwächen zu sein. Das Bewusstsein für Stärken setzt einen Selbstreflexionsprozess voraus, den die Führungskraft beim Mitarbeiter mit ihrem Feedback und ihrer Wahrnehmung begleitet. Sich klar zu machen, worin man gut ist, heißt gleichzeitig, dass es andere Bereiche gibt, in denen man weniger gut ist. Resultat des Dialogprozesses zwischen Mitarbeiter und Führungskraft könnte sein, gemeinsam eine Rolle zu finden, die den Stärken bestmöglich entspricht, sowie gemeinsam zu schauen, welche Kompetenzen der Mitarbeiter dafür weiterentwickeln kann.

Um Stärken einschätzen zu können und auch immer wieder zu hinterfragen, braucht es stets die eigene Wahrnehmung sowie die Fremdwahrnehmung. Sowohl Mitarbeiter als auch Führungskraft sind auf solches Feedback angewiesen, das sich auf konkretes Verhalten beziehen sollte. Es kann dennoch helfen, zum Beispiel die Gebiete ausfindig zu machen, in denen man sich weiterentwickeln möchte. Die Entwicklung sollte sich in der Regel auf

Stärken und Potenziale beziehen und nicht auf Defizite. Denn Veränderungen geschehen meistens nur bis zu einem gewissen Grad. Aus einem introvertierten Menschen wird keine Rampensau mehr. Er wird also eher nicht so gerne offensive Akquise-Gespräche führen. Er hat andere Fähigkeiten.

Für das Personalmanagement heißt das, die Führungskräfte für die Vorteile einer stärkenorientierten Sichtweise und Führung zu sensibilisieren und Angebote zu machen, die den Reflexions- und Feedbackprozess begleiten – und das so individuell wie möglich.

Für die Führungskraft ist es wichtig, sich der Stärken des Mitarbeiters bewusst zu sein. Dafür muss man diese nicht gleich in aufwendige Assessment und Development Center schicken. Einfacher – und trotzdem hilfreich – ist es für die Führungskraft, zunächst mit dem Betreffenden direkt über dessen Kompetenzen zu diskutieren. Und es macht Sinn, Einschätzungen von Kollegen und anderen Führungskräften einzuholen. Das Personalmanagement kann dafür einen entsprechenden Prozess anbieten, wenn es sein muss.

Oder es werden Workshop-Formate angeboten, bei denen sich Teams zu den jeweiligen individuellen sowie den Stärken des Teams austauschen, um Konsequenzen bezüglich der Aufgabenverteilung zu ziehen.

Profil mit fünf Stärken

Die Sparda-Bank München verfolgt konsequent ein solches Konzept der Stärkenorientierung in der Personalentwicklung und beim Thema Führung. Grundlage ist die Analyse der Stärken beziehungsweise Talente der Mitarbeiter, die diese selbst mithilfe des »Clifton Strengthsfinder« des Gallup-Instituts, einem internetbasierten Fragebogen, herausfinden können. Jeder Mitarbeiter erhält am Ende ein Profil mit seinen fünf größten Stärken, die danach im Mittelpunkt eines ersten Workshops stehen. Dieser hat das Ziel, Aufgaben- und Kompetenzverteilungen im Team zu überdenken und so die vorhandenen Stärken im Team besser zu nutzen. Das Stärkenkonzept gilt auch für die Führungskräfte der Sparda-Bank, die dazu auf ein großes Coaching- und Seminarangebot zurückgreifen können (Dumpert 2015). Sich im Rahmen von Führung und Personalentwicklung auf die Stärken und nicht auf die Mängel von Mitarbeitern zu fokussieren, ist ganz besonders in Zeiten von Agilität sinnvoll, in denen Schnelligkeit, Flexibilität und Veränderungsfähigkeit gefragt sind. Dazu bin ich jedoch nur bereit und mental in der Lage, wenn ich mich auf einem Gebiet bewege, auf dem ich eine gewisse Grundsicherheit mitbringe, auf meinem Gebiet der Stärken.

Der Fokus auf die Stärken könnte auch dazu führen, dass in der Organisation eher das Aufgabengebiet beziehungsweise die Rolle rund um die Stärken gebaut wird und Mitarbeiter nicht in dokumentierte Stellenbeschreibungen gequetscht werden, was wiederum den Blick für die Schwächen verstärken würde. In Zeiten, in denen Strukturen sich ohnehin in immer kürzeren Abständen verändern, weil beispielsweise neue Geschäftsmodelle oder Möglichkeiten der Technologie dies nötig machen, hat eine stärkenorientierte Führung in jedem Fall das größere Zukunftspotenzial.

Die Führungskraft muss sich mit den Mitarbeitern beschäftigen. Das erfordert eine gewisse Nähe. Viele Führungskräfte sind jedoch zu weit weg von den Mitarbeitern, um deren Stärken wirklich erkennen zu können. Auch das kann eine Frage der Organisationsstrukturen sein. Und andersherum gilt es ebenso: Bestimmte Organisationsstrukturen machen entsprechende Führungsmodelle nötig.

9.2.4 Das Fördern von Beziehungs- und Netzkompetenz

Personalmanager unterstützen Führungskräfte bei der Entwicklung der notwendigen Kompetenzen, um erfolgreich in der erwähnten VUCA-Welt bestehen zu können. Sie sind Sparringspartner und, wenn es sein muss, navigierende Begleiter. Manche Kompetenzen, die Führungskräfte zunehmend ganz besonders brauchen, sind unabhängig von der jeweiligen Branche. So müssen sie auf der kognitiven Ebene zum Beispiel zunehmend in der Lage sein, komplexe Probleme zu lösen – und das gemeinsam mit anderen. Die Probleme sind unter anderem dynamisch. Das heißt, die Situation ändert sich von selbst mit der Zeit ohne das Einwirken der jeweiligen Personen. Es liegen nicht alle erforderlichen Informationen vor. Es gibt wechselseitige Abhängigkeiten und nicht nur einfache Kausalitäten. Das bedeutet, dass Prioritäten gesetzt und Entscheidungen getroffen werden müssen, obgleich nicht alle Informationen vorhanden sind. Deswegen ist es so wichtig, durch den Austausch mit anderen den blinden Fleck möglichst klein zu halten.

Das Lösen von komplexen Herausforderungen hat also neben einer kognitiven auch eine Verhaltensebene. Eine Führungskraft muss Vertrauen aufbauen und schlicht mit anderen offen kommunizieren können – mit Menschen aus dem eigenen Team, aus anderen Bereichen und Funktionen sowie anderen Institutionen und Unternehmen. Ansonsten ist sie nicht anschlussfähig.

Anschlussfähigkeit herzustellen, ist außerdem für Perfektionisten schwer. Es braucht mehr denn je einen gewissen Pragmatismus. Und Führungskräfte müssen bereit sein, über den Tellerrand zu schauen, sich nicht nur für den eigenen, sondern ebenso für andere Bereiche zu interessieren – im Sinne der Zusammenarbeit, aber auch um sich für die eigene Arbeit von anderen Ressorts inspirieren zu lassen. Ein Leitender Redakteur muss sich heute genauso für Marketing und Vertrieb interessieren wie für Webentwicklung. Nicht nur um das ganze Business zu verstehen, sondern auch, um schnell in einen produktiven Austausch zu kommen. Für den zuletzt genannten Punkt spielen digitale Kompetenzen ebenfalls eine große Rolle. Ein gewisses Grundverständnis vom Programmieren hilft zum Beispiel in Bezug auf die gemeinsame Zusammenarbeit mit Softwareentwicklern – das gilt übrigens auch für Personaler.

Vier Elemente der Netzkompetenz

Ich habe oben geschrieben, wie wichtig Beziehungskompetenz ist, verstanden als die Fähigkeit zur Selbstreflexion sowie die Wahrnehmung von anderen und ihren Bedürfnissen. Sie zu fördern, beispielsweise im Rahmen von Coachings, ist die wichtige und notwendige Basis, damit Führungskräfte heute in einer vernetzten Arbeits- und Wirtschaftswelt erfolgreich agieren können.

Die sogenannte Netzkompetenz setzt quasi auf dieser auf und erweitert die Fähigkeit zur Vernetzung noch um die digitale und ökonomische Dimension.

Im Rahmen eines Forschungsvorhabens des Berufsbildungsinstituts Arbeit und Technik an der Europa-Universität Flensburg hat man für die Facharbeit festgestellt, dass die sogenannte Netzkompetenz die herausragende Querschnittskompetenz ist, die in einer digitalisierten und vernetzten Arbeitswelt notwendig ist, weil sie – qualifikationsübergreifend – einen wesentlichen Schlüssel zur nachhaltigen beruflichen Handlungsfähigkeit darstellt.

Wobei sie einem entwicklungsoffenen Verständnis unterliegt (Gebhardt 2016). Es lohnt sich, das Konstrukt der Netzkompetenz an dieser Stelle näher zu betrachten, da auch Führungskräfte zunehmend Teil eines oder mehrere Netzwerke sind, also ebenfalls verstärkt in und mit »Netzen« agieren. Wobei der Begriff mehrere Bezugspunkte hat, wie Jonas Gebhardt betont: nämlich die Vernetzung unterschiedlicher Fachbereiche, die On- und Offline-Vernetzung mit Kollegen, das Arbeiten in internationalen Wertschöpfungsnetzen sowie das technische Verständnis von digitalen Netzwerken und informationstechnischen Grundlagen.

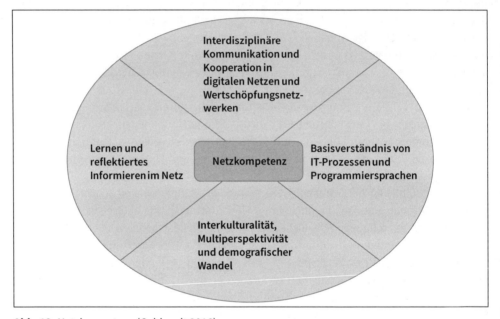

Abb. 13: Netzkompetenz (Gebhardt 2016)

Die Netzkompetenz wird als ein Konstrukt gesehen, das ein reflektiertes und urteilsfähiges Wirken in einer vernetzten Gesellschaft und Arbeitswelt ermöglicht und so Orientierung bietet – ähnlich der Funktion eines Kompasses. Mit einer ausgeprägten Netzkompetenz hat die Führungskraft die Fähigkeit (siehe Abbildung 13),
- interdisziplinär zu kommunizieren sowie in digitalen Netzen und Wertschöpfungsnetzwerken zu kooperieren,
- ein Basisverständnis von IT-Prozessen und Programmiersprachen zu entwickeln,
- in Netzen zu lernen und sich reflektiert zu informieren,
- interkulturell zu arbeiten und Multiperspektivität zu akzeptieren.

Der Verweis auf die IT-Basiskompetenzen zeigt Parallelen zu dem weiter oben erwähnten T-Shaped-Profil, von dem auch in Bezug auf das agile Arbeiten des Öfteren die Rede ist. Hinsichtlich der Netzkompetenz geht es darum, Basiskonzepte benachbarter Fachinhalte und Arbeitsbereiche einordnen zu können, um komplexe Prozesse im Arbeitsalltag besser nachvollziehen und gegebenenfalls mitgestalten zu können.

Die zunehmende Bedeutung der Digitalisierung für die Geschäftsmodelle und -prozesse in wissensbasierten Bereichen macht das IT-Basisverständnis für Führungskräfte so wichtig. Auch um gegenüber Programmierern und anderen IT-Mitarbeitern ernst genommen zu werden.

Überzeugungsarbeit
Personalmanager als Performance Consultants müssen Führungskräfte überzeugen, dass diese das lebenslange Lernen selbst ernst nehmen und nicht nur gegenüber den eigenen Mitarbeitern als Mahner auftreten. Letztlich geht es auch um die Employability (Arbeitsmarktfähigkeit) von Führungskräften, die sich kontinuierlich mit den Anforderungen im Unternehmen, aber auch am Markt auseinandersetzen müssen. Was kurzfristige, insbesondere fachliche Anforderungen angeht, kann die Führungskraft am besten einschätzen, was gefragt ist. Was übergreifende soziale und personale Fähigkeiten betrifft, sollte das People Management die Expertise haben. Es unterstützt dabei, wie Führungskräfte beispielsweise bestmöglich mit Dynamik, Unsicherheiten und Ambiguitäten umgehen können. Wie sie also unter anderem Entscheidungen auf Basis nicht aller möglichen Informationen treffen; wie sie sich bei widersprüchlichen Anforderungen verhalten oder wenn der Mitarbeiter nicht immer um sie ist. Zum anderen muss die Führungskräfteentwicklung die Netz- sowie Beziehungskompetenz ins Visier nehmen – als Angebot an die Führungskräfte, um in der digitalen Welt zu bestehen.

9.2.5 Die Führungsinstrumente neu justieren – das Beispiel Mitarbeitergespräch

In einem Unternehmen, in dem auf Social Collaboration und die Nutzung von kollektiver Intelligenz gesetzt wird, muss das Personalmanagement alle eigenen Instrumente und Prozesse auf den Prüfstand stellen. Die Frage muss jeweils sein, ob diese wirklich ein Problem lösen und der Kosten-Nutzen-Aufwand in einem vernünftigen Verhältnis steht. Und: Fördern sie die Zusammenarbeit und die Nutzung der kollektiven Intelligenz beziehungsweise stehen sie ihr zumindest nicht im Weg? Oder sind sie eher starr, kosten eine Menge Zeit, zielen auf eine Leistungsoptimierung des Einzelnen, ohne Zusammenhänge zu berücksichtigen, und werden von Mitarbeitern sowie Führungskräften eigentlich abgelehnt.

Armin Trost betont in seinem lesenswerten Buch »Unter den Erwartungen« (2015), dass hinsichtlich der Einführung von HR-Instrumenten und Systemen zu häufig schlicht falsch vorgegangen werde. Statt sich anfangs zu fragen, was man eigentlich erreichen wolle, also die Frage nach dem Nutzen, wird zuerst entschieden, dass man Instrument xy einführen wolle. Die Entscheidung wird gefällt, ohne sich wirklich Gedanken über die Relevanz gemacht und sich die Rahmenbedingungen differenziert angeschaut zu haben. Die Frage »Wer ist der Kunde und welches Problem hat er?« kommt in der Regel zu spät – wenn überhaupt.

Trost geht auf die Frage nach dem allgemeinen Vorgehen bei HR-Systemen am Beispiel des Mitarbeitergesprächs ein, das er kritisch betrachtet. Es gilt immer noch als wichtiges Führungsinstrument und in vielen Unternehmen hat es eine enorme Bedeutung, weil es zahlreiche Schnittstellen zu anderen HR-Prozessen aufweist, wie zum Beispiel Talent Management oder Personalentwicklung, Vergütungsmanagement oder Mitarbeiterbindung. Das Mitarbeitergespräch ist in den allermeisten Fällen ein verpflichtendes, institutionalisiertes Gespräch, das die Führungskraft mit dem Mitarbeiter führt – und zwar einmal im Jahr. Und es wird eine Menge abgehandelt zwischen den beiden, insbesondere das Feedback zur Mitarbeiterleistung und eine Beurteilung, das Vereinbaren von Zielen sowie die weitere Entwicklung des Mitarbeiters.

Ich werde mich in Kapitel 10 ausführlich mit dem Performance Management beschäftigen. Das Mitarbeitergespräch, das man als Bestandteil davon betrachten kann, wird derzeit in vielen Unternehmen nicht nur kritisch beäugt, sondern komplett überarbeitet. Das traditionelle Mitarbeitergespräch stößt an Grenzen und steht exemplarisch für die Neuausrichtung der Personalsysteme und -instrumente.

Veränderungen oder gar Alternativen müssen her, weil sich für die meisten Unternehmen die Rahmenbedingungen geändert haben. Die Arbeitswelt ist schneller, die Aufgaben sind anspruchsvoller geworden und in der Regel hat sich die Perspektive bezüglich des Nutzens verschoben. Was wir sehen, ist, dass das gegenseitige Feedback für das Lernen tendenziell wichtiger wird als beispielsweise das Motivieren mit vorgegebenen Zielen. In Bezug auf die Alternativen zu einem traditionellen Mitarbeitergespräch gibt es viele Stellhebel, die die Personalabteilung bewegen kann. Das kann zum Beispiel die zeitliche Taktung sein, wie Ziele entwickelt werden, wer beurteilen darf oder gar ob es verpflichtend oder freiwillig ist. Was am Ende herauskommt, muss nicht unbedingt noch etwas mit einem Mitarbeitergespräch zu tun haben – oder es ist einfach ein Mitarbeitergespräch reloaded. Jedes Unternehmen muss seine individuelle Lösung finden.

Doch wie bei vielen anderen HR-Instrumenten stehen Personaler hier vor der grundsätzlichen Herausforderung, das Mitarbeitergespräch flexibler und dynamischer zu gestalten sowie mehr Team- und Projektarbeit zu berücksichtigen. Wenn wir davon ausgehen, dass die Umwelten komplexer werden und die Unternehmen sich tendenziell bemühen, mehr Entscheidungen nach unten beziehungsweise aus der Zentrale weg zu verlagern, lassen sich zum Mitarbeitergespräch beziehungsweise zum jeweiligen Äquivalent gewisse Trendaussagen treffen:

- Das Mitarbeitergespräch findet mehr als einmal im Jahr statt, eher einmal im Quartal oder noch häufiger.
- Ziele werden innerhalb eines Jahres flexibel angepasst.
- Der Feedback-Dialog und die Entwicklung des Mitarbeiters rücken statt der reinen Beurteilung in den Fokus des Gesprächs. Damit wird die Rolle der Führungskraft anspruchsvoller, die sich nicht nur hinter der Verkündigung einer Beurteilungsnote verstecken kann.
- Neben den bilateralen Gesprächen gibt es Gespräche mit dem gesamten Team, um dessen Leistung und Entwicklung zu besprechen.
- Das Mitarbeitergespräch ist weniger institutionalisiert und ein bürokratischer Akt. Dokumentiert wird nur das Allernötigste.
- Die Führungskraft bezieht für das Gespräch mehrere Feedback-Geber ein, vor allem die direkten Kollegen.
- Individuelle Ziele und variable Vergütung werden entkoppelt.
- Kollektive Ziele spielen eine größere Rolle.

Das People Management als Systemverantwortlicher muss neben der Führungskraft auch die Mitarbeiter als Kunden im Fokus haben. Werden die Mitarbeiter mit Feedback versorgt? Wissen sie, in welche Richtung es geht? Das mag für einzelne Einheiten sehr unterschiedlich ausgeprägt sein. Die eine Führungsbeziehung ist beispielsweise sehr vertrauensvoll und es ist wenig Prozessunterstützung der Personaler nötig. Bei der anderen könnte es sein, dass der Rahmen durch das Personalmanagement stärker akzentuiert wird. Doch klar ist: Das traditionelle Mitarbeitergespräch, das einmal im Jahr stattfindet und von der Führungskraft und ihren Vorgaben sowie ihren Beurteilungen dominiert wird, hat in einer digitalisierten Unternehmenswelt nichts zu suchen. Es ist nicht mehr zeitgemäß, weil es zu viel Vernetzung gibt beziehungsweise geben sollte und die Arbeitsbeziehungen sowie die Projekte eher dynamisch verlaufen.

Das Gespräch in agilen Organisationen

Mitarbeitergespräch – das klingt verstaubt und bürokratisch. Es scheint in eine vergangene Zeit zu gehören. Doch auch wenn sich die Begriffe ändern, der Grundgedanke wird weiterhin in Organisationen gelebt werden – oder sollte es zumindest. Nämlich, dass sich Führungskraft und Mitarbeiter beziehungsweise Team austauschen.

Ist in einem Unternehmen die Selbstorganisation besonders ausgeprägt, hat die Führungskraft mehr eine dienende Funktion. Es liegt eine stärkere Verantwortung beim Team als in traditionellen Organisationen. Das gilt nicht nur für die Führung, sondern allgemein für die Personalinstrumente. Die Führungskraft wird bei einem Gespräch mit dem Team also eher Impulse geben und seine Perspektive anbieten oder als Moderator auftreten, wenn das Team diskutiert. Sie hält dem Team den Rücken frei. Feedback- und eventuelle Beurteilungsprozesse können zusätzlich zwischen den Teammitgliedern stattfinden oder das bilaterale Eins-zu-Eins-Gespräch mit der Führungskraft gar ersetzen. People Manager übernehmen dabei vor allem die Aufgabe, dass die Transformation zu mehr Agilität und die Verantwortungsübertragung auf die Teams gelingt. Das Personalmanagement ist Begleiter der Teams und der Führungskraft.

9.3 Anregungen und erste Ideen

Setzen Sie sich mit Coaching auseinander!

Die Führungskraft von heute, die mit unterschiedlichen, zum Teil widersprüchlichen Erwartungen konfrontiert ist, braucht mehr denn je Beratung und Begleitung. Nehmen Sie diese Rolle als Performance Consultant ein. Dafür müssen Sie sich nicht unbedingt zum Coach ausbilden lassen, es ist bereits hilfreich, sich mit dem für das Coaching prägenden Verhalten, der dahinterliegenden Haltung und den Zielen auseinanderzusetzen.

Mit Hilfe eines Coachings, das als dialogischer Prozess zu sehen ist, kann unter anderem die Selbstreflexion und Selbstwahrnehmung der Führungskraft als Klient gefördert werden. Vor allem, wenn jemand neu in einer Führungsposition ist, ist Coaching vielversprechend, weil es den Klienten anregt, eigene Lösungen für Probleme zu entwickeln.

Für Sie als Coach bedeutet das, effektiv kommunizieren zu können, also vor allem konzentriert zuzuhören und wirkungsvoll zu fragen, um so auch Wirklichkeitskonstruktionen der Führungskraft gemeinsam aufzuspüren, gegebenenfalls aufzulösen und einen Perspektivwechsel zu ermöglichen. Und das, ohne Ratschläge zu geben. Der Personaler als interner Coach ist gegenüber der Führungskraft und seiner Situation offen, interessiert und wertschätzend. Er muss es schaffen, eine vertrauensvolle, von gegenseitigem Respekt geprägte Beziehung aufzubauen.

Leider werden Personaler immer wieder belächelt, wenn sie als Motivation angeben, gerne etwas mit Menschen zu tun zu haben. Dabei ist es neben der Business-Orientierung und der Bereitschaft, Neues auszuprobieren, zukünftig noch wichtiger, Beziehungen zu Menschen aufbauen zu können. Denn die Personalarbeit wird zukünftig vermehrt auf Basis eines kollaborativen Ansatzes gemacht. Coaching passt sehr gut in die heutige Arbeitswelt, weil es dialogisch und auf Augenhöhe stattfindet und das Individuum als Experten für seine eigene Situation betrachtet.

Das Personalmanagement kann Coaching als Instrument auf vielen Gebieten und auch in Bezug auf eine konkrete Situation anbieten, zum Beispiel, wenn:
- die Führungskraft als Projektleiter arbeitet, um Ziele zu klären;
- die Führungskraft einen Konflikt mit einem Mitarbeiter hat;
- die Führungskraft eine neue Rolle im Rahmen eines Change-Prozesses einnehmen muss;
- die Führungskraft ein neues Führungsverhalten ausüben will;
- die Führungskraft wirkungsvoll Feedback-Gespräche führen möchte.

Coaching kann man nicht verordnen, auch wenn Unternehmensleitungen vielleicht anderer Meinung sein mögen. Coaching kann nur wirkungsvoll sein, wenn sich die Führungskraft freiwillig darauf einlässt. Es sollte ein fester Bestandteil des individuellen lebenslangen Lernens sein. Jede Führungskraft – und jeder Mitarbeiter – muss bereit sein, immer wieder dazuzulernen. Coaching steht damit exemplarisch für die Individualisierung der Personalarbeit, die vor allem dem Selbstlernen und der Selbstlernkompetenz einen Rahmen gibt und es fördert. Werden Sie Coach!

Setzen Sie auf eine kollaborative, interdisziplinäre und hierarchieübergreifende Führungskräfteentwicklung!
Beenden Sie auch in der Führungskräfteentwicklung das Silodenken und setzen Sie damit die erste Saat eines vernetzten Arbeitens. Bringen Sie Führungskräfte aus unterschiedlichen Bereichen zusammen, damit sie voneinander lernen. Auch sollte die Führungskräfteentwicklung hierarchieübergreifend stattfinden. Richten Sie Ihr Programm nicht nach Zielgruppen und Hierarchieebene aus, sondern nach der Kompetenzentwicklung. So kommen obere Manager auch stärker in Kontakt mit dem Know-how von Führungskräften, die näher am Markt agieren.

Setzen Sie auf Workshops, in denen die Führungskräfte gemeinsam an neuen Lösungen arbeiten. Hier können auch die Mitarbeiter einbezogen werden. Gemeinsam werden Ideen diskutiert, ausprobiert und vielleicht erste Prototypen entwickelt. Die Mitarbeiter können aber auch anderweitig einbezogen werden, indem zum Beispiel ihre Erwartungen an die Führungskräfteentwicklung abgefragt werden.

Gleichzeitig können Sie das Social Learning fördern. Führungskräfte sollten voneinander lernen. Es könnten sich fachübergreifende Lerntandems bilden, die sich immer wieder treffen und so eine Peer Group bilden, in der man zum Beispiel ein aktuelles Projekt bespricht. Sie als Personalmanager könnten für die Vermittlung der Tandempartner sorgen und einen Rahmen vorschlagen, wie solche Treffen ablaufen.

Werben Sie bei den Führungskräften für Team-Workshops!
Neben dem Mitarbeitergespräch findet häufig zu wenig Austausch im Team statt. Natürlich gibt es Meetings. Doch die sind in der Regel aufgabenorientiert und es werden stur Agenda-Punkte abgearbeitet. Ab und an braucht es aber ein Zusammenkommen, bei dem alle sich über die Zusammenarbeit austauschen. Was läuft gut? Und was weniger? Wie können wir was verbessern? Das kann im Rahmen eines Workshops geschehen, der von einem People Manager moderiert wird und bei dem die Führungskraft eine normale Teilnehmerin ist. Werben Sie für solche Zusammenkünfte und machen Sie deutlich, wie sinnvoll es ist, dass sich die Führungskraft zusammen mit dem Team auf Augenhöhe über das gemeinsame Arbeiten austauscht. Der Moderator sollte dafür Sorge tragen, dass fokussiert an konkreten Fragestellungen gearbeitet wird.

> **EXKURS**
>
> **Längere Retrospektiven**
> Im agilen Kontext kennt man die sogenannten Retrospektiven, also strukturierte Prozessreflexionen, die in regelmäßigen Abständen stattfinden und die vor allem dazu genutzt werden sollen, um aus der Vergangenheit zu lernen. Sie haben auch den Zweck, Themen offen anzusprechen. Man unterscheidet zwischen Kurzretrospektiven und längeren Retrospektiven. Letztere können zum Beispiel einmal im Quartal abgehalten werden. Svenja Hofert (2016) beschreibt fünf Phasen einer längeren Retrospektive, die einen halben oder einen ganzen Tag dauern kann.
> Die erste Phase dient der Einstimmung und der Erläuterung der Vorgehensweise. Am Anfang könnte die sogenannte Sicherheitsfrage gestellt werden, die da lautet: »Auf einer Skala von eins bis zehn: Wie frei denken Sie, in dieser Runde sprechen zu können?« Beim ersten Mal kann die Antwort anonym auf eine Karte geschrieben werden. Gibt es niedrige Werte, kann das in der Gruppe diskutiert werden beziehungsweise die Teilnehmer schreiben ihre Antwort wieder auf Karten. Die Sicherheitsfrage ist eine Standortbestimmung in Sachen Vertrauen. Hier braucht es vonseiten des Moderators viel Fingerspitzengefühl.
> In der zweiten Phase werden Informationen gesammelt. Zum Beispiel zur Stimmung im Team, die ebenfalls anhand einer Skala abgefragt werden kann. Anschließend werden die Einschätzungen von den Teilnehmern erläutert. In der dritten Phase geht es darum, Ideen zu generieren, wie die Zusammenarbeit verbessert werden kann. Die Vorschläge können auf Karten geschrieben und nach Themen geclustert werden. Danach geben die Teilnehmer ihre Bewertungen und Meinungen zu den Ideen ab. Je größer ihre Zahl ist, desto sinnvoller ist es, Kleingruppen zu bilden. In der vierten Phase werden die Lösungsvorschläge priorisiert. Und in der fünften und letzten Phase ist es wichtig, dass jeder mit einem guten Gefühl den Workshop verlässt. Die Zusammenarbeit und der Beitrag von jedem Einzelnen werden gewürdigt.

Arbeiten Sie dafür, dass sich Führungskräfte Feedback einholen!
Nur eine Minderheit der Führungskräfte holt sich von den Mitarbeitern Feedback zu den eigenen Leistungen und zum Führungsstil (vgl. von Rundstedt 2015). Dabei sind sie darauf angewiesen, um sich weiterentwickeln zu können. Machen Sie den Führungskräften deutlich, dass es sich lohnt, Feedback einzuholen. Erste Voraussetzung ist, dass das Feedback der Führungskraft gegenüber den Mitarbeitern selbst stets wertschätzend erfolgt. Neben einer kritischen Rückmeldung zu einem Verhalten sollten immer auch besondere Stärken oder Leistungen des Mitarbeiters erwähnt werden. So kann der Grundstein für eine vertrauensvolle Feedback-Kultur gelegt werden, in der auch der Mitarbeiter bereit ist, der Führungskraft Rückmeldung zu geben.

Ein 360-Grad-Feedback zu der Leistung der Führungskraft, das mehrere Feedbackgeber miteinschließt, nämlich Mitarbeiter, Vorgesetzte, Kollegen und Kunden, kann eine sinnvolle Sache sein, weil dadurch unterschiedliche Perspektiven Berücksichtigung finden. Die Führungskraft kann dadurch besser einschätzen, wo es Entwicklungsbedarf gibt, und die Unterschiede zwischen Selbst- und Fremdbild werden klarer. Das anonyme 360-Grad-Feedback sollte als echtes Entwicklungsinstrument eingesetzt werden. In vielen Unternehmen sind allerdings Bewertungen und variable Vergütung an die Ergebnisse gekoppelt. Das halte ich für einen Fehler, weil es die Manager davon ablenkt, sich auf das eigene Entwicklungspotenzial zu fokussieren. Stattdessen wird zu sehr auf die Bewertung und die möglichen negativen Konsequenzen geachtet. Ich habe Führungskräfte erlebt, die verzweifelt herauszufinden versuchten, von wem das kritische Feedback gekommen ist, um mit demjenigen darüber zu reden. Durch die Verknüpfung mit der Führungskräftebeurteilung und -vergütung werden Chancen vergeben.

Werben Sie bei den Führungskräften dafür, dass Teams Schritt für Schritt mehr Autonomie bekommen!
Das Personalmanagement sollte sich als Begleiter einer Transformation sehen, bei der es auch darum geht, Mitarbeiter und Teams an ein eigenverantwortliches Arbeiten heranzuführen. Wenn dieses Ziel von der Unternehmensleitung ausgegeben wurde, muss das Personalmanagement bei den Führungskräften darum werben, den Teams mehr Verantwortung zu übertragen. Ein solcher Prozess braucht Zeit: angefangen von ersten einfachen Entscheidungen, die das Team trifft, bis hin zu weitgehender Selbstorganisation ist es ein weiter Weg.

Holen Sie die Führungskräfte in die Mitte des Unternehmens!
Führung wird horizontaler. Dieser Meinung ist man sogar bei einem DAX-Konzern wie Siemens. Das bedeutet auch, dass klassische Karrieresymbole wie das eigene Eckbüro an Bedeutung verlieren. Personalvorstand Janina Kugel wird nicht müde zu betonen, dass es mehr und mehr darum geht, die kollektive Intelligenz innerhalb und außerhalb des Unternehmens zu nutzen. »Deshalb dürfen Sie als Führungskraft nicht nur mit einem kleinen Kreis von Mitarbeitern kommunizieren, sondern Sie müssen etwa über soziale Netzwerke neue Kanäle öffnen. Unsere Personalmanager in aller Welt können in unserem internen Netzwerk mit mir über Themen diskutieren. Und sie machen regen Gebrauch davon.« (Kugel 2015)

Rege Kommunikation soll aber auch offline möglich sein, und das geht umso besser, wenn die Wege zu den Führungskräften kurz sind und man nicht erst in den allerobersten Stock fahren und sich durch drei Vorzimmer inklusive Wartezeiten durchkämpfen muss. Diese Zeiten sind vorbei. Ein Beispiel dafür ist die CosmosDirekt, die den kompletten Vorstandstrakt in die Mitte des Hauptgebäudes verlegt und verglast hat. Werben Sie also als Personalmanager für den Netzwerkgedanken und machen Sie der Führung klar, dass sich das auch im Konkreten, etwa durch die Räumlichkeiten, zeigen sollte. Das kann ein starkes Signal an die Mitarbeiter sein.

10 Human Collaboration Management und das Performance Management

Zu oft wird in den Unternehmen die Quadratur des Kreises versucht: Einerseits wird eine Kultur angestrebt, in der Mitarbeiter sich gegenseitig unterstützen und zusammenarbeiten. Andererseits werden aber die Prozesse und Instrumente, die von HR verantwortet werden, nicht entsprechend angepasst. Besonders fatal ist es in Bezug auf das Performance Management, das in der Regel auf die Optimierung der Leistung und Karriere des Einzelnen ausgerichtet ist und die bilaterale Beziehung zwischen Führungskraft und Mitarbeiter im Fokus hat. Eine Organisation, die sich netzwerkartig aufstellen und die Intelligenz der vielen effektiv nutzen will, muss im Rahmen des Wandels als eine der ersten Maßnahmen das Performance Management überprüfen. Es ist das Herz der Veränderung. Traditionelle Systeme machen die meisten Bemühungen um mehr Collaboration zunichte, weil die falschen Anreize gesetzt werden.

10.1 Grundlegendes

Im Grunde ist die Idee eines klassischen, von den Personalern verantworteten Performance Management einfach. Mitarbeiter und Führungskräfte sollen erstens die Unternehmensziele kennen, die für den eigenen Bereich runtergebrochen werden. Die eigene Leistungserbringung soll die Unternehmensziele und -strategie unterstützen. Und zweitens will das Unternehmen wissen, wer die Leistungsträger sind sowie diejenigen, die eine unterdurchschnittliche Performance erbringen, um entsprechende Maßnahmen daraus abzuleiten.

Allerdings ist das System, das von Messung, Kontrolle und Analyse geprägt wird, in vielen Unternehmen zum reinen Selbstzweck verkommen. Es wird von allen Beteiligten nur noch ertragen. In den meisten Fällen steht auch überhaupt nicht die Leistung von Gruppen und Teams im Fokus. Im Gegenteil. Mit Blick auf das Performance Management scheint häufig gar keine Wertschöpfung, die im Zusammenspiel von mehreren entsteht, zu existieren.

10.1.1 Komplizierte Systeme und hohe Unzufriedenheit

Der klassische Ablauf eines Performance Management beginnt bei der Mehrheit der Unternehmen immer noch mit dem jährlichen Mitarbeitergespräch, in dem die Führungskraft und der Mitarbeiter Ziele festlegen. Ein Jahr später wird geschaut, wie die Zielerreichung aussieht. Daran orientiert sich die Beurteilung des Mitarbeiters. Zusätzlich oder alternativ wird er von der Führungskraft anhand einiger Kriterien, beispielsweise 15 von HR vorgegebene Indikatoren, beurteilt. Am Schluss mündet die Bewertung in einer Zahl, einer Note oder einem Wert anhand einer mehrstufigen Skala. Eine gewisse Fairness versuchen größere Unternehmen mithilfe der Kalibrierung zu gewährleisten. Vorgesetzte setzen sich in Gruppen zusammen, um gemeinsam die einzelnen Mitarbeiterbewertungen durchzugehen. Es soll nicht ein einzelnes subjektives Urteil ausschlaggebend sein. Es ist der Versuch einer Objektivierung.

In der Regel ist die Bewertung an die Mitarbeiterentwicklung und die Vergütung, beispielsweise in Form eines individuellen Bonus, geknüpft, was ihr ein besonderes Gewicht gibt. Wie viel Geld der Mitarbeiter am Ende des Jahres bekommt, ist also maßgeblich vom Urteil des Vorgesetzten abhängig.

Das Problem für Unternehmen ist jedoch, dass die individuelle variable Vergütung nicht atmet. Es ist nicht selten der Fall, dass es dem Unternehmen wirtschaftlich schlecht geht und die durchschnittliche individuelle Zielerreichung liegt trotzdem über 100 Prozent. Und Bewertungsskalen werden von den Führungskräften nicht in der ganzen Bandbreite genutzt, weil sie eher wohlwollend urteilen. Gründe hierfür können zum Beispiel sein: mangelnde Konfliktfähigkeit, Ungleichheitsaversion oder eine soziale Nähe zwischen Vorgesetztem und Mitarbeiter (vgl. Grunewald/Then 2016).

Erzwungene Verteilung

Manche Unternehmen versuchen eine sogenannte rechtsschiefe Verteilung bei der Bewertung zu verhindern, indem die Verteilung vorgegeben oder mehr oder weniger stark empfohlen wird. Gängig ist die gaußsche Normalverteilung: wenige Gute oben, wenige Schlechte unten und die große Mehrheit im Mittelmaß. Man will also, dass die Beurteilungen von Teammitgliedern beispielsweise anhand einer 5er-Skala normal verteilt ist: In die Kategorie 1 (hervorragende Leistung) sollen zum Beispiel zehn Prozent eingruppiert werden, in die zweite Kategorie 20 Prozent, in die dritte 40 Prozent und so weiter. Damit wird eine zu geringe Streuung vermieden.

Man kann eine sogenannte Normalverteilung ebenfalls indirekt erreichen, indem man sie zwar nicht vorgibt, aber beispielsweise die Budgets für Gehaltserhöhungen begrenzt, die sich nach der Bewertung oder der Zielerreichung richten. Wenn die Führungskraft in einem vorgegebenen Budget bleibt, lässt sich besser kalkulieren. Doch mit der tatsächlichen Verteilung der Leistungsniveaus muss die Normalverteilung nicht unbedingt etwas zu tun haben.

Es funktioniert nicht mehr

Die Unzufriedenheit mit einem solchen Performance Management – ob mit oder ohne vorgegebene Verteilung – ist groß. Vor allem die Mitarbeiter betrachten die Beurteilungsprozesse als intransparent. Die meisten Systeme werden als zu zeitintensiv und ungerecht empfunden (vgl. Accenture Strategy 2016). Die Frage ist außerdem, ob sie überhaupt funktionieren, wenn sie in Strukturen eingebettet sind, die auf Arbeitsteilung und kontinuierliche Optimierung ausgerichtet sind. Das Grundgerüst der heutigen Performance-Management-Systeme ist in den 80er-Jahren entstanden. Die Jobs in den Unternehmen haben sich aber mittlerweile massiv verändert. Viele verlangen mehr als früher tiefergehende Expertise, ausgeprägte Kompetenzen in Bezug auf Problemlösungen und ein selbstständiges Urteilsvermögen. Die Mitarbeiter tragen heute tendenziell mehr Verantwortung als noch vor 10 oder 15 Jahren, beispielsweise in Hinblick auf die Zusammenarbeit mit Kunden und Geschäftspartnern (vgl. Ewenstein et al. 2016).

Eine Menge Unternehmen sind dabei, das eigene Performance-Management-System zu verändern oder sie haben es vor, doch mit Ausnahme einer überschaubaren Minderheit nehmen die Firmen lediglich kleine Änderungen innerhalb des Systems vor: zum Beispiel eine andere Form der Kalibrierung, mehr Abstufungen bei den Bewertungsskalen oder statt einem Mitarbeitergespräch zwei oder drei im Jahr. Die Systeme werden nicht komplett neu gedacht. Das wäre aber notwendig.

10.1.2 Schaden statt Nutzen

Ob man im Leben Ziele braucht, muss jeder für sich selbst entscheiden. Im Arbeitskontext jedenfalls sind sie wichtig, weil das Handeln eine Richtung bekommt und sie dafür sorgen, dass möglichst alle an einem Strang ziehen. Gegenwärtige Zielsysteme sind jedoch aufgrund mehrerer Punkte problematisch. Denn Zielvereinbarungen zwischen Führungskraft und Mitarbeiter entpuppen sich häufig als Vorgaben des Vorgesetzten, die die Eigenverantwortung und das angestrebte unternehmerische Denken torpedieren. Wenn Ziele aber nicht als eigene Ziele gesehen werden, motivieren sie meist nicht.

Aber auch wenn sie zusammen vereinbart werden, ist das System in den meisten Fällen zu starr. Dynamische Märkte verlangen eine größere Flexibilität, Ziele müssen heute immer wieder neu justiert werden, weil die Gegebenheiten sich schnell ändern. Eine Anpassung einmal im Jahr reicht in der Regel nicht mehr. Es müsste eigentlich ein permanenter Abgleich stattfinden, ob die Richtung noch stimmt. Anderenfalls verfolgt der Mitarbeiter ein neues Ziel, ohne dass das System davon weiß. Oder er peilt ein mittlerweile irrelevantes Ziel an, weil von der Erreichung sein Bonus abhängt. Zudem führt die Fixierung auf die individuellen Ziele dazu, dass die Zusammenarbeit über Bereiche hinweg sowie im Team beschränkt wird. Auch den Unternehmensbereichen wird die Zusammenarbeit durch die Zielsysteme erschwert. Nicht selten geht das Teilziel für einen Bereich zulasten des anderen.

»Fixierte Ziele, Management by Objectives, Cost- oder Revenue-Center sind immer nur Krücken, die den Markt nicht ersetzen können. Sie engen Optionen und unternehmerische Wahrnehmung ein.« (Pfläging/Hermann 2015, S. 42)

Die Beurteilungssysteme selbst, wie sie in der Mehrheit der Unternehmen existieren, bringen hohe Kosten mit sich, während der Nutzen zumeist unklar bleibt. Führungskräfte zeigen sich in dem System häufig überfordert, weil sie erstens zu wenig Zeit in den Prozess investieren (können) und zweitens nicht wirklich in der Lage sind, die Leistung des Mitarbeiters fair zu beurteilen. Vor allem wenn der Mitarbeiter in verschiedenen Projekten aktiv ist und verschiedene Arbeitsbeziehungen hat, stößt das System an Grenzen. Dem Vorgesetzten fehlt der Überblick, er oder sie ist zu weit weg vom Geschehen. Gleichzeitig wird aber vom System eine Objektivierung der Leistungsbeurteilung suggeriert, die nicht möglich ist. Subjektive Eindrücke des Vorgesetzten bekommen im System den Anschein von Wahrheiten über einen Menschen, sagt Frederic Laloux (2015).

Alles konzentriert sich auf eine Zahl
Effektives Feedback wird nicht oft gegeben in Unternehmen (vgl. Towers Watson 2015) oder die Führungskraft ist nicht geübt darin und nutzt das Gespräch zur Verurteilung und Kontrolle des Mitarbeiters.

Kaum ein System verzichtet darauf, Beurteilungen in Form eines numerischen Wertes, einer Note beispielsweise, zusammenzufassen. Das wird von den meisten gar nicht infrage gestellt, weil wir es aus der Schul- und Universitätszeit gewohnt sind. Überspitzt gesagt, wird die Jahresleistung eines Mitarbeiters auf eine einzige Zahl reduziert. Und die Noten ziehen dann die ganze Aufmerksamkeit auf sich. Die Mitarbeiter sind nicht mehr offen für das Feedback, sondern konzentrieren sich auf die Zahl, die sie genannt bekommen. Und wenn noch ein Teil der Vergütung daran gekoppelt ist, wird die Diskussion um die Note umso intensiver.

Gerade dann können negative Bewertungsveränderungen demotivierend wirken. Sie beeinflussen nachweislich das Verhalten mehr als umgekehrt positive Veränderungen (vgl. Ewenstein et al. 2016). Unternehmen könnten es insofern etwas abfedern und mehr Differenzierung hineinbringen, indem sie die Leistung nicht nur auf eine einzige Zahl reduzieren, sondern anhand mehrerer Dimensionen mehr als eine Note gleichberechtigt nebeneinander zulassen. IBM hat diesen Weg gewählt. Bei dem IT-Dienstleister sind es fünf Dimensionen, wonach Mitarbeiter beurteilt werden: Business-Ergebnisse, Innovation, Einfluss auf Kundenerfolg, persönliche Verantwortung für andere und Kompetenzen. Die Manager müssen also anhand dieser Dimensionen entscheiden, ob die Erwartungen erreicht wurden (vgl. Zillman 2016). IBM hat sich damit von dem einen Score verabschiedet. Das ist zumindest schon einmal eine Verbesserung.

Traditionelle Systeme sind auch nicht vor Manipulationsversuchen sicher, weil Mitarbeiter nicht selten alles daransetzen, den Bonus zu erreichen. Dazu gehört, dass eine Führungskraft – eventuell zusammen mit dem Mitarbeiter – die Beurteilungen nach den gewünschten Vergütungen ausrichtet. Nach dem Motto: Peter soll Summe x bekommen und Michael Summe y, also braucht Peter die Note z.

Die erwähnte erzwungene Normalverteilung bei den Beurteilungen soll zu mehr Differenzierung führen, um zum Beispiel auch besser ausmachen zu können, wer die High-Performer sind. Die empirische Leistungsverteilung von Mitarbeitern entspricht aber selten der erzwungenen Form. Sie führt zu Wettbewerb zwischen ihnen und kann sogar die Unternehmenskultur vergiften. Höhere Differenzierungen können anfangs zwar zu höheren Anstrengungen führen, aber später setzen Enttäuschungen ein, wenn klar ist, dass positive Bewertungen nicht mehr so leicht zu erreichen sind (vgl. Weilbacher 2013). Möglich ist gar, dass Mitarbeiter sich gegenseitig sabotieren (vgl. Grunewald/Then 2016). Eine Forced Distribution beziehungsweise ein Forced Ranking wirkt sich also negativ auf den Unternehmenserfolg aus, wenn Teamleistung erforderlich und Zusammenarbeit notwendig ist. Und das ist fast immer der Fall.

In die falsche Richtung gelenkt
Traditionelle Systeme erschweren es, die intrinsische Motivation der Menschen zu aktivieren. Im Gegenteil: Die gängigen Anreizsysteme, insbesondere individuelle Leistungsboni, könnten vom Mitarbeiter gar als Misstrauen gedeutet werden: Man geht davon aus, dass der Mitarbeiter ohne entsprechende Vergütung nicht in der Lage ist, vollen Arbeitseinsatz zu zeigen (vgl. Bursee/Wälz 2016). Und in der Tat verändern äußere Anreize die Art und Weise, wie Menschen ihre Arbeit betrachten. Das Verhalten wird darauf ausgerichtet, den Bonus zu bekommen, und der Blick für das große Ganze geht dadurch tendenziell verloren. Der Mitarbeiter oder die Führungskraft entscheidet nicht zuerst danach, was für den Unternehmenserfolg wichtig ist, sondern wie die extrinsischen Motive bestmöglich befriedigt werden können.

10.2 Aufgaben des Personalmanagements

Performance Management ist mehr als das Erreichen von Kennzahlen und das Ausfüllen von Bewertungsbögen. Wenn sich der Prozess darauf beschränkt und dieser den Beteiligten auch noch aufgezwungen wurde, ist die Unzufriedenheit vorprogrammiert und der Nutzen gering oder nicht existent. Klar ist: Mitarbeiter und Führungskräfte sollen Leistung bringen und diese soll im Sinne des Unternehmenserfolges in die richtige Richtung wirken. Doch das Setzen von externen Anreizen und die Leistungsmessung sind hierfür nicht die entscheidenden Instrumente, sondern wichtig ist eine vertrauensvolle und offene Kommunikation, insbesondere wenn es um hochqualifizierte Mitarbeiter geht, die es ans Unternehmen zu binden gilt. Um höchste Leistungen zu ermöglichen – und das auch über einen engen originären Aufgabenbereich hinaus –, muss für Transparenz und einen kontinuierlichen Dialog gesorgt werden. Mitarbeiter sollten an Entscheidungsprozessen beteiligt werden und verstehen, was sie zum Unternehmenserfolg beitragen (können) (vgl. Falkenreck 2016). Den eigenen Beitrag zum großen Ganzen zu erkennen, wirkt motivierend. Ihn sichtbar zu machen, ist insbesondere Aufgabe der Führungskraft. Dasselbe gilt für Teams. Auch sie müssen im Rahmen eines Performance Management adressiert werden. Und dann geht es darum, fortwährend im Gespräch zu bleiben: über Änderungen der Ziele oder Rahmenbedingungen beispielsweise, über die Zusammenarbeit, über Leistung und Verhalten. So gut wie niemand tritt in ein Unternehmen ein, um eine ruhige Kugel zu schieben. Jeder will sein Bestes geben.

Das Personalmanagement sollte Prozesse zur Verfügung stellen, die einen Rahmen bilden, innerhalb dessen Dialog und Reflexion stattfinden können und nicht das Einsammeln von Kennzahlen und die Beschreibung von Leistung anhand von Noten im Vordergrund stehen. Das Selbstverständnis muss vor allem das eines Performance Consultant sein, der zuallererst mit seiner Unterstützung und seinem Rat zu leistungsstarken Teams und Mitarbeitern sowie leistungsstarken Führungsbeziehungen beiträgt, und weniger das eines Prozess-Sheriffs, der darauf pocht, dass alle Bewertungsbögen rechtzeitig abgegeben werden.

10.2.1 Intrinsische Motivation als Antrieb

In traditionellen Systemen wird davon ausgegangen, dass der Einzelne ohne Boni nicht in der Lage oder willens ist, seine beste Leistung zu bringen. Damit drückt sich auch ein entsprechendes Menschenbild im Unternehmen aus, wonach das Individuum sich nicht selbst motivieren kann. Es ist gerade die Aufgabe des Personalmanagements, hier gegenzusteuern und eine Kultur des Vertrauens zu fördern. Den Anfang müssen die eigenen Prozesse machen. Auch wenn individuelle Boni als Anerkennung gewertet werden, bleibt der Nachteil der Fixierung auf die Erreichung derselben.

Neues Denken bei Unitymedia
Bei dem Kabelnetzbetreiber Unitymedia aus Köln hat man das Performance Management komplett umgebaut. Die individuelle variable Vergütung wurde genauso abgeschafft wie die Bewertungsskalen. Führungskraft und Mitarbeiter besprechen in kurzen Intervallen die Prioritäten ihrer Arbeit. Arbeits- und Entwicklungsziele sollen im echten Dialog diskutiert werden – auf Augenhöhe. »Menschen wollen mitgestalten und zusammenarbeiten. Arbeit ist mehr als Broterwerb«, sagt der Leiter der Organisationsentwicklung Karl-Heinz Reitz. »Die Menschen wollen etwas Sinnvolles bewirken. Darum sind Kooperation, kritisches Miteinander und gemeinsamer Erfolg wichtiger als schwer messbare ›smarte‹ Zielsetzung und Bewertung.« (Reitz 2016, S. 72)

> **FALLBEISPIEL**
>
> **Performance Management bei Unitymedia**
> Bei dem Kabelnetzbetreiber Unitymedia wollte man mit dem Wandel des Performance Management eine grundsätzlich andere Geisteshaltung einbringen. Gemeinsam erfolgreich zu sein auf Basis eines vertrauensvollen Miteinanders war bei dem Umbau das Leitmotiv. Die Veränderung zeigt sich im Vergleich zum alten System in drei wesentlichen Elementen: (1) Die individuellen Boni wurden abgeschafft und durch Unternehmensziele ersetzt, weil man der Meinung ist, dass die Entlohnung von individuellen Zielen falsche Anreize setzt und Boni kein höheres Engagement erzeugen. (2) Es gibt keine Bewertungsskalen mehr. (3) An deren Stelle ist ein nach vorne gerichteter, lösungs- und entwicklungsorientierter Dialog getreten. Führungskraft und Mitarbeiter sprechen in kurzen Intervallen über die Prioritäten ihrer Arbeit. Insbesondere soll die Führungskraft fragen, was der Mitarbeiter von ihr braucht, um gut arbeiten zu können. Durch die Abschaffung der Noten kann somit ein Dialog stattfinden, der vorher nicht in der Form möglich gewesen ist, weil die Benotung beziehungsweise ihre Änderung zu sehr im Mittelpunkt stand. Das Personalmanagement macht keine Vorgaben, in welchem Rhythmus sich Führungskraft und Mitarbeiter treffen sollen, weil es eine große Diversität der Mitarbeiter gibt. Jedoch wird ein Rahmen empfohlen, an den das People Management glaubt und der die Werte widerspiegelt (Reitz 2016).

In vielen Unternehmen wird immer noch zu stark auf den Einsatz äußerer Anreize gesetzt, um Mitarbeiter zu motivieren. Sie können in komplexen Arbeitsumgebungen kontraproduktiv sein, weil Belohnungen ab einem gewissen Punkt die innere Motivation sogar verdrängen (vgl. Pink 2010). Das heißt nicht, dass extrinsische Motivation, also ein von außen kommender Antrieb, per se etwas Schlechtes ist. Eine soziale Rolle oder die Erwartungen anderer können ein legitimes Motiv sein. Insbesondere der Wunsch, von anderen gesehen zu werden, und die Aussicht auf soziale Anerkennung aktivieren das Motivationssystem der meisten von uns (vgl. Zaremba 2016).

Aber in einer Arbeitswelt, in der es mehr und mehr darum geht, sich eigeninitiativ in Themen einzuarbeiten, Dinge voranzutreiben sowie selbstständig Probleme zu erkennen und zu lösen, ist es für ein Unternehmen besonders wichtig, dass die Motivation der Mitarbeiter und Führungskräfte aus sich selbst entsteht. Weil die Aufgaben Spaß machen, herausfordernd sind oder als sinnvoll betrachtet werden. Solche intrinsischen Motive hat jeder Mensch, doch im Rahmen von Mitarbeitergesprächen sind sie häufig gar kein Thema und der Fokus liegt auf der Vergütung und der Bewertung von vergangenen Leistungen. Personalmanager sollten Führungskräfte deshalb dafür sensibilisieren, dass Menschen sich selbst motivieren können – wenn die Bedingungen stimmen.

Wir bewegen uns in einer Wissensgesellschaft, die aufgrund der Digitalisierung an Tempo gewinnt. In dieser werden die Unternehmen erfolgreich sein, die weniger auf formale Belohnungssysteme als auf das freiwillige Verhalten von Personen im Sinne des Organisational Citizenship Behaviour (OCB) setzen. »OCB beschreibt eine positive Einstellung von Mitarbeitern und Vorgesetzten, die mit Optimismus und hoher Belastbarkeit – gepaart mit freiwilligem zusätzlichem Engagement – das Thema Höchstleistungsorganisation persönlich vorantreiben.« (Falkenreck 2016, S. 87) Personalmanagement und Führungskräfte sind aufgefordert, dafür die notwendigen Bedingungen zu schaffen. Im Rahmen dessen sollten sich jeder Personalmanager und jede Führungskraft mit den drei Schlüsselbegriffen auseinandersetzen, mit denen Daniel H. Pink (2010) auf Basis von Forschungsstudien zusammenfasst, »was Sie wirklich motiviert«:

- Autonomie: Menschen wollen über einen gewissen eigenen Handlungsspielraum verfügen.
- Meisterschaft (Entwicklung): Menschen streben danach, das, was sie machen, zu beherrschen, gut zu machen und besser zu werden.
- Sinn: Menschen möchten etwas tun, das von Bedeutung ist und einem größeren Ganzen dient.

Diese Erkenntnisse sollten im Rahmen des Performance Management berücksichtigt werden, beispielsweise wenn es um Feedback zu vergangener Arbeit und die weitere Entwicklung des Mitarbeiters geht. Hatte er oder sie Freiraum, Entscheidungen zu treffen? Kann man ihm den Zugang zu wichtigen Kundenprojekten ermöglichen, damit er sich weiterentwickelt?

Hinzu kommt, dass Lösungen heute vor allem in Teams entstehen, durch ein Denken und Handeln in interdisziplinären Netzwerken. Der Erfolg beispielsweise von Design Thinking als Arbeitsmethode oder die Popularität von BarCamps als Veranstaltungsformat zeigen, welche Kraft von der Zusammenarbeit unterschiedlicher Individuen ausgehen kann, die gemeinsam eine kreative Problemlösung finden wollen. »In einer Welt, in der sich immer mehr Menschen vernetzen, werden die Wir-Qualitäten, die Wir-Intelligenz, das Miteinander gestärkt.« (Weinberg 2015, S. 176) Menschen streben zumindest in westlichen Gesellschaften mehr und mehr danach, mit anderen zusammen etwas Großes zu schaffen, etwas von Bedeutung. Manche Unternehmensvision aus dem Silicon Valley spricht das gekonnt an. Daraus ziehen Menschen Sinn – und ebenfalls aus der Zusammenarbeit selbst. Durch die Interaktion mit Gleichgesinnten und das gemeinsamen Erreichen eines ehrgeizigen Ziels entsteht Zufriedenheit. Anreizsysteme, die sich auf die Leistung des Einzelnen beziehen, können der kreativen Problemlösung im Team nicht gerecht werden.

Silodenken aufbrechen
Das Personalmanagement täte grundsätzlich erst einmal gut daran, Feedback- und Beurteilungsgespräche zumindest von Bonusverhandlungen abzukoppeln, weil anderenfalls die Diskussion über das Geld dominiert, Feedback nicht durchdringt und das Gespräch eine Gehaltsverhandlungsrunde wird. Doch wenn die Personalmanager sich für ein vernetztes Arbeiten stark machen wollen, müssen sie noch viel weiter gehen und dafür sorgen, dass die Vergütung von Individualzielen im Unternehmen abgeschafft wird. Das wäre ein wichtiger Schritt, um ein Silodenken ein Stück weit aufzubrechen, und es würde helfen, der Selbstoptimierung des Einzelnen nicht weiter Vorschub zu leisten.

Individuelle Leistungsboni unter Druck
Boni, die individuelle Leistung honorieren wollen, sind im Wir-Zeitalter nicht mehr zeitgemäß. Erst wenige sehen das so. Neben Infineon und Bosch gehört mittlerweile auch Daimler dazu. Der Personalvorstand des Automobilherstellers Wilfried Porth kündigte Ende des Jahres 2016 an, dass man von der individuellen Komponente beim Bonus wegkommen wolle und dieser sich noch mehr am Unternehmenserfolg ausrichten solle. Ziel sei es unter anderem, die Feedback-Kultur zu stärken und die Kooperation der Führungskräfte zu fördern (Porth 2016).

Und auch bei Bosch hieß es, dass die Betonung der individuellen Zielerreichung durch Boni nicht mehr in die Zeit passe, insbesondere, wenn man eine agile Arbeitsorganisation anstrebt, wie der Technologiekonzern das tut. »Wenn Sie schnell kreative Lösungen wollen, dann sind individuelle Boni für uns nicht der richtige Anreiz«, sagt der Personalgeschäftsführer Christoph Kübel. »Das Ziel war es also, unser weltweites Vergütungssystem noch besser auf gemeinsame und längerfristige Ziele auszurichten.« (Kübel 2016, S. 68)

Wenn die Diskussion zwischen Führungskraft und Mitarbeiter über den individuellen Bonus wegfällt, also beispielsweise ob nun die Ziele zu 100, 105 oder 110 Prozent erreicht wurden, gibt es auch wieder mehr Raum für echten Austausch und Feedback – und damit mehr Raum für Führung. Das erfordert jedoch ebenso eine gewisse Reife der Führungskraft und der Unternehmenskultur (vgl. Bursee/Wälz 2016). Und deshalb ist das Personalmanagement so wichtig. Es muss diesen Reifeprozess begleiten und für die Bedingungen sorgen, damit die Beteiligten mit dem Mehr an Freiheit umgehen können.

Alternative variable Vergütung
Boni als leistungsabhängige Bezahlung fördern den Eigennutz, was sogar gefährlich werden kann. Incentivierte werden dazu verleitet, nur noch darauf zu schauen, was von den Zielen abgedeckt wird. Was nicht berücksichtigt wird, verschwindet vom Radar. Und der Versuch, möglichst alle Dimensionen beziehungsweise Indikatoren (beispielsweise Kun-

denzufriedenheit, Mitarbeiterzufriedenheit, Umsatz, Nachhaltigkeit) in die Berechnungsgrundlage für individuelle Boni fließen zu lassen, ist meist zum Scheitern verurteilt. Es wird immer unzureichend sein und nimmt den Einzelnen aus der Verantwortung, in einer bestimmten Situation ein Handeln zu vollziehen, dessen Ziel außerhalb des vorgegebenen Rahmens liegt. Die individuelle Zielerreichung, verknüpft mit Boni, engt damit den Entscheidungsrahmen ein. Zudem sind viele Indikatoren wie Qualität schwer zu quantifizieren und somit zu messen. Damit steigt die Wahrscheinlichkeit, dass es zu Konflikten kommt.

Pfläging und Hermann (2015) sagen, es brauche den Übergang vom Anreiz zur Teilhabe in relativer variabler Vergütung. Und für sie beginnt dieser Übergang zuerst mit der Sprache, die verwendet wird. Es soll nämlich die Sprache der Erfolgsbeteiligung und nicht die der Motivierung verwendet werden. Und Vergütung solle niemals an Ziele, Planzahlen, Quoten oder Vorgaben gekoppelt, sondern die Mitarbeiter sollen am Erfolg des Unternehmens beteiligt werden, das heißt die variable Vergütung ist an tatsächlich realisierte finanzielle Ergebnissen zu koppeln. Wichtig hierfür ist, dass ständige Transparenz bezüglich der finanziellen Unternehmensleistung herrsche.

Verantwortung durch Teilhabe
Ein Vergütungs- beziehungsweise Performance Management muss heute Vertrauen ermöglichen und das Ziel verfolgen, dass jeder Mitarbeiter und jede Führungskraft Verantwortung übernehmen und im Sinne des Unternehmens handeln will. Diesbezüglich ist auch die Alternative interessant, die Mitarbeiter am Kapital zu beteiligen. Viele kleine und mittelständische Firmen bieten das ihren Beschäftigten an, was sich positiv auf die Identifikation mit dem Unternehmen und damit ebenfalls auf die Motivation auswirkt. Doch auch ein Großkonzern wie Siemens hat einen Großteil der Mitarbeiter zu Aktionären gemacht. Ihre Zahl soll bis 2020 auf über 200.000 steigen. So will man eine Eigentümerkultur vorantreiben (vgl. Weilbacher 2015).

Bei Infineon sind die Kenngrößen für die variable Vergütung das Unternehmensergebnis mit Return on Capital Employed (ROCE) und Free Cash Flow zu je 25 Prozent sowie das Segmentergebnis zu 50 Prozent. Die einzige Ausnahme bildet der Vertrieb, bei dem das Segmentergebnis zu zehn Prozent berücksichtigt wird. Die übrigen 40 Prozent beziehen sich immer noch auf individuelle Ziele, wie zum Beispiel Umsatz (Thomaszik 2016).

Die Ausnahme für den Vertrieb ist inkonsequent, weil damit signalisiert wird, es gebe keine erfolgsrelevanten Verbindungen zu anderen Funktionsbereichen. Dabei können diese den Vertrieb mit nützlichen Informationen versorgen. Die Frage ist jedoch, ob sie es denn machen, wenn sie wissen, dass der Vertrieb als einziger Bereich die individuellen leistungsabhängigen Boni behält.

Differenzierung muss sein
Doch auch wenn die individuelle variable Vergütung auf Basis von Leistung abgeschafft wird, braucht es eine Differenzierung, die sich in der Vergütung der Mitarbeiter widerspiegelt, weil es immer Unterschiede gibt. Und gerade die Leistungsträger bestehen darauf, dass sich ihre höhere Leistung im Vergleich zu anderen in der Vergütung zeigt. Das ist eine Sache der Fairness. Gleichheit ist nicht gerecht – und das sehen in der Regel auch diejenigen so, die nicht zu den Leistungsträgern gehören.

Und auch Forschungen zeigen, dass die menschlichen Leistungen eher nicht der gaußschen Verteilung folgen, sondern einer Verteilung nach dem Potenzgesetz. Es gibt danach in jedem Unternehmen Mitarbeiter und Führungskräfte, deren Leistungsniveau das des Durchschnitts um ein Vielfaches übersteigt.

Dennoch muss so ziemlich jedes Unternehmen darauf achten, dass die Unterschiede nicht zu groß werden. Die Honorierung von Leistungsdifferenz ist wichtig, doch eine auf Kollaboration ausgerichtete Unternehmenskultur kann sich zu große Vergütungsunterschiede nicht leisten.

Die Differenzierung muss aber nicht über die variable Vergütung geregelt werden, sondern sie sollte vor allem über das Grundgehalt berücksichtigt werden. Zusätzlich kann sich die Anerkennung von Leistungsunterschieden beispielsweise über die Karriereentwicklung oder besondere Benefits wie ein Sabbatical zeigen. Wichtig ist allerdings, dass kein Statusdenken ins Unternehmen Einzug hält, weil sonst eine effektive Zusammenarbeit auf Augenhöhe behindert wird. Hier ist die Kommunikation des Personalmanagements und der jeweiligen Führungskräfte entscheidend. Die Botschaft muss lauten, dass es Leistungsunterschiede gibt, aber trotzdem auch die Besten die anderen Kollegen sowie ein gut funktionierendes Umfeld brauchen. Selbst in einem Konzern wie Google, wo die Leistungen stark differieren, kann keiner allein ein Produkt erfolgreich am Markt platzieren.

Denkbar sind auch sogenannte Spot-Awards, also Einmalzahlungen als Honorierung besonderer Leistungen von Einzelnen oder Teams, zum Beispiel, wenn ein Projekt erfolgreich zu Ende gegangen ist. Mit solchen Zahlungen wird Anerkennung gezeigt, die mit einem konkreten Ereignis verknüpft ist. Sie kann eine Differenzierung über das Grundgehalt allerdings nicht ersetzen.

10.2.2 Feedback statt Noten

Seit 2017 gibt es bei SAP keine Benotungen anhand einer fünfstufigen Bewertungsskala mehr. Die Personaler des Software-Unternehmens sind sich sicher, dass die Benotung die Mitarbeiter eher demotiviert als ansportnt, sich zu verbessern. Stattdessen sollen Führungskräfte ihren Mitarbeitern Feedback in kurzen Zeitabständen geben, ohne komplizierte Formulare, so wie es sich aus der Arbeit ergibt (vgl. Tagesspiegel 2016).

Die Leistung des Individuums in einer Zahl ausdrücken zu wollen, kann dem Einzelnen kaum gerecht werden. Damit wird von vornherein die Individualität der jeweiligen Person mit ihren spezifischen Stärken und Schwächen geleugnet. Und es zeigt sich in der Benotung eine gewisse Arroganz. Die meisten werden die Note immer als Bewertung ihrer Person betrachten. Ein solcher Beurteilungsprozess hat wenig mit einer erwachsenen Beziehung auf Augenhöhe zu tun, sondern erinnert zum Teil an ein Herrschaftsverhältnis oder zumindest an die Schule – der Mitarbeiter als Schulkind.

Es ist auch eine ungeheure Zeitverschwendung für die große Mehrheit der Mitarbeiter, die sich zumeist in einem ordentlichen Bereich der Leistungserbringung bewegen, wenn man bis ins Kleinste die Performance numerisch abbilden will. Für das Unternehmen spielt eine Herabsetzung von 3,6 auf 3,5 keine Rolle. Für die betroffene Person kann es aber frustrierend sein, zumal eine solche zehntel Herabsetzung sich kaum sauber begründen lässt.

Kein erwachsener Mensch sollte in seinem Arbeitskontext eine Note bekommen. Das ist Zeichen einer unreifen Unternehmenskultur.

Leistungskategorisierung findet immer statt
Nichtsdestotrotz kommt man an einer Form der Leistungskategorisierung nicht vorbei, um entsprechende Maßnahmen ableiten zu können – insbesondere um unterschiedliche Leistung im Grundgehalt berücksichtigen zu können. In jedem Unternehmen ist es wichtig zu wissen, wer die besonderen Leistungsträger sind und welche Mitarbeiter ihre Leistung überhaupt nicht bringen, um sie entsprechend unterstützen zu können. Es sollte also nicht darum gehen, jemanden als Low Performer zu brandmarken und Druck aufzubauen. Gerade in einem solchen Prozess zeigt sich, welches Menschenbild im Unternehmen vorherrscht.

Die Frage ist, ob schlechte Leistung sich auf eine individuelle Schuld, Inkompetenz oder Faulheit zurückführen lässt. Immer muss auch der Kontext betrachtet werden. Das Personalmanagement ist da als reflektierter Performance Consultant gefragt. Mit gezielten Fragen an Mitarbeiter und Führungskraft gilt es herauszufinden, ob der Mitarbeiter beispielsweise auf der richtigen Stelle arbeitet, die Erwartungen an ihn klar sind oder welche Konflikte es eventuell zwischen beiden Parteien gibt.

Feedback in beide Richtungen
In den Gesprächen zwischen Führungskraft und Mitarbeiter ist ohne Notenvergabe und Boni-Verhandlungen viel Raum für Feedback: über Stärken und Potenziale, über Erwartungen und wie Leistung vom Gegenüber wahrgenommen wird. Es sollte immer ein Dialog sein – das heißt, Feedback wird in beide Richtungen gegeben. Auch der Mitarbeiter gibt der Führungskraft Feedback, damit diese daraus lernen kann.

Es ist klar, dass der Dialog häufiger als einmal oder zweimal im Jahr stattfinden muss. Denkbar sind beispielsweise vier im Vorfeld terminierte Gespräche, die Führungskraft und Mitarbeiter als wertvoll für ihre Zusammenarbeit empfinden, sowie zusätzliche Ad-hoc-Gespräche, die unkompliziert bei Bedarf abgehalten werden. Und immer gilt: so wenig Dokumentationspflicht wie möglich.

Technologische Systeme erleichtern heute den Feedback-Prozess und sorgen dafür, dass Feedback nicht nur auf Basis einer einzelnen Wahrnehmung der Führungskraft oder des Mitarbeiters gegeben wird, sondern es können auch – vom Mitarbeiter beziehungsweise der Führungskraft – Einschätzungen von Kollegen eingeholt werden, mit denen man zusammenarbeitet. Und das ist kontinuierlich möglich. Über das ganze Jahr hinweg werden Leistungsdaten gesammelt. Ein solches Crowdsourcing von Performance Feedback kommt einer gewünschten Objektivierung näher als das traditionelle System.

Realtime-Feedback
Auffällig ist, dass mehr und mehr Unternehmen, die sich ein agiles Arbeiten auf die Fahnen geschrieben haben, Applikationen nutzen, die ein sogenanntes Realtime-Feedback ermöglichen – und das auch mobil per Smartphone. Dazu gehören Unternehmen wie Zalando, IBM und GE.

Bei Zalando beispielsweise ist strukturiertes und unstrukturiertes Feedback in Bezug auf Meetings, vollendete Projekte, neuen Kampagnen oder sonstige Problemlöse-Sessions ein Fundament des gemeinsamen Arbeitens. Mitarbeiter können es vom Vorgesetzten, vom Kollegen oder internen Kunden anfordern. Der Vorteil gegenüber dem klassischen Jahresgespräch ist unter anderem, dass das Feedback auf Basis eines frischen Eindrucks gegeben wird. Und das Tool ist einfach zu handhaben, weil das System zum Beispiel zu jedem möglichen Thema mögliche Fragen auflistet, die der Feedback-Geber beantworten kann (vgl. Ewenstein et al. 2016).

Im Zuge der Abschaffung des jährlichen Beurteilungsgesprächs und der Einführung des sogenannten Checkpoint-Systems hat auch IBM ein Tool eingeführt, das Realtime-Feedback ermöglicht. Man kann damit unter anderem Feedback geben beziehungsweise anfordern, an Umfragen teilnehmen und seine Feedback-Historie durchsehen. Feedback kann man auch hier von allen Seiten bekommen: vom Kollegen, vom Vorgesetzten, vom Direct Report. Bei IBM geht es darum, sich immer weiter zu verbessern. So gibt es in jedem Fall eine offene Frage, wie die Leistung wahrgenommen wurde, beziehungsweise gibt es im System eine vorprogrammierte Frage nach einer Sache, die der Feedback-Geber verbessern könnte.

Neben diesem Realtime-Feedback gibt es vierteljährliche Gespräche zwischen Führungskraft und Mitarbeiter (Checkpoint), bei denen die Ziele erneut durchgegangen werden, um zu schauen, welche Ziele erreicht sind, wo man eventuell Anpassungen vornehmen muss und welche neuen Ziele sich eventuell ergeben (Janzen 2016).

> *»Wir wollten den Feedback-Prozess (bei GE) ähnlich gestalten, wie wir uns im echten Leben gegenseitig Ratschläge geben. Anstatt einer jährlichen Bewertung haben wir eine App, PD@GE, mit der unsere Leute kontinuierlich Erkenntnisse von den Kollegen bekommen, die sie nutzen können, um jeden Tag besser zu werden.«* (Immelt 2016)

Der Technologiekonzern GE hat einst die Forced Distribution populär gemacht und ist heute einer der Vorreiter für ein komplett neues Feedback-System. Hintergrund ist, dass der Wettbewerb ein ganz anderer geworden ist und eine neue Kultur verlangt. Eine Unternehmenskultur, die man vielleicht auch in einem Start-up finden könnte, in der die Beschäftigten gewisse Risiken eingehen, schnell handeln und schnell scheitern. Dafür stellt sich GE dezentraler auf und setzt Tools ein, die einen kontinuierlichen Austausch zwischen den Mitarbeitern ermöglichen – egal wo sie gerade sind. Bei GE wird eine mobile App genutzt, mit der permanentes Feedback möglich ist. Aber »realtime« ist nicht immer wirklich Echtzeit, schließlich haben die Beschäftigten etwas zu tun. Manche reservieren sich beispielsweise einen Freitagnachmittag, um Kollegen, mit denen man in der Woche zusammengearbeitet hat, Feedback zu geben. Realtime-Verfahren kosten also Zeit wie jährliche Bewertungsrunden.

Aber wie bei IBM werden Ziele in kürzeren Intervallen vereinbart als im klassischen System und man will einen kontinuierlichen Dialog aufrechterhalten, der der Mitarbeiterentwicklung zugutekommt.

Feedback-Kulturen brauchen aber Zeit – gerade in einem Konzern wie GE, in dem jahrzehntelang alles dem Shareholder Value untergeordnet war. Fehler zu machen, galt als Sünde. Das aus den Köpfen der Führungskräfte herauszubekommen, ist nicht einfach.

Und klar ist auch: Feedback über Apps ersetzt nicht das persönliche Gespräch zwischen Führungskraft und Mitarbeiter, das mindestens einmal im Quartal stattfinden sollte. Themen in diesem Gespräch können nach Klaus Peren (2016) zum Beispiel sein:

Status aktueller Projekte: Was kann besser gemacht werden?
- Beitrag des Einzelnen zum Teamerfolg und Vereinbaren von Maßnahmen nach vorne
- Beitrag des Einzelnen zum Unternehmenserfolg und zur Unternehmensstrategie
- wechselseitiges Feedback zur Zusammenarbeit
- kurzfristige Qualifizierungserfordernisse
- Entwicklungsmöglichkeiten
- Raum für andere wichtige Themen.

Mit der Einführung solcher Gespräche, die in kürzeren Intervallen stattfinden, müsste die Personalarbeit eigentlich an Tempo zulegen, also beispielsweise Qualifizierungsangebote schneller vorschlagen beziehungsweise anbieten – in Form von Webinaren oder E-Learnings. Erfolg versprechender ist es, den Fachbereichen mehr Befugnisse zu übertragen. Im Sinne der Dezentralisierung sollten sie tendenziell mehr HR-Aufgaben übernehmen. Das Thema Lernen ist hierfür ein gutes Beispiel. Mitarbeiter und Führungskräfte aus der Linie wissen im Zweifelsfall besser, welche Lerninhalte von Bedeutung sind. Daraus könnte man ableiten, dass Mitarbeiter bis zu einem gewissen Budget selbst entscheiden können, wo und wie sie sich weiterbilden.

> **EXKURS**
>
> **Was innovative Unternehmen gemeinsam haben**
>
> Es gibt immer mehr Unternehmen, die ihr Performance Management völlig umkrempeln. Dabei zeigen sich hier bei den innovativen Unternehmen – insbesondere aus dem IT-Bereich – einige Gemeinsamkeiten:
> - Häufig stattfindender Dialog zwischen Mitarbeiter und Manager: der Gesprächszyklus reicht von einer Woche bis einmal im Quartal.
> - Ziele werden nicht vorgegeben, sondern gemeinsam im echten Dialog vereinbart.
> - Vereinbarte Ziele sind immer wieder anpassbar.
> - Beim Feedback wird auf das »Wie« geachtet. Qualität ist wichtig.
> - In den Dialogen geht es mehr um eine nach vorne gerichtete Entwicklung als um Vergangenes: Was wird für die Zukunft gebraucht?
> - Es wird mehr auf das Team geachtet: Was ist der Beitrag des Einzelnen für den Teamerfolg?
> - Beurteilungen und Bonuszahlungen werden entkoppelt.
> - Feedback von Kollegen (Peers) wird stärker einbezogen und es ist möglich, es zeitnah zu geben und einzufordern, beispielsweise zu einem Vortrag.
> - Technik spielt eine wichtige Rolle: Moderne Feedback-Systeme erlauben multiperspektivisches Feedback in Echtzeit – oder beinahe.
> - Es gibt mehr Raum für die Führung. Die Führungskraft wird mit ihrer Persönlichkeit sichtbarer. Und der Personaler muss sie hinsichtlich ihrer neuen Rolle coachen.

Der People Manager hat hingegen stärker die Aufgabe, die Führungskraft hinsichtlich ihrer neuen Rolle zu begleiten und für einen offenen Feedback-Austausch auf Augenhöhe zu werben. Die Mitarbeiter brauchen diesbezüglich ebenfalls die Personaler als Ansprechpartner, weil sie lernen müssen, mit flexiblen Zielen und mehr Freiraum umzugehen.

10.2.3 Die Schaffung eines flexiblen und transparenten Zielsystems mit dem Fokus auf das Team

10.2.3.1 Teamziele haben Vorrang vor Individualzielen

Sich klare Ziele zu setzen, ist und bleibt eine Grundvoraussetzung dafür, erfolgreich zu arbeiten, auch im digitalen Zeitalter, weil sie Orientierung bieten. Vor allem Projekte scheitern häufig an für die Teammitglieder unklaren Zielen. Die Kunst ist, trotz klarer Ziele flexibel zu bleiben.

Die bekannte SMART-Formel ist hinsichtlich der Zielformulierung nicht immer einzuhalten, aber sie ist ein erster guter Anhaltspunkt und kann dafür sorgen, es sich nicht zu leicht zu machen, wenn es um die Zielsetzung geht. Smarte Ziele sind demnach:

- Spezifisch: Alle Beteiligten haben eine Vorstellung, was erreicht werden soll. Das Ziel kann konkret benannt werden.
- Messbar: Es kann gemessen werden, ob ein Ziel erreicht wurde.
- Attraktiv: Das Ziel wird positiv formuliert und ist für die Beteiligten ein lohnenswertes Ziel.
- Realistisch: Das Ziel ist realistisch und jeder ist überzeugt, dass es erreicht werden kann.
- Terminiert: Es gibt eine Terminvorgabe, bis wann das Ziel erreicht werden soll.

Kritisiert wird die Smart-Formel vor allem, weil häufig die Messbarkeit schwierig ist, gerade wenn es sich um qualitative Ziele handelt. Und dass die Formel den Beteiligten zu wenig Flexibilität lässt. Doch selbst im Rahmen von Scrum kann ein Ziel, das mit einem Sprint erreicht werden soll, smart sein. Es wird in der Regel vom Product Owner beschrieben, das selbstorganisierte Team muss allerdings voll dahinterstehen. Dies wird unter anderem dadurch gewährleistet, dass es vorher schon einen Austausch und ein gemeinsames Verständnis zu den Arbeitsinhalten eines Sprints gibt, das bei der Beschreibung des Sprint-Ziels einfließt.

Auch außerhalb der agilen Logik sollte gelten, dass Mitarbeiter sowie Teams zunächst ihre eigenen Ziele erarbeiten – in Abhängigkeit von der Unternehmensstrategie. Eigene Ziele zu formulieren und so – innerhalb eines vorgegebenen Rahmens – auf eine gewisse Selbststeuerung zu setzen, motiviert Teams und Mitarbeiter und zeugt von Vertrauen und Wertschätzung für die Expertise vor Ort. Die Führungskraft muss zusammen mit den Teams dafür sorgen, dass die Ziele sich in das Gesamtsystem integrieren und nicht mit anderen (Bereichs-)Zielen im Konflikt stehen. An dieser Stelle spielt Transparenz eine entscheidende Rolle. Die Ziele von Teams und Bereichen sollten für andere im Unternehmen offen zugänglich sein. Wichtig ist, dass vor allem Führungskraft und Team beziehungsweise Mitarbeiter im Dialog bleiben, sich gegenseitig Feedback auch zu den Zielen geben und immer wieder bereit sind, zum Beispiel einmal im Monat, gegebenenfalls Ziele anzupassen. Die Führungskraft bietet auch ihre Unterstützung bei der Zielerreichung an und sorgt dafür, dass Mitarbeiter und Team bestmögliche Bedingungen haben, erfolgreich zu arbeiten.

Ziele, die Mitarbeiter selbst setzen, werden im Sinne des Performance Management deutlich häufiger erreicht. Und häufig sind Strategien, die zum Beispiel von Marketing-,

Vertriebs- und Entwicklungsmitarbeitern gemeinsam erarbeitet werden, erfolgreicher (näher an den Unternehmensressourcen und näher am Kunden) als die von der Geschäftsführung vorgegebenen Strategien (vgl. Falkenreck 2016).

Zusammenarbeit als Ziel
Für das Personalmanagement stellt sich die Aufgabe, Teams und das bereichsübergreifende Arbeiten in ein Performance Management einzubeziehen und es nicht nur auf bilaterale Beziehungen auszurichten. In der digitalisierten, vernetzten Wirtschafts- und Arbeitswelt sind Teams die wichtigste Einheit. Ein Einzelner erzielt keine Wertschöpfung (vgl. Vollmer 2016; Pfläging 2015). Deshalb sind Teamziele auch wichtiger als die Ziele für das Individuum. Das heißt nicht, dass es keine Individualziele geben sollte. Jeder braucht welche zur Orientierung. Zwei Dinge müssen aber gewährleistet sein: Dass sie erstens nicht mit variabler Vergütung verknüpft werden und zweitens sich gegenüber Teamzielen unterordnen. Für den Einzelnen geht es dann um die Frage, welchen Beitrag er im Team leisten kann und welche Verantwortlichkeiten er übernimmt.

Die Herausforderung ist in den meisten Unternehmen jedoch, Teams zu erkennen. Eine Abteilung ist in der Regel kein Team. Bei letzterem sind die Mitarbeiter aufeinander angewiesen und erbringen eine gemeinsame Leistung (vgl. Vollmer 2016, S. 178 f.).

Journalisten, die zum Beispiel in einer Redaktion für verschiedene Web-Portale nebeneinander arbeiten, sind kein Team, weil sie nicht zwingend aufeinander angewiesen sind. Die Redakteure eines Portals bilden eher ein Team zusammen mit dem jeweiligen Webentwickler und Layouter.

Wenn also echte Teams sich formell nicht bilden, ist es umso wichtiger, dass die bereichsübergreifende Zusammenarbeit bei der Zielformulierung in den Fokus genommen wird.

Die Führungskraft hat zusammen mit dem Personalmanagement dann die Aufgabe darauf hinzuwirken, dass der Einzelne sich über den individuellen Arbeitsbereich hinaus beispielsweise in interdisziplinären Projekten engagiert. Eine solches Engagement sollte sich aus den Werten ergeben, denen sich alle Beteiligten verpflichtet fühlen. Als oktroyiertes Ziel funktioniert Zusammenarbeit nicht – sie ist nur effektiv, wenn sie freiwillig geschieht. Die Führungskraft wirbt dafür und zeigt den Nutzen für den Mitarbeiter und das ganze Unternehmen auf.

10.2.3.2 Die Management-Methode OKR

Die bereits erwähnte Management-Methode »Objectives and Key Results« (OKR) ist ein sehr interessantes Konzept, das gerade von vielen People Managern in einem agilen Umfeld vorangetrieben wird. Jedem Ziel (Objective) werden dabei Schlüsselergebnisse (Key Results) zugeordnet, die messbar, spezifisch und verifizierbar sind. OKR werden sowohl auf der Unternehmens- als auch auf Team- sowie Mitarbeiterebene festgelegt. Die OKR auf der Unternehmensebene zeigen, wohin es für das Unternehmen als Ganzes gehen soll, alle anderen Ziele sind im besten Fall darauf abgestimmt. OKR werden aber nicht aufgezwungen, sondern verhandelt. Jeder Mitarbeiter fragt sich, wie er in seinem Wirkungskreis am besten zum Unternehmenserfolg beziehungsweise zu den übergeordneten Zielen beitragen kann. Das stimmt er dann mit seinem Vorgesetzten ab. In regelmäßigen Abständen, zum Beispiel einmal im Quartal, werden die Erfolge gemessen und neue OKR definiert (vgl. Kemp 2014).

Bei Google ist besonders interessant, dass man die verschiedenen Ziele nicht zwanghaft synchronisiert. »Für die Übereinstimmung aller Ziele zu sorgen, dauert viel zu lang und ist viel zu schwierig.« (Bock 2016, S. 146) Man vertraut darauf, dass sich die Ziele mit der Zeit annähern. Dabei hilft auch die Transparenz, die in dem Software-Unternehmen vorherrscht. Die OKR sind für alle anderen im Unternehmen im Intranet sichtbar. Man könnte sie auch zentral irgendwo auf einer Plattform sammeln mit der Möglichkeit für jeden, Anmerkungen zu hinterlassen.

Die OKR für Teams lassen sich zum Beispiel mithilfe von Workshops bestimmen. Wobei das mit einem gewissen Aufwand verbunden ist, denn sie müssen in kurzen Zyklen stattfinden, zum Beispiel einmal im Quartal. Hierbei wird auf die Prinzipien der Selbstorganisation geachtet. Jeder Input ist willkommen. Des Weiteren ist es ratsam, sich in einem Review mit den OKR des vergangenen Zyklus auseinanderzusetzen (vgl. Lobacher et al. 2016).

Die Vorteile der OKR-Methode sind insbesondere die Transparenz, das Einbeziehen der Teamebene sowie die Verknüpfung der Ziele mit den messbaren Ergebnissen. Doch bei der Gestaltung eines solchen Rahmens muss man auch aufpassen, nicht in die Falle zu tappen. Das People Management muss dafür sorgen, dass nicht vernetztes Arbeiten verhindert wird. Teams müssen miteinander zusammenarbeiten können, wenn es nötig ist. Deswegen ist es erstens so wichtig, die Zielerreichung nicht mit Vergütung zu verknüpfen. Und zweitens sollten Zusammenarbeit und vernetztes Arbeiten zu den (expliziten oder impliziten) Unternehmenswerten gehören. Performance Management ist zuerst ein Kulturthema.

10.2.3.3 Die Retrospektive für Teams, um zu lernen

Wenn Teams in den Fokus eines Performance Management rücken, sind Retrospektiven ein zentrales Element. Sie finden aber eigentlich in viel kürzeren Abständen als einmal im Quartal statt – zumindest, wenn etwas agil entwickelt wird. Immer nach Ende eines Sprints, also nach zwei oder vier Wochen, kommt das Team zusammen, um über die eigene Arbeit zu reflektieren. Wichtig ist dabei ein Moderator, der unter anderem darauf achtet, dass fokussiert diskutiert wird und der Workshop nicht in individuelle Schuldzuweisungen mündet. Boris Gloger und Jürgen Margetich (2014) lassen zum Beispiel drei Fragen im Team bearbeiten:

- Was haben wir in den vergangenen zwei Wochen als Team besonders gut gemacht?
- Was hat uns in den vergangenen zwei Wochen behindert oder gehemmt?
- Was wollen wir in den kommenden zwei Wochen als Team besser machen?

Die Hindernisse werden nach Relevanz für die nächsten zwei Wochen – beziehungsweise einem nahen Zeithorizont – priorisiert sowie danach gruppiert, ob das Team sie beseitigen kann oder sie nur von der Organisation verändert werden können.

Die Retrospektive gehört zum Performance Management, weil es ein Format ist, das dem Team hilft, zu lernen und sich gemeinsam zu verbessern. Wichtig ist, dass offen gesprochen wird und Fehler, die passieren, als natürlicher Bestandteil der Teamarbeit gesehen werden. Diese Retrospektiven werden von einem Scrum Master moderiert. People Manager, die sich die Gestaltung von Arbeitsbeziehungen und Social Collaboration auf die Fahnen geschrieben haben, sollten das allerdings auch können.

10.2.3.4 Das Unternehmen als Team

Ein Performance Management, das die Zusammenarbeit beziehungsweise den Teamgedanken in den Fokus nimmt, braucht kulturelle Wurzeln. Das Personalmanagement sollte es sich zur Aufgabe machen, den Teamspirit im Unternehmen zu fördern. Ziel ist: das Unternehmen als Team zu sehen. Hierfür braucht es Leitlinien für ein gemeinsames Teamverständnis und später entsprechende Werte als Fundament, die den Teamgedanken widerspiegeln. Sophia Fritz schlägt vor, zentrale Statements zur teamorientierten Leistung im Unternehmen formulieren zu lassen – zum Beispiel von Geschäftsführung und Bereichsleiter –, um Unternehmensziele mit dem neuen Wertekanon zu vereinbaren. In dem Beispiel, das sie nennt, wurden unternehmensspezifische Oberbegriffe definiert, auf die sich acht Statements beziehen, wie unter anderem zu dem Begriff »Begeisterte Mitarbeiter«: »Die Mitarbeiter spüren nicht nur Wertschätzung ihrer Kompetenz, Qualifikation und Erfahrung, sie erhalten auch genügend Freiraum, um sich entfalten und weiterentwickeln zu können. Beiträge zum Unternehmenserfolg werden gewürdigt und belohnt. Respektvoller Umgang miteinander genießt höchste Priorität.« (Fritz 2016, S. 246 f.) Die anderen sieben Oberbegriffe sind: Ausrichtung auf dieselben Ziele, Innovationskraft, Hochleistungsgestaltung, Entscheidung und Umsetzung, Kundenorientierung, Verantwortlichkeit für das Ganze und kontinuierliche Verbesserung.

Der Pulsmesser für die Bereitschaft, sich an diesen Statements zu orientieren, ist eine Diskussionsveranstaltung zwischen Geschäftsführung, Führungskräften und Mitarbeitern zur teamorientierten Leistung gewesen. Daneben gibt es in dem Unternehmensbeispiel neben Trainings und Seminaren noch die Statement-Tage für Mitarbeiter und Führungskräfte als wichtige Säule. Bei diesen Veranstaltungen handelt es sich um bereichsübergreifende, eintägige Erlebnisreisen, an denen Vertreter aller Führungskräfteebenen und Mitarbeiter teilnehmen. Es werden gemischte Gruppen gebildet, von denen sich jede intensiv mit einem Statement auseinandersetzt. Die Teilnehmer fungieren später in ihren Teams als Botschafter der Statement-Inhalte.

Sophia Fritz betont, dass teamorientierte Leistung in einem Unternehmen zu etablieren nicht bedeutet, lediglich mit den direkten Kollegen gut zusammenzuarbeiten. Sondern es muss das Bewusstsein geschärft werden, dass das ganze Unternehmen bereichs- und hierarchieübergreifend als Team verstanden wird. Damit ein solches Bewusstsein entstehen kann, ist wieder Transparenz ein wesentlicher Faktor. Vor allem das obere Management sollte seine Entscheidungen transparent machen, damit Mitarbeiter diese nachvollziehen können. Zudem muss eine offene Kommunikationskultur herrschen, die es erlaubt, dass Mitarbeiter bei Veranstaltungen wie Town Hall Meetings auch einmal (kritisch) nachfragen können, ohne negative Konsequenzen zu befürchten.

10.3 Anregungen und erste Ideen

Starten Sie eine Diskussion zu Ihrem Performance Management!
Wenn Ihr Unternehmen nicht zu den ganz wenigen gehört, die gerade ihr Performance Management komplett vom Kopf auf die Füße gestellt haben, ist die Unzufriedenheit über das jetzige System sicherlich groß – bei Ihnen als Personaler, bei den Führungskräften, bei der Geschäftsführung, bei den Mitarbeitern. In vielen Firmen wird trotz Unzufriedenheit häufig gar nichts getan oder es werden nur kosmetische Änderungen vorgenommen, weil die Angst vor dem Scheitern groß ist und echte Alternativen nicht sichtbar sind.

Dabei ist das Performance Management so entscheidend im Rahmen des Wandels zu einem Unternehmen, in dem auf Zusammenarbeit und kollektive Intelligenz gesetzt wird.

Holen Sie als Prozessverantwortlicher Führungskräfte und Mitarbeiter mit ins Boot und starten Sie zuerst eine Diskussion zu Ihrem Performance Management beziehungsweise holen Sie die Meinungen Ihrer internen Kunden ein. Fragen Sie, was aus deren Sicht die Stärken und Schwächen sowie Risiken und Chancen des gegenwärtigen Systems sind. Schließlich geht es auch darum, dass Mitarbeiter und Führungskräfte bestmögliche Leistungen erbringen und sich immer wieder verbessern, weil sie dazulernen. Ein solches System kann nicht über die Köpfe der internen Kunden hinweg konstruiert werden. Sie könnten einen virtuellen Jam dazu starten oder ein BarCamp veranstalten, zu dem Führungskräfte sowie Team- und Abteilungsvertreter kommen. Oder, wenn das Ihrer Firmenkultur eher entspricht, erst einmal eine Workshop-Runde mit den oberen Führungskräften. Natürlich brauchen Sie dafür die Rückendeckung der Geschäftsführung. Und im besten Falle gibt es bereits die Ansage, eine stärkere Wir-Kultur leben zu wollen. Die Meinungen und Ansichten, die Sie durch die Diskussion erfahren, dienen Ihnen dazu, das neue System zu erarbeiten.

Verkürzen Sie den Zyklus!
Man muss nicht sofort damit beginnen, das ganze System umzubauen. Ein guter Anfang wäre es schon, den Zyklus des Mitarbeitergesprächs zu verkürzen. Beispielsweise könnte es einmal im Quartal stattfinden. Wobei die Treffen inhaltlich schlanker ausfallen sollten. Reduzieren Sie die Dokumentationspflicht auf das Wesentliche und bieten Sie den bereitgestellten Feedback-Bogen eher als Unterstützung an, an den sich niemand sklavisch halten muss. Mitarbeitergespräche sollten unkompliziert sein: Themen sind die momentane Arbeit und ob die Ziele noch stimmen. Die persönliche Entwicklung des Mitarbeiters kann seltener als einmal im Quartal stattfinden. Genauso wie Gehaltsgespräche, die grundsätzlich von Feedback-Gesprächen getrennt werden sollten.

Werben Sie für Peer-Feedback!
Sie können auch damit beginnen, für die Bedeutung von Feedback zu trommeln und schauen, wo es im bestehenden System noch eine größere Rolle spielen könnte. Zuerst sollten Sie jedoch analysieren, ob in den Mitarbeitergesprächen ausreichend Feedback in beide Richtungen gegeben wird. Das können Sie stichprobenartig abfragen und zum Beispiel in der Führungskräfteentwicklung darauf hinarbeiten, damit es mehr Berücksichtigung findet. Gleichzeitig gilt es, dafür zu sorgen, dass im System das sogenannte Peer-Feedback

eine wichtige Rolle spielt. Menschen, die miteinander arbeiten, sollten die Möglichkeit haben, die eigene Selbst- und die Fremdwahrnehmung abzugleichen, und erfahren können, wie der eigene Beitrag von den anderen wahrgenommen wird, um so auch als Individuum lernen zu können. Gerade wenn Projektarbeit bei Ihnen großgeschrieben wird, ist das sinnvoll. Neben einer Retrospektive und dem Feedback durch den Projektleiter könnte es beispielsweise Tandems (auf Zeit) geben, die einander in regelmäßigen Abständen zu ihrer (Projekt-)Arbeit Rückmeldungen geben. Auch zu konkreten Anlässen wie eine Präsentation oder die Erarbeitung eines Konzepts kann Feedback erbeten und gegeben werden. Wenn die Mitarbeiter das von alleine machen, gut so. Anfänglich müssen Sie aber darauf hinweisen und ein entsprechendes Tool zur Verfügung stellen. Zum Beispiel: Ein Konzept wird im Zwischenstadium an vier unterschiedliche Kollegen (aus anderen Teams) geschickt mit der Bitte um Feedback. Oder es wird in einem Forum im firmeneigenen sozialen Netzwerk hochgeladen. Nach Fertigstellung gibt es wieder Rückmeldungen, die in die nächste Arbeit einfließen.

Bei alldem ist es Ihre Aufgabe, auf die Regeln für schriftliches sowie Face-to-Face-Feedback hinzuweisen. Die erste ist: Niemand wird persönlich abgewertet.

Testen Sie Spot-Awards und Peer-Boni!
Leistungsbezogene individuelle Boni sind mit einer auf Zusammenarbeit basierenden Unternehmenskultur selten vereinbar. Boni, die als wertschätzende Anerkennung betrachtet werden, sind zumindest im kleinen Stil eine Alternative. Die bereits erwähnten Spot-Awards sind eine solche. Die Einmalzahlungen als Honorierung herausragender Leistungen sollten aber in den meisten Fällen Teams und nicht Individuen gegeben werden. Vor allem wenn Projektstrukturen bei Ihnen an Bedeutung gewinnen und Mitarbeiter in wechselnden Teams arbeiten, sind Spot-Awards interessant. Weil sie zum einen das Teamgefühl stärken und zum anderen in einer dynamischen Kultur als ein unterstützendes Element einer guten Feedback-Kultur eingesetzt werden können. Spot-Awards sollten allerdings etwas Besonderes bleiben, damit nicht aufgrund einer gewissen Regelmäßigkeit eine Erwartungshaltung bei Mitarbeitern entsteht (vgl. Rudolph 2016).

Einem kollaborativen Gedanken würde es Rechnung tragen, wenn die Führungskraft nicht völlig abgeschottet alleine über einen Spot-Award entscheidet, sondern andere Teams zumindest Vorschläge machen können.

Eine Kultur der Anerkennung lässt sich auch durch den sogenannten Peer-Bonus fördern. Google hat ein Tool, mit dem Mitarbeiter die Arbeit von Kollegen wertschätzen können, indem sie ihnen eine einfache Dankesnotiz schreiben, die für alle anderen sichtbar ist. Zudem ist es möglich, einem Kollegen eine kleinere Prämie zuzuweisen, ohne dass das Management diese freigeben muss.

Der Gedanke hinter diesem System ist interessant: Den Mitarbeitern wird vertraut, dass sie am besten wissen, wie sie das Geld einsetzen. Man kann es nicht nur als Anerkennungs-Tool sehen, sondern es ist sicherlich auch eine Form der extrinsischen Motivation. Nicht wegen der Auszahlung von Geld. Sondern weil es die meisten Menschen anspornt, von anderen gesehen und bezüglich ihrer Leistung wertgeschätzt zu werden.

Spot-Awards und vor allem Peer-Boni sind sicherlich nicht für jedes Unternehmen etwas. Aber probieren Sie es aus, ganz im Sinne Ihrer neuen Arbeitsweise: Sie testen Neues und wenn Sie sehen, es funktioniert nicht, lassen Sie es fallen. Sie können beides zunächst für einen kleinen Bereich ausprobieren, zum Beispiel in einem, in dem besonders viel Projektarbeit stattfindet.

11 Human Collaboration Management und die Beratung in kollaborativen Strukturen

Organisationen sind fortwährend Veränderungen unterworfen, denn in ihnen wirken Menschen und Beziehungen, die sich immer wieder wandeln. Gleichzeitig bemühen sich Organisationen als System, inklusive ihren Subsystemen, sich der Umwelt anzupassen, die sich ihrerseits kontinuierlich im Wandel befindet. Das war auch früher im Industriezeitalter so. Doch die Digitalisierung bringt eine erhöhte Beschleunigung mit sich. Die Organisationsstrukturen der Unternehmen zeigen sich deshalb dynamischer. Die Halbwertszeit von Organigrammen wird kürzer und der Versuch, mit dieser Landkarte die wirkliche Landschaft des Unternehmens abzubilden, schwieriger.

Die Frage nach der Zusammenarbeit im Unternehmen in Verbindung mit der Strukturierung von Arbeit ist wettbewerbsrelevanter denn je. Das Personalmanagement muss heute auch Organisationsentwickler sein, sonst ist es irrelevant. Themen wie Recruiting, Führung oder Arbeitsbedingungen lassen sich nicht losgelöst von Organisationsstrukturen angehen. Gleichzeitig zeigen sich Teams in einer beschleunigten Arbeitswelt mehr und mehr als die bedeutungsvollste Einheit im Unternehmen – und sie brauchen die People Manager als Begleiter und Ansprechpartner.

11.1 Grundlegendes

11.1.1 Parallele Systeme: schneller und innovativer werden

Zurzeit dominieren noch eher starre Organisationsformen. Bei den größeren Unternehmen ist die Matrixorganisation in unterschiedlichen Facetten am weitesten verbreitet. Sie ist weniger hierarchisch als die klassische funktionale Organisation. Und sie ermöglicht eine stärkere Vernetzung. Allerdings kommt es häufig zu Konflikten und es gibt aufgrund des Mehrliniensystems immer wieder Unklarheiten und Ineffizienzen. Komplizierte Strukturen, Prozesse und Richtlinien bestimmen den Arbeitsalltag von Führungskräften und Mitarbeitern. Die Folge: In dynamischen Märkten werden Entscheidungen zu langsam getroffen.

Augenscheinlich versuchen die Unternehmen aber, derzeit beweglicher und schneller zu werden – und Bedingungen zu schaffen, die Innovationen einfacher möglich machen.

Viele großen Firmen versuchen das, indem sie anders strukturierte Organisationsformen im Unternehmen aufbauen, die parallel zu den traditionellen Formen existieren und weniger hierarchisch sind sowie den Mitarbeitern viel Freiraum ermöglichen.

Das ist nicht neu. Auch in früheren Jahrzehnten hat man mit der Bearbeitung von komplexen Aufgaben in Projekten parallele Systeme geschaffen, in denen in der Regel weniger hierarchisch gearbeitet wurde. Allerdings geht es heute nicht mehr um zeitlich begrenzte Projekte. Unternehmen, die sich in dynamischen Umwelten bewegen, spüren den Druck, Arbeit komplett anders zu denken und die Strukturen nachhaltig zu verändern. Bereits vor einigen Jahren hat Reinhard K. Sprenger geschrieben, dass Unternehmen sich um den Kundenauftrag herum aufstellen müssen. Dieser bestimmt die eigenen Organisationsstrukturen. Und die Tendenz ist eindeutig. Sie »geht weg von der vertikalen Hierarchie hin zu horizontalen Prozessen« (Sprenger 2012, S. 65).

Um die Wahrscheinlichkeit von Innovationen zu erhöhen und schneller auf Marktentwicklungen reagieren zu können, sollen Mitarbeiter zunehmend mehr Freiheiten bekommen, soll die Freude am Lernen und am Experimentieren Einzug halten im Unternehmen. Das ist die Devise, die von der Mehrheit der Unternehmen ausgegeben wird. Doch dafür muss sich die Kultur ändern, und das ist ein langwieriges Unterfangen. Mit der Gestaltung der notwendigen formellen Strukturen und Prozesse werden aber die ersten Voraussetzungen geschaffen.

Während es kleine Unternehmen – gerade im IT-Bereich – einfacher haben, sich beispielsweise eine (agile) Netzwerkorganisation zu verpassen, in der selbstorganisierte Teams eine weitgehende Entscheidungsmacht bekommen, bleibt großen Firmen erst einmal nur die Entwicklung eines Parallelsystems. Die klassischen Aufgaben werden weiterhin im traditionellen System bearbeitet, das auf Effizienz getrimmt und von Hierarchie geprägt ist.

Der Harvard-Professor John P. Kotter (2015) hat die duale Organisation wieder populär gemacht. Danach gibt es neben dem traditionellen hierarchischen System in einem Unternehmen ein zweites Betriebssystem, das wie ein dynamisches Netzwerk gebaut ist. In diesem arbeiten die Mitarbeiter in unterschiedlichen Konstellationen selbstorganisiert zusammen. Es soll der Organisation Agilität ermöglichen. Das hierarchische System steht für Stabilität. Die zwei Organisationen sollten allerdings miteinander verbunden sein, zum Beispiel durch einzelne Personen, die zu beiden Systemen gehören, und die Mitglieder des Netzwerk-Systems könnten hinein- und herausrotieren. Kotter sagt, es sei wichtig, dass beide Welten nicht strikt voneinander getrennt seien, wie das zum Beispiel bei der Gründung von Inkubatoren der Fall ist. Der Kern des Netzwerks besteht aus einer leitenden Gruppe, die sämtliche Ebenen der Hierarchie repräsentiert.

Das Modell Kotters hat einiges für sich, doch es ist fraglich, wie lange zwei so unterschiedliche Systeme parallel existieren können. Die Digitalisierung macht vor keinem Bereich halt und wenn Menschen einmal selbstbestimmt und mit viel Freiraum gearbeitet haben, dürfte es ihnen schwerfallen, wieder in ein auf Effizienz gedrehtes System mit zahlreichen Richtlinien zurückzugehen.

Im Herbst 2016 machte Daimler mit einer Meldung Schlagzeilen, die stark an Kotters zwei Betriebssysteme erinnerte. CEO Dieter Zetsche kündigte an, 20 Prozent der Mitarbeiter in einer Schwarmorganisation arbeiten lassen zu wollen (siehe Kasten).

> **FALLBEISPIEL**
>
> **Schwarmorganisation bei Daimler**
> Die Menschen, die bei Daimler Teil der angekündigten Schwarmorganisation sind beziehungsweise sein werden, sollen in keine Hierarchie eingebunden sein und unabhängig von Abteilungsgrenzen autonom vernetzt agieren – und das dauerhaft, also nicht nur auf Projektbasis. »Ein Schwarm« mit drei bis vier Prozent der Mitarbeiter soll sich zum Beispiel mit der Mobilität der Zukunft beschäftigen, also mit Themen wie der Digitalisierung des Verkehrs, dem autonomen Fahren oder den elektronischen Fahrzeugen.
> Doch ein Fünftel der Mitarbeiter eines so großen Konzerns in Netzwerken arbeiten zu lassen, funktioniert nicht auf Knopfdruck. Das ist ein langer Prozess und bedarf eines enormen kulturellen Wandels.
> Letztlich geht es bei Daimler wie bei den meisten Unternehmen um eine Transformation, die das ganze Unternehmen verändern wird. Es braucht eine neue Führung, die die Mitarbeiter empowert und loslassen kann, eine neue Art des Projektmanagements, das den Kunden einbezieht, interdisziplinäre Teams und vieles mehr. Doch die Widerstände in einem solch großen Konzern sind naturgemäß groß.

Bei Daimlers Schwarmorganisation geht es vor allem um das, was man allgemein agiles Arbeiten nennt. Dafür braucht es neue Strukturen. Eine neue Art der Zusammenarbeit ist nötig, wo vorher funktionale Silos dominiert haben.

Die niederländische Bank ING ist diesen Weg sehr konsequent gegangen. Inspiriert von Unternehmen wie Netflix oder Spotify hat sie 2015 begonnen, das traditionelle funktionale System zu einem agilen Modell zu verändern, das aber keine fixe Struktur hat, sondern sich kontinuierlich entwickeln soll (siehe Abbildung 14).

Neue Art der Zusammenarbeit: Squads und Tribes

Es gibt Hunderte von neunköpfigen multidisziplinären Teams, sogenannte Squads, die wiederum jeweils zu einem Stamm (Tribe) gehören. Die Squads arbeiten selbstorganisiert. Sie setzen sich aus sehr unterschiedlichen Disziplinen zusammen, sind Datenanalysten, UX-Designer, Marketingexperten und Produktspezialisten. Und alle sind fokussiert auf das Erfüllen von Kundenbedürfnissen. Ein Tribe umfasst im Schnitt 150 Mitarbeiter und wird von dem Tribe Lead geführt. Jeder Tribe führt einmal im Quartal ein Review durch, bei dem das Erreichte und die Learnings aufgeschrieben werden. Es werden dabei Erfolge und Fehlschläge gefeiert und was man für das nächste Quartal erreichen sowie mit welchem Squad beziehungsweise Tribe man sich enger vernetzen will. Diese Dokumente sind transparent für alle Tribes und man kann Feedback dazu geben. Der Agile Coach coacht den Tribe Lead und andere Individuen sowie Teams bei ING. Er ähnelt damit dem in diesem Buch vorgestellten Performance Consultant.

Die Mitarbeiter in den Squads gehören gleichzeitig Chaptern an, in denen sich die Mitarbeiter fachlich austauschen. Diese Chapter sind wichtig, um Wissen über die Teams hinweg zu entwickeln. Sie bieten eine fachliche Heimat. Mit den Leitern der Chapter sprechen die Mitarbeiter zum Beispiel über ihre persönliche Entwicklung (Jacobs/Schlatmann 2017).

Der Organisationswandel bei der ING war nötig, weil sich aufgrund neuer digitaler Distributionskanäle das Kundenverhalten verändert hatte. Traditionelles Produktmarketing

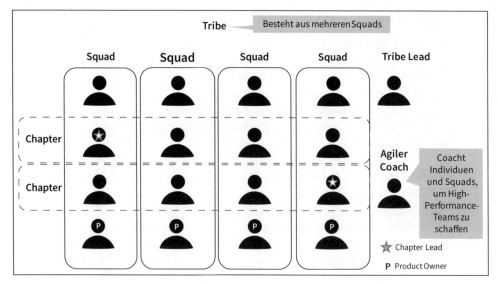

Abb. 14: Das agile Organisationsmodell der ING (Jacobs/Schlatmann 2017)

war an seine Grenzen gestoßen. Es musste kontinuierlich über verschiedene Kanäle hinweg eine hohe Servicequalität sichergestellt werden. Nach Aussage der ING haben sich mit dem agilen Modell mittlerweile die »Time-to-Market«-Geschwindigkeit, das Mitarbeiterengagement und die Produktivität erhöht. Unterstützungsfunktionen wie das Personalmanagement sind bei ING nicht an Squads beteiligt, arbeiten nach Angaben des Unternehmens aber auch agil (ebd.).

Unterschiedliche Dimensionen der Agilität
Die Digitalisierung betrifft naturgemäß so ziemlich jedes Unternehmen – auch die großen Konzerne. Aus diesem Grund bemühen sich diese ebenfalls um einen Abbau von Silos, neue Führung und mehr Selbstorganisation.

Auch der Technologiekonzern Bosch steckt mitten in der Transformation. Er ist dezentraler organisiert und neben den hierarchischen Systemen gibt es ebenso Start-up-ähnliche Einheiten und agile Teams, die schnell auf Kundenbedürfnisse reagieren können. Personalchef Christoph Kübel spricht aber von einem eindeutigen Trend: »Wir wollen uns noch stärker auf neue Lösungen und Kundenbedürfnisse fokussieren, indem mehr und mehr kleine Teams selbstverantwortlich Themen realisieren.« (Kübel 2016, S. 67)

Es existiert zwar mit der Robert Bosch Start-up GmbH eine 100-prozentige Tochter, die Start-up-Gründern eine Heimat in der Bosch-Familie geben und damit auch Entrepreneurship im Konzern kultivieren will. Doch vom Begriff der Dualen Organisation möchte man nichts wissen. Ziel ist die agile Organisation. Punkt.

Wie Roswitha Beleiu und Jörg Jockel (2016) in einem Vortrag auf der »Agile HR Conference« zeigten, kann man von unterschiedlichen Phasen auf dem Weg zur agilen Organisation ausgehen:

- Red Flavor: klassisches Projektmanagement nach der Waterfall-Methode, keinerlei agile Elemente

- Yellow Flavor: einzelne agile Praktiken wie Stand-up-Meetings, Kanban oder cross-funktionale Teams werden angewendet
- Green Flavor: agile Ausführung von Aufgaben und Abschnitten
- Blue Flavor: selbstorganisierte agile Teams und eine agile Organisation inklusive einer agilen Kultur.

Punkt zwei und drei bedeuten, etwas auf eine agile Art und Weise zu handhaben. Punkt vier meint ein bestimmtes Denken und eine entsprechende Haltung. Man ist agil.

Auf dem Weg zur agilen Organisation werden also unterschiedliche Stufen durchlaufen. Und das Personalmanagement muss sich sowie seine Instrumente und Prozesse auf der Ebene »blue flavor« entsprechend anpassen, um erfolgreich zu sein. Dazu gehören zum Beispiel ein teamorientiertes Recruiting, eine Personalentwicklung, die das T-Shaped-Modell im Blick hat, und eine variable Vergütung, die mit der Unternehmens-Performance verknüpft ist.

Sicher ist Bosch ein Vorreiter unter den großen Konzernen. Viele Experten und Studien gehen allerdings von einem generellen Trend der Dezentralisierung aus. Die Unternehmen bemühen sich, mehr Entscheidungsmacht auf untere Ebenen zu geben und flexible Teams zu empowern, an speziellen Projekten und Herausforderungen zu arbeiten (vgl. Deloitte 2016; Anderson/Uhlig 2015).

Sicherlich ist bei einigen Ankündigungen der Unternehmen eine Menge Schaufensterpolitik dabei, weil hierarchiearmes Arbeiten von der Gesellschaft sehr goutiert wird (vgl. Kühl 2016).

Doch das ändert nichts daran, dass gerade in einer VUCA-Welt das Organisationsdesign ein entscheidender Faktor ist, um zu bestehen.

In den Bereichen, in denen Märkte schnell wachsen, sich schnell verändern und die von Innovationen geprägt sind, stoßen Unternehmen mit starren, rein hierarchischen Formen an Grenzen und werden gegenüber schnellen, agilen Firmen das Nachsehen haben. Teams, die je nach Reifegrad der Organisation weitgehend selbstorganisiert arbeiten, können die Dynamik am besten verarbeiten, sie erzielen die Wertschöpfung. In einem Unternehmen muss für bestmögliche Bedingungen gesorgt werden, damit die Teammitglieder miteinander sowie mit anderen Teams und dem Rest der Organisation erfolgreich zusammenarbeiten. Die sozialen Beziehungen müssen stimmen und die Teammitglieder brauchen Zugang zu allen wichtigen Informationen, um in der Lage zu sein, im Sinne des Unternehmens und des Kunden zu handeln. Bei beiden Punkten kann das Personalmanagement ein wichtiger Helfer sein.

11.1.2 Teams als erfolgsrelevante Einheit

11.1.2.1 Teamarbeit als agiles Projektgeschäft

Ein Team ist immer eingebettet in ein größeres System und es braucht ein gemeinsames Aufgabenfeld. Da Abteilungen nicht mit Teams gleichzusetzen sind, muss sich das Personalmanagement mit der Frage auseinandersetzen, wie die Wertschöpfungsprozesse im Unternehmen verlaufen, um Zusammenarbeit entsprechend zielgerichtet zu fördern.

In den Bereichen, in denen Aufgaben komplex und Veränderungen in hohem Tempo erfolgen, bilden Menschen Teams, um an einem gemeinsamen Projekt zu arbeiten, später wieder auseinanderzugehen und sich neuen Projektteams anzuschließen. In der digitalisierten Welt kann so ziemlich jedes Business zum Projektgeschäft werden (vgl. Frank/Hübschen 2015, S. 176).

Dieses Projektgeschäft wird zunehmend agil oder teilweise agil bearbeitet. An agilen Methoden führt kaum noch ein Weg vorbei. Auch außerhalb der Softwareentwicklung sind sie auf dem Vormarsch. Studien zeigen, dass die Teammitglieder mit der agilen Arbeitsweise zufriedener sind als mit klassischen Methoden. Sie schneiden hinsichtlich Ergebnisqualität, Teamwork, Transparenz, Effizienz und Kundenorientierung besser ab (vgl. Hochschule Koblenz/GPM 2015; Hays/PAC 2015).

Es geht aber nicht nur um Zufriedenheit. Agilität als Methode und Haltung wird zur Notwendigkeit, weil Unternehmen und ihre Teams immer weniger mit langen Zeithorizonten arbeiten können. Es ist kaum noch möglich, einen Endzustand zu planen und zum Tag x in dieser Form fertigzustellen. Weil niemand weiß, was zum Schluss herauskommen wird. Lineare Problemlösung war gestern. Teams fahren heute auf Sicht und müssen immer wieder bereit sein, Anpassungen vorzunehmen. Es wird auf Basis von Feedback-Schleifen kontinuierlich verbessert, wobei die Bedürfnisse des (internen) Kunden stets im Fokus sind. Dabei organisiert das Team seine Aufgaben selbst.

Das Prinzip der Selbstorganisation lässt sich nicht über Nacht einführen. Dieser Prozess muss begleitet werden – vor allem vom Personalmanagement. Mitarbeiter sollen mit Selbstverantwortung umgehen können und Manager sowie die ganze Organisation müssen bereit sein loszulassen. Die Führungskraft darf nicht alles an sich reißen, wenn es nicht in ihrem Sinne läuft, und Prozesse müssen entsprechend den nötigen Freiraum für Teams und Mitarbeiter widerspiegeln. Wenn jede kleine Anschaffung oder jeder Urlaubsantrag einen komplizierten Prozess mit mehreren Beteiligten auslöst, wird dieser Freiraum unnötig eingeschränkt. Ein Mehr an Verantwortung braucht mehr Vertrauen. Diesen Kulturwandel zu begleiten, ist Aufgabe der People Manager.

11.1.2.2 Wann ein Team arbeitsfähig ist

Man kann auf ein Team und seine Arbeit anhand verschiedener Dimensionen schauen: sachlich, sozial oder zeitlich.

Die sachliche Dimension bezieht sich auf die Einbindung des Teams in die allgemeine Arbeitsteilung des Unternehmens. Fragestellungen können sich hier auf die Aufgabenfelder, die Ziele oder die Ressourcen beziehen. Die soziale Dimension fragt zum Beispiel nach der Beziehungsqualität zwischen den Teammitgliedern, der Rollenvielfalt oder ob es Konflikte gibt. Die zeitliche Dimension wiederum macht deutlich, dass Teams keine starren Gebilde sind, sondern sie durchleben in der Regel verschiedene Phasen und haben eine Geschichte. Kein Teammitglied ist ein unbeschriebenes Blatt. Jeder hat bestimmte Erfahrungen gemacht, die er in das Team einbringt. Genauso hat das Team als Ganzes seine Geschichte. Egal ob es eine kurze oder lange ist, ist sie bedeutsam.»Sie hat die Beziehungen geprägt und die Kultur des Teams geformt. Sie hat das Team gelehrt, wie viel Spannung die Teammitglieder aushalten können, welche Art der Leitung für sie akzeptabel ist, wie man nach einem Streit am besten weiterkooperiert und vieles andere mehr.« (Edding/Schattenhofer 2012, S. 14)

Oftmals lassen sich die verschiedenen Dimensionen nicht getrennt voneinander betrachten und bearbeiten, so unter anderem, wenn die Besprechung zu Aufgaben und Deadlines von persönlichen Animositäten geprägt wird, die sich aufgrund eines bestimmten Ereignisses in der Geschichte des Teams ergeben haben.

Ein Team braucht sowohl Stabilität als auch Dynamik. Stabilisierend wirken unter anderem Regeln, Normen und die Klärung von Rollenerwartungen.

Wichtig ist, dass sie allen Beteiligten klar sind. Häufig ist das allerdings nicht der Fall und dann bringt ein Konflikt die Unklarheiten zutage. Damit bringt der Konflikt allerdings auch eine positive Dynamik in das Team: Unklarheiten und Widersprüche können beseitigt werden, beispielsweise durch das Festlegen von neuen Verhaltensweisen und Regeln.

Ohne Steuerung geht es nicht

Neben Regeln, Normen und der Klarheit zu den unterschiedlichen Rollen benötigt jedes Team ebenfalls eine Steuerung. Diese Steuerung vollzieht sich erstens aufgrund des Kontextes, in dem das Team eingebettet ist. Zweitens müssen Führungsaufgaben übernommen werden. Das kann durch eine Art formelle oder informelle Teamleitung geschehen. Damit übernehmen Einzelne Verantwortung für das Team, um die Arbeit in eine bestimmte Richtung zu steuern. Drittens sollte allerdings ebenso das Team Führung übernehmen, sodass es mit der Zeit sich mehr und mehr selbst steuern kann. Das heißt, das Team lernt, die eigene Arbeit und die Zusammenarbeit zu steuern (vgl. Edding/Schattenhofer 2014).

Dieser Lernprozess wird beispielsweise durch Retrospektiven unterstützt, bei denen die Teammitglieder über die gemachten Erfahrungen und mögliche Verbesserungen reflektieren.

Gerade wenn ein Team stark selbstorganisiert und -steuernd arbeitet, sind eindeutige Prozesse und Strukturen zur Orientierung besonders wichtig und wirken entlastend. Das Besondere an Scrum zum Beispiel ist die klare Zuordnung von Verantwortlichkeiten. Die Aufgabenbereiche der verschiedenen Rollen Scrum Master, Product Owner und Entwicklerteam sind eindeutig getrennt. Es ist kein aufwendiger Abstimmungsbedarf zwischen ihnen nötig. Neben den unterschiedlichen Rollen kennt Scrum ein klares Prozessmodell, das wiederum verschiedene Meeting-Formen wie Reviews und Retrospektiven sowie klar definierte Artefakte wie Product Backlog Items (Produktfunktionalitäten) kennt (vgl. Gloger/Margetich 2014). Svenja Hofert (2016) kommt aufgrund ihrer eigenen durchgeführten Studie zum Vergleich des Teamklimas in agilen und nicht-agilen Gruppen zu dem Ergebnis, dass die Klarheit und Ordnung der agilen Arbeitsweise, wie zum Beispiel tägliche strukturierte Meetings, den Austausch und die Konzentration auf das Wesentliche fördern. Und Konflikte werden in agilen Teams eher auf der Sachebene bearbeitet als in nicht-agilen Teams.

Nichtsdestotrotz braucht jedes Team Zeit zur Entwicklung. Es durchläuft meistens unterschiedliche Phasen, die für viele Teams typisch sind. Und jede Phase ist verbunden mit unterschiedlichen Chancen und Herausforderungen. Oftmals brauchen die Teams bei dieser Entwicklung beziehungsweise beim Durchlaufen einer bestimmten Phase eine professionelle Berglietung. Das Personalmanagement in seiner Rolle als Performance Consultant ist meiner Meinung nach besonders gut geeignet, ein solch wichtiger Begleiter zu sein.

Unterschiedliche Teamphasen

Das wohl bekannteste gruppendynamische Phasenmodell ist von Bruce Tuckman und stammt bereits aus den 60er-Jahren. Es findet in verschiedenen Modifizierungen im Rahmen von Teamentwicklungen häufig Anwendung. Danach gibt es vier beziehungsweise fünf Phasen, die Gruppen in der Regel – in unterschiedlicher Intensität – durchlaufen. Die Phasen sind nicht immer trennscharf auszumachen und es ist kein linearer Prozess, sondern er verläuft eher in Zyklen, auch kann einmal eine Phase übersprungen werden. Dennoch zeigt das Modell eine erstaunliche Relevanz für die Praxis. Die Phasen sind: Forming, Storming, Norming, Performing sowie Adjourning. Adjourning meint die Auflösungsphase bei Teams, die nur zeitweise zusammenarbeiten und dann, weil das Projekt zu Ende ist, wieder auseinandergehen. Die fünf Phasen sollen hier kurz vorgestellt werden (vgl. Stahl 2012; Gellert/Nowak 2014):

- Forming: Das ist die Test- oder Orientierungsphase. Die Teammitglieder lernen einander kennen und es herrscht eine gewisse Unsicherheit. Der Einzelne fragt sich, ob die Zusammenarbeit gelingen kann. Vieles ist unklar, zum Beispiel wie die Aufgabenbereiche genau aussehen und welche Regeln gelten. Die Beziehungen zwischen den Teammitgliedern sind ebenfalls noch offen. Man verhält sich höflich, aber distanziert und vorsichtig.
- Storming: In dieser Phase findet auf der informellen Ebene eine erste Strukturierung statt. Die Teammitglieder wollen Positionen beziehungsweise Rollen einnehmen, Beziehungen entstehen. Dabei kann es zu Auseinandersetzungen kommen, eventuell sogar zu Machtkämpfen. Gerade in dieser Phase ist die Begleitung durch einen Moderator häufig sinnvoll.
- Norming: Das ist die Organisationsphase. Im besten Fall wurden Konflikte abgebaut, Meinungsunterschiede konnten offen besprochen werden, sodass ein vertrauensvolles Teamklima entstehen kann. Es werden Regeln festgelegt und Rollen definiert. Neue verabredete Verhaltensweisen werden angewendet und man gibt einander Feedback.
- Performing: In dieser Phase wird konstruktiv zusammengearbeitet. Die erarbeiteten Regeln und Normen werden von allen Teammitgliedern akzeptiert und getragen. Zwischen dem Autonomiebedürfnis des Einzelnen und den Interessen der Gruppe besteht eine gesunde Balance. Die Arbeit verläuft effektiv, auch weil Konflikte auf der sozialen Ebene nicht mehr zu Reibungsverlusten führen.
- Adjourning: Die Teammitglieder lösen sich voneinander und reflektieren über die gemachten Erfahrungen.

Eine Teamleitung fokussiert sich in den verschiedenen Phasen auf unterschiedliche Aufgaben. Am Anfang geht es darum, Sicherheit und Orientierung zu bieten. In der zweiten Phase sollten die Ziele klar sein. Der Leiter sollte in dieser Storming-Phase die unterschiedlichen Bedürfnisse wahrnehmen und Raum geben, um Auseinandersetzungen auszufechten. Er kann einerseits Schlichter sein, andererseits zu Konflikten ermutigen. In der dritten Phase übernimmt der Leiter stärker die Rolle des Moderators, wenn es beispielsweise um Fragen der Zusammenarbeit geht. In der Performing-Phase sollte sich die Führungskraft weitgehend zurückziehen, ohne den Kontakt zu verlieren.

In der Teamentwicklung kann das Personalmanagement den Leiter besonders gut unterstützen. Denn es sind Kenntnisse in den Bereichen Gruppendynamik, Persönlichkeitsentwicklung und Methodik nötig (vgl. Gellert/Nowak 2014). Das bringen Führungskräfte der Linie jedoch meist nicht mit. Des Weiteren braucht es bei der einen oder anderen Begleitung einen gewissen Abstand und gleichzeitig Kenntnisse der Organisationskultur und der Ressourcen im Unternehmen. Hier hat der People Manager Vorteile gegenüber externen Beratern.

11.1.2.3 Was Teams erfolgreich macht

Um nicht nur arbeitsfähig zu sein, sondern sehr gute Leistungen zu erzielen, müssen noch mehr Bedingungen erfüllt sein als die Klarheit über Strukturen, Beziehungen und Regeln. Die Frage ist: Was unterscheidet die sehr guten von durchschnittlichen Teams? Eine Antwortet lautet: Eine gewisse Diversität. Eine Vielfalt in den Qualifikationen, Ansichten und hinsichtlich Alter, kultureller Herkunft und Geschlecht führt zumindest tendenziell zu mehr Kreativität. Zu homogene Teams bleiben eher in einem Gruppendenken verhaftet (vgl. Haas/Mortensen 2016).

Zum anderen kann man Diversität auch auf die unterschiedlichen Rollen beziehen, die in einem Team vorhanden sein sollten und die verschiedene Funktionen erfüllen. Allerdings ist eine Rolle (im sozialpsychologischen Sinne) nicht auf eine einzelne Person festgeschrieben, sondern es geht darum, dass in einer Gruppe verschiedene Handlungen geschehen sollten, damit sie effektiv arbeiten kann und nicht in unproduktiven Verhaltensmustern verharrt.

Unterschiedliche Rollen in Teams
Häufig lassen sich in Gruppen vier grundlegende Rollen beobachten: der Mover (Spielmacher), der Follower (Mitspieler), der Opposer (Gegenspieler) und der Bystander (Zuschauer). David Kantor (2012) hat diese vier Aktionsrollen in seinem Kommunikationsmodell beschrieben:
- Der Mover gibt die Richtung vor, ist die treibende Kraft.
- Der Follower unterstützt ihn. Er steht für Vollendung und Kontinuität.
- Der Opposer fordert heraus. Er steht für Korrektur und Integrität.
- Der Bystander beobachtet das Teamsystem und bringt neue Perspektiven ein.

Jede Rolle ist wichtig und übernimmt bedeutende Funktionen. Jedem Team sollte das bewusst gemacht werden und man sollte die jeweiligen Stärken auch einfordern. Genauso gilt es, gegenzusteuern, wenn die negativen Effekte einer Rolle überhandnehmen. Alle vier Rollen müssen ein gemeinsames Ziel haben, und die Kommunikation sollte einem konstruktiven Dialog gleichen, innerhalb dessen man die Argumente des Anderen hört und darauf eingeht. Das erfordert unter anderem persönliche Reife.

Die Rolle, die in einem Team am ehesten fehlt, ist die des Bystanders. Es bedarf hier einer besonderen Reflexionsfähigkeit, um das Team-System zu beobachten und immer wieder einen Überblick zu geben. Diese Rolle kann zumindest ab und an von einer Person außerhalb des Teams übernommen werden – zum Beispiel von einem People Manager, der in Diskussionen des Teams den Zwischenstand festhält und neue Impulse gibt. Das erfordert allerdings eine gewisse Affinität zum jeweiligen Business.

Teams sind in der Regel dynamische Gebilde und so sind auch die Rollen zu verstehen. Eine Person kann mehrere Rollen haben oder die Rollen wechseln. Einzelne Menschen sind nicht auf eine bestimmte Rolle festgelegt, sondern sie haben aufgrund ihrer Persönlichkeit eine Vorliebe für eine. Wenn diese jedoch bereits besetzt ist, beispielsweise die des Movers, dann geht die jeweilige Person wahrscheinlich in die Rolle des Opposers.

Die Übernahme einer Rolle hängt also zum Beispiel davon ab, welche Personen in einem Team sind und welche konkreten Situationen sie durchleben.

Im Gegensatz zu Kantor sieht das Modell von Belbin mehr Handlungsrollen vor, nämlich neun, die in irgendeiner Form in Teams vorhanden sein sollten (siehe Abbildung 15). Sie entwickeln sich dynamisch und sind jedoch je nach Phase unterschiedlich wichtig, je nachdem, welche Aufgabe gerade im Vordergrund steht. Dadurch entsteht auch eine Dynamik von Führung. Anders als beim Kantor-Modell wird Führung also im Zeitverlauf von mehreren wechselnden Rollen übernommen.

Abb. 15: Teamrollen nach Belbin (Belbin 2017)

Manfred Gellert und Claus Nowak (2014) haben die Belbin-Rollen auf sechs reduziert, was noch etwas praxisnäher erscheint:
- Leiter/Moderator
- Umsetzer/Koordinator
- Kreativer Ideengeber
- Vernetzer

- Teamarbeiter
- Detailarbeiter/Vollender.

Bei der Zusammenstellung eines (Projekt-)Teams sollte man sich dieser Rollen zumindest bewusst sein. Ein bestehendes Team kann zusammen mit dem People Manager als Teamentwickler ebenfalls reflektieren, in welcher Form die verschiedenen Stärken der Rollen vertreten sind, und es sich zur Aufgabe machen, die Defizite auszugleichen. Man muss allerdings zur Kenntnis nehmen, dass Mitarbeiter in der Praxis in verschiedenen Projekten vertreten sind und die Zusammenstellung sich nicht selten schlicht nach den vorhandenen Ressourcen richtet.

Zielklarheit und Flexibilität
Neben dem Blick für die diversen Rollen sollte auf weitere Teamfaktoren geachtet werden. Der Wissenschaftler Peter Pawlowsky, der viel zu Hochleistungsteams geforscht hat, nennt unter anderem individuelle Dispositionen wie eine außerordentliche Zielklarheit bei den Mitgliedern sowie Achtsamkeit und Wahrnehmungskompetenz als wichtige Kriterien, damit Teams besonders leistungsstark arbeiten können. Mit Achtsamkeit meint Pawlowsky allerdings nicht in erster Linie die Empathie für die anderen, sondern ein kritisches Denken, das die Angemessenheit des Status quo sowie die gängigen Bewältigungsroutinen in Bezug auf Probleme hinterfragt. Denn gerade bei einer zunehmenden Komplexität ist es wichtig, in der Lage zu sein, auch das Unplanbare zu bewältigen. »Dazu bedarf es einer Bereitschaft in Alternativen zu denken, der Fähigkeit Komplexität zu verarbeiten und einer Entscheidungs- und Handlungsautonomie.« (Pawlowsky 2016, S. 82) Das achtsame Handeln ist also die Voraussetzung, dass Teammitglieder flexibel auf kritische Situationen reagieren können.

Pawlowsky macht jedoch ebenso klar, dass es neben individuellen Dispositionen immer auch auf die organisationale Ebene ankommt, mit der das Teamsystem gekoppelt ist. Das heißt, wie in der Organisation generell mit Wissen und Lernen umgegangen wird oder wie grundsätzlich Entscheidungsprozesse gestaltet werden, berührt auch die Leistung des Teams (ebd.).

Achtsamkeit im Sinne von Aufmerksamkeit für die anderen spielt allerdings für Spitzenleistungen von Teams ebenfalls eine bedeutende Rolle, wie die Forschung zeigt.

Die kollektive Intelligenz im Team zur Entfaltung bringen
Das beste Team entsteht nicht, indem man einfach die besten Einzelkönner zusammenbringt. Das musste auch Google schon vor einigen Jahren leidvoll erfahren. Schon 2012 startete der Softwarekonzern ein Projekt mit Namen Aristoteles, das vor allem auf der Basis von eigenen Datenerhebungen in Bezug auf insgesamt 180 Teams herausfinden sollte, was das Besondere an den sehr erfolgreichen Teams ist (vgl. Duhigg 2016). Man wollte das Muster finden, um zu wissen, worauf zu achten sei bei Teamzusammensetzungen. Was sie feststellten, war relativ simpel: Jeder im Team muss zu Wort kommen können. Weniger wichtig ist, ob es eine formelle Hierarchie gibt, solange jeder sich einbringen kann, wie er oder sie es möchte. Ein zweiter Punkt, den die Googler herausfanden, war eine durchschnittlich hohe soziale Sensibilität der Teammitglieder. Die erfolgreichen Teams haben

Mitglieder, die besser als andere in der Lage sind, Stimmungen von Kollegen und Situationen wahrzunehmen. Eine Schlussfolgerung war für die Googler, dass niemand nur mit einer »beruflichen Maske« in der Firma auftreten will. Sondern eine vertrauensvolle Kultur heißt auch, offen darüber sprechen zu können, was einen ärgert und wie es einem generell gerade geht. Jeder hat den Wunsch, als Mensch mit seiner jeweiligen Persönlichkeit gesehen und gehört zu werden. Es geht um ein psychologisch sicheres Umfeld für die Leute und dass Arbeit eben nicht nur Arbeit ist.

Das Projekt Aristoteles führte beispielsweise dazu, dass ein Teamleiter sich vor seine Mitarbeiter stellte und über seine Krankheit sprach – als vertrauensbildende Handlung (vgl. Duhigg 2016).

Ein ähnliches Kriterium entdeckten auch Martine Haas und Mark Mortensen (2016) in ihren Untersuchungen. Sie haben zur modernen Teamarbeit festgestellt, dass für den Teamerfolg heutzutage nicht nur eine überzeugende Richtungsvorgabe, eine gute Struktur und ein positives Umfeld wichtig sind, sondern ebenso eine gemeinsame Einstellung der Teammitglieder.

Denn moderne Teams seien anfällig für zwei große Probleme: das »Wir-gegen-sie-Denken« sowie unvollständige Informationen. Diese Herausforderungen ergeben sich aufgrund der Tatsache, dass Projekte immer komplexer, digitaler und globaler bearbeitet werden. Teamarbeit ist somit meist geprägt von räumlicher Distanz, kultureller Vielfalt sowie digitaler Kommunikation und Fluktuation bezüglich der Zusammensetzung der Gruppe.

Es ist eine natürliche Reaktion, Menschen in Kategorien einzuordnen. Es ist ein Weg, mit Komplexität umzugehen. Und die eigene Subgruppe wie beispielsweise eine Abteilung, Region oder Geschäftseinheit wird in der Regel positiver bewertet als die von anderen. Diese Angewohnheit führe häufig zu Spannungen und erschwere die Zusammenarbeit, wie Haas und Mortensen betonen. Zum Beispiel ist der Informationsaustausch mangelhaft. Eine gemeinsame Einstellung der Teammitglieder würde die Bereitschaft zum Informationsaustausch erhöhen. Um diese zu erreichen, sei es wichtig, eine gemeinsame Identität und ein Verständnis füreinander zu fördern (ebd.).

Virtuelle Zusammenarbeit
Der Informationsaustausch wird häufig allerdings durch die digitalen Technologien erschwert. Das mag erst einmal paradox klingen, weil die Digitalisierung die zeitzonenübergreifende Zusammenarbeit erst so richtig ermöglicht und moderne Technik sie effizient und schnell gemacht hat.

Allerdings besteht Kommunikation nicht nur aus fachlichen Inhalten, sondern zum größeren Teil beinhaltet sie Gestik, Mimik und Stimme. Bei einem persönlichen Austausch kann der Mensch besser Stimmungen aufnehmen, den Kontext einschätzen und seine Kommunikation entsprechend anpassen. Beim E-Mail-Austausch oder dem Chatten müssen die Beteiligten naturgemäß auf bestimmte Informationen bezüglich der anderen Person verzichten und entsprechende Annahmen treffen. Das führt häufig zu Missverständnissen. Die Kommunikation über Video, die in den vergangenen Jahren enorm zugenommen hat, kann jedoch eine Menge Nachteile ausgleichen und bringt gegenüber dem rein textlichen Austausch viele Verbesserungen mit sich. Wo es möglich ist, sollten Teams sich allerdings auch einmal offline sehen.

Je mehr Teamkollegen einander vertrauen, desto leistungsorientierter, hilfsbereiter und zufriedener sind sie. Dieser Zusammenhang ist bei virtuellen Teams höher als bei denjenigen, die sich regelmäßig vor Ort sehen. Das zeigen mehrere Studien. Allerdings heißt das nicht automatisch, dass man nur auf vertrauensbildende Maßnahmen setzen muss. Denn eine gute Dokumentation kann weniger Vertrauen ausgleichen. Wenn in virtuellen Teams die Tätigkeiten dokumentiert werden, beispielsweise als Audiodatei oder Text, ist Vertrauen weniger wichtig (vgl. Wirtschaftspsychologie aktuell 2016).

11.2 Aufgaben des Personalmanagements

Das Personalmanagement sollte sich als Vernetzer und als Advokat des kollaborativen Arbeitens im Unternehmen positionieren. Wer, wenn nicht die People Manager, macht sich für die bestmögliche Nutzung der kollektiven Intelligenz stark? Für diese Aufgabe ist in vielen Unternehmen eine Menge langwieriger Kulturarbeit nötig. Doch es muss auch das Ziel sein, die Strukturen so zu gestalten, dass sie Social Collaboration leicht machen. Das Personalmanagement muss sich deshalb immer auch für Organisationsgestaltung verantwortlich fühlen. Darüber hinaus ist es Coach und Berater für (Projekt-)Teams und deren Mitglieder. Der Personaler als Performance Consultant ist Experte für Teamleistung und Teamentwicklung und kann in diesem Rahmen zum Beispiel die Rolle des Mediators oder Moderators übernehmen. Zudem sollte er es als seine Aufgabe verstehen, die Teams und die einzelnen Mitarbeiter auf dem Weg zu einem verstärkten selbstorganisierten Arbeiten zu unterstützen.

11.2.1 Das Organigramm anders gestalten

Das Organigramm ist durchaus ein sinnvolles Kommunikationsinstrument. Es bildet als Landkarte die offizielle Struktur ab und soll verdeutlichen, welche Aufgaben inhaltlich miteinander verbunden sind, wer für was verantwortlich ist und wie die (offiziellen) Beziehungen und Kommunikationswege verlaufen. Informelle Strukturen und Kommunikationswege sehen naturgemäß anders aus. Die Frage ist, wie gut die Landkarte die wirkliche Topografie abbildet. Es gibt im Unternehmen immer soziale Beziehungen, die sich an kein Organigramm halten. Oftmals werden inhaltliche Aufgaben von Mitarbeitern gemeinsam angegangen, deren Zusammenarbeit formell gar nicht vorgesehen ist. Zudem werden viele Projekte, die irgendwann entstehen, nicht schnell genug im Organigramm abgebildet.

Dennoch kann man eine Menge Informationen aus Organigrammen ziehen und sie sind für die Kommunikation von Umorganisationen ein nützliches Instrument. Sie sagen auch etwas über die Unternehmenskultur aus und sind damit ebenfalls ein Instrument mit großer Symbolik. Die meisten Organigramme zeigen eine pyramidenförmige Top-Down-Struktur in Form von Kästchen und bilden damit Macht und Hierarchie sowie das Denken in abgegrenzten Ressorts ab. Das kann jedoch nicht die Botschaft sein, wenn man vernetztes Arbeiten voranbringen will – über Ressorts und Hierarchieebenen hinweg. Das Personalmanagement muss sich also grundsätzlich unabhängig von der tatsächlichen Aufbauorganisation fragen, was man mit dem Organigramm kommunizieren möchte und wie das dargestellt werden soll. Wer auf die kollektive Intelligenz setzt, auf netzwerkartige Strukturen und die Selbstverantwortung des Einzelnen, stößt mit klassischen Organigrammen schnell an Grenzen. Auch wenn ein Unternehmen noch wenig mit einem Netzwerk zu tun hat, aber vorhat, in diese Richtung sich zu entwickeln, ist es wichtig, die Visualisierung des Kommunikationsinstruments entsprechend anzupassen: weniger Silos zeigen, weniger Machthierarchien und mehr Beziehungen auf Augenhöhe. Nichts spricht zudem dagegen, auch den (internen) Kunden im Organigramm auftauchen zu lassen, gerade wenn man sich als agiles Unternehmen versteht, das die Kundenbedürfnisse stets in den Fokus nimmt. Der (interne) Kunde sollte mit seinen Ideen und seinem Feedback ohnehin in irgendeiner Form an der Produktentwicklung beteiligt werden.

> »Lassen Sie Ihre Leute aus dem Kästchen frei! Machen Sie aus eckig und kantig rund und bunt! Scharen Sie Ihre Leute um Kundengruppen und um Kundenprojekte!«
> (Schüller 2014, S. 35)

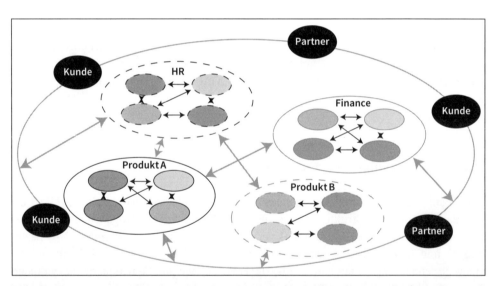

Abb. 16: Alternative Visualisierung eines Organigramms (Darstellung basierend auf Schüller 2014)

Letztlich gibt es eine Menge Alternativen zur klassischen Darstellung von Organigrammen. Die Bedeutung der Visualisierung kann jedoch nicht hoch genug eingeschätzt werden. Dabei geht es auch um die Frage nach Farben und Formen. Anne M. Schüller (2014) nutzt interessanterweise nicht die kreisrunde Darstellung, sondern die ovale Form in der Waagrechten, weil Autorität dann doch hie und da sinnvoll ist, wie sie sagt. Mit der ovalen Form hat der jeweilige Leiter einer Einheit die Möglichkeit, sich in das gleichmachende Rund eines Netzwerks zu integrieren und dennoch – an der breiten Seite – einen hervorgehobenen Platz einzunehmen.

Um weniger Hierarchie und Silodenken und dafür mehr echte Beziehungen im Unternehmen zu bekommen, kann ein neues Organigramm ein Anfang sein. Es ist ein starkes Signal an Mitarbeiter und Führungskräfte (siehe Abbildung 16). Es darf selbstverständlich nicht die einzige Maßnahme sein. Aber es ist eine Veränderung mit einer großen Symbolik – und eventuell der Beginn eines Wandels hin zu einem von Social Collaboration geprägten Unternehmen.

11.2.2 Rollenprofile statt Stellenbeschreibungen

Der Satz »Das ist nicht meine Aufgabe« kann ein Indikator dafür sein, dass sich ein Mitarbeiter nicht für den Firmenerfolg verantwortlich fühlt. Vielleicht ist es auch eine Art Selbstschutz, um nicht in Arbeit zu ertrinken. Doch oftmals ist es genau andersherum: Man lässt die Mitarbeiter nichts anderes machen als die Aufgaben, die ihnen zugewiesen sind. Es würde auch zu Irritationen führen, wenn jemand Ideen zu der Aufgabe eines Kollegen äußern würde. Diese Fokussierung auf die jeweils eigenen Aufgaben wird von einigen HR-Instrumenten unterstützt. Dazu gehören vor allem die Stellenbeschreibungen. Diese sind aber für die heutige dynamische Umwelt zu starr und unflexibel. Es ist mühsam, sie auf dem aktuellen Stand zu halten, und gleichzeitig fördern sie das stellenkonforme Verhalten. Stellenbeschreibungen erweisen dem unternehmerischen Denken und Handeln, das man von Mitarbeitern zunehmend fordert, einen Bärendienst.

Zudem bilden sie in der Regel nicht die Notwendigkeit des vernetzten Arbeitens ab.

Es braucht mehr Flexibilität und Anpassungsfähigkeit. Yasmin Kurzhals (2016) schlägt vor, statt Stellenbeschreibungen Rollen- und Kompetenzprofile für Jobfamilien anzufertigen, die mehrere Funktionen eines Geschäftsbereichs (zum Beispiel Vertrieb) zusammenfassen. Auf einer einzigen Seite wären die zentralen Aufgaben, Verantwortungen und Kompetenzen für die entsprechenden Jobfamilien zusammengefasst. Auch Anforderungen an die Zusammenarbeit mit internen Schnittstellen würden darin abgebildet werden.

Solche One Pager würden den administrativen Aufwand für die Personalabteilung reduzieren und sind auch flexibler handhabbar als Stellenbeschreibungen. Allerdings sind Kurzhals' Rollenprofile immer noch etwas starr und sehr funktional gedacht. Wichtig wäre vielmehr, dass Rollen – vor allem im Sinne von Verantwortungsbereichen – nicht schon komplett vorgegeben sind, sondern sich ebenfalls nach den jeweiligen Individuen und deren Kompetenzen richten. Der Einzelne muss die Möglichkeit haben, eine Rolle freiwillig zu übernehmen und sie selbst zu gestalten.

Bezogen auf ein Team muss nichtsdestotrotz darauf geachtet werden, welche Funktionen unbedingt zu erfüllen sind, sodass es letztlich auch um eine Balance geht zwischen dem, was gut für das Individuum ist, und dem, was das Team braucht.

In den von Frederic Laloux (2015) beschriebenen evolutionären Organisationen entstehen die Aufgaben der Mitarbeiter aus einer Vielzahl von Rollen und Verantwortungen, die sie aufgrund ihrer Interessen und Kompetenzen sowie den Bedürfnissen der Organisation annehmen. Sie haben also mehrere Rollen inne und können eigenständig nach Absprache mit den Kollegen eine Rolle hinzunehmen oder abgeben.

Entscheidend ist auch bei diesem Rollenkonzept vor allem: Es ist kein abgeschlossener Bereich, damit jeder Mitarbeiter sich entwickeln und lernen kann. Und eine Rolle wird niemandem übergestülpt, sondern der Einzelne entscheidet sich aktiv dafür und hat die Möglichkeit, sie entsprechend seinen Kompetenzen auszufüllen.

Im Zuge der ansteigenden Dynamik sind Stellenbeschreibungen ein Auslaufmodell. Im Projektmanagement und bei Scrum kennt man ohnehin nur Rollen.

11.2.3 Personalmanager als Lernbegleiter des Einzelnen

Das Lernen liegt in der Verantwortung jedes Beschäftigten im Unternehmen. Personaler haben die Rolle des Lernbegleiters und sorgen für die adäquate Lernumgebung, sodass Mitarbeiter beispielsweise bereit sind, sich gegenseitig zu helfen oder sofort wissen, auf welcher Plattform sie geeignete Tutorials finden. Es werden ebenfalls Angebote gemacht, die das informelle Lernen unterstützen und für die sich jeder Einzelne individuell entscheiden kann, um sich weiterzuentwickeln. Job Rotation ist unter anderem eine Möglichkeit, ein herausforderndes Projekt ein anderes. Mit Mentoring-Programmen oder dem Fördern von Feedback-Prozessen wird das Lernen über soziale Beziehungen gefördert. Wichtig ist ebenfalls, dass die Mitarbeiter das Gelernte immer wieder reflektieren. Das Personalmanagement stellt den Raum dafür zur Verfügung.

11.2.3.1 Coach für die persönliche Entwicklung

In Zukunft wird der Druck nicht nur für Unternehmen größer, sich neuen Bedingungen immer schneller anzupassen, sondern auch der Einzelne muss sein berufliches Leben lang immer wieder bereit sein zu lernen. Das Ziel ist dabei nicht nur, im Unternehmen erfolgreich zu bleiben, sondern sich employable zu halten, fit für den Arbeitsmarkt. Dafür braucht es unter anderem digitale Kompetenzen. In naher Zukunft ist ein Basiswissen über Programmieren vermutlich das neue Englisch. Aber ebenso sind personale, soziale und Fachkompetenzen wichtig. Es gilt, die eigenen Fähigkeiten immer wieder gemeinsam mit dem People Manager als Coach beziehungsweise Sparringspartner zu hinterfragen und zu überlegen, in welche Richtung der Mitarbeiter sich weiterqualifizieren könnte: Welche Kompetenzen fehlen, um arbeitsmarktfit zu sein? Der Personaler unterstützt ebenso bei den Überlegungen, wie die weitere Entwicklungen weitergehen könnte, ob eine neue Rolle im Unternehmen möglich ist oder der Mitarbeiter sich außerhalb des Arbeitgebers verändern sollte.

Verantwortlich für das eigene Tun
In kollaborativen Strukturen braucht es eigenverantwortliche Mitarbeiter. Deswegen lassen sich Organisationsentwicklung und die Lernbegleitung des Einzelnen beziehungsweise die Personalentwicklung nicht voneinander trennen. Und Employability ist ein Beschäftigungssicherungskonzept, das mit der Eigenverantwortung des Einzelnen ernst macht. Die Loyalität hat in den vergangenen Jahren – sowohl aufseiten der Arbeitgeber als auch aufseiten der Arbeitnehmer – abgenommen. Es können keine Versprechungen und Jobgarantien auf Lebenszeit gegeben werden. Man kann sich aber einigen, in die Weiterentwicklung des Mitarbeiters zu investieren. Eine Win-win-Situation: Denn der Arbeitgeber hat damit wahrscheinlich einen motivierten Mitarbeiter, der hinsichtlich der notwen-

digen Kompetenzen auf der Höhe der Zeit ist – auch mit dem Risiko, dass er oder sie irgendwann das Unternehmen verlässt. Der People Manager als Performance Consultant hat als Coach für die persönliche Entwicklung das Interesse des Individuums im Blick. Das Personalmanagement ist somit nicht nur ein Begleiter von Führungskräften, sondern nach Möglichkeit auch für den Mitarbeiter, der sich mehr und mehr als Unternehmer in eigener Sache versteht.

11.2.3.2 Berater für die Kompetenzentwicklung

Als Berater hinsichtlich der Kompetenzentwicklung des Mitarbeiters hat der People Manager nicht nur die Bedürfnisse des Einzelnen, sondern ebenfalls die strategische Stoßrichtung des Unternehmens im Blick. So sind im Zuge der Digitalisierung noch mehr bestimmte personale und sozial-kommunikative Kompetenzen von großer Relevanz. Hier muss das Personalmanagement als Coach und Berater den Mitarbeitern zur Seite stehen, damit sie in den zunehmend kollaborativen Team- und netzwerkartigen Strukturen erfolgreich agieren können.

Laut des HR-Reports 2016/2017 von Hays und IBE (2017) sehen die befragten Führungskräfte einen sehr hohen Handlungsbedarf in ihren Unternehmen bei zahlreichen Soft Skills. Dazu gehören unter anderem die Bereitschaft, sich auf Veränderungen einzulassen, aber auch Kommunikationsfähigkeit, Selbstmanagement sowie die Fähigkeit, in unterschiedlichen Teamformen zu agieren und die Bereitschaft, Verantwortung zu übernehmen (siehe Tabelle 1).

Bereitschaft, sich auf Veränderungen aktiv einzulassen	78 %
Fähigkeit zum Umgang mit Komplexität	62 %
Fähigkeit, mit Unsicherheiten/Risiken umzugehen	62 %
Fähigkeit, in Zusammenhängen zu denken	61 %
Priorisierungskompetenz	56 %
Selbstmanagement	55 %
Kommunikationsfähigkeit	55 %
Lernbereitschaft »ein Leben lang«	55 %
Teamfähigkeit in unterschiedlichen Teamformen	54 %
Bereitschaft, Verantwortung zu übernehmen	53 %

Tab. 1: Aus: HR-Report 2016/2017, Hays/IBE; Befragung von 591 Führungskräften

Der Umgang mit Komplexität, Dynamik und Freiheit ist die Herausforderung, der sich Teams und Mitarbeiter stellen müssen. Personalmanagement wird an dieser Stelle in vielen Unternehmen ein Transformationsbegleiter sein, weil ein Mehr an Selbstorganisation und Freiraum erst erlernt werden muss.

Priorisieren können
Dazu gehört unter anderem, sich auf das Wesentliche zu konzentrieren und Prioritäten setzen zu können. Das People Management kann hier vielseitig unterstützen. Möglich ist eine Beratung hinsichtlich Aufgabenmanagement und Tools. Das könnte durch ein Coaching

flankiert werden, im Rahmen dessen man an neuen Perspektiven auf eine bestimmte Herausforderung arbeitet, oder die Beziehung zu Kollegen und Führungskraft und deren Erwartungen sind ein Thema. Doch Fragen zu Kultur, Prozessen und Struktur sind davon nicht losgelöst. So bieten unterschiedliche agile Methoden die Möglichkeit für das Team, die Zahl der parallel zu bearbeitenden Aufgaben zu begrenzen. Und neben der Kompetenzentwicklung des Einzelnen muss in vielen Fällen gleichzeitig auf die Teamarbeit geschaut werden, zum Beispiel welche (impliziten) Erwartungen es gibt – bei Kollegen, der Führungskraft oder im Unternehmen.

Selbstreflexion
In selbstorganisierten Teams klarzukommen, verlangt von jedem außerdem ein Mindestmaß an Selbstreflexion. Die Fähigkeit, sich selbst wahrzunehmen, die eigenen Stärken und Schwächen, das eigene Wirken auf andere, ist gerade in einem Team, in dem auf Augenhöhe gearbeitet wird, besonders wichtig. Und gleichzeitig ist in diesen beschleunigten Zeiten und angesichts einer zunehmenden Reizüberflutung die Selbstreflexion besonders schwierig. Es fehlt scheinbar die Zeit. Das Ziel für die Personaler sollte sein, hier ein gefragter Partner des Business zu werden – von Mitarbeitern und Führungskräften.

Teamfähigkeit
Selbstreflexion ist eine Voraussetzung für Teamfähigkeit, die sich aus unterschiedlichen Komponenten zusammensetzt. Empathie gehört dazu, die Bereitschaft, die Arbeit offenzulegen und Wissen zu teilen. Man muss zuhören können, fähig sein, Feedback anzunehmen und zu geben und auch Frustrationstoleranz zeigen können. Oft ist es allerdings eine Sache der Einstellung. Wenn jemand lange alleine gearbeitet hat und überzeugt ist, dass er es alleine am besten hinbekommt, gilt es, ihn von den Vorzügen der kollektiven Intelligenz zu überzeugen. Das passiert aber eher weniger im Einzeltraining als im Rahmen einer Teamarbeit. So gibt es zahlreiche Übungen, die zeigen, dass das Team beim Lösen komplexer Probleme in der Regel dem Individuum überlegen ist. Hinsichtlich fachlicher Kompetenzen sollte das People Management für ein T-Shaped-Profil werben. Menschen mit Grundwissen beziehungsweise -kompetenzen in einem zusätzlichen Bereich sind eher anschlussfähig als Menschen, die lediglich ein Expertenwissen auf einem einzigen Gebiet haben.

Veränderungsbereitschaft
Bei der vielzitierten Veränderungsbereitschaft geht es im agilen Kontext nicht mehr darum, eine (einmalige) größere Veränderung anzunehmen, sondern sich immer wieder spontan und schnell auf neue Situationen einzustellen.

Doch man muss auch darauf achten, dass die menschliche Psyche nicht unbegrenzt und auf allen Gebieten veränderungsbereit ist. Menschen sind es vor allem dort, wo ihre Talente, Interessen und Fähigkeiten liegen (vgl. Leitl 2016). Darauf hinzuweisen ist Sache der Personaler. Wenn Menschen immer wieder veränderungsbereit sein sollen, müssen sie Aufgaben nachgehen, die ihnen liegen und durch die sich entwickeln können und wollen. Und auch Veränderungsbereitschaft ist nicht losgelöst von Kultur- und Strukturfragen, sondern beispielsweise an den Freiraum gekoppelt, innerhalb dessen der Mitarbeiter gestalten kann. Wenn ich einen Sinn sehe in dem, was ich tue, bin ich eher bereit, mich immer wieder auf Neues einzulassen. Die Frage nach Sinnhaftigkeit könnte demnach ein Thema für ein Coaching sein, das vom Personalbereich im Rahmen der Karriereberatung angeboten wird.

Kein Dauerfeuer von Veränderungsimpulsen
Wenn von Veränderungsbereitschaft die Rede ist, ist nicht gemeint, ein Dauerfeuer von Veränderungsimpulsen auszuhalten. Man darf nicht vergessen, dass Menschen genauso wie soziale Systeme trotz aller bestehenden Dynamik eine stabile Ordnung anstreben. In Zeiten der Digitalisierung wird allerdings die Frequenz der Zustandsveränderung höher.

Auch bei einem agilen Framework wie Scrum wird in sehr kurzen Intervallen (Sprints) immer wieder eine stabile Ordnung hergestellt, indem man nach jedem Sprint ein funktionsfähiges Produkt anbieten kann – und wenn es am Anfang nur die minimalsten Anforderungen erfüllt (Minimum Viable Product).

Selbstverantwortung
Letztlich muss eines der ersten Ziele aller Anstrengungen des People Management als Performance Consultant sein, dass Mitarbeiter autonomer und selbstbestimmter handeln können. Sie sollen selbstbewusste Menschen sein, die Entscheidungen treffen, so wie sie es aus ihrem privaten Leben gewohnt sind. Sie sollen ihren Anteil der Verantwortung für den Unternehmenserfolg tragen. Jeder muss sich mit seiner Individualität einbringen können. Und das Personalmanagement hilft dabei, dass die Mitarbeiter fähig sind, ihre eigenen Kompetenzen zu erkennen und entsprechend einzusetzen, ihren Raum bekommen (vgl. Schirmer 2016). Damit ein System aber auch von allen Kompetenzen profitieren kann, müssen Mitarbeiter die Chance haben, sie zu zeigen. Das ist die Aufgabe der Führungskraft. Personaler sensibilisieren diesbezüglich und machen klar, wie wichtig es ist, die eigenen Leute stark zu machen und ihnen die Lust am Lernen näherzubringen. Schließlich sind starke Individuen, die Verantwortung übernehmen, eine bedeutende Voraussetzung für eine erfolgreiche Nutzung von kollektiver Intelligenz.

Intrapreneurship
Eigenverantwortliches Handeln und Verantwortungsbewusstsein ist eng mit dem Begriff Intrapreneurship (Binnenunternehmertum) verbunden, der ein unternehmerisches Verhalten von angestellten Mitarbeitern meint. Sie denken und gestalten das Unternehmen aktiv mit.

Bei dem Übertragungsnetzbetreiber 50 Hertz Transmission gilt Intrapreneurship als Leitmotiv für die Personal-, aber auch Organisationsentwicklung. Personalchefin Katharina Herrmann betont zu Recht, dass die Organisationsentwicklung als Kernaufgabe der unternehmerischen Personalarbeit in den Fokus rückt. Die Förderung eines unternehmerischen Denkens macht das deutlich. Denn es ist ein allumfassender Blick auf das Thema nötig. Bei 50 Hertz werden sowohl fachliche Fähigkeiten wie Projektmanagement ins Visier genommen als auch Kreativitätstechniken und Rapid Prototyping. Intrapreneurship ist aber insbesondere eine Frage der Einstellung und damit ein Kulturthema. Das muss bei der Entwicklung von Formaten berücksichtigt werden. So werden bei 50 Hertz größere Formate mit potenziellen Teamleitern gemeinsam entwickelt. Für Teamleiter gibt es sogar ein »Programm ohne Programm«, bei dem die jeweilige Gruppe Ablauf und Themen zum großen Teil selbst bestimmen muss. Ein Effekt davon ist, dass die Teamleiter die Selbstwirksamkeit erleben, die entsteht, wenn man sich als Intrapreneur betätigt (Herrmann 2016, S. 252).

Kompetenzmodell
Neben dem Empowerment von Mitarbeitern und der Wertschätzung ihrer individuellen Stärken braucht es dennoch auch einen strategischen Blick auf die Kompetenzen. Das People Management benötigt ein Verständnis dafür, welche Kompetenzen für das Unternehmen zukünftig besonders wichtig sind. Dieser strategische Blick ist ein leitendes Element der Beratung, die durch die Erarbeitung eines Kompetenzmodells erleichtert werden kann. Ein Kompetenzmodell stellt die wichtigsten Anforderungen an Mitarbeiter in einem Unternehmen dar. Es wird von einigen Experten kritisch gesehen, weil es scheinbar für ein zentralisiertes Management steht und als starr und unbeweglich gilt. Die Kritik ist zum Teil durchaus berechtigt. Dennoch kann es zur Orientierung nützlich sein. Die Rede ist von einem einfachen Modell, das nicht überfrachtet und nicht zu detailliert ist, das ohne fachliche Kompetenzen auskommt und zusammen mit Teilen der Mitarbeiter und Führungskräfte entwickelt wird.

In verschiedenen Diskussionsrunden – und nicht im stillen Kämmerlein – könnten also eine Handvoll Kompetenzen beziehungsweise Kompetenzfelder festgehalten werden, die eine gewisse Haltbarkeit besitzen und auf die sich alle verständigen können. Die werden dann beispielsweise im Recruiting berücksichtigt – auch wenn Teams das Recruiting übernehmen.

Wichtig ist bei einem solchen Modell der Orientierungsaspekt und nicht eine zwanghafte Mitarbeitervermessung und unflexible Anwendung auf alles. Und es muss neben den Anforderungen im Modell weiterhin Raum geben für die Individualität jedes Einzelnen. Die Organisation soll schließlich weiterhin bereit sein, zu lernen und gegebenenfalls das Kompetenzmodell zu verändern, wenn sich verschiedene Impulse zu einer strategischen Richtung manifestieren. Solche Impulse sollten sowohl vom Management als auch von den Teams kommen.

Agile Skills
HR Pioneers hat beispielsweise ein Kompetenzmodell mit Namen »agile skills« entwickelt, das in Unternehmen Anwendung finden soll, die sich nach agilen Grundsätzen aufstellen (Häusling et al. 2016). Danach sind acht Kompetenzen relevant. Die erste ist die **agile Methodenkompetenz.** Dabei geht es um die Beherrschung von Methoden wie zum Beispiel Kanban. Dazu kommt auch die Kenntnis der beim agilen Arbeiten wichtigen Meetings und Artefakte. Die genauere Methodenkompetenz ist natürlich abhängig von der jeweiligen Rolle, die jemand ausfüllen soll. Das Personalmanagement könnte im Rahmen der Transformation diejenige Funktion sein, die je nach Reifegrad des Unternehmens das agile Arbeiten und das dazugehörige Methodenwissen vorantreibt. Wie bereits erwähnt ist es jedoch entscheidend, dass das People Management selbst versucht, agil zu arbeiten.

Bei der Deutschen Telekom gab es bereits 2011 die ersten Trainingsangebote zu Scrum und Kanban. Und sukzessive arbeiteten immer mehr Teams mit agilen Methoden. 2012 wurde dann die erste »Agile Telekom Convention« ins Leben gerufen. Das waren die Anfänge einer angestrebten Unternehmenstransformation, die über die Einführung agiler Methoden und die Förderung einer agilen Haltung bei Führungskräften und Mitarbeitern erreicht werden soll.

Und einer der Treiber für den Wandel bei der Deutschen Telekom sind mittlerweile die HR Business Partner. Sie haben es sich zum Ziel gesetzt, in der Telekom ein gemeinsames Verständnis zu agilen Methoden und Werten herzustellen sowie Wissen dazu zu vermitteln. Sie sollen ihren jeweiligen internen Kunden auch beraten können hinsichtlich der Nutzung agiler Methoden (vgl. Klumpp/Schönberg 2016). Voraussetzung dafür war die Anwendung von Methoden im eigenen Bereich, um so praktische Erfahrungen zu sammeln und die Beratungskompetenz zu erhöhen.

Das Pioneer-Modell »agile skills« sieht neben der Methodenkompetenz sieben weitere Kompetenzen vor. Drei davon will ich kurz nennen:
- **Kommunikationskompetenz:** Da Teams und Teamarbeit eine größere Rolle spielen, rücken kommunikative Fähigkeiten noch mehr in den Fokus. Diese schließen die zielgruppengerechte Ansprache genauso mit ein wie Klarheit im Ausdruck und die Fähigkeit, Menschen unterschiedlicher Hierarchieebenen miteinander zu verbinden.
- **Selbstführungskompetenz:** Dazu gehört zum Beispiel, sich selbst auf Ziele zu fokussieren sowie mit Unsicherheit und Widerstand umgehen zu können. Unter diesem Punkt wird ebenfalls die Kompetenz zu priorisieren und Entscheidungen zu treffen gesehen.
- **Ergebniskompetenz:** Das Ergebnis und das Ziel sollen konsequent im Blick behalten werden, um das eigene Handeln und das der anderen danach auszurichten. Gleichzeitig schließt Ergebniskompetenz auch die Verknüpfung des eigenen Handelns mit der Sicht auf die gesamte Unternehmensleistung mit ein.

Die notwendigen Kompetenzen sind für alle transparent und werden im Idealfall von allen mitgetragen. Jeder Mitarbeiter sollte selbst das Ziel haben, sich stetig zu verbessern – auch in Bezug auf die für das Unternehmen zentralen Kompetenzen.

Das Einschätzen von Kompetenzen
Jeder sollte sich regelmäßig selbst einschätzen, wo er oder sie steht. Die Selbstwahrnehmung kann ergänzt werden von den Einschätzungen der Kollegen, die mit dem jeweiligen Mitarbeiter zusammenarbeiten. Dieses Feedback, also der Abgleich der Selbstwahrnehmung mit der Fremdwahrnehmung, hilft bei der eigenen Entwicklung. Jeder Mitarbeiter sollte ein Interesse haben, ein solches Feedback einzufordern, wenn der Zweck die eigene Entwicklung ist. Auch die jeweilige Führungskraft sollte sich an die Kollegen wenden, um deren Einschätzungen zum Mitarbeiter zu bekommen. Manche Experten sagen, es braucht mindestens acht Einschätzungen, um ein einigermaßen objektivierbares Urteil zu bekommen (vgl. Erpenbeck 2016).

In einer von Social Collaboration geprägten Kultur ist die Aufgabe des Personalmanagements, dem Einzelnen bei der Entwicklung von Kompetenzen zu helfen. Das heißt: das Feedback ist nicht verknüpft mit Boni oder einem Ranking. Der People Manager als Performance Consultant bietet dem Mitarbeiter – zusammen mit der Führungskraft – seine Unterstützung an, sich zu verbessern. Kompetenzen kann man trainieren.

Freie Mitarbeiter als Teammitglieder
Freie Mitarbeiter (Freelancer) werden im Rahmen des wissensintensiven Arbeitens für Unternehmen wichtiger und sind zunehmend Teil von Teams. Denn immer häufiger können Mitarbeiter mit bestimmten Skills nicht in der notwendigen Geschwindigkeit eingestellt werden. Die Bildung solcher gemischten Teams wird durch die digitalen Möglichkeiten erleichtert. Auch der Trend zu mehr selbstorganisierten Teams fördert die Durchmischung mit herausragend qualifizierten Freelancern, denen in der Regel das selbstbestimmte Arbeiten wichtig ist. Der Fokus des Personalmanagements sollte sowohl den Kompetenzen gelten, die die Externen mitbringen und die benötigt werden, als auch kulturellen Aspekten. So kann man die Freelancer stärker an sich binden, indem man sie bei der Kompetenzentwicklung begleitet. Für die Teamentwicklung können jedoch ebenso Herausforderungen entstehen, weil sich besondere Dynamiken herausbilden. Hier kann der Personaler als Berater von gemischten Teams punkten.

11.2.4 Die Beratung und Entwicklung von Teams

Ein Team im Ganzen kann man streng genommen nicht coachen, weil eine Coaching-Beziehung sich auf zwei Individuen bezieht. Doch auch bei Teams ist der Beratungsbedarf groß und je selbstorganisierter sie arbeiten, desto wichtiger ist es, dass es eine reflektierende Begleitung gibt, die hilft, Sachverhalte zu klären, Konflikte zu lösen, eine Sitzung zu moderieren oder neue Impulse hineinzugeben. Vieles kann die Führungskraft beziehungsweise der jeweilige Leiter machen, wenn es ihn gibt. Der Performance Consultant kann ihn unterstützen in dieser Rolle. Doch hinsichtlich einer echten Beratung ist die Führungskraft zu nah am Team, um eine effektive Beratungsleistung zu geben beziehungsweise sie ist Teil des Teams, sodass das Hineingeben von neuen Impulsen und Perspektiven kaum möglich ist. Deshalb sollte der Leiter auch nicht die Teamentwicklung durchführen. Und in der Regel werden ihm ohnehin die notwendigen Kompetenzen fehlen. Dann sollten die Personaler ins Spiel kommen, die gegenüber externen Anbietern den Vorteil haben, die Organisation und Kultur zu kennen.

11.2.4.1 Der People Manager als Teamentwickler

Bei einer Teamentwicklung sollten alle Teammitglieder sich beteiligen und ihre Persönlichkeit in den Gruppenprozess einbringen. Sie zielt auf die Verbesserung der Arbeitsfähigkeit im Sinne eines effektiveren Ablaufs des Arbeitsprozesses und der Zusammenarbeit.

Zu klären ist anfangs vor allem, ob die Gruppe tatsächlich ein Team ist, wie es in die Organisation eingebettet ist und welche Rolle der Leiter hat, wenn es ihn gibt. Es spricht sehr viel dafür, dass er als fachlicher und/oder disziplinarischer Vorgesetzter bei einer Teamentwicklung dabei ist, wenn das Team nicht vollkommen selbstorganisiert arbeitet. Themen wie Aufgabenverteilung oder Zielpriorisierungen haben auch mit der Führung zu tun. Anders ist es, wenn die Führungskraft eher Auftraggeber ist oder im Sinne von Scrum als Product Owner fungiert.

Typische Themen einer Teamentwicklung können sein: Klarheit bekommen über die unterschiedlichen Rollen, die Definition von Zielen, Arbeitsabläufe oder das Treffen von Entscheidungen. Das Team entwickelt sich quasi aus sich selbst heraus.

Lernen durch Teamreflexion
In der Teamarbeit sind immer mehrere Dimensionen betroffen. Oben habe ich unterschieden zwischen fachlich und sozial. Man kann ebenfalls zwischen der Sach- und der Beziehungsdimension unterscheiden. Auch eine Differenzierung zwischen Aufgaben, Zusammenarbeit und Teammitgliedern ist sinnvoll. Eine Teamentwicklung kann helfen, eine Klärung zu Rollen und Aufgaben, gemeinsamen Regeln sowie Abläufen und Erwartungen herbeizuführen. Zudem sollte das Team lernen, sich irgendwann selbst zu steuern. Das setzt eine Reflexion über die eigene Arbeit voraus. Das Team setzt sich zusammen und wertet die eigene Arbeit aus, beispielsweise im Rahmen einer Retrospektive. Jemand aus dem Personalbereich könnte sich als Moderator anbieten.

Die Zusammenarbeit eines Teams verbessert sich nur, wenn sie immer wieder hinterfragt wird. Doch in vielen Reflexionssitzungen von Teams findet der Austausch nur auf einer sachlichen Aufgabenebene statt, beispielsweise zu Produkten und Zielen. Soziale Beziehungen, Erwartungen und Empfindungen des Einzelnen werden kaum thematisiert. Nicht selten sind sogar Aufgabenverteilungen, Regeln und Rollen gar kein Thema, sondern werden erst besprochen, wenn es zu Konflikten kommt. Dabei zeigt die Forschung, dass die Reflexivität eines Teams die Leistung verbessert (vgl. Edding/Schattenhofer 2012, S. 112 f.).

EXKURS

Beispielhafte Fragen zur Teamreflexion
Eine Teamreflexion lebt davon, die richtigen Fragen zu stellen. Diese Fragen kann der People Manager als Performance Consultant stellen. Dadurch kann das Team die eigene Ordnung besser verstehen und sich weiterentwickeln. Die Antworten können je nachdem, wo das Team momentan steht, immer wieder anders ausfallen. Cornelia Edding und Karl Schattenhofer (2012) listen anhand von drei Dimensionen beispielhafte Fragen auf.

Aufgaben: Produkte, Dienstleistungen
- Erreicht das Team die (widersprüchlichen) Ziele?
- Welche Rückmeldungen kommen von den Kunden?
- Verfügt das Team über genügend Ressourcen (zeitlich, personell, Sachmittel)?

Zusammenarbeit: Aufgabenverteilung, Regeln, Normen, Rollen
- Sind die Aufgaben sinnvoll und gerecht verteilt?
- Wie sind die Leitungsaufgaben verteilt? Übernehmen die Teammitglieder genügend Verantwortung?
- Wie wird die Rolle der formalen Führung ausgefüllt?
- Wie effektiv sind die Besprechungen?
- Stimmt die Balance zwischen formellen und informellen Regeln und Normen?

- Ist zu viel oder zu wenig geregelt?
- Wie werden neue Mitglieder aufgenommen und eingearbeitet?
- Wie wirkt die Geschichte des Teams in die Gegenwart – welche Traditionen passen, welche nicht mehr?
- In welcher Phase der Zusammenarbeit ist das Team?

Die Teammitglieder
- Welche Professionen mit unterschiedlichen Vorstellungen von guter Arbeit treffen aufeinander?
- Wie zufrieden sind die Einzelnen mit ihrer Position, mit ihrem Einfluss im Team?
- Finden sie ihren Erwartungen entsprechend Gehör, Resonanz bei den anderen?

Für eine Teamentwicklung kann es unterschiedliche Anlässe geben. Neben den bereits genannten lässt sich auch eine Unterscheidung anhand der in Kapitel 11.1.2.2 erwähnten Phasen nach Tuckman treffen, die ein Team üblicherweise durchmacht: Forming, Storming, Norming, Performing. Je nach Phase hat die Teamentwicklung durch den Performance Consultant einen anderen Fokus. Da es meistens in den Unternehmen Teams gibt mit einem vergleichbaren Aufgabenportfolio und einer ähnlichen Teamstruktur, sind die Erfahrungen, die der People Manager mit der Zeit macht, besonders wertvoll für die Teamentwicklung. Die idealtypische Differenzierung macht auch noch einmal die unterschiedlichen Prioritäten des jeweiligen Teamleiters deutlich (siehe Tabelle 2).

	Mögliche Rolle der Teamleitung	Fokus des People Manager als Teamentwickler
Forming Orientierungsphase	Team ist abhängig vom Leiter, Bedürfnis nach Richtung ist groß, Leiter unterstützt Kennenlernen und sorgt für Informationen	z. B. Teambuilding, Wir-Gefühl stärken, Erwartungen und Interdependenz transparent machen, Bereitschaft fördern
Storming Positionskämpfe	Leiter ist Schlichter und Antreiber zugleich und sorgt für Fokussierung auf die Ziele	z. B. Bearbeiten von Konflikten und Regelung zum Umgang mit ihnen, Feedback-Qualität verbessern
Norming Harmonisierung der Beziehung	Führung geht mehr in Richtung Aufgabenorientierung, es wird mehr delegiert, stärkere Rolle als Berater, begleitet Regelfindung, Team wird mehr an Entscheidungen beteiligt	z. B. Erarbeiten von Regeln und Klarheit über Rollendifferenzierung, Fördern von gegenseitigem Vertrauen
Performing Konstruktive Zusammenarbeit	Leiter muss kaum eingreifen, Rolle des Moderators, Team ist leistungsfähig und arbeitet weitgehend selbstorganisiert, Weiterentwicklung der Mitarbeiter im Vordergrund	z. B. Reflexionsarbeit und Impulse von außen ins Team geben, mit Führungskraft an neuer Rolle arbeiten

Tab. 2: Möglicher Fokus einer Teamentwicklung durch den Performance Consultant (eigene Darstellung auf Basis der Teamphasen von Bruce Tuckman (vgl. z. B. Stahl 2012)).

In der **Anfangsphase** eines Teams sucht es nach Orientierung und ist dabei, sich zu finden. Manche sind vielleicht ungerne in dem Team vertreten oder arbeiten das erste Mal in dieser Konstellation oder sogar überhaupt in einem richtigen Team. In dieser Phase kann der Fokus der Teamentwicklung darauf liegen, dass die Mitglieder sich öffnen und miteinander in Kontakt treten. Eine Teamentwicklung kann helfen, die Erwartungen der Mitglieder transparent zu machen. Auch gegenseitige Abhängigkeiten beziehungsweise die Vorteile eines Teams zu verdeutlichen, ist ein möglicher Fokus.

In der **Storming-Phase** kommt es häufig zu Positionskämpfen und die anfangs aufgestellten Regeln werden auf die Probe gestellt. Die Sach- und die Beziehungsebene werden bei Auseinandersetzungen vermischt. Eine Teamentwicklung kann in dieser Phase zum Beispiel den Zweck der Bearbeitung eines konkreten Konflikts haben oder überhaupt den Umgang mit Konflikten thematisieren. Vor allem auf welche Art und Weise Feedback geäußert wird, ist in dieser Phase von zentraler Bedeutung.

In der **Norming-Phase** finden die Teammitglieder eine Basis der Zusammenarbeit. Auf der rationalen Ebene kann die Teamentwicklung beim Aufstellen gemeinsamer Regeln und Rollenschärfung unterstützen. Auch die weitere Förderung des Gruppenzusammenhalts kann ein Schwerpunkt sein.

Wenn das Team sich in der sogenannten **Performing-Phase** befindet und konstruktiv zusammenarbeitet, ist die Reflexion von Bedeutung. Es geht darum, die eigene Arbeit immer wieder auf den Prüfstand zu stellen und sich weiterzuentwickeln. In dieser Phase ist es möglich, dass Teams übermütig werden und Abgrenzungstendenzen zum Rest der Organisation zeigen. Hier sind die Impulse von außen durch den People Manager ganz besonders wichtig, die darauf zielen, dass das Team nicht den Kontakt zu anderen Teams verliert und die eigenen Annahmen überprüft.

Gerade in der Performing-Phase denkt der Leiter eines Teams aber in der Regel am wenigsten daran, einen Teamentwickler hinzuzuziehen. Auch aus diesem Grund sollten die People Manager selbst daran denken, sich mit einem entsprechenden Aufgabenportfolio und ihren entsprechenden Qualifikationen im Unternehmen zu positionieren.

11.2.4.2 Der People Manager als Teamberater

Bei einer Teamberatung ist es wichtig, dass der Berater sich außerhalb des Teams bewegt. Manchmal kann es nötig sein, dass er ein Unternehmensexterner ist. Meistens hat ein Personaler aber genügend Abstand, um frische Impulse ins Team zu geben, neue Perspektiven oder, falls nötig, auch konkrete Expertise beispielsweise zu Arbeitsabläufen, Entscheidungsfindungen, das Durchführen von Meetings, zu Feedback-Prozessen oder in der sozialen Dimension zum Umgang mit Konflikten.

Beratung zu effektiven Besprechungen
Über Meetings wurde schon eine Menge gesagt und geschrieben. Die Leiden sind bekannt und doch ist es erstaunlich, wie ineffektiv sie immer noch in vielen Unternehmen ablaufen. Die Tatsache, dass es Richtlinien oder verschriftlichte Tipps dazu in der Organisation gibt, ändert daran meist nichts. People Manager als Performance Consultant sind Experten für effektive Teambesprechungen und haben die wichtigsten Hinweise dazu zu Papier

gebracht. Das reicht aber nicht. Der Performance Consultant sollte sich beim jeweiligen Team den ganzen Meeting-Prozess anschauen und sich schließlich ein persönliches Bild von der Besprechungskultur machen.

Der Meeting-Prozess beginnt schon bei der Einladung. Jeder Verantwortliche sollte sich die Frage stellen, ob ein Meeting wirklich nötig ist. Das gilt sowohl für physische Treffen als auch Video-Konferenzen. Oftmals lassen sich die Punkte auch in einem Chat besprechen.

Zum Meeting-Prozess gehören unter anderem die Agenda der Besprechung, die Zusammensetzung der Runde und das Anfertigen eines Protokolls. Entscheidend ist aber, wie die Themen besprochen werden. Kommen die Teilnehmer zu einem Ergebnis? Halten sie sich an die vorgesehene Zeiteinschätzung? Sind die Redeanteile ausgewogen? Und gehen die Teilnehmer wertschätzend miteinander um?

> **EXKURS**
>
> **Neun Tipps für ein effizientes Meeting**
> 1. Die Teilnehmer sollten tatsächlich im wahrsten Sinne des Wortes eingeladen werden. Das heißt: Die Teilnahme ist freiwillig und liegt in der Eigenverantwortung des Einzelnen. Damit wird das Autonomiebedürfnis des Einzelnen respektiert.
> 2. Im Vorfeld sollten die Teilnehmer die Agenda kennen und die nötigen Unterlagen haben, wenn es nicht ein Jour Fixe ist.
> 3. Jeder Teilnehmer sollte etwas zum Erreichen der Meeting-Ziele beitragen können. Wenn nicht, ist seine Anwesenheit nicht nötig.
> 4. Die Teilnehmer verzichten während des Meetings darauf, ihr Handy zu nutzen. Das ist eine Frage des Respekts.
> 5. Die Agenda-Punkte werden nach Wichtigkeit priorisiert. Vor allem die Punkte, für die eine Entscheidung notwendig ist, werden möglichst früh besprochen.
> 6. Es ist darauf zu achten, dass jeder etwas zur Diskussion beiträgt und kein Teilnehmer die Besprechung dominiert. Der Moderator kann Teilnehmer auch einmal direkt ansprechen.
> 7. Meetings beginnen pünktlich und sollten auch pünktlich beendet werden. Für jeden Agendapunkt wird vorab ein Zeitlimit festgelegt.
> 8. Die wichtigsten Entscheidungen werden am Ende des Meetings noch einmal kurz wiederholt, damit sichergestellt ist, dass alle auf demselben Stand sind und keine Missverständnisse auftauchen.
> 9. Zu jedem Meeting gibt es ein kurzgefasstes Protokoll, in dem die Ergebnisse, Termine und Verantwortlichkeiten festgelegt werden.

Zu allen genannten Punkten kann ein People Manager als Berater Feedback geben. Eine Meeting-Kultur zeigt sich zum Beispiel bereits daran, ob alle Teilnehmer pünktlich kommen. Insbesondere der Teamleiter sollte hier mit gutem Beispiel vorangehen. Ansonsten geht es bei der Kultur einer Teambesprechung um ganz grundlegende Entscheidungen, die dazu beitragen, ein wertschätzendes Miteinander zu fördern und eine Basis für eine effektive Zusammenarbeit zu schaffen, die die kollektive Intelligenz bestmöglich zur Geltung bringt. Dazu gehören:

- In einem Team-Meeting sollte nicht nur über Probleme und Herausforderungen gesprochen werden, sondern explizit auch Positives hervorgehoben werden. Dem »Feiern« von gemeinsamen Erfolgen gehört ein eigener Agendapunkt. Das trägt zu einem wertschätzenden Klima bei.
- Zu einer positiven Meeting-Kultur gehört Transparenz. Alle relevanten Informationen – auch finanzielle Kennzahlen – sollten im Team bekannt sein. Das fördert das Vertrauen, insbesondere gegenüber dem Teamleiter.
- Der Moderator achtet darauf, dass niemand untertaucht oder aus Unsicherheit sich nicht beteiligt. Jeder muss die Möglichkeit haben, sich zu äußern. Gleich am Anfang eine kurze Runde zu machen, in der jeder reihum seine Einschätzung abgibt zu einem Thema, hilft, das Eis zu brechen.
- Gerade bei Meetings offenbart sich häufig, wie grundsätzlich im Unternehmen beziehungsweise im Team miteinander umgegangen wird. Das Team sollte sich diesbezüglich zu konkreten Feedback-Regeln verpflichten. Dazu gehört beispielsweise, dass niemand als Person abgewertet wird. Der Moderator achtet darauf, dass diese Regeln bei der Besprechung eingehalten werden.
- Darüber hinaus kann es je nach Team und Besprechung weitere Regeln geben. Zum Beispiel können diese sich auf Präsentationen beziehen. Der Vortragende muss sich an ein Zeitlimit halten und darf – bis auf Verständnisfragen – nicht unterbrochen werden. Danach gibt es Feedback zur Präsentation. Es kann eine Regel sein, dass der Vortragende das Feedback nur annimmt und sich nicht dazu äußern darf, um die Diskussion nicht ausufern zu lassen.
- Am Ende werden die Teilnehmer um Feedback zu der Diskussion und um Anregungen gebeten.
- Der Teamleiter bedankt sich für die Teilnahme und Diskussion.

Neben der Beratung zum Abhalten von Meetings kann der People Manager sich selbst ebenfalls als Moderator anbieten. Natürlich geht das nicht dauerhaft. Aber gerade am Anfang kann es nützlich sein, damit die Teammitglieder, der Leiter beziehungsweise der Product Owner oder Scrum Master aus der Beobachtung lernen können. Bei so ziemlich jedem Meeting, und gerade im agilen Kontext wie zum Beispiel bei den bereits erwähnten Retrospektiven, ist eine gute Moderation ein wichtiger Erfolgsfaktor.

Beratung zur Entscheidungsfindung

In Unternehmen, die sich in einer dynamischen Arbeits- und Wirtschaftswelt bewegen, muss das Ziel sein, Entscheidungen so weit wie möglich ins Team zu geben, um erstens den Leiter zu entlasten und so an Schnelligkeit zu gewinnen, aber auch um die Qualität der Entscheidungen zu erhöhen. Je selbstorganisierter ein Team arbeitet, desto mehr rückt die Frage nach der Art der Entscheidungsfindung in den Fokus.

Die Frage, ob ein Team so viele Entscheidungen wie möglich selbst treffen soll, hängt auch davon ab, wie generell im Unternehmen mit Fehlern umgegangen wird. Denn nicht selten scheuen sich Menschen trotz aller Beteuerungen der Firmenleitung davor, Entscheidungen zu treffen, weil sie die Konsequenzen fürchten, wenn die Entscheidung von Vorgesetzten als falsch bewertet wird.

Konsententscheid
Wir treffen im beruflichen Alltag ständig Entscheidungen. Meist geht es um Unspektakuläres und wir machen uns wenig Gedanken: Erfahrungswerte, der Rückgriff auf Unternehmensstandards und der gesunde Menschenverstand reichen aus, um reibungslos arbeiten zu können.

Daneben kann ein Team bei weitreichenderen Entscheidungen auf bestimmte Entscheidungsprinzipien zurückgreifen.

Bei der Berliner Innovationsagentur Dark Horse handelt man grundsätzlich nach dem Modell der Soziokratie, das von der Gleichwertigkeit aller Beteiligten ausgeht. Das hat zur Konsequenz, dass Entscheidungen so getroffen werden, dass alle im Team damit leben können, beispielsweise wenn es um den Kauf von Computern oder die Honorarverteilung geht. Es gilt das sogenannte Konsentprinzip: Eine Entscheidung ist dann getroffen, wenn niemand einen begründeten Einwand hat (vgl. Trappe 2016). Das ist etwas anderes als das Konsensprinzip, wonach alle Beteiligten aktiv zustimmen müssen und ein Veto reicht, um eine Entscheidung zu verhindern. Oftmals wird dieses Veto aber nicht wirklich begründet. Oder manche Teammitglieder können sich gar nicht entscheiden, was bei einem erforderlichen Konsens ebenfalls zu langen Sitzungen führt.

Die Soziokratie und das Konsentprinzip verlangen allerdings, dass es vorher zu einem Austausch auf Augenhöhe zu dem jeweiligen Thema kommt, und zwar nicht nur als offene Diskussion. Sondern jeder soll nacheinander sprechen. Der Austausch kann auch in einer strukturierten Form insofern ablaufen, dass es zuerst eine Runde gibt, in der alle relevanten Informationen transparent gemacht werden, eine zweite Runde, in der Meinungen ausgetauscht werden, und eine dritte, in der es zur Beschlussfassung kommt.

Ein People Manager könnte also ein Team rund um Soziokratie und Konsent beraten und am Anfang die Diskussionsrunden moderieren. Gemeinsam kann auch bearbeitet werden, welche Entscheidungen nach welchem Prinzip getroffen werden. Denn das Konsentprinzip taugt nur für größere Entscheidungen, von denen alle betroffen sind, denn es ist durchaus zeitaufwendig. Und es gibt Thematiken, bei denen es eine gewisse Expertise braucht, um sich überhaupt eine Meinung bilden zu können, was wiederum einige Zeit kosten kann. In solchen Fällen sind andere Entscheidungsprinzipien besser geeignet.

Der konsultative Einzelentscheid bei it-agile
Dazu gehört der konsultative Einzelentscheid, wonach der Kompetenteste entscheidet. Das kleine Unternehmen it-agile hat es beispielsweise ausprobiert. Stefan Roock (2014) erläutert in dem Buch »Management Y«, wie der Entscheidungsprozess funktioniert:
- Die Entscheidung, die anliegt, wird identifiziert und ein passender Entscheider ausgewählt. Die Auswahl kann sich nach der jeweiligen Expertise richten, wer die größte Leidenschaft für ein Thema hat oder wem am ehesten ein Interessenausgleich zugetraut wird.
- Der Entscheider konsultiert vor seiner Entscheidung verschiedene geeignete Personen. Je nachdem, welche Tragweite sie hat und wie viele davon betroffen sind, erhöht sich die Zahl der Personengruppe. Auch Kunden oder Partner können befragt werden.
- Die betreffende Person entscheidet auf Basis der Informationen, die er oder sie bekommen hat, und verantwortet ihre Entscheidung.

- Danach wird sie in der Firma veröffentlicht. Es wird deutlich gemacht, wer konsultiert wurde und welche Perspektive diese Person eingebracht hat.

In einem Team lässt sich der konsultative Einzelentscheid sicherlich leichter umsetzen als in einer ganzen Firma. In der wöchentlichen Teamrunde könnte jemand für eine Entscheidung ausgewählt werden und dieser soll vorher zwei oder drei Leute aus dem Team konsultieren. Die größte Herausforderung ist für alle, wie danach mit der getroffenen Entscheidung umgegangen wird, dass sie auch jeder wirklich akzeptiert. Das ist eine Frage der Kultur. Und es hilft, dass ein Team sich bewusst ist, dass es keine richtigen und falschen Entscheidungen gibt und sie nicht perfekt sein können.

Reflexion für die Urteilsfindung
Der Entscheider kann im Übrigen auch der Leiter des Teams sein. Trotz der Tendenz zu selbstorganisierten Teams wird es in den meisten Unternehmen zukünftig Menschen in Leitungspositionen geben, die vor allem in Krisenzeiten – nach Konsultation des Teams – die Entscheidung treffen. Für diese sowie für jedes Teammitglied stellt sich die Frage, wie man für sich selbst ein Urteil bildet. Dabei gilt es, neben dem Austausch mit anderen auch mit sich selbst in Reflexion zu gehen. Wie ein solcher Reflexionsprozess grundsätzlich aussehen kann, dabei kann der People Manager ebenfalls im Rahmen eines Coachings helfen.

Beratung zur produktiven Teamleistung
Jede Beratung dient letztlich der Teamperformance. Das Team oder dessen Leiter tritt an den People Manager entweder mit einem konkreten Problem heran oder es gibt eine allgemeine Unzufriedenheit: weil man der Meinung ist, die Leistung stimmt nicht, man arbeitet ineffizient oder wünscht sich Leistungsverbesserungen. Basis für eine Teamberatung kann eine Bewertung der Teameffektivität sein.

Bewertung des Teams anhand der Kriterien mithilfe einer Skala von 1 (ganz schlecht) bis 5 (sehr gut)		
Ergebnis	Zusammenarbeit	Individuelle Entwicklung
Sind die Kunden mit Qualität und Service zufrieden?	Trägt die Teamdynamik dazu bei, die Arbeit erfolgreich zu erledigen?	Verbessern sich die Fähigkeiten der Teammitglieder?

Anschließende Bewertung in Bezug auf Grundbedingungen für Teamerfolg (nach Haas/Mortensen)			
Überzeugende Richtung	Gute Struktur	Positives Umfeld	Einstellung
Haben wir ein gemeinsames, klar formuliertes Ziel?	• Sind Anzahl und Zusammensetzung der Mitglieder richtig? • Gibt es klare Verantwortlichkeiten? • Gibt es Verhaltensregeln?	Stehen Ressourcen und Informationen zur Verfügung?	• Gibt es eine gemeinsame Identität? • Werden Informationen bereitwillig ausgetauscht?

Abb. 17: Prüfung der Effektivität von virtuell arbeitenden Teams anhand verschiedener Kriterien (Haas/Mortensen 2016)

Martine Haas und Mark Mortensen (2016) empfehlen hierzu zuerst die klassischen Kriterien von J. Richard Hackmann anzuwenden, nämlich Ergebnis, Zusammenarbeit und individuelle Entwicklung, und das Team anhand dieser Faktoren auf einer Skala von 1 (ganz schlecht) und 5 (sehr gut) zu bewerten. Anschließend werden vier Grundbedingungen für Teamerfolg bewertet: überzeugende Richtung, gute Struktur, positives Umfeld, gemeinsame Einstellung. Die Bewertungen werden von den Teammitgliedern und dem Leiter vorgenommen (siehe Abbildung 17). Schlechte Ergebnisse bei den Kriterien und Grundbedingungen hängen nach Aussage der Autoren in der Regel zusammen.

Die Probleme, die Höchstleistungen eines Teams verhindern, können sowohl auf der sozialen Ebene liegen (beispielsweise kein Zusammenhalt oder zu viel Harmonie) als auch auf der Aufgabenebene (keine transparente Erwartungshaltung des Leiters, keinerlei Absprachen zu Regeln und Rollen), und ab und an sind sie nicht im Team selbst zu suchen, sondern in der Beziehung zu anderen Teams beziehungsweise zum Rest der Organisation. Im letzteren Fall hat der People Manager als Performance Consultant im Vergleich zu externen Teamberatern Vorteile, weil er als Teil der Organisation das Problem weiterverfolgen und sich um eine effektive Zusammenarbeit bemühen kann. Ganz konkrete Probleme eines Teams können zum Beispiel sein:

Manchmal sind die Gründe für schlechte Leistungen gar nicht offensichtlich und entziehen sich womöglich der Kenntnis der Teammitglieder. Dann hilft nicht immer eine Teamreflexion sofort weiter, sondern es braucht bei der Analyse die Beobachtungen eines Dritten, der Impulse setzt. In diesem Fall spricht der Personalmanager beispielsweise mit den einzelnen Teammitgliedern und beobachtet sie im täglichen Doing, besucht Meetings, lässt sich Arbeitsabläufe erklären. Er lernt den Alltag kennen und gibt auf Basis seiner Beobachtungen Feedback.

An der Analyse setzen dann weitere Maßnahmen wie zum Beispiel eine konkrete Beratung oder Teamentwicklung an.

Beratung zur Teamzusammensetzung
Ein großer Hebel lässt sich ebenfalls bei der Zusammensetzung des Teams ansetzen, wenn diese von einem Leiter gesteuert wird. Hier kann der People Manager den oder die Verantwortliche beraten. Beispielsweise dazu, wo sich die potenziellen Projekt- beziehungsweise Teammitglieder im Unternehmen befinden. Aber vor allem würde der People Manager vorab in Bezug auf die unterschiedlichen Rollen, die ein Team braucht, sowie zu anderen notwendigen Bedingungen beratend tätig werden. Wenn die Zeit es zulässt, führt der Performance Consultant kurze Analysen in Form von strukturierten Gesprächen zu Persönlichkeit, Motivation und Stärken der Kandidaten durch, wenn diese noch nicht bekannt sind, und gibt dem Team- beziehungsweise Projektleiter seine Einschätzung dazu ab. Es ist klar, dass die Mitglieder selbst wirklich dabei sein wollen müssen. Effektive Zusammenarbeit braucht Freiwilligkeit oder im besten Falle Begeisterung für die anstehenden Aufgaben in der Gruppe. In einer reifen Collaboration-Kultur wirbt der Leiter oder die Führungskraft um seine Mannschaft, begeistert sie, bei dem Projekt oder im Team mitzumachen. Auch hierzu, also wie die Ansprache erfolgt, wie um die Mitarbeiter geworben wird, könnte der Performance Consultant beraten.

Doch auch wenn bei der Zusammenstellung eines Teams oder einer Projektmannschaft theoretisch ein wichtiger Wirkungshebel besteht, wird er in der Praxis kaum genutzt, weil die Zusammensetzung vor allem davon abhängt, welcher Mitarbeiter überhaupt zur Verfügung steht. Viel wäre deshalb schon gewonnen, wenn sich die Mitglieder zumindest mit Leidenschaft und Begeisterung einer Sache widmen und dafür Mitstreiter suchen könnten. Die Gründung eines Projektteams kann auch von einem Mitarbeiter ausgehen. Auch hier kann der People Manager helfen, Mitstreiter zu kontaktieren, die eine ähnliche Leidenschaft haben. Seine Aufgabe ist es, Transparenz zu fördern und mehr Netzwerkbeziehungen voranzutreiben.

> **FALLBEISPIEL**
>
> **T-Mobile Niederlande**
> Bei T-Mobile Niederlande strebt man eine Netzwerkorganisation an. Dazu gehört, dass sich Teams anders finden können als früher, um zusammenzuarbeiten, nämlich unter anderem nach der jeweiligen Interessenlage. Jeder soll sich dort einbringen, wo er die Aufgabe als sinnstiftend betrachtet. Auf einer Plattform können die Mitarbeiter sehen, welche Projekte laufen oder geplant sind, und der Mitarbeiter entscheidet, wo er unterstützen will. Das Unternehmen erhofft sich davon Höchstleistungen. Allerdings muss der Mitarbeiter den jeweils gewünschten Projekteinsatz mit seiner direkten Führungskraft aushandeln. Die wiederum dann eventuell den Mitarbeiter im eigenen Bereich ersetzen muss, da dieser an dem sinnstiftenden Projekt arbeitet. Das heißt, die Führungskraft muss ihrerseits jemanden für den eigenen Bereich begeistern (Fischer/Schlobach 2016).

Beratung mithilfe von Daten und zur Nutzung von Tools
Auch auf zur Verfügung stehende Daten zu einem Team und dessen Mitgliedern sollte der People Manager zurückgreifen können, wenn er Teams berät. Er schaut sich die Profile der Teammitglieder sowie die Entwicklung der wichtigsten Key Performance Indicators (KPI) an. Im besten Falle kann er Vergleiche zu anderen Teams ziehen, die bessere Leistungswerte aufweisen.

Das Personalmanagement braucht immer häufiger auch Analyse- und Statistikkompetenzen in den eigenen Reihen, um aus den von der People-Analytics-Software ausgewerteten Daten sowie der Mustererkennung die richtigen Schlüsse zu ziehen, aber natürlich ebenfalls, um solche Auswertungen gegebenenfalls hinterfragen zu können. Daten könnten herangezogen werden, um das Angebot an die Teams und Mitarbeiter entsprechend anzupassen oder um Hypothesen zu Erfolgsfaktoren von Teamleistung zu stützen.

Eine Mustererkennung bei der Zusammenarbeit von Menschen ist allerdings schwierig. Denn der wichtigste Faktor ist, dass Teammitglieder sich wohlfühlen und den Raum bekommen, sich zu beteiligen.

Wenn von People Analytics die Rede ist, dann steht in der Regel der Einzelne im Fokus der Analyse von Daten einer anonymen Vergleichsmasse. Sie vernachlässigt den besonderen Wert, der aus der Zusammenarbeit von Menschen entsteht und die die Wertschöpfung ausmacht. Dieses Zusammenspiel unterschiedlicher Personen bringt eine hohe sozialpsychologische Komplexität mit, die sich mit People Analytics nicht abbilden lässt (vgl. Gärtner 2017).

Neben der Bereitstellung von Daten wäre auch die Beratung zu Technologie-Tools denkbar, die die Arbeit des Teams produktiver machen. Zum Beispiel zu der Frage, wann man Video-Konferenzen einsetzen sollte und wann der Chat reicht. Wie arbeitet man bestmöglich über Google Docs zusammen? Und lohnt sich vielleicht der Einsatz von Trello als Aufgabenmanagement für ein bestimmtes Projekt – unabhängig von den IT-Vorgaben des Unternehmens? Der Performance Consult sollte sich als Experte für Teams auch mit deren Workflow auseinandersetzen. Er kennt sich mit produktivem Arbeiten aus und kennt die entsprechenden Tools.

Beratung zu Konflikten

Der Erfolg von Teams zeigt sich insbesondere daran, wie sie mit Konflikten umgehen. Teamfähig zu sein, heißt auch konfliktfähig zu sein. Konflikte treten in der Regel früher oder später auf, wenn Menschen zusammenarbeiten. Es geht nicht darum, Konflikte komplett zu vermeiden, sondern das Team und seine Mitglieder zu einem konstruktiven Umgang mit Auseinandersetzungen zu befähigen. Denn dann können Konflikte gar produktive Energie erzeugen und zu Entwicklung und Veränderung führen.

In Teams mit einem klaren weisungsbefugten Leiter gehört das Konfliktmanagement zum Aufgabenportfolio der Führungskraft. Dennoch muss auch das Team selbst in der Lage sein, gewisse Konflikte lösen zu können. Und gerade bei stark selbstorganisierten, agilen Teams, in denen eine familiäre Kultur herrscht, kann das besonders wichtig sein. Die professionelle und die berufliche Ebene werden in solchen Gruppen eher vermischt, weshalb ein Konflikt beziehungsweise kritische Worte für die Teammitglieder besonders schmerzhaft sein können. Eine Auseinandersetzung hat in diesen Umgebungen ein größeres Potenzial, negativen Einfluss auf die Produktivität zu nehmen und eher zu Verwerfungen zu führen, als das zwischen einem Teammitglied und einem weisungsbefugten Leiter der Fall wäre. Hinzu kommt, dass in selbstorganisierten Teams der Einzelne eine größere Verantwortung trägt, was ihn empfindlicher auf Schwächen anderer reagieren lässt (vgl. Leitl 2016).

Aus diesem Grund ist es sinnvoll, dass jedes Teammitglied früher oder später ein gewisses Rüstzeug mitbekommt, um Konflikte möglichst schnell beilegen zu können.

Wenn das nicht möglich ist, kann der People Manager zurate gezogen werden. Entweder im Rahmen eines Einzelcoachings oder als Mediator – jeweils mit dem Fokus auf einen konkreten Konflikt. Der People Manager als Performance Consultant könnte also in Bezug auf das Thema Konflikt zu folgenden Bereichen Beratungsleistungen anbieten:

- Zur Konfliktfähigkeit des Einzelnen und des Teams
- Bewusstsein dafür schaffen, wann Konflikte produktiv sind und wann nicht
- Coachings, die konkrete Konflikte zum Gegenstand haben
- Mediation in Teams oder zwischen Teams bei Eskalation von Konflikten.

Menschen sind unter anderem dann konfliktfähig, wenn sie wahrnehmungsfähig für Symptome und die Mechanismen von Konflikten sind; Methoden der offenen dialogischen Kommunikation beherrschen; konstruktiv mit Differenzen umgehen; bereit sind, sich Konfrontationen zu stellen, und in der Lage sind, einen Perspektivwechsel mit anderen Positionen und Sichtweisen vornehmen zu können (vgl. Glasl 2010; Gellert/Nowak 2014).

Drei Wahrnehmungspositionen

Aus dem Neuro-Linguistischen Programmieren (NLP) kennt man die Technik der drei Wahrnehmungspositionen, die in Konfliktsituationen zwischen zwei Personen helfen kann, weil mit Blick auf ein Thema verschiedene Perspektiven eingenommen werden. Wer dazu in der Lage ist, bringt eine besonders gute Voraussetzung für das Managen von Konflikten mit. Andere Blickwinkel als der eigene können reflektiert werden und man ist nicht mehr nur in den eigenen Emotionen gefangen. Im Rahmen eines Coachings kann mit dieser Methode gearbeitet werden. Sie wird in einer erweiterten Form nach Robert B. Dilts (2010) im Coaching als »Meta-Mirror« bezeichnet.

Bei der ersten Position ist man ganz bei sich (Ich-Position). Man beschreibt aus der eigenen Perspektive, ist im eigenen Erleben und beschreibt entsprechend das Verhalten des Anderen. Bei der zweiten Position begibt man sich in die Position des Gegenübers und versucht die Konfliktsituation aus dessen Perspektive und der entsprechenden Gefühlswelt zu beschreiben. Die dritte Position ist die sogenannte Beobachter- oder Meta-Position, die außerhalb der beiden Personen liegt, die einen Konflikt haben. Sie ist in der Lage, die Annahmen und Emotionen beider zu betrachten und vor allem, sie in Beziehung zueinander zu beschreiben.

BEGRIFFSERKLÄRUNG

Der Meta-Mirror
Bei dem sogenannten Meta-Mirror nach Robert B. Dilts gibt es insgesamt vier Positionen, die im Rahmen eines Coachings vom Klienten nacheinander eingenommen werden: das eigene Selbst, die andere Person und die beiden Beobachter- beziehungsweise Meta-Positionen. Durch den Perspektivwechsel soll die eingeschränkte Sichtweise aufgelöst werden. Während die dritte Position den Konflikt beziehungsweise die Beziehung der ersten und zweiten Position betrachtet, schaut die vierte auf das gesamte Geschehen. Für Dilts ist diese vierte Position ein wichtiges Element. Dilts' These, die der Position zugrunde liegt, ist, dass im sogenannten Meta-Mirror erkannt wird, dass das Verhalten des eigenen Selbst in Konflikten ein Spiegel seines eigenen inneren Dialogs ist. Im Coaching kann man die jeweilige Perspektivenübernahme durch den Klienten unterstützen, indem man zum Beispiel jeder Position einen bestimmten Platz beziehungsweise Stuhl zuweist.

Vor Bearbeitung eines Konflikts ist es wichtig zu erkennen, was für eine Art von Konflikt vorliegt, zum Beispiel, ob der Konflikt offen oder verdeckt ausgetragen wird. Friedrich Glasl (2004) unterscheidet in ähnlicher Weise unter anderem zwischen heißen und kalten Konflikten, je nachdem welche Äußerungsform dominiert.

Heißer und kalter Konflikt

Bei heißen Konflikten gibt es eine Atmosphäre der Überaktivität, weil beide Parteien sich durch eine Begeisterung für ihre Sache auszeichnen. Sie wollen das Gegenüber überzeugen. Bei kalten Konflikten bestehen statt der Begeisterung tiefe Enttäuschungen. Die Parteien haben es aufgegeben, einander überzeugen zu wollen. Es ist eine gewisse Lähmung zu beobachten, Auseinandersetzungen werden nicht offen ausgetragen beziehungsweise vermieden. Dennoch ist der kalte Konflikt gefährlich, weil er eventuell dazu führen kann, dass beide Parteien einander schädigen wollen. Bei einem kalten Konflikt müsste dieser von einer dritten Partei zunächst hervorgeholt werden, um ihn zu bearbeiten.

Dann unterscheidet Glasl auch nach unterschiedlichen Eskalationsstufen des Konflikts. Die Konzeption beziehungsweise Intervention der Konfliktbehandlung und Deeskalation richtet sich danach, wie intensiv die Auseinandersetzung ist. Vor allem bei leichten Konflikten kann ein People Manager dazugeholt werden, um zum Beispiel eine Aussprache zu moderieren. Hierfür ist das Harvard-Modell eine geeignete Methode. Bei Glasl wäre so eine Intervention auf den ersten drei Eskalationsstufen möglich. In dieser Phase haben beide Parteien noch Hoffnung auf eine gemeinsame Lösung. In der zweiten Phase ist das nicht mehr der Fall. Da möchte jeder auf Kosten der anderen Seite gewinnen. Eine einzelne Maßnahme ist auf den Stufen vier bis sechs unmöglich. Dann braucht es eine umfassende Prozessbegleitung.

Harvard-Methode
Ich möchte hier kurz auf die Harvard-Methode eingehen, weil leichtere Konflikte der Regelfall in Unternehmen sind. Das sachgerechte Verhandeln zwischen zwei Parteien mit einem People Manager als Moderator kann auch hinsichtlich Konflikten zwischen Teams oder Bereichen angewendet werden und nicht nur innerhalb von Gruppen. In funktional getrennten Organisationen sind festgefahrene, schon lange bestehende Differenzen beispielsweise zwischen der Marketing- und der Vertriebsabteilung keine Seltenheit. Da wird mit der Zeit eine starke »Wir-gegen-die-Mentalität« herausgebildet mit Führungskräften an der jeweiligen Spitze, die den Ton vorgeben. Nur fühlt sich in der Regel niemand im Unternehmen verantwortlich, solche Konflikte zu schlichten, wodurch keine gewinnbringende Zusammenarbeit stattfindet und das Unternehmen nicht die produktive Leistung bringt, die möglich wäre. Wer, wenn nicht das People Management, sollte sich bei Auseinandersetzungen zwischen Bereichen verantwortlich fühlen, diese zu schlichten?

Die von den US-amerikanischen Wissenschaftlern Roger Fisher und William L. Ury an der Harvard-Universität entwickelte Verhandlungsmethode hat zum Ziel, in Konfliktsituationen zu einer konstruktiven Einigung und zu einem Win-win-Ergebnis für beide Parteien zu kommen. Das Harvard-Konzept beruht auf vier verschiedenen Grundannahmen:

- **Menschen und Probleme getrennt betrachten**: Wenn Personen miteinander verhandeln, dann vermischen sich häufig die eigentliche Sachfrage und die persönlichen Beziehungen. Beides muss voneinander getrennt werden. Dabei gilt es, die inhaltlichen Punkte klar und sachlich zu benennen und den Anderen nicht persönlich anzugreifen und abzuwerten. Das Gegenüber ist kein Feind, sondern jemand, der auch das Problem lösen will. Es ist gut, wenn man in der Lage ist, sich in den Anderen hineinversetzen zu können.
- **Auf Interessen fokussieren, nicht auf Positionen**: In der Regel werden bei Konflikten Positionen vertreten. Beide Parteien beharren auf diesen – und das verhärtet den Konflikt (»Ich will zu Hause arbeiten« – »Ich will, dass du im Büro bist«). Die hinter den Positionen liegenden Interessen sind häufig nicht sichtbar. Wenn das Gegenüber diese aber nicht kennt, kann es sie nicht berücksichtigen. Es geht also darum, diese zur Sprache zu bringen und zu erkennen, dass beide vielfältige Interessen haben. Es ist leichter, eine Einigung in Bezug auf Interessen zu erzielen als hinsichtlich unterschiedlicher Positionen.

- **Gemeinsam Wahlmöglichkeiten entwickeln**: Wenn man die Interessen des Gegenübers kennt und sich auch über die eigenen bewusst ist, lassen sich in der Regel trotz unterschiedlicher Positionen mehrere Wahlmöglichkeiten finden. Beide Parteien sollten zunächst nicht nach der einzig wahren Lösung suchen, sondern gemeinsam die verschiedenen Alternativen sammeln. Dabei gilt es, diese erst einmal nicht zu bewerten. Wenn sie Vorteile für beide Seiten bringen, werden sie aufgeschrieben.
- **Möglichst objektive Beurteilungskriterien anwenden**: Danach geht es darum, eine Übereinkunft zu erzielen und bei der Auswahl möglichst objektive Beurteilungskriterien anzulegen, auf die sich beide verständigen können. Mit der Übereinkunft sollten beide Parteien das bekommen, was sie brauchen.

Wir brauchen den Konflikt

Der Konflikt gehört zur Freiheit. Und ein Mehr an Freiheit muss in die Unternehmen einziehen, wenn sie in schnelllebigen und komplexen Umwelten bestehen wollen. Der Konflikt, ausgetragen auf konstruktive Weise, mit offenem Visier und ohne persönliche Abwertung, bringt häufig Fortschritt und ist ein Zeichen von Lebendigkeit. In einer Unternehmenskultur, in der Mitarbeiter eigenverantwortlich handeln sowie Eigeninitiative zeigen sollen und Teams weitgehend selbstorganisiert arbeiten, werden Konflikte offener ausgetragen als in Kulturen, in denen andere Meinungen durch ein Machtwort leicht erstickt werden können und Betroffene Angst haben, zu widersprechen, weil sie negative Konsequenzen fürchten.

Unternehmen mit starken Individuen, die auf die Vorteile der kollektiven Intelligenz setzen, sollten Konflikte zulassen und nicht dämonisieren. In der Regel sprechen wir von Diskussionen und Debatten – die sind der Regelfall. Aber auch in Unternehmen mit einem starken Wir-Gefühl kommen Konflikte vor, prallen unterschiedliche Interessen oder Positionen aufeinander, gibt es einen Streit um den richtigen Weg zum Ziel oder um das Ziel selbst. Die Konflikte finden im Team statt, zwischen Teams, aber auch zwischen Führungskraft und Mitarbeiter. Das kann anstrengend sein und deshalb sind in vielen Unternehmen Vermeidungsstrategien an der Tagesordnung. Die People Manager sollten dafür sorgen, dass Konflikte im Unternehmen nicht tabuisiert werden. Als Begleiter und Transformationsgestalter in Richtung einer Unternehmenskultur, die von mehr Freiheit geprägt ist, ist es die Aufgabe des Personalmanagements, die Konfliktfähigkeit des Einzelnen sowie die Konfliktfestigkeit des Unternehmens und der Teams zu fördern.

11.3 Anregungen und erste Ideen

Bieten Sie sich im Unternehmen als Moderator an!

Moderationskompetenz wird wichtiger in Unternehmen, in denen vermehrt auf Augenhöhe zusammengearbeitet wird und Aushandlungsprozesse stattfinden. Deshalb sollten Sie die Moderation als Teil Ihres Aufgabenportfolios sehen. Im Unternehmen muss klar sein, dass das People Management für Moderationen angefragt werden kann. Vorstellbar ist eine Moderation beispielsweise bei Teamsitzungen, die zuvor nicht effizient abgehalten wurden; bei leichten Konflikten zwischen Teams, im Team oder zwischen Führungskraft und Mitarbeiter, bei Workshops, in denen ein Team zum Beispiel eine neue Strategie oder Lösungen zu einem komplexen Problem entwickeln will; bei Retrospektiven, in denen die eigene Arbeit reflektiert wird, oder auch bei großen BarCamps.

Natürlich brauchen Sie für eine Moderation entsprechende Qualifikationen. Dazu gehören klassische Moderationsfähigkeiten und -methoden genauso wie gute Kenntnisse zu Design Thinking und zu anderen agilen Formaten wie Daily Scrum oder Retrospektiven.

Werden Sie Experte für Teamarbeit und suchen Sie die Zusammenarbeit!
Teams gewinnen zunehmend an Bedeutung. Doch in den Unternehmen fehlt es zu oft an Wissen bezüglich der Teamarbeit, beispielsweise wie Teammitglieder bestmöglich zusammenarbeiten, welche Rollen wichtig sind, welche Formate und Prozesse sie brauchen und welche Technologien. Eignen Sie sich dieses Wissen an, werden Sie Experte für Teamarbeit und bieten Sie sich den Teams und ihren Führungskräften als Berater an. Machen Sie sich vertraut mit einigen Formaten und Methoden wie Teamreviews, Teamanalysen oder Regeln für Meetings. Machen Sie Veranstaltungen, in denen Sie manche dieser Werkzeuge vorstellen.

Suchen Sie den Austausch mit Teams und Führungskräften. Wichtig ist, dass Sie nicht nur Prozesskenntnisse mitbringen, sondern sich ebenfalls mit dem jeweiligen Business auseinandersetzen, um die Herausforderungen zu verstehen. Nur wenn Sie zeigen, dass Ihnen das Geschäft nicht fremd ist, können Sie auch mit Kenntnissen zur Teamarbeit oder gar Teamentwicklung punkten.

Ermutigen Sie Mitarbeiter, neue Rollen in anderen Bereichen auszuprobieren!
Es braucht im Unternehmen die Veränderungsbereitschaft der Mitarbeiter sowie Kompetenzen und Wissen, die über den eigentlichen Aufgabenbereich hinausgehen. Wer andere Bereiche kennengelernt und mit unterschiedlichen Menschen zusammengearbeitet hat, dem fällt es leichter, sich schnell in einem Team zurechtzufinden und mit den anderen zusammenzuarbeiten. Das Arbeiten in Projekten wird zum Daily Business, reine Kaminkarrieren sind aus diesem Grund nicht mehr zeitgemäß. Social Collaboration profitiert vom Mut der Menschen, sich auszuprobieren. Ermutigen Sie Mitarbeiter und Führungskräfte deshalb, auch andere Rollen in anderen Bereichen auszuprobieren. Wecken Sie ihre Neugier. Und machen sie ein Programm daraus, wenn es nötig ist. Wichtig ist die Haltung, die hinter der Job Rotation steckt: die Lust an der Veränderung und das Austesten von Grenzen.

Setzen Sie sich für ein freies Weiterbildungsbudget für Mitarbeiter ein und lassen Sie sie ihre eigenen Entwicklungspläne schreiben!
Auf der einen Seite sprechen wir von der Notwendigkeit des lebenslangen Lernens und wie wichtig das für Unternehmen ist. Und auf der anderen Seite sollen die Mitarbeiter mehr Eigenverantwortung zeigen. Ein erster Schritt, beides miteinander zu verbinden, wäre, jedem Mitarbeiter ein Budget zur Weiterbildung zur Verfügung zu stellen, über das er frei verfügen kann. Er müsste sich nur im Sinne des konsultativen Einzelentscheids von einer zweiten Person wie zum Beispiel der jeweiligen Führungskraft, dem Performance Consultant oder einem Teamkollegen beraten lassen. Das würde sich zum einen positiv auf die Mitarbeitermotivation auswirken und zum anderen wäre es sinnvoll, weil der Einzelne –

gerade im Hinblick auf Fachkenntnisse – am besten weiß, was er sich aneignen sollte. Der ganze Prozess kann so außerdem wesentlich schneller ablaufen, als wenn noch drei oder vier Stellen der Weiterbildung zustimmen müssen.

Der Trend, dass das Thema Lernen zunehmend dezentralisiert und somit Sache des jeweiligen Mitarbeiters wird, lässt sich nicht mehr aufhalten. Das Personalmanagement wird zum Begleiter.

Der Entwicklungsplan als Orientierung
Wenn man das weiterdenkt, dann müsste das Prinzip der Selbstverantwortung für die gesamte Personalentwicklung gelten. Dass Mitarbeiter von einer zentralen – scheinbar unsichtbaren – Macht im Unternehmen hin und hergeschoben werden, lässt sich mit dem Prinzip der Eigenverantwortung nicht vereinbaren. Ermutigen Sie Mitarbeiter, einen eigenen Entwicklungsplan für sich zu entwerfen – als ersten Schritt –, der dann mit der Führungskraft diskutiert wird. Dieser ist nicht als fertiger Plan zu sehen, der zwingend eingehalten werden muss. Sondern als Orientierung und als Gelegenheit, sich mit den eigenen beruflichen Zielen und Wünschen sowie notwendigen Kompetenzen auseinanderzusetzen. Der People Manager berät den Mitarbeiter zu Entwicklungs- und Qualifizierungsmöglichkeiten. Dabei gilt es, die klassische Karriereleiter nicht als das einzig erstrebenswerte Ziel zu sehen, sondern Entwicklung in erster Linie als persönliche Entwicklung zu betrachten, die auch in anderen (horizontalen) Bereichen möglich ist.

12 Human Collaboration Management und das Recruiting

12.1 Grundlegendes

12.1.1 Überlastete Recruiter

In den meisten Unternehmen läuft das Recruiting noch nach dem Post-and-Pray-Prinzip ab. Die Personalabteilung erstellt in Abstimmung mit dem Hiring Manager eine Stellenausschreibung und lässt sie dann auf einem Online-Stellenportal veröffentlichen, in der Hoffnung, dass sich die Richtigen auf die Stelle bewerben. Dann vergehen einige Wochen, in denen die Personaler vorselektieren. Es wird in Abstimmung mit dem Fachbereich eine Shortlist von Bewerbern erstellt, die schließlich ein mehrstufiges Bewerbungsverfahren durchlaufen: vom Telefoninterview bis zum Assessment-Center und dem Bewerbungsgespräch. In kleineren Unternehmen gibt es in der Regel nur ein einziges Bewerbungsinterview, das zudem noch völlig unstrukturiert durchgeführt wird. Und während des ganzen Verfahrens wird meist kein Wert auf die Candidate Experience gelegt: der Kandidat wartet lange auf eine Antwort und wenn er doch eingeladen wird, hält man ihn auf Distanz und gibt ihm das Gefühl eines Bittstellers.

Bei vom Markt begehrten Kandidaten kann ein Unternehmen sich eine solche Haltung jedoch nicht mehr leisten. Darüber hinaus passt das klassische Bewerbungsverfahren nicht zu der oben erwähnten VUCA-Welt, in der viele Unternehmen operieren. Es dauert zu lange, bis eine Vakanz gefüllt ist. Und dieses Problem verschärft sich in größeren Unternehmen. In den vergangenen Jahren hat sich die durchschnittliche Dauer einer Stellenbesetzung erhöht. Ein Grund dafür ist, dass immer mehr Stakeholder in den Einstellungsprozess einbezogen werden müssen, ohne allerdings die Personalabteilung wirklich zu entlasten. Die Arbeitsbelastung der Recruiter hat zugenommen (vgl. Fortange 2016).

Personaler werden lange alleingelassen
Davon abgesehen, dass mit dem klassischen Verfahren vor allem auf das Prinzip Hoffnung gesetzt wird, ist ein weiteres Problem darin zu sehen, dass sich die zuständigen Fachbereiche zu spät im Prozess verantwortlich fühlen für die Besetzung einer Position. Lange Zeit wird der Recruiter aus der Personalabteilung alleingelassen, der oftmals mit der Bewertung von Fachkenntnissen überfordert ist und sich deshalb auf die Einschätzung zumeist weniger wichtiger Faktoren zurückzieht (beispielsweise »roter Faden« im Lebenslauf, Abschlussnote oder glaubwürdige Schilderung der Motivation). Doch auch wenn sich der Fachbe-

reich in den Prozess einschaltet, ist es meist nur der Hiring Manager, also in der Regel eine Führungskraft. Das betreffende Team gibt keine Einschätzung ab. Kandidaten legen häufig aber gerade Wert darauf, die möglichen Kollegen kennenzulernen. Man könnte durch die Einbeziehung des Teams zum Beispiel auch stärker den Cultural Fit berücksichtigen, also die kulturelle Passung zwischen Kandidat und Team- beziehungsweise Unternehmenskultur. Wie arbeitet der Kandidat? Passt er ins Team? Würde er sich mit den Teammitgliedern gut ergänzen? Durch klassische Assessment-Center kann man nur zum Teil Antworten auf diese Fragen finden. Hinzu kommt, dass in Unternehmen zunehmend in selbstorganisierten Teams gearbeitet wird. Die Fähigkeit zur Selbststeuerung lässt sich durch klassische Recruiting-Instrumente ebenfalls nur bedingt erfassen.

12.1.2 Methoden der Personalauswahl

Es gibt einige gängige Methoden der Personalauswahl, die in Unternehmen eingesetzt werden und eine gewisse Validität aufweisen. Dazu gehören vor allem Interviews, die aber strukturiert durchgeführt werden müssen, klassische Arbeitsproben, Intelligenz- und Persönlichkeitstests sowie Simulationen, bei denen ein konkretes Verhalten des Bewerbers beobachtet wird, um zu sehen, wie er oder sie in bestimmten Situationen reagiert. Eine Kombination von mindestens zwei Methoden verspricht am meisten Erfolg hinsichtlich der Eignung eines Kandidaten, weil sie sich ergänzen und einzelne Methoden vielleicht valide sind, aber einen blinden Fleck aufweisen. Google beispielsweise kombiniert im Recruiting verhaltensorientierte und situationsorientierte strukturierte Interviews mit Einschätzungen der kognitiven Fähigkeiten, des Pflichtbewusstseins und der Führungsqualität. Erstes Ziel ist es herauszufinden, wie die Kandidaten sich wahrscheinlich verhalten werden, wenn sie Teil des Teams sind (vgl. Bock 2016, S. 88).

Doch beim Einsatz einer oder mehrerer Methoden stellen sich neben der Validität der Messmethode zunehmend zwei weitere Fragen. Zum einen wäre da die nach dem Kosten-Nutzen-Aufwand. Zum Beispiel sind Assessment-Center, wie sie größere Unternehmen einsetzen, in der Konzeption aufwendig und sie dauern in der Regel einen Tag, an dem mehrere Beobachter aus den Fachbereichen und der Personalabteilung Präsentationen und andere Übungen der Kandidaten begutachten sollen. Und es werden Einschätzungen zu verschiedenen Kompetenzen abgegeben. Allerdings ergeben sich mehr und mehr Bedarfe immer kurzfristiger, müssen Positionen schnell besetzt werden. Assessment-Center als beliebtes Diagnostik-Instrument der Personaler können eine zügige Besetzung schwierig machen.

Die Frage nach der Augenhöhe
Zum anderen stellt sich die Frage nach der Augenhöhe zwischen Unternehmen und Jobkandidaten. Denn da, wo es einen wirklichen Wettbewerb um Talente gibt, braucht es im Recruiting Augenhöhe. Ich rede zum Beispiel von Talenten, die den Unterschied machen, die sich vielleicht im Bereich Cognitive Computing eigenverantwortlich schnell in ein neues Thema einarbeiten, das kein anderer im Unternehmen auf dem Schirm hat. Ein Talent, das sehr intelligent, lernbereit und selbstreflektiert ist. Auf ein solches Talent ist ein Unternehmen angewiesen und deshalb sollte man ihm auch als Unternehmen auf Augen-

höhe begegnen. Doch der vermehrte Einsatz von Tests, die Kandidaten bestmöglich vermessen wollen und die auch den Kandidaten viel Zeit kosten, haben häufig wenig mit einer gleichberechtigten Beziehung zu tun. Unternehmen können diese Verfahren einsetzen, weil es in der Regel mehrere hundert Bewerber auf eine Stelle gibt. Die Basis ist also eine asymmetrische Beziehung zugunsten des Unternehmens. Doch wo es diese Auswahl an guten Bewerbern nicht gibt, wird es schwierig. Kandidaten, die ihren Wert kennen, wollen sich nicht durchleuchten lassen. Es sei denn, es wäre möglich, dass beispielsweise der zukünftige Vorgesetzte sich ebenfalls einem Intelligenz- und Persönlichkeitstest unterzieht.

Wer also eine Kultur der Zusammenarbeit im Unternehmen leben will, muss den Collaboration-Gedanken auch auf das Recruiting übertragen. Und Social Collaboration lebt von einer Beziehung auf Augenhöhe.

Das klassische Assessment-Center ist nicht der geeignete Weg, wenn es darum geht, das Prinzip der Social Collaboration auch auf die Auswahlinstrumente zu übertragen.

Collaboration Day

Bei DB Vertrieb hat man für die Bereiche Lab und Digital Business einen Agile Collaboration Day eingeführt, um Kompetenzen für agiles Arbeiten besser erfassen zu können. Dabei bilden die Bewerber unter anderem Teams, die einen Prototypen für ein Produkt entwickeln. Die Bewerber werden einen Tag lang in gruppendynamischen Prozessen beobachtet – von der Gründung eines selbstgesteuerten Teams bis zum Erreichen des gemeinsamen Ziels.

Besonders interessant ist, dass beim Recruiting im Bereich Digital Business Mitarbeiter der DB Vertrieb, also die möglichen Kollegen, in den Collaboration Day einbezogen werden. Sie sind Teil der Teams, erarbeiten mit den Kandidaten die Prototypen. Sie haben so die Möglichkeit, die potenziellen Kollegen kennenzulernen (vgl. Glaub 2016).

Der Collaboration Day ermöglicht nicht nur eine Einschätzung dahingehend, wie ein Kandidat mit anderen – zum Beispiel den aktuellen Teammitgliedern – zusammenarbeitet, sondern unter anderem auch, wie ausgeprägt die Fähigkeit zur Selbststeuerung ist sowie wie kreativ und kundenfokussiert er oder sie arbeitet.

> **BEGRIFFSERKLÄRUNG**
>
> **Agile Collaboration Day bei DB Vertrieb**
> Der Agile Collaboration Day (ACD) wird bei DB Vertrieb unter anderem für das dortige Lab eingesetzt und hat Ähnlichkeiten mit einem Assessment-Center. Allerdings zielt der ACD darauf ab, das agile Mindset und die damit in Verbindung stehenden Kompetenzen zu bewerten. Zu Beginn des Tages entwickelt jeder Bewerber eine Idee für ein neues Produkt, die er anschließend den Beobachtern präsentiert. Danach werden Teams gebildet, die sich jeweils auf eine Produktidee einigen müssen. In mehreren sogenannten Sprints werden dann Prototypen entwickelt – zum Beispiel mithilfe von Knete, Papier oder Lego. Nach jedem Sprint gibt es zu den Prototypen Feedback von den Beobachtern. Am Ende des Tages gibt es eine Selbstreflexionsphase, in der die Kandidaten ihre eigenen Stärken und Schwächen sowie ihre Rolle einschätzen. Zudem wählen sie aus den anderen Bewerbern diejenigen aus, mit denen sie gerne zusammenarbeiten würden (Glaub 2016).

Ein solcher Collaboration Day ist nicht für alle Zielgruppen passend. Es gibt derart heiß umkämpfte Kandidaten mit speziellen fachlichen Fähigkeiten, wie zum Beispiel im Bereich Big Data, Cloud Computing oder Cyber Security, bei denen man sich gut überlegen sollte, ob man sie mit allzu aufwendig gestalteten Auswahlinstrumenten verschrecken möchte. Da ist es viel wichtiger, dass die Führungskraft und/oder die möglichen Teammitglieder eine Beziehung zum Kandidaten aufbauen, in Austausch gehen – auf Augenhöhe. Ein ehrlicher Austausch darüber, ob beide Seiten sich eine Zusammenarbeit vorstellen können.

Neben dem Fokus auf besondere fachliche Fähigkeiten wird es im Recruiting ganz allgemein zunehmend wichtiger, auch darauf zu schauen, wie ein Kandidat arbeitet und wie er seine Ziele erreicht. Ist er bereit, Verantwortung über den eigentlichen Aufgabenbereich hinaus zu übernehmen? Hat er die Leidenschaft, gemeinsam mit anderen etwas erreichen zu wollen? Letztlich sind die Unternehmen zunehmend darauf aus, zu bewerten, ob jemand mit seiner Einstellung und seinem Mindset zum Team und zu den anstehenden Herausforderungen passt. Denn eine bestimmte Haltung ist später ganz schwer anzutrainieren.

12.1.3 Jeder kann (theoretisch) ein Recruiter sein

Recruiting ist nicht nur Sache der Personalabteilung. Viel wäre gewonnen, wenn sich jeder Mitarbeiter, jedes Team und jede Führungskraft für das Recruiting verantwortlich fühlen würden. Mitarbeiterempfehlungsprogramme, die zunehmend an Bedeutung gewinnen und in immer mehr Unternehmen zu finden sind, spiegeln diesen Gedanken wider. Doch das geht nicht weit genug. Teams und deren Leiter, wenn vorhanden, müssen stärker einbezogen werden. Wenn Teams selbstorganisiert arbeiten (sollen) und von Mitarbeitern Eigenverantwortung verlangt wird, ist es sinnvoll, diese Verantwortung auch zum großen Teil auf das Recruiting zu übertragen. Einige Gründe sprechen dafür:

- Die Verantwortung für das Produkt impliziert die Verantwortung für die Frage, wer daran arbeiten soll.
- Die Teams kennen den Markt und können gut einschätzen, welche Fachkenntnisse gefragt sind.
- Die Teammitglieder haben eine Vielzahl von Kontakten innerhalb ihrer jeweiligen Profession, die sie in kurzer Zeit hinsichtlich einer zu besetzenden Position ansprechen können.
- Es steigert das Verantwortungsgefühl der Teammitglieder über den originären Aufgabenbereich hinaus.
- Eine Position lässt sich schneller besetzen, weil es weniger Abstimmungsprozesse gibt. Der Personaler muss zum Beispiel nicht lange warten, bis der Hiring Manager sein Urteil über die Vorauswahl abgegeben hat, was oft als Nadelöhr den Prozess verlangsamt.
- Der kulturelle Faktor, die Passung zum Team, kann stärker Berücksichtigung finden, auch indem mehr als im klassischen Recruiting ein informeller, ehrlicher Austausch auf Augenhöhe stattfindet – ohne Werbesprech.
- Die potenziellen Kollegen eines Kandidaten sind glaubwürdiger und vertrauensvoller als es die Personaler sein können. Sie kennen die positiven und negativen Seiten des Jobs und können konkrete Sachverhalte erläutern sowie besser auf Fragen antworten. Sie haben auch mehr Möglichkeiten, dem Kandidaten das Gefühl zu geben, wirklich gebraucht zu werden.

- Die Zusammenarbeit mit Freelancern und sonstigen Externen wird immer wichtiger, da Bedarfe häufiger ad hoc entstehen und eine bestimmte Qualifikation auf dem Arbeitsmarkt nicht so schnell zu bekommen ist. In der Regel verantworten die Fachbereiche zusammen mit dem Einkauf den Einsatz der Freelancer. Im Sinne eines ganzheitlichen Workforce Management ist es deshalb sinnvoll, dass die Fachbereiche sich auch mehr für das Recruiting von neuen Mitarbeitern verantwortlich fühlen.

Eine von Social Collaboration geprägte Unternehmenskultur schließt das Recruiting mit ein. Es gilt zum einen, die Entscheidungen zur Personalbeschaffung nicht in einer Hand oder in wenigen Händen zu lassen, sondern die kollektive Intelligenz zu nutzen, ohne dass der Prozess langsamer wird. Zum anderen ist der Wettbewerb um die besten Talente derart intensiv geworden, dass ein Unternehmen für eine Stellenbesetzung auf das gesamte Netzwerk zugreifen sollte, das ihm zur Verfügung steht, und damit auch auf die Netzwerke der Mitarbeiter und Führungskräfte. Verbunden mit dem entsprechenden Verantwortungsgefühl für das Recruiting lassen sich für die Unternehmen enorme Potenziale heben – wenn die Kultur stimmt.

Die Digitalisierung hat den Netzwerkaufbau vereinfacht. Henrik Zaborowski (2016) sagt, dass jeder Mitarbeiter ein Recruiter werden kann, weil jeder in der Lage ist, Beziehungen aufzubauen. Und Führungskräfte sollten ohnehin ihre eigenen Recruiter sein. Sie müssten sich in ihrer Szene ein Netzwerk aufbauen, um die nötigen Spezialisten zu bekommen.

Das Gleiche gilt für Mitarbeiter und Teams. Natürlich fehlen ihnen in der Regel spezifische Kenntnisse, was zum Beispiel Diagnostik oder strukturierte Interviews angeht. Aber es ist ein Prozess und es ist in der Verantwortung der People Manager, die Teams (mit oder ohne Führungskraft) an ihre neuen Aufgaben Schritt für Schritt heranzuführen.

Peer Recruiting bei sipgate
Bei der IT-Firma sipgate aus Düsseldorf ist man diesen Weg gegangen. Dort wird das sogenannte Peer Recruiting praktiziert (Huynh Anh/Visser 2016). Mit Begleitung der beiden Personalmanagerinnen entscheiden Teams über die Einstellung eines Kandidaten. Sie gehen die Bewerbungen durch, führen Interviews und bereiten den Probearbeitstag vor. Nach diesem entscheidet das Team, ob es den Kandidaten einstellt. Die Personalmanagerinnen sind im Rahmen der Entscheidung eine Art Sparringspartner. Sie stellen Fragen, haken nach und moderieren die Diskussion der Teammitglieder. Schon zu Beginn dieses Prozesses wird diese Rolle von den beiden Personalerinnen eingenommen, wenn es grundsätzlich um die Frage geht, ob eine Position nachbesetzt werden soll. Dann wird diskutiert, ob eine Neueinstellung wirklich sinnvoll ist oder nicht eine Änderung der Arbeitsorganisation das Problem besser lösen würde.

> »Der große Vorteil betrifft nicht das Recruiting selbst, sondern dass Mitarbeiter für den Kollegen, der neben ihnen sitzt, Verantwortung übernehmen. Denn sie haben ihn oder sie eingestellt.«
> (Huynh Anh/Visser 2016, S. 72)

Man will bei sipgate nicht in Automatismen verfallen. Die Personalmanagerinnen haben eine beratende Funktion. Sie bringen ihre fachspezifische Expertise sowie Erfahrungswerte aufgrund der Recruitings anderer Teams ein, die sie begleitet haben. Für bestimmte Rollen gibt es im wöchentlichen Turnus eine Taskforce aus zwei bis drei Mitarbeitern, mit denen sich die Personalmanagerinnen jeden Tag zusammensetzen, um Bewerbungen anzuschauen. Dadurch kann Kandidaten innerhalb von 24 Stunden eine Rückmeldung gegeben werden. Und die Bewerber, denen abgesagt wird, bekommen von den Teammitgliedern aus demselben Fachbereich ein persönliches Feedback, das sie weiterbringt.

Jedes Team bei sipgate ist hinsichtlich des Recruiting unterschiedlich weit. Danach richtet sich auch die entsprechende Begleitung durch die People Manager. Anfangs sind sie stärker involviert, später weniger. Manche führen eigenständig sehr gute strukturierte Interviews, andere Mitarbeiter, die neu sind, beobachten erst einmal nur. Und immer werden gemeinsame Auswertungen gemacht. Am Ende des Prozesses wird bei sipgate die Entscheidung für einen Kandidaten auf Basis von strukturierten Interviews und einem Probearbeitstag getroffen.

Verschiedene Perspektiven
Wenn grundsätzlich Kollegen entscheiden, ob jemand ins Unternehmen und auf eine Position passt, ist es wichtig, dass mehrere Perspektiven in die Entscheidung einfließen. Und gleichzeitig ist es nicht ratsam, dass ein Kandidat mehr als zwei Personen gegenübersitzt, damit das Prinzip der Augenhöhe gewahrt bleibt und das Gespräch keinen Tribunal-Charakter bekommt. Mehrere Einzelinterviews hintereinander – mindestens drei – wären ein Weg. So kann sich auch jedes Mal ein anderes Gespräch entwickeln und der Kandidat eine andere Seite seiner Persönlichkeit zeigen. Jede Gesprächs-Beziehung ist individuell und damit anders. Nach den Gesprächen tauschen sich die Interviewer über ihre Eindrücke aus. Peer Recruiting bedeutet, einen besonderen Fokus auf die Haltung des Kandidaten und den Cultural Fit zu legen (vgl. Pfläging/Hermann 2015).

Gerade wenn man bedenkt, dass fachliche Kompetenzen heute eine abnehmende Halbwertszeit haben, ist der Blick auf die Haltung und die personellen Kompetenzen besonders wichtig.

Nach den Interviews könnte der nächste Schritt das Probearbeiten sein, in dem zum Beispiel die Flexibilität, die Teamarbeit und das Lösen eines komplexen Problems beobachtet und bewertet werden.

Jeder Mitarbeiter kann ein Recruiter sein, aber nicht jeder sollte in den Prozess gezwungen werden. Eignung und Begeisterung müssen vorhanden sein. Diejenigen, die den höchsten Impact im Recruiting haben, bewertet unter anderem von den neu Eingestellten, sollten beim nächsten Mal wieder eingeladen werden. Denkbar ist im Peer Recruiting sogar, dass Mitarbeiter selbst Assessment-Center beziehungsweise Assessment-Tests durchführen, um Fähigkeiten und Potenziale zu bewerten (vgl. Sullivan 2016).

12.2 Aufgaben des Personalmanagements

Recruiting sollte insbesondere Sache der Teams in den Fachbereichen sein, die mit strukturierten Interviews und Arbeitsproben zumeist einen ausreichenden, validen Eindruck bekommen. Die People Manager haben aber auch dann eine weiterhin sehr wichtige Rolle im Rahmen des Recruiting. Dazu gehört in erster Linie, die Teams für das Recruiting zu befähigen: Was gehört in eine Positionsausschreibung? Wie funktionieren strukturierte Interviews? Worauf ist bei der Gestaltung eines Probearbeitstages zu achten? Auf diese Fragen sollten die Personaler eine Antwort geben können. Des Weiteren bleiben sie als Berater an der Seite der rekrutierenden Teams.

12.2.1 Personalmanager als Enabler

Im Personalmanagement ist das Wissen zu Methoden und Instrumenten. Das gilt es soweit auf die Teams zu übertragen, dass sie in der Lage sind, ein weitgehend professionelles Recruiting durchzuführen. Dazu gehört das Know-how, wie eine Stellenbeschreibung auszusehen hat, wenn es denn eine sein muss. Strukturierte Interviews müssen geübt werden. Ein vor allem vom Personalmanagement ausgearbeitetes Kompetenzmodell kann dabei berücksichtigt werden, das beispielsweise Eigeninitiative und Selbstmotivation als primäre Kompetenzen auflistet – eng verbunden mit einer bestimmten Haltung. Die kann auch bei einem Probearbeiten sichtbar werden. Worauf dabei zu achten ist, wie man eine Arbeitsprobe gestaltet und dass ein klares Ziel mit ihr verbunden wird. Das bringt das People Management dem Team näher.

Die Personaler können gegebenenfalls auch den Einsatz von Tests oder Workshops anbieten, in denen Kandidaten und Teammitglieder etwas gemeinsam erarbeiten. Es wird jedes Mal neu darüber gesprochen und abhängig von der Zielgruppe durchdacht.

Auch zum Thema aktive Ansprache von Kandidaten gibt es einen Austausch. Der Personalmanager als Performance Consultant kann Beratung hinsichtlich des Netzwerkaufbaus anbieten, den die Teammitglieder und der Leiter anstreben sollten. Dazu kann die Verwaltung möglicher Kandidaten mithilfe bestimmter Tools wie zum Beispiel Trello gehören.

Frühes Onboarding
Das Onboarding gehört ebenfalls zum erweiterten Recruiting. Der jeweilige Teamleiter oder ein Teammitglied sollte sich dafür verantwortlich fühlen und wird bei dieser Aufgabe vom People Manager begleitet, der ihm zum Beispiel eine Checkliste zur Verfügung stellt. Insbesondere sollte der People Manager die Vernetzung des Neueingestellten fördern. Er und der Teamleiter sorgen für den Kontakt zu anderen Bereichen und Teams. Somit gibt es von Anfang an die Chance, Beziehungen über die Teamgrenzen hinweg aufzubauen. Mit dem Onboarding sollte bereits vor dem ersten Tag begonnen werden. Beispielsweise kann eine Einladung zu Teamevents oder anderen Unternehmensveranstaltungen dazugehören.

Die Fachbereiche für das Recruiting zu befähigen, ist ein langer Prozess, der in einzelnen Entwicklungsschritten abläuft und begleitet wird. Immer wieder gibt es für die Teammitglieder Feedback, um sich im Recruiting verbessern zu können. Es bedeutet einen großen Wandel und eine komplett neue Haltung sowie ein neues Selbstverständnis für die Personaler. Als Transformationspartner ist es das Ziel, eigene Befugnisse abzugeben und im Sinne eines Begleiters und Entwicklers zu handeln.

12.2.2 Personalmanager und das Personalmarketing

Zentrale Unterstützungsleistungen in der Hand des Personalmanagements wären zum Beispiel die Karrierewebseite oder das Bespielen der Social-Media-Kanäle des Unternehmens. Doch auch hier gilt es, die Mitarbeiter im Rahmen des Personalmarketings so weit wie möglich einzubeziehen. Dass Teams oder einzelne Mitarbeiter in Videos als Testimonials auftreten, ist heute nichts Besonderes mehr. Dass sie aber aktiv an der Erarbeitung von Kampagnen mitwirken oder selbst Videos über ihren Alltag drehen, ist durchaus besonders. Darüber hinaus fungiert im besten Fall jeder Mitarbeiter als Markenbotschafter: bei Freunden und Bekannten, in Foren und sozialen Netzwerken, auf Veranstaltungen und Fachtagungen.

> **FALLBEISPIEL**
>
> **Sixt und Snapchat**
> Der Autovermieter Sixt ist mit seinem Personalmarketing seit Mitte 2016 auf Snapchat aktiv. Snapchat hat eine sehr junge Zielgruppe. Die große Mehrheit ist unter 25. Es ist ein soziales Netzwerk und gleichzeitig ein Messenger, über den Fotos und sehr kurze Videos von maximal zehn Sekunden gepostet werden. Es ist vor allem dafür bekannt geworden, dass sich die Inhalte nach kurzer Zeit wieder von selbst löschen. Für das Personalmarketing wird Snapchat im Vergleich zu Netzwerken wie Facebook oder Twitter von den Unternehmen weniger genutzt.
> Sixt spricht mit Snapchat junge Menschen an, vor allem Schulabgänger, die sich für ein duales Studium interessieren. Das Besondere: Die jungen Mitarbeiter des Autovermieters nehmen die Videos selbst auf mit ihrem Smartphone. Sie geben realitätsnahe Einblicke in den Joballtag und werden sofort nach Erstellen auf dem Sixt-Karriere-Account hochgeladen. Das Personalmanagement wirbt bei den jungen Mitarbeitern zum Beispiel im Rahmen des Onboarding für das neue Format und gibt für die Beiträge gegebenenfalls den jeweiligen thematischen Rahmen vor (vgl. Schmidt-Carré 2016; Athanas 2016).

12.2.3 Personalmanager als strategischer Berater und Begleiter

Auch im Rahmen eines Peer Recruiting bleibt das People Management wichtig. Vor allem bringt es als Berater (eventuell zusammen mit der Leitung) den Blick von außen ins Team – basierend zum Beispiel auf den Erfahrungen von anderen Teams und den strategischen Interessen des Unternehmens. Das People Management verweist im Gespräch mit dem Team zum Beispiel auf das Kompetenzmodell hinsichtlich nicht-fachlicher Fähigkeiten. Die Verantwortung bleibt jedoch im Team. Es ist aber Aufgabe des Personalers als Performance Consultant, den Prozess zu begleiten, die Entscheidung eventuell zu hinterfragen und den Blick auf bis dahin wenig beleuchtete Bereiche zu lenken. Ist das Team zu sehr auf eine Besetzung aus, die die Harmonie nicht trübt? Sollte das Team nach dem Gespräch beim Probearbeiten auf eine bestimmte Kompetenz achten? Das verlangt von den Teams eine hohe Reflexionsfähigkeit, die in der Auseinandersetzung mit dem Personalmanagement trainiert wird.

Zum Hinterfragen gehört am Anfang des Prozesses auch, ob es generell eine Positionsbesetzung braucht. People Management muss immer Strukturen und Prozesse mitdenken und sich als Organisationsentwickler verstehen. Die Aufgabe ist zunächst nicht, eine Position zu besetzen. Sondern ein Problem zu lösen. Das Problem ist zum Beispiel, dass die Aufgabenlast eines Teams zu groß ist. Die Lösung kann im Recruiting liegen, aber auch in einer anderen Gestaltung von Arbeitsprozessen oder in einer Änderung der Rollen- beziehungsweise Aufgabenverteilung. Dazu berät der Performance Consultant.

12.2.4 Personalmanager als Software-Verantwortlicher

Das People Management in Unternehmen arbeitet zunehmend vernetzt und das muss auch die eingesetzte Software abbilden. Wenn Teams und Hiring Manager aus den Fachbereichen mehr Verantwortung im Recruiting übernehmen, ist es zum Beispiel sinnvoll, eine kollaborative Bewerbermanagement-Software einzusetzen, zu der sowohl die Fachteams Zugang haben als auch das People Management, das die Software als Software-Verantwortlicher zur Verfügung stellt. Es hat den Überblick über den gesamten Prozess. Alle Seiten können im System sehen, wie die Bewerberhistorie aussieht und wie der Stand beim Recruiting ist. Die Teammitglieder verfassen beispielsweise im System ihre Einschätzungen zu den verschiedenen Kandidaten, der Performance Consultant hinterlässt jeweils sein Feedback dazu. Hier kann also bereits ein Dialog stattfinden, der sich im Offline-Bereich fortsetzt.

12.3 Anregungen und erste Ideen

Fördern Sie das Verantwortungsgefühl bei den Fachbereichen für das Recruiting und laden Sie zur Diskussion ein!
Zu oft herrscht in den Unternehmen die Haltung, Recruiting sei Sache der Personaler. Doch dass geeignete und hoch qualifizierte neue Mitarbeiter an Bord geholt werden, ist im Interesse aller. Im Wettbewerb der Unternehmen in einer komplexer werdenden Umwelt setzen sich zunehmend diejenigen durch, die die besten Talente für sich gewonnen haben und denen es gelungen ist, sie in gut funktionierende Teams zu integrieren. Jeder im Unternehmen sollte sich deshalb für Recruiting verantwortlich fühlen. Werben Sie deshalb bei den Fachbereichen, den Mitarbeitern und Führungskräften für eine gemeinsame Herangehensweise bei der Talentgewinnung. Laden Sie Ihre Führungskräfte ein, gemeinsam über das Recruiting zu diskutieren, und suchen Sie zusammen Lösungswege, wie Ihr Unternehmen möglichst schnell an die besonderen Top-Talente kommt. Welche Voraussetzungen sind dafür nötig? Wie können die Fachbereiche das Personalmanagement entlasten? Was wünschen sie sich vom People Management? Allein die Diskussion darüber fördert das Verantwortungsgefühl und macht deutlich, dass das People Management offen ist, die Prozesse zu verbessern und hierfür Feedback einzuholen.

Wenn Sie noch kein Mitarbeiterempfehlungsprogramm haben, probieren Sie es aus!
Laut einer Studie des Instituts für Arbeitsmarkt- und Berufsforschung wird im Schnitt fast jede dritte Stelle über persönliche Kontakte besetzt. Bei den Akademikern ist es weniger, aber noch nach den Online-Stellenbörsen der zweithäufigste Besetzungsweg (IAB 2016). Die Kontakte der Mitarbeiter sind also für das Recruiting ganz generell wichtig. Sinnvoll ist es, das ganze systematisch anzugehen und ein Mitarbeiterempfehlungsprogramm aufzusetzen, das eine erste Stufe auf dem Weg zu mehr Verantwortung der Fachbereiche im Recruiting ist. Unternehmen profitieren damit bei der Suche nach geeigneten Kandidaten von den Netzwerken der eigenen Mitarbeiter.

Digitale Empfehlungsprogramme, die es seit wenigen Jahren gibt, haben diesen Recruiting-Kanal sehr effizient gemacht. Mithilfe der Plattformen von zum Beispiel Talentry oder Firstbird können Mitarbeiter zum einen dem Arbeitgeber Personen aus ihrem Netzwerk empfehlen und zum anderen freie Positionen über die eigenen Social-Media-Kanäle wie Facebook verbreiten. Das Unternehmen kann so die Reichweite von Job-Postings enorm erhöhen, den Bewerbungsprozess beschleunigen und es profitiert von der Glaubwürdigkeit der Mitarbeiter. Mithilfe der sozialen Netzwerke der Mitarbeiter erreicht man zudem interessante Kandidaten, die nicht aktiv auf Jobsuche sind, aber bei einem geeigneten Angebot Interesse haben könnten (vgl. Winde 2016).

Informieren Sie sich über Empfehlungsprogramme und probieren Sie es aus, wenn sie noch keins im Einsatz haben. Sorgen Sie von Anfang an für eine entsprechende Kommunikation, die die Vorteile des Programms für alle thematisiert. Starten Sie mit einem Kick-off-Event und stellen Sie regelmäßige Informationen bereit. Natürlich ist ein Empfehlungsprogramm kein Selbstläufer, vor allem nicht, wenn die Mitarbeiter keinen Grund sehen, Stellen zu empfehlen. Das kann aber auch Anlass sein, die Unternehmenskultur genauer unter die Lupe zu nehmen. Ob Sie für erfolgreiche Empfehlungen Prämien zahlen wollen, müssen Sie gut abwägen. Im besten Falle ist ein extrinsischer Anreiz nicht nötig und im schlimmsten Falle führt er zu unproduktiven Aktionismus.

Werben Sie bei Führungskräften dafür, Mitarbeiter und Teams stärker einzubeziehen!
In der Regel entscheidet der Hiring Manager mit Unterstützung eines Personalers über eine Einstellung. Doch die Güte der Auswahl erhöht sich, wenn mehrere Leute involviert sind. Bei Google zum Beispiel spielen sogenannte »Hiring Committees« eine zentrale Rolle. In der Regel sind das fünf Personen, die als Gruppe die Entscheidung darüber treffen, ob jemand eingestellt wird oder nicht. Sie schauen auf alle wichtigen Dokumente und Feedback-Bögen zu den Kandidaten. Damit wird bei Google eine hohe Qualität der Entscheidungen sichergestellt und unter anderem verhindert, dass jemand einen guten Bekannten einstellt und es mit den nötigen Kompetenzen nicht so genau nimmt (vgl. Bock 2016).

Es muss nicht ein solcher Aufwand sein, aber Feedback von mehreren Personen einzuholen, bevor eine Entscheidung getroffen wird, ist notwendig, um unterschiedliche Perspektiven berücksichtigen zu können. Und es ist umso sinnvoller, wenn diese Perspektiven von potenziellen Kollegen kommen.

Werben Sie bei den Führungskräften dafür, die Teammitglieder beim Recruiting häufiger mit ins Boot zu holen. Machen Sie ihnen klar, dass sich dadurch die Entscheidungen in der Regel verbessern, Kandidaten sich freuen, potenzielle Teamkollegen kennenzulernen, und es eine Wertschätzung für die Mitarbeiter bedeutet.

Bereiten Sie im Rahmen eines Pilotprojektes ein Team auf Peer Recruiting vor!
Machen Sie sich zu einem späteren Zeitpunkt auf die Suche nach einem Team, dessen Leiter bereit sein könnte, Peer Recruiting auszuprobieren. Dieses Team könnte als Pilotprojekt dienen, um stellvertretend für Ihr Unternehmen einen neuen Ansatz zu testen. Bereiten Sie das Team und den Leiter Schritt für Schritt darauf vor und legen Sie gemeinsam fest, wer für welchen Prozessschritt verantwortlich ist. Für die Evaluation können auch Key Performance Indicators (KPI) festgelegt werden, um später mit der Unternehmensleitung zu entscheiden, ob der Peer-Recruiting-Ansatz weiterverfolgt wird. Es könnte auch sinnvoll sein, ihn nur für bestimmte Bereiche anzuwenden. Solche KPIs im Recruiting können zum Beispiel sein (vgl. Athanas 2014):

- Time-to-Fill: die Zeit von der Bedarfsmeldung bis zur Besetzung einer Position
- Time-to-Interview: durchschnittliche Dauer von der Bedarfsmeldung bis zum ersten Interview
- Cost-Per-Hire: die Kosten, die je Stellenbesetzung für einen bestimmten Bereich im Durchschnitt anfallen
- Zufriedenheitsrate des Fachbereichs beziehungsweise des Teams bezogen auf den jeweiligen Recruitingvorgang
- Zufriedenheitsrate mit Rekrutierungsprozess bei den Neueingestellten und den Bewerbern, die an einem Interview teilgenommen haben.

Bei der Bewertung des Peer Recruiting darf nicht nur die reine Positionsbesetzung herangezogen werden, sondern es ist auch von Bedeutung, ob das Team mit dem Mehr an Verantwortung zufrieden ist. Das ist eine große Kulturveränderung, die die Unterstützung der Führungskraft und die Begleitung der People Manager braucht.

Teil 5

Zehn Thesen zur Zukunft des Personalmanagements

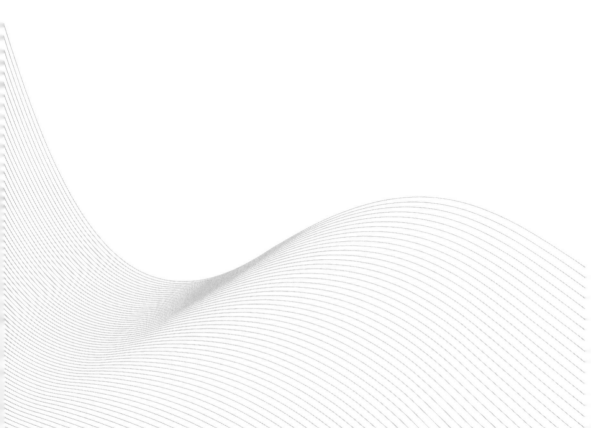

Teil 3

Zehn Thesen zur Zukunft
des Personalmanagements

Zehn Thesen zur Zukunft des Personalmanagements

Personalmanager müssen Kulturgestalter und Vernetzer sein!
Die Digitalisierung führt dazu, dass Unternehmen sich zunehmend mit Wettbewerbern auseinandersetzen müssen, die ursprünglich aus anderen Branchen kommen. Und zu diesem Wettbewerb gehört auch der Kampf um dieselben Top-Talente. Die Unternehmenskultur kann dabei den entscheidenden Unterschied machen. In einer wissensbasierten Gesellschaft werden diejenigen vorne sein, die eine Kultur pflegen, in der sich Führungskräfte und Mitarbeiter wohlfühlen, in der es möglich ist, sich einzubringen, zu gestalten und sich zu entwickeln, in der es ein Wir-Gefühl und eine Identifikation mit dem Unternehmen gibt. Eine starke Kultur, die aber gleichzeitig bereit ist, Impulse von außen aufzunehmen und sich zu wandeln.

Die Kultur zeigt sich im täglichen Handeln, im Umgang miteinander und in der (nicht) vorhandenen Bereitschaft zusammenzuarbeiten. Es muss im Unternehmen Menschen geben, die sich für eine solche Kultur verantwortlich fühlen, die sie vorantreiben wollen, die den Mut haben, sich für sie einzusetzen: die Personalmanager. Das heißt auch, Bedingungen zu schaffen, die eine effektive Zusammenarbeit zwischen Mitarbeitern und unterschiedlichen Bereichen möglich macht. Was die Personalmanager dabei antreiben sollte, ist die Einsicht, dass die kollektive Intelligenz der Intelligenz des Einzelnen beim Lösen komplexer Probleme überlegen ist. Deswegen verstehen sich die Personalmanager als Vernetzer. Die Vernetzung ist eine Frage von Strukturen und Technologie – aber vor allem eine der Kultur.

Personalmanager müssen sich auch als Organisationsentwickler verstehen!
Heute unterliegen Führung, Arbeitsprozesse und Organisationsstrukturen einer ungeheuren Dynamik, weil der Markt in der Regel den Takt vorgibt. Wer sich also um das Thema Zusammenarbeit beziehungsweise Vernetzung kümmern will, die im Dienste des Kunden und damit des eigenen Unternehmens stattfinden soll, muss sich auch damit auseinandersetzen, wie Arbeit im Sinne der Wertschöpfung bestmöglich gestaltet werden kann. Und immer wieder müssen neue Antworten gefunden werden. Wo braucht es ein Projektteam? Macht eine agile Arbeitsweise Sinn? Welche Methode? Wie sollte ein Team zusammengesetzt sein? Wie kann das Team effizienter werden? Welche Teams sollten enger zusammenarbeiten für eine bessere Befriedigung der Kundenwünsche? Personalmanager müssen sich auf die Suche nach Antworten auf solche Fragen begeben.

Ohnehin kann kaum ein klassisches Personalthema heute ohne den Blick auf Organisationsentwicklung angegangen werden. Führungskräfteentwicklung ohne auf das Organisationssystem zu schauen, ist witzlos. Auch im Rahmen des Recruiting müssen immer

Arbeitsabläufe und Verantwortungsbereiche betrachtet werden. Deswegen sollten sich Personalmanager auch als Organisationsentwickler verstehen – ohne ein gewisses Business- und Produkt-Verständnis geht das allerdings nicht.

Personalmanager sollten Lust haben, Probleme zu lösen, und das Business verstehen!
Die Forderung an die Personalmanager, das eigene Firmengeschäft zu verstehen, ist nicht neu. Doch immer noch gibt es zu viele, die sich Maßnahmen ausdenken, die keinen Beitrag zum Business-Erfolg leisten, einfach weil sie zu weit weg sind vom Geschäft.

Kenntnisse zu den Produkten und zum Business werden für das Personalmanagement immer wichtiger, weil es tendenziell mehr vom Rand des Unternehmens in die Mitte rücken wird. Wegducken geht nicht mehr. Vor allem nicht, wenn es als Partner der Fachbereiche eine echte Unterstützung sein will und nicht nur ein Dienstleister, der den Verwaltungskram abarbeitet. Es gilt, sich mit den Trends und Herausforderungen auseinanderzusetzen, denen sich das Unternehmen und die gesamte Branche gegenübersehen. Erst auf dieser Basis sollten die People Manager Angebote machen. Es hilft, sich dabei als Problemlöser zu verstehen: Welche (zukünftigen) Probleme müssen die Führungskräfte, Mitarbeiter und Teams lösen? Und welches konkrete Problem kann mein Angebot bearbeiten? Personalmanager sollten also nicht zuerst auf ihren Instrumentenkasten schauen, um das vermeintlich passende Werkzeug hervorzuholen. Sondern sie sollten Probleme als Ausgangspunkt nehmen und sich fragen: Was kann ich zur Lösung beitragen? Dazu braucht es allerdings auch die Leidenschaft und den Spaß an Problemen – oder wie es manche Euphemisten lieber mögen: Herausforderungen.

Personalmanager sind experimentierfreudig und beziehen die Fachbereiche bei der Produktgestaltung mit ein!
Wer sich als Problemlöser versteht, hat auch Lust zu experimentieren. Und das ist gut so. Die Dynamik der Märkte verlangt Schnelligkeit. Es geht zunehmend darum, etwas zu wagen, es auszuprobieren und wenn es nicht funktioniert, bereit zu sein, es fallen zu lassen. Dafür ist es nötig, dass das Scheitern nicht tabuisiert wird. Es ist ein Teil des unternehmerischen Handelns. Ein solches Denken müssen sich ebenfalls die Personalmanager zu eigen machen. Es ist ein Zeichen von Stärke, zu sagen, dass man noch keine fertige Antwort hat und im Beta-Status arbeitet. Die Mitarbeiter werden diese offene Kommunikation in der Regel honorieren. Einen Beitrag zur Problemlösung zu leisten, heißt ohnehin nicht, mit einer fertigen Lösung um die Ecke zu kommen. Wenn das Nutzen von kollektiver Intelligenz mehr Bedeutung gewinnt und es darum geht, viele verschiedene Perspektiven einzubeziehen, gilt das erst recht für die Personalmanager und ihre Produkte. Sie sollten die Fachbereiche an der Gestaltung der HR-Maßnahmen beteiligen oder diese sogar gemeinsam erarbeiten. Schließlich geht es meist darum, Führungskräfte und Mitarbeiter zu unterstützen, damit sie eine möglichst hohe Produktivität und Kreativität für den Unternehmenserfolg liefern können.

Personalmanager geben manche HR-Aufgaben an die Fachbereiche ab – und suchen sich neue!
Das Aufgabenportfolio der Personaler hat sich mit den Jahren immer wieder gewandelt – und es wird sich weiter verändern. Es gilt, sich den eigenen Verantwortungs- und Aufgabenbereich immer wieder anzuschauen und sich zu fragen, was wirklich noch in die

Hände des Personalbereichs gehört. Die Leitfrage muss sein: Wo kann das Personalmanagement einen Mehrwert bieten und wo ist es sinnvoll, sich die Verantwortung mit den Fachbereichen zu teilen oder den Aufgabenbereich ganz abzugeben? Das erfordert eine gewisse persönliche Reife und Ehrlichkeit sich selbst gegenüber. In der Personalentwicklung sehen wir jedoch schon, dass diese mehr in die Hände der Fachbereiche und der Einzelnen gelegt wird. Auch beim Thema Gesundheit wäre es sinnvoll, stärker dem selbstverantwortlichen Handeln zu vertrauen. Und bei der Besetzung wichtiger Positionen könnten die Fachbereiche ebenfalls mehr Verantwortung übernehmen.

Gleichzeitig würden die Personalmanager neue Aufgaben übernehmen. Dafür braucht es Mut, nach vorne zu treten und zu sagen: »Hier braucht es jemanden. Wir machen das.« Alles rund um (Social)Collaboration, die Gestaltung von Arbeitswelten und -beziehungen, sollte zukünftig vor allem zum neuen Aufgabenportfolio der Personalmanager gehören.

Personalmanager sind Lernbegleiter!
Im Zuge der Entwicklungen im Bereich der Personalentwicklung und der Weiterbildung kommt den Personalern im Rahmen der Wissensarbeit eine neue Rolle zu, nämlich die des Lernbegleiters. Das bedeutet zum einen, Mitarbeitern und Führungskräften als Berater zur Seite zu stehen – als Karriere- und Entwicklungscoach und als Experte für Lernumwelten. Die Beschäftigten sind für die eigene Entwicklung verantwortlich, vor allem im fachlichen Bereich. Als Lernbegleiter kennt der Personaler aber die Erfordernisse hinsichtlich der personalen Kompetenzen, die im Unternehmen und generell auf dem Arbeitsmarkt nötig sind, und berät auch auf Basis dieser Kenntnisse.

Zum anderen sorgen die Personalmanager dafür, dass die Bedingungen für Lernen bereitgestellt werden. Denn der Erfolg eines Unternehmens hängt zunehmend von der Lernbereitschaft von Mitarbeitern und Führungskräften ab. Jedes Unternehmen im Wettbewerb muss sich als ein lernendes Unternehmen verstehen. Das heißt zum Beispiel, das sogenannte Social Learning, das Lernen voneinander im täglichen Doing, einfach zu machen. Für eine lernende Organisation braucht es Personalmanager, die Leidenschaft für das Thema Lernen haben und selbst gewillt sind, immer wieder dazuzulernen. Es braucht eine Kultur, die geprägt ist vom Teilen und von gegenseitiger Unterstützung, von Vernetzungsfähigkeiten und -möglichkeiten. Und es braucht entsprechende Technologien: Collaboration-Plattformen auf Web-2.0-Basis und Lernplattformen mit Zugang zu Videos, Wikis und Blogs gehören insbesondere dazu.

Personalmanager müssen eine Affinität zu neuen Technologien haben!
Neue Technologien bestimmen den Arbeitsalltag. Sie machen den Job effizienter und sorgen zum Teil für völlig neue Prozesse, Geschäftsfelder und Produkte. Auch im Personalmanagement spielen sie eine immer größere Rolle. Der HR-Tech-Markt boomt. Wer heute im Bereich People Management arbeiten will, darf mit neuen Technologien nicht fremdeln. Im Gegenteil. Der Markt entwickelt sich wahnsinnig schnell, sodass man zwar nicht jedes Tool ausprobieren muss, aber bezüglich der Trends up to date sein sollte. Es ist klar, dass Entscheidungen zukünftig zunehmend mit Unterstützung von Datenauswertungen getroffen werden, dass Enterprise Social Networks Zusammenarbeit und Lernen erleichtern, dass Chatbots im Rahmen von Bewerbungsprozessen lästige Arbeit abnehmen, dass der Zugang zur Personalmanagementsoftware von unterwegs vieles erleichtert und eine Menge mehr.

Es geht beim Thema Software für die People Manager auch zukünftig nicht nur darum, dass allein sie möglichst gut damit zurechtkommen, sondern der Fokus muss ebenfalls sein, ob die Software zum Beispiel Teams produktiver macht und Mitarbeiter die Anwendung leicht und intuitiv bedienen können. Denn für die Personalmanager geht es mehr und mehr darum, sich als Gestalter von Arbeitswelten und des (Digital)Workplace zu verstehen – und damit erweitert sich auch das Spektrum hinsichtlich dessen, was man HR-Software nennt.

Personalmanager beraten auf Augenhöhe und begleiten das selbstverantwortliche Arbeiten!
Der Aufgabenfokus sollte sich stärker von der Bereitstellung sauberer Prozesse zur individuellen Beratung verschieben – für Teams, Mitarbeiter und Führungskräfte. Schließlich hängt der Unternehmenserfolg zunehmend von der Innovationsfähigkeit und einem guten Zusammenspiel von talentierten Menschen ab. Die Personalmanager als Performance Consultants muss die Frage leiten, wie sie die Produktivität und Kreativität der Fachbereiche unterstützen und begleiten können. Dafür greifen sie zum Beispiel auf Methodenkenntnisse in der Moderation und im Coaching zurück, aber auch auf Kenntnisse zu Tools, Workflows und natürlich auf klassisches Personaler-Know-how zu Recruiting oder Leadership. Nicht jeder Berater muss alles können. Zum einen ist aktives Zuhören mindestens ebenso wichtig wie fachliche Expertise. Zum anderen sollten People Manager auf ein Netzwerk zurückgreifen können – intern wie extern – um Teams, Mitarbeitern und Führungskräften weiterhelfen zu können.

Zur Beratung gehört auch die Begleitung im Rahmen einer Transformation hin zu einem vernetzten und selbstverantwortlichen Arbeiten. Die Personalmanager werden sich zukünftig stärker dafür einsetzen, dass Mitarbeiter – und auch Führungskräfte – mehr Freiheiten bekommen und ermutigt werden, Eigeninitiative zu zeigen und weitgehend selbstständig zu agieren. Denn wo sich Unternehmen in dynamischen Märkten bewegen, sollten die Entscheidungen dort getroffen werden, wo die größte Nähe zum Kunden ist.

Personalmanager müssen Kommunikationsexperten werden!
Es ist schwer nachzuvollziehen, warum Personalmanager in der Regel keine Kommunikationsexperten sind. Dass sie es tatsächlich nicht sind, sieht man zum Beispiel daran, dass sie häufig Probleme haben, die Mitarbeiter im Unternehmen von den eigenen Leistungen zu überzeugen oder das Employer Branding nicht selten bei der Kommunikationsabteilung liegt. Doch in Zukunft wird sich bei den Personalern das meiste um Kommunikation drehen. Das wird ihr wichtigstes Werkzeug sein. In der Beratung müssen sie sich ebenso darauf verstehen wie hinsichtlich der Darstellung des eigenen Leistungsportfolios. Zudem ist sie die Basis von Zusammenarbeit. Das heißt dort, wo vernetzt gearbeitet wird, spielt Kommunikation eine entscheidende Rolle. Die Personalmanager müssen als Community-Gestalter Experten für Kommunikation werden, um beispielsweise Mitarbeitern und Führungskräften näherzubringen, wie man Feedback gibt, warum Führung Klarheit braucht, warum es bei E-Mails zu Missverständnissen kommen kann und warum es so wichtig ist, Erwartungen abzuklären. Alles ist Kommunikation – sie darf nicht nur der Kommunikationsabteilung überlassen werden.

Personalmanager setzen sich für ein gesundes Arbeiten ein!
Über nichts machen sich die Kritiker der Personaler mehr lustig als über deren Image als Kümmerer. Böse Zungen sprechen auch vom Wohlfühl-Onkel oder neudeutsch »Feelgood-Manager«. Dabei wird die Rolle des Kümmerers im Sinne eines Anwalts für ein gesundes Arbeiten immer wichtiger. Das beschleunigte Arbeitsleben und die Zunahme an Flexibilität wird das Thema Gesundheit stärker in den Fokus rücken. Denn die Zunahme an Freiheit geht oft mit Überforderung und Überlastung einher. In der Regel hat der Vorgesetzte die Verantwortung »gesund zu führen«. Doch wenn dieser zu weit weg ist und/oder selbst unter Druck steht, brauchen Mitarbeiter beziehungsweise Führungskräfte einen anderen Ansprechpartner, dem sie sich anvertrauen können und der zum Beispiel als Coach zur Verfügung steht.

Personalmanagern muss eine gesunde Organisation am Herzen liegen, sie müssen das Bewusstsein für das Thema schaffen und immer wieder auf etwaige Missstände hinweisen. Dafür ist eine Menge Mut nötig. Letztlich geht es jedoch dabei um die Produktivität eines Unternehmens, die unter schlechter Führung oder zu hoher Arbeitsbelastung leidet. Es gibt deshalb keinen Grund, sich über Personalmanager als Kümmerer lustig zu machen. Gesundheit ist die Basis von allem. Ohne Gesundheit ist alles nichts.

Literaturverzeichnis

Accenture Strategy (2016): Is Performance Management performing? Research, Accenture Strategy. https://www.accenture.com/us-en/insight-performance-management-performing (Abrufdatum: 11.2.2017).

Anderson, Kai (2015): HR an den Hebeln der Veränderung (Interview). In: Human Resources Manager, Nr. 36, Dezember 2015/Januar 2016, S. 70-72.

Anderson, Kai/Uhlig, Jane (2015): Das agile Unternehmen. Wie Organisationen sich neu erfinden, Frankfurt a. M. 2015.

Apt, Wenke et al. (2016): Roadmaps ins Jahr 2030. In: Bundesministerium für Arbeit und Soziales (Hrsg.): Arbeiten 4.0. Werkheft 01 – Digitalisierung der Arbeitswelt, Berlin 2016, S. 28-33.

Athanas, Christoph (2016): Mutiger Snapchat-Einsatz im Personalmarketing bei Sixt. In: MetaHR-Blog. https://blog.metahr.de/2016/12/20/mutiger-snapchat-einsatz-im-personalmarketing-bei-sixt/ (Abrufdatum 12.12.2016).

Athanas, Christoph (2014): HR-Controlling: 20 wichtige Recruiting-Kennzahlen im Überblick. In: MetaHR-Blog. https://blog.metahr.de/tag/kpi/ (Abrufdatum: 23.1.2017).

Badaracco, Joseph L. (2017): Mit fünf Fragen aus dem Dilemma. In: Harvard Business Manager, Februar 2017, S. 88-93.

Bain & Company (2014): Sünden im Zeitmanagement verursachen hohe Kosten (Pressemitteilung zu Studie). In: Bain & Company Deutschland. http://www.bain.de/press/press-archive/your-scarcest-resource.aspx (Abrufdatum: 2.3.2017).

Belbin (2017): Die 9 Teamrollen. In: Belbin Deutschland. http://www.belbin.de/teamrollen.htm (Abrufdatum: 12.2.2017)

Beleiu, Roswitha/Jockel, Jörg (2016): Agile flavors at Bosch and how they taste for HR (Vortrag auf der Agile HR Conference 2016). In: hr pioneers. https://hr-pioneers.com/wp-content/uploads/2016/04/Bosch.pdf (Abrufdatum: 13.3.2017).

Berner, Winfried (2010): Change! 15 Fallstudien zu Sanierung, Turnaround, Prozessoptimierung, Reorganisation und Kulturveränderung, Stuttgart 2010.

Blatt, Gitta (2015): »Es wird mehr interaktive Kampagnen geben« (Interview). In: Human Resources Manager Online. http://www.humanresourcesmanager.de/ressorts/artikel/es-wird-mehr-interaktive-kampagnen-geben-14137. (Abrufdatum: 5.3.2017)

Blessin, Bernd/Wick, Alexander (2013): Führen und führen lassen, 7. Auflage, München/Konstanz 2013.

Bock, Laszlo (2016): Work Rules! Wie Google die Art und Weise, wie wir leben und arbeiten, verändert, München 2016.

Bordreau, John/Rice, Steven (2015): Bright, Shiny Objects and the Future of HR. In: Harvard Business Review, Juli/August 2015, S. 72-78.

Brandes, Ulf et al. (2014): Management Y – Agile, Scrum, Design Thinking & Co.: So gelingt der Wandel zur attraktiven und zukunftsfähigen Organisation, Frankfurt/New York 2014.

Brodbeck, Felix (2016): »In der Personalführung gibt es keine Augenhöhe« (Interview). In: Human Resources Manager, Nr. 39, Juni/Juli 2016, S. 25-27.

Burr, Johannes (2016): Management der Digitalen Transformation bei Axel Springer – Darstellung und Einordnung der Change Initiative »move«. In: Petry, Thorsten (Hrsg.): Digital Leadership. Erfolgreiches Führen in Zeiten der Digital Economy, Freiburg 2016, S. 341-353.

Bursee, Michael/Wälz, Heiko (2016): Zielvereinbarungen … und dann? In: Human Resources Manager Nr. 38, April/Mai 2016, S. 68-70.

Chesky, Brian (2014): Don't Fuck Up the Culture. In: Medium. https://medium.com/@bchesky/dont-fuck-up-the-culture-597cde9ee9d4#.9ayfjkt0q (Abrufdatum: 25.11.2016).

De la Motte, Laura (2015): Deutsche Bank auf Ideensuche bei den Start-ups. In: Handelsblatt Online. http://www.handelsblatt.com/unternehmen/banken-versicherungen/neue-fintech-plattformen-deutsche-bank-auf-ideensuche-bei-start-ups/11865586.html (Abrufdatum: 6.3.2017).

Deloitte (2016): Global Human Capital Trends 2016. In: Deloitte University Press. https://dupress.deloitte.com/dup-us-en/focus/human-capital-trends/2016.html (Abrufdatum: 12.3.2017).

Dilts, Robert B. (2010): Die Veränderung von Glaubenssystemen: NLP Glaubensarbeit, 5. Auflage, Paderborn 2010.

Dueck, Gunter (2015): Schwarmdumm. So blöd sind wir nur gemeinsam, Frankfurt am Main/New York 2015.

Dückert, Simon (2016): HR 2.0 sollte die lernende Organisation vorantreiben. In: Human Resources Manager, Nr. 41, Oktober/November 2016, S. 44-45.

Duhigg, Charles (2016): What Google Learned From Its Quest To Build the Perfect Team. In: New York Times Online. https://www.nytimes.com/2016/02/28/magazine/what-google-learned-from-its-quest-to-build-the-perfect-team.html?_r=0 (Abrufdatum: 21.3.2017).

Dumpert, Michael (2015): Talente statt Defizite. In: Personalmagazin 10/2015, S. 34-36.

Edding, Cornelia/Schattenhofer, Karl (2012): Einführung in die Teamarbeit, Heidelberg 2012.

Erpenbeck, John (2016): »Viele nehmen sich als Person selbst nicht ernst« (Interview). In: Human Resources Manager, Nr. 38, April/Mai 2016, S. 32-34.

Ewenstein, Boris et al. (2016): Ahead of the curve: The future of performance management. In: McKinsey Quarterly, May 2016. http://www.mckinsey.com/business-functions/organization/our-insights/ahead-of-the-curve-the-future-of-performance-management (Abrufdatum: 11.3.2017).

Fairchild, Caroline (2016): Netflix is on a path to dominate the world, but will its culture survive? In: LinkedIn. https://www.linkedin.com/pulse/netflix-redefined-american-company-culture-do-same-abroad-fairchild (Abrufdatum: 17.3.2017).

Falkenreck, Christine (2016): Kooperative Unternehmenskultur und Führung: Erfolgsgrundlagen des Performance Managements. In: Künzel, Hansjörg (Hrsg.): Erfolgsfaktor Performance Management – Leistungsbereitschaft einer aufgeklärten Generation, Berlin/Heidelberg 2016, S. 79-94.

Fischer, Heiko/Schlobach, Marcus (2016): Dort arbeiten, wo der Sinn am größten ist (Interview). In: Human Resources Manager, Nr. 40, August/September 2016, S. 48-51.

Fischer, Martin (2016): Erst mal im Schlamm liegen (Interview). In: Der Spiegel, Nr. 34/20.8.2016, S. 68-71.

Fit für Innovation (2011): Innovation in Netzwerken aufbauen. Arbeitskreis 4, Stuttgart 2011.

Fortange, André (2016): Fünf Schritte zur Beschleunigung. In: Human Resources Manager, Nr. 42, Dezember 2016/Januar 2017, S. 76-77.

Fortange, André/Kropp, Broan (2016): Die Identitätskrise der mittleren Führungsebene. In: Human Resources Manager Online. http://www.humanresourcesmanager.de/ressorts/artikel/die-identitaetskrise-der-mittleren-fuehrungsebene-2105474376 (Abrufdatum: 17.3.2017).

Frank, Elke/Hübschen, Thorsten (2015): Out of Office. Warum wir die Arbeit neu erfinden müssen, München 2015.

Fraunhofer IAO/UC Berkeley (2013): Managing Open Innovation in Large Firms – Survey Report, Stuttgart 2013.

Fritz, Sophia (2016): Teamorientierte Leistung: Nachhaltiger Erfolgsfaktor im Unternehmen. In: Künzel, Hansjörg (Hrsg.): Erfolgsfaktor Performance Management – Leistungsbereitschaft einer aufgeklärten Generation, Berlin/Heidelberg 2016, S. 241-254.

Fuhrmann, Michael/Raith, Jürgen (2016): Veränderung von unten. In: Harvard Business Manager, März 2016, S. 64-71.

Gärtner, Christian (2017): Wer trifft die besseren Entscheidungen? In: Human Resources Manager Online. https://www.humanresourcesmanager.de/ressorts/artikel/wer-trifft-die-besseren-personalentscheidungen-mensch-oder-maschine-1775560847 (Abrufdatum: 2.2.2017).

Gebhardt, Jonas (2016): Über die grüne Brille hinaus. In: Human Resources Manager, Nr. 42, Dezember 2016/Januar 2017, S. 78-80.

Gellert, Manfred/Nowak, Claus (2014): Teamarbeit – Teamentwicklung – Teamberatung. Ein Praxisbuch für die Arbeit in und mit Teams, 5. Auflage, Meezen 2014.

Glasl, Friedrich (2010): Konfliktfähigkeit statt Streitlust, Dornach 2010.

Glasl, Friedrich (2004): Konfliktmanagement. Ein Handbuch für Führungskräfte, Beraterinnen und Berater, 8. Auflage, Stuttgart 2004.

Glaub, Matthias (2016): »Wir benötigen eine neue Auswahlmethodik« (Interview). In: Human Resources Manager Online. http://www.humanresourcesmanager.de/ressorts/artikel/wir-benoetigen-eine-neue-auswahlmethodik-739906921 (Abrufdatum: 8.1.2017).

Gloger, Boris (2016): Agile Leadership mit Scrum. In: Petry, Thorsten (Hrsg.): Digital Leadership. Erfolgreiches Führen in Zeiten der Digital Economy, Freiburg 2016, S. 197-212.

Gloger, Boris/Margetich, Jürgen (2014): Das Scrum-Prinzip. Agile Organisationen aufbauen und gestalten, Stuttgart 2014.

Grabmeier, Stephan (2016): Fünf Schritte der Enterprise 2.0-Transformation. In: Petry, Thorsten (Hrsg.): Digital Leadership. Erfolgreiches Führen in Zeiten der Digital Economy, Freiburg 2016, S. 325-337.

Gräßler, Ralf (2015): Collaborative HR – Human Relations von allen für alle. In: Veda-Blog. https://www.veda.net/de/blog/collaborative-hr-human-relations-von-allen-fuer-alle (Abrufdatum 15.8.2016).

Gröscho, Steffi et al. (2015): Willkommen in der neuen Arbeitswelt. So erwecken Sie ein Social Intranet zum Leben, Berlin 2015.

Grunewald, Mara/Then, Franziska (2016): Fallstricke bei Bewertung, Bonifikation und Beförderung. In: IW-Kurzbericht Nr. 65, Analyse des Instituts der deutschen Wirtschaft Köln, 7.Oktober 2016. https://www.iwkoeln.de/studien/iw-kurzberichte/beitrag/mara-grunewald-franziska-then-fallstricke-bei-bewertung-bonifikation-und-beförderung-298171 (Abrufdatum: 12.2.2017).

Haas, Martine/Mortensen, Mark (2016): Die Geheimnisse guter Teamarbeit. In: Harvard Business Manager, Juli 2016, S. 32-39.

Häusling, André et al. (2016): Agile HR. Auf dem Weg zum agilen Personalmanagement. Service – eine Publikationsreihe des Bundesverbands der Personalmanager, Berlin 2016.

Häusling, André/Stephan Fischer (2016): Die Zukunft von HR ist agil – auf dem Weg zum agilen Personalmanagement. In: HR Innovation Roadshow 2016 (Booklet). https://hr-pioneers.com/wp-content/uploads/2016/07/HR-Innovation-Roadshow-2016-Booklet.pdf Berlin 2016. (Abrufdatum: 17.3.2017).

Hagemann, Detlev et al. (2013): Agiles Publishing. Fokus auf den Nutzer, das Silo-Denken beenden: Neue Wege des Publizierens für Print, Web und Apps, Wolnzach 2013.

Hart, Jane (2016): The difference between social learning and social collaboration. In: Internet Time Alliance. http://internettimealliance.com/wp/2016/04/25/the-difference-between-social-learning-and-social-collaboration/ (Abrufdatum: 3.1.2017).

Hart, Jane (2016b): Top 200 Tools for Learning. In: C4LPT. http://c4lpt.co.uk/top100tools/top-200-tools-for-learning/ (Abrufdatum: 28.2.2017).

Hays/IBE (2017): HR-Report 2017. Schwerpunkt Kompetenzen für eine digitale Welt. Eine empirische Studie des Instituts für Beschäftigung und Employability IBE im Auftrag von Hays für Deutschland, Österreich und die Schweiz, Mannheim/Zürich/Wien 2017.

Hays/PAC (2015): Von starren Prozessen zu agilen Projekten – Unternehmen in der Digitalen Transformation. Eine empirische Studie von Pierre Audoin Consultants und Hays, Mannheim/München 2015.

Hernstein Institut für Management und Leadership (2016): hernsteinmanagement report. 1. Bericht 2016: Innovative Führungskonzepte, Hernstein 2016.

Herrmann, Katharina (2016): Intrapreneurship fördern und fordern. In: Schwuchow, Karlheinz/Gutman, Joachim (Hrsg.): Personalentwicklung: Themen, Trends, Best Practices 2017, Freiburg 2017, S. 248-254.

Hirschtec/SCM (2016): Intranet. Marktübersicht und Trends 2017. Studie, Hamburg/Berlin 2016.

Hochschule Koblenz/GPM (2015): Status Quo Agile. Studie zu Verbreitung und Nutzen agiler Methoden, Koblenz 2015.

Hölzle, Philipp (2016): HR benötigt eine emotionale Markenaufladung. In: Human Resources Manager, Nr. 38, April/Mai 2016, S. 12-13.

Hofert, Svenja (2016): Agiler führen. Einfache Maßnahmen für bessere Teamarbeit, mehr Leistung und höhere Kreativität, Wiesbaden 2016.

Holmes, Ryan (2016): Why I Started Training Employees To Leave Their Jobs. In: Fast Company Online. https://www.fastcompany.com/3063091/why-i-started-training-employees-to-leave-their-jobs (Abrufdatum 15.12.2016).

HPI (2015): HPI-Forscher weisen Erfolge von Design Thinking nach. In: HPI. https://hpi.de/news/jahrgaenge/2015/hpi-forscher-weisen-erfolge-von-design-thinking-nach.html. (Abrufdatum: 5.3.2017).

HPI Academy (2017): Was ist Design Thinking? In: HPI Academy. https://hpi-academy.de/design-thinking/was-ist-design-thinking.html. (Abrufdatum: 6.3.2017).

Hünninghaus, Anne (2016): Mehr als Affentheater. In: Human Resources Manager, Nr. 40, August/September 2016, S. 64-66.

Human Synergistics International (2016): Organization Culture Inventory. In: Human Synergistics International. http://www.humansynergistics.com/de/produkte/organisationskultur-entwickeln/organizational-culture-inventory- (Abrufdatum: 10.3.2017).

Huynh Anh, Thu/Visser, Carina (2016): Neue Zeiten im Recruiting (Interview), Human Resources Manager, Nr. 41, Oktober/November 2016, S. 72-74.

IAB (2016): Stellen werden häufig über persönliche Kontakte besetzt. In: IAB-Kurzbericht. Aktuelle Analysen aus dem Institut für Arbeitsmarkt- und Berufsforschung, 4/2016. http://doku.iab.de/kurzber/2016/kb0416.pdf (Abrufdatum: 12.2.2017).

IBM (2015): Redefining Boundaries – Insights from the Global C-suite Study, New York 2015.

Immelt, Jeff (2016): Why GE is giving up employee ratings, abandoning annual reviews and rethinking the role of HQ. In: LinkedIn. https://www.linkedin.com/pulse/why-ge-giving-up-employee-ratings-abandoning-annual-reviews-immelt (Abrufdatum: 8.2.2017).

It-agile (2016): Was ist Kanban? In: it-agile. https://www.it-agile.de/wissen/einstieg-und-ueberblick/kanban/ (Abrufdatum: 11.10.2016).

Jacobs, Peter/Schlatmann, Bart (2017): ING's agile transformation (Interview). In: McKinsey Quaterly, January 2017. http://www.mckinsey.com/industries/financial-services/our-insights/ings-agile-transformation (Abrufdatum: 3.2.2017).

Jahn, Axel (2017): Vier Tipps für erfolgreiche Collaboration. So holen Firmen die Mitarbeiter an Bord. In: Computerwoche. http://www.computerwoche.de/a/so-holen-firmen-die-mitarbeiter-an-bord,3312912 (Abrufdatum 7.3.2017).

Janssen, Annika (2016): Im Sprint zum Ziel. In: Human Resources Manager, Nr. 37, Februar/März 2016, S. 55-56.

Janzen, Norbert (2016): Welchen Wertbeitrag will HR liefern? (Interview). In: Human Resources Manager, Nr. 41, Oktober/November 2016, S. 64-66.

Jorberg, Thomas (2016): »Wir werden alle drei Jahre eine andere Bank« (Interview). In: Human Resources Manager, Nr. 38, April/Mai 2016, S. 55-57.

Kantor, David (2012): Reading the room: Group Dynamics for Coaches and Leaders, New York 2012.

Keese, Christoph (2014): Silicon Valley. Was aus dem mächtigsten Tal der Welt auf uns zukommt, München 2014.

Kemp, Thomas (2016): OKR – Googles Wunderwaffe für den Unternehmenserfolg oder: Raus aus der Komfortzone. In: t3n. http://t3n.de/news/okr-google-wunderwaffe-valley-ziele-530092/ (Abrufdatum: 12.3.2017).

Kienbaum Institut@ISM (2016): Digitalisierung@HR – Strukturen, Prozesse & Kompetenzen der Zukunft. In: Kienbaum Institut@ISM. http://www.kienbauminstitut-ism.de/fileadmin/user_upload/Kienbaum_Studie_Digitalisierung_%40HR.PDF (Abrufdatum: 11.3.2017).

Klumpp, Bernd/Schönberg, Wulf (2016): HR Business Partner – Enabler für eine agile Transition (Vortrag auf der Agile HR Conference 2016). In: hr pioneers. https://hr-pioneers.com/wp-content/uploads/2016/04/Telekom.pdf (Abrufdatum: 15.1.2017).

Königswieser, Roswita/Hillebrand, Martin (2015): Einführung in die systemische Organisationsberatung, 8. Auflage, Heidelberg 2015.

Korherr, Markus/Binzenhöfer, Andreas (2015): Das Social Intranet von Datev (Interview). In: social-intranet.net. http://social-intranet.net/das-social-intranet-von-datev/ (Abrufdatum: 8.3.2017).

Kotter, John P. (2015): Accelerate: Strategische Herausforderungen schnell, agil und kreativ begegnen, München 2015.

Kotter, John P./Heskett, Jim (1992): Corporate Culture and Performance, New York 1992.

Kübel, Christoph (2016): »Für uns nicht der richtige Anreiz« (Interview). In: Human Resources Manager, Nr. 39, Juni/Juli 2016, S. 66-68.

Kühl, Stefan (2016): »Die agile Organisation ist kalter Kaffee« (Interview). In: Human Resources Manager, Nr. 41, Oktober/November 2016, S. 33-36.

Kühl, Stefan (2015): Sisyphos im Management. Die vergebliche Suche nach der optimalen Organisationsstruktur, 2. aktualisierte Auflage, Frankfurt/New York 2015.

Kugel, Janina (2015): »Das Eckbüro hat ausgedient« (Interview). In: Frankfurter Allgemeine Zeitung Online. http://www.faz.net/aktuell/beruf-chance/arbeitswelt/digitalisierte-arbeitswelt-das-eckbuero-hat-ausgedient-13909391.html (Abrufdatum: 25.10.2016).

Kurzhals, Yasmin (2016): Das Ende eines Klassikers. In: Human Resources Manager, Nr. 42, Dezember 2016/Januar 2017, S. 16-17.

Laloux, Frederic (2015): Reinventing Organizations. Ein Leitfaden zur Gestaltung sinnstiftender Formen der Zusammenarbeit, München 2015.

Leitl, Michael (2016): Lost in Transformation. In: Harvard Business Manager, Mai 2016, S. 30-37.

Lobacher, Patrick et al. (2016): Transparente Ziele und Ergebnisse. In: Human Resources Manager, Nr. 39, Juni/Juli 2016, S. 51-53.

Luhmann, Niklas (2001): Die Unwahrscheinlichkeit der Kommunikation. In: Aufsätze und Reden, Stuttgart 2001, S. 111-136.

Nagel, Reinhart/Wimmer, Rudolf (2015): Einführung in die systemische Strategieentwicklung, Heidelberg 2015.

Nowotny, Valentin (2016): Agile Unternehmen – fokussiert, schnell, flexibel. Nur was sich bewegt, kann sich verbessern, Göttingen 2016.

Pawlowsky, Peter (2016): Die DNA der Besten. In: Human Resources Manager, Nr. 41, Oktober/November 2016, S. 80-82.

Peren, Klaus (2016): Die Evolution der Leistungsbeurteilung. In: Human Resources Manager Online. http://www.humanresourcesmanager.de/ressorts/artikel/die-evolution-der-leistungsbeurteilung-212623445 (Abrufdatum: 9.3.2017).

Petry, Thorsten (2016): Digital Leadership – Unternehmens- und Personalführung in der Digital Economy. In: Petry, Thorsten (Hrsg.): Digital Leadership. Erfolgreiches Führen in Zeiten der Digital Economy, Freiburg 2016, S. 21-82.

Pferdt, Frederik G. (2016): Ja – und? (Interview). In: brand eins Thema. März-Mai 2016, S. 9-14.

Pfläging, Niels (2015): Organisation für Komplexität. Wie Arbeit wieder lebendig wird – und Höchstleistung entsteht, 2. Auflage, München 2015.

Pfläging, Niels/Hermann, Silke (2015): Komplexithoden. Clevere Wege zur (Wieder)Belebung von Unternehmen und Arbeit in Komplexität, 2. Auflage, München 2015.

Pink, Daniel H. (2010): Drive: Was Sie wirklich motiviert, Salzburg 2010.

Pogacar, Sascha (2017): 7 Teilnehmer-Regeln für gelingende Workshops. In: Progressive Mind. http://www.progressivemind.de/7-teilnehmer-regeln-fur-gelingende-workshops/ (Abrufdatum: 3.2.2017).

Porth, Wilfried (2016): »Bonus soll sich stärker am Unternehmenserfolg orientieren« (Interview). In: Stuttgarter-Zeitung.de. http://www.stuttgarter-zeitung.de/inhalt.daimler-personalchef-porth-bonus-soll-sich-staerker-am-unternehmenserfolg-orientieren.1fb4d476-52ad-438e-9a50-88823918ff4b.html (Abrufdatum: 15.12.2016).

Purps-Pardigol, Sebastian (2015): Führen mit Hirn. Mitarbeiter begeistern und Unternehmenserfolg steigern, Frankfurt/New York 2015.

Rand, David et al. (2012): Spontaneous giving and calculated greed. In: Nature, Volume 489 (20.9.2012), S. 427-430.

Redmann, Britta (2016): Agilität als Organisationsform. In: Competence Book – DigitalHR (E-Book). http://www.competence-site.de/agilitaet-als-organisationsform/ (Abrufdatum: 6.3.2017).

Reiter, Thorsten (2016): Revolution dank Innovation – mit Corporate Entrepreneurship zurück an die Spitze, Frankfurt/New York 2016.

Reitz, Karl-Heinz (2016): »Wir brauchen den Konflikt«. In: Human Resources Manager, Nr. 39, Juni/Juli 2016, S. 72-74.

Roock, Stefan (2014): Konsultativer Einzelentscheid – der Kompetenteste entscheidet. In: Brandes, Ulf et al: Management Y – Agile, Scrum, Design Thinking & Co.: So gelingt der Wandel zur attraktiven und zukunftsfähigen Organisation, Frankfurt/New York 2014, S. 172-174.

Roper, Jenny (2016): HR's role in organisational agility. In: HR magazine Online. http://www.hrmagazine.co.uk/article-details/hrs-role-in-organisational-agility (Abrufdatum: 12.1.2017).

Rudolph, Annette (2016): Spot-Awards als Mittel der modernen Führung. In: Human Resources Manager Online. http://www.humanresourcesmanager.de/ressorts/artikel/spot-awards-als-mittel-der-modernen-fuehrung-152968602 (Abrufdatum: 9.3.2017).

Sackmann, Sonja (2015): Kultur ist mehr als ein Projekt. In: Human Resources Manager, Nr. 36, Dezember 2015/Januar 2016, S. 26-27.

Schäfer, Petra (2013): Firmenübergreifender Erfahrungsaustausch. In: Human Resources Manager Online. https://www.humanresourcesmanager.de/ressorts/artikel/firmenuebergreifender-erfahrungsaustausch (Abrufdatum: 12.3.2017).

Schaffner, Michael (2015): Motivation und Führung. In: Wagner, David (Hrsg.): Praxishandbuch Personalmanagement, Freiburg 2015, S. 521-592.

Schein, Edgar H. (2010): Organisationskultur – The Ed Schein Corporate Culture Survival Guide, Bergisch Gladbach 2010.

Schermuly, Carsten C./Graßmann, Carolin (2016): Erfolgreicher Einsatz von Coaching in der Führungskräfteentwicklung. In: Felfe, Jörg/van Dick, Rolf (Hrsg.): Handbuch Mitarbeiterführung. Wirtschaftspsychologisches Praxiswissen für Fach- und Führungskräfte, Berlin/Heidelberg 2016, S. 129-140.

Schirmer, Harald (2017): Schon einmal versucht, Mitarbeiter ernsthaft in Entscheidungen zu beteiligen. In: Harald Schirmers Blog. http://www.harald-schirmer.de/2017/02/24/schon-einmal-versucht-mitarbeiter-ernsthaft-in-entscheidungen-zu-beteiligen/ (Abrufdatum: 25.2.2017).

Schirmer, Harald (2016): Entwicklung von Digitalkompetenzen und Führungskultur im Zeitalter der Digitalen (R)Evolution – Darstellung am Beispiel Continental. In: Petry, Thorsten (Hrsg.): Digital Leadership. Erfolgreiches Führen in Zeiten der Digital Economy, Freiburg 2016, S. 355-37.

Schirmer, Harald (2016b): Wenn mit HR das WIR gewinnt. In: Harald Schirmers Blog. http://www.harald-schirmer.de/2016/08/22/wenn-mit-hr-das-wir-gewinnt/ (Abrufdatum: 2.3.2017).

Schmidt, Eric/Rosenberg, Jonathan (2015): Wie Google tickt, Frankfurt/New York 2015.

Schmidt-Carré, André (2016): Employer Branding per Kurzvideo. In: Human Resources Manager. Nr. 42, Dezember 2016/Januar 2017, S. 52-53.

Schönbohm, Rüdiger (2016): Enterprise 2.0 als Baustein der Digitalen Transformation – Aufgaben, Barrieren und Erfolgsfaktoren in großen Unternehmen. In: Petry, Thorsten (Hrsg.): Digital Leadership. Erfolgreiches Führen in Zeiten der Digital Economy, Freiburg 2016, S. 293-323.

Schüller, Anne M. (2014): Das Touchpoint-Unternehmen. Mitarbeiterführung in unserer neuen Businesswelt, Offenbach 2014.

Schulz von Thun, Friedemann (2013): Miteinander reden, Band 3: Das »innere Team« und situationsgerechte Kommunikation, Reinbek 2013.

Schwentkowski, Nils (2014): Der Kulturentwicklungsprozess der DB. In: DocSlide. http://documentslide.com/documents/der-kulturentwicklungsprozess-bei-der-db-nils-schwentkowski-15-september-2014.html (Abrufdatum: 12.12.2016).

Sommer, Sarah (2016): Total agil. In: Human Resources Manager. Nr. 39, Juni/Juli 2016, S. 29-31.

Sommer, Sarah (2016b): Getrieben von Trends. In: Human Resources Manager. Nr. 39, Juni/Juli 2016, S. 43-45.

Sommer, Sarah (2016c): Eine neue Dynamik. In: Human Resources Manager, Nr. 40, August/September 2016, S. 35-37.

Sprenger, Reinhard K. (2014): Mythos Motivation. Wege aus einer Sackgasse, 20. aktualisierte Auflage, Frankfurt/New York 2014.

Sprenger, Reinhard K. (2012): Radikal führen, Frankfurt am Main/New York 2012.

Stahl, Eberhard (2012): Dynamik in Gruppen. Handbuch der Gruppenleitung, Weinheim 2012.

Stepper, John (2015): Working Out Loud. For a better career and life, New York 2015.

Strategyzer (2017): The Business Modell Canvas. In: Strategyzer. https://strategyzer.com/canvas/business-model-canvas (Abrufdatum: 27.03.2017).

Suarez, Luis (2014): The Future of Collaboration Lies in Human Resources' Hands. In: CMS Wire. http://www.cmswire.com/cms/social-business/the-future-of-collaboration-lies-in-human-resources-hands-024262.php (Abrufdatum: 18.12.2016).

Sullivan, John (2016): Peer-to-Peer Recruiting Really Works – Just Ask Kevin Durant. In: eremedia. https://www.eremedia.com/ere/peer-to-peer-recruiting-really-works-just-ask-kevin/ (Abrufdatum: 15.2.2017).

Sutherland, Jeff/Schwaber, Ken (2016): The Scrum Guide. In: Scrum Guides. http://www.scrumguides.org/scrum-guide.html (Abrufdatum: 10.12.2016).

Tagesspiegel (2016): SAP will Mitarbeitern keine Noten mehr geben. In: Tagesspiegel Online vom 15.8.2016. http://www.tagesspiegel.de/wirtschaft/die-walldorf-schule-sap-will-mitarbeitern-keine-noten-mehr-geben/14011338.html (Abrufdatum 10.11.2016).

TU Darmstadt/Campana & Schott (2016): Deutsche Social Collaboration Studie 2016, Darmstadt 2016.

Theofel, Jan (2013): Barcamps. Neue Chancen für Unternehmer. In: unternehmer WISSEN, 4/2013, S. 8-13.

Thomaszik, Bernd (2016): Performance Management in Version 3.0. In: Human Resources Manager Online. http://www.humanresourcesmanager.de/ressorts/artikel/performance-management-version-30-1984700313 (Abrufdatum: 17.2.2017).

Towers Watson (2015): Performance Management: Zwei Drittel der Unternehmen investieren weniger als vier Stunden pro Mitarbeiter im Jahr – Pulse Survey. In: Willis Towers Watson. https://www.towerswatson.com/de-DE/Press/2015/12/Performance-Management-Zwei-Drittel-investieren-weniger-als-4-Stunden-pro-Mitarbeiter-im-Jahr (Abrufdatum: 7.1.2017).

Trappe, Thomas (2016): 30 Chefs und viele Rituale. In: Human Resources Manager, Nr. 39, Juni/Juli 2016, S. 55-57.

Trost, Armin (2015): Unter den Erwartungen. Warum das jährliche Mitarbeitergespräch in modernen Arbeitswelten versagt, Weinheim 2015.

Vahs, Dietmar/Weiand, Achim (2013): Workbook Change Management – Methoden und Techniken, 2. überarbeitete Auflage, Stuttgart 2013.

Vernau, Katrin/Hauptmann, Maren (2014): Unternehmen lernen online. Corporate Learning im Umbruch. In: Roland Berger Strategy Consultants (Hrsg.): Think Act, München 2014.

Vollmer, Lars (2016): Zurück an die Arbeit! Wie aus Business-Theatern wieder echte Unternehmen werden, Wien 2016.

Von Rundstedt (2015): Lob und Kritik: Mitarbeiter wünschen sich mehr Feedback zu ihren Leistungen. Studie Talents and Trends, Online-Erhebung im Juni 2015. In: Von Rundstedt. http://www.rundstedt.de/presse/pressemitteilungen/talents-trends-feedbackkultur-in-deutschen-unternehmen/ (Abrufdatum: 2.1.2017).

Wagner, David/Schirmer, Harald (2016): Digitales HRM – »gestalten oder verwalten?«. In: personal manager, 2/2016, S. 32-35.

Walk, Klara (2016): Vernetzt lernen und Neues entwickeln. In: Human Resources Manager, Nr. 38, April/Mai 2016, S. 37-39.

Weber, Ulrich (2014): Der Kulturwandel der Deutschen Bahn. In: Deine Bahn, August 2014, S. 6-13.

Weckert, Al (2014): Gewaltfreie Kommunikation für Dummies, Weinheim 2014.

Weibler, Jürgen (2016): Personalführung, 3. überarbeitete und erweiterte Auflage, München 2016.

Weilbacher, Jan C. (2016): Kompliziert oder komplex? In: Human Resources Manager, Nr. 38, April/Mai 2016, S. 42-43.

Weilbacher, Jan C. (2015): Die Verantwortung des Eigentümers. In: Human Resources Manager Online. https://www.humanresourcesmanager.de/ressorts/artikel/die-verantwortung-des-eigentuemers-1493011932 (Abrufdatum: 13.3.2017).

Weilbacher, Jan C. (2014): Der mündige Mitarbeiter. In Human Resources Manager, Nr. 28, August/September 2014, S. 22-23.

Weilbacher, Jan C. (2013): Zum Glück gezwungen. In: Human Resources Manager Online. https://www.humanresourcesmanager.de/ressorts/artikel/zum-glueck-gezwungen (Abrufdatum: 12.3.2017).

Weinberg, Ulrich (2015): Network Thinking. Was kommt nach dem Brockhaus-Denken?, Hamburg 2015.

Wenger, Etienne (1998): Communities of Practice; Learning, Meaning and Identity, New York 1998.

Werther, Simon/Stephany, Ulrich (2016): Zwischen digitalen Botschaften und persönlicher Interaktion. In: Human Resources Manager Nr. 38, April/Mai 2016, S. 72-74.

Winde, Michael (2016): Taugen die eigenen Mitarbeiter als Headhunter? In: impulse Online. https://www.impulse.de/management/recruiting/mitarbeiterempfehlungen/2540882.html (Abrufdatum: 15.2.2017).

Wirtschaftspsychologie aktuell (2016): Vertrauen stärkt virtuelle Teams. In: Wirtschaftspsychologie aktuell Online. http://www.wirtschaftspsychologie-aktuell.de/lernen/lernen-20160810-lernen-von-christina-breuer-vertrauen-staerkt-virtuelle-teams.html (Abrufdatum: 17.1.2017).

Wittenhagen, Julia (2016): Frosta stärkt interne Kommunikation. In: Lebensmittelzeitung Online. http://www.lebensmittelzeitung.net/handel/Intranet-Loesung-Frosta-staerkt-interne-Kommunikation--126213 (Abrufdatum: 7.2.2017).

Wittenstein, Manfred (2016): Führung muss man üben (Interview zusammen mit Christian Abegglen). In: Human Resources Manager, Nr. 39, Juni/Juli 2016, S. 35-39.

Wolf, Chris/Jiranek, Heinz (2015): Feedback. Nur was erreicht, kann auch bewegen, 2. Auflage, Göttingen 2015.

Zaborowski, Henrik (2016): Social Recruiting wird die HR(Arbeitswelt) sprengen! In: Henrik Zaborowskis Blog. http://www.hzaborowski.de/2016/04/26/social-recruiting-wird-die-hr-arbeitswelt-sprengen/ (Abrufdatum: 11.1.2017).

Zaremba, Nora Marie (2016): Packen wir's an. In: Der Freitag Online. https://www.freitag.de/autoren/der-freitag/packen-wir2019s-an (Abrufdatum: 23.9.2016).

Zillman, Claire (2016): IBM Is Blowing Up Ist Annual Performance Review. In: Fortune Online. http://fortune.com/2016/02/01/ibm-employee-performance-reviews/ (Abrufdatum: 12.3.2017).

Der Autor

Jan C. Weilbacher ist Senior Consultant und Kommunikationsmanager bei einer Unternehmensberatung in Berlin. Seine Schwerpunkte sind Themen rund um Personalmanagement und Kommunikation insbesondere in Bezug auf Transformationsprozesse. Zuvor war er sieben Jahre lang Chefredakteur des Magazins „Human Resources Manager". Jan C. Weilbacher ist ausgebildeter Journalist und systemischer Organisationsberater sowie studierter Betriebswirt und Politologe. Er ist fasziniert von der Arbeitsgesellschaft und ihrem Wandel und probiert sich als Vater zweier Söhne in der Vereinbarung von Beruf und Familie.
Twitter: @JWeilbacher
E-Mail: jan_weilbacher@web.de

SCHÄFFER POESCHEL

Ihr Feedback ist uns wichtig!
Bitte nehmen Sie sich eine Minute Zeit

www.schaeffer-poeschel.de/feedback-buch